JN014671

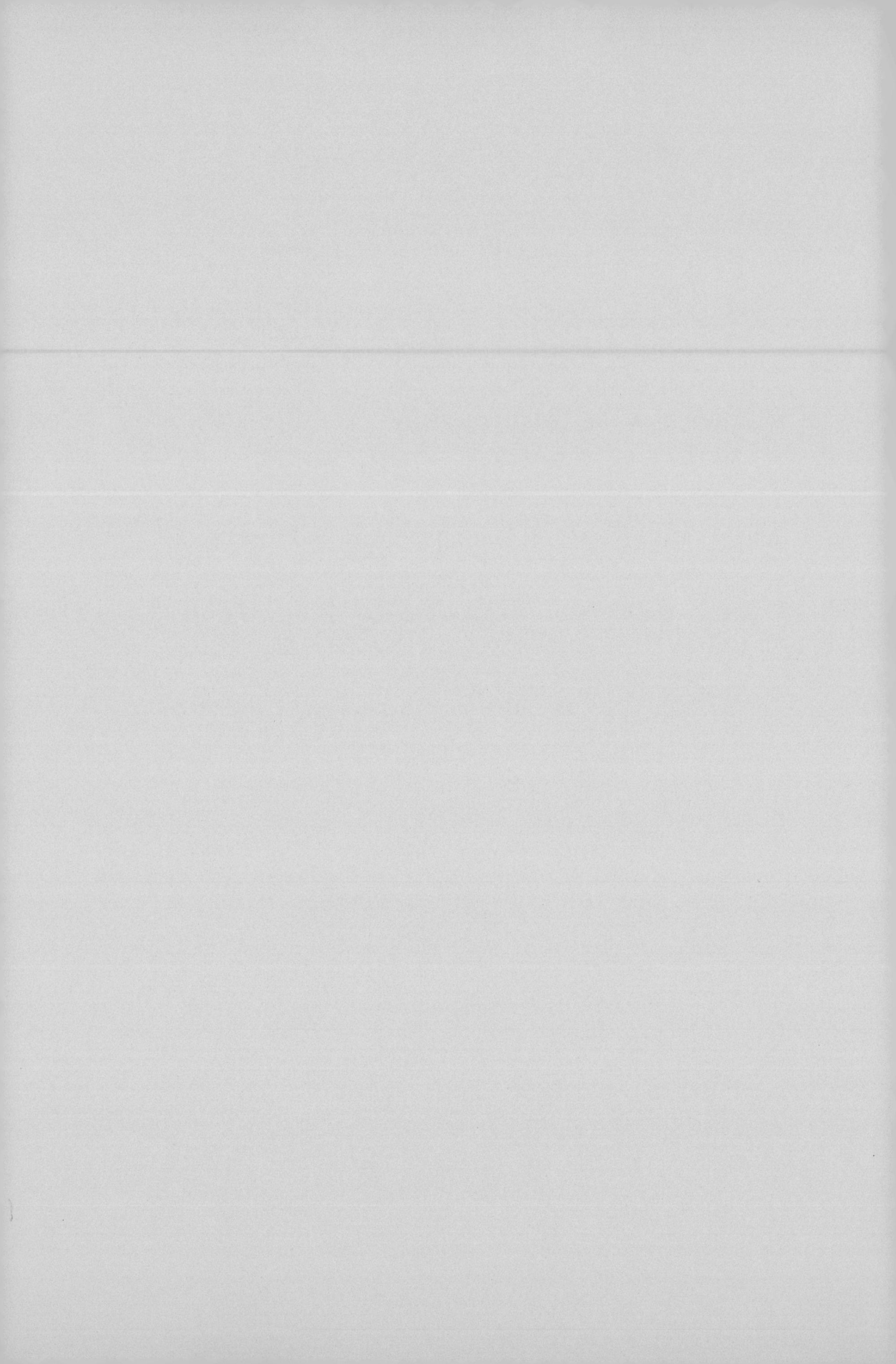

これから学ぶ
スポーツ心理学

編著
荒木雅信
山本真史

三訂版

大修館書店

目 次

序章 スポーツ心理学の展開 …… 1

第Ⅰ部 体育・スポーツ心理学の歴史と進歩 …… 3

1章 スポーツ心理学の進歩 …… 4
1 国際的にみたスポーツ心理学の歴史 …… 4
2 わが国のスポーツ心理学の歴史と進歩 …… 6

2章 スポーツ心理学の新しい枠組みの構築 …… 9
1 欧米諸国のスポーツ心理学の概念的枠組み …… 9
2 わが国の体育心理学研究の概要 …… 9
3 スポーツ心理学研究の新しい包括的な枠組み …… 11

第Ⅱ部 運動心理学 …… 13

1章 運動の制御 …… 14
1 運動制御の仕組み …… 14
2 運動制御に関わる一般法則 …… 15
3 プレッシャー下での運動制御 …… 17
4 アスリートの運動制御 …… 18

2章 知覚と認知 …… 22
1 知覚および認知とは …… 22
2 運動と知覚・認知の関係 …… 22
3 スポーツにおける予測と意思決定 …… 23
4 プレッシャー下での知覚と認知 …… 23
5 アスリートの知覚と認知 …… 24

Topics 1 運動イメージと脳波・事象関連電位 …… 26

3章 運動学習と運動指導 …… 27
1 (認知)心理学的視点に立った運動遂行のメカニズム …… 27
2 運動学習の原理 …… 30
3 効果的な運動指導 …… 36

4章 ダイナミカルシステムズアプローチ …… 46
1 複雑な身体運動へのアプローチ …… 46
2 ダイナミカルシステムから捉えた身体運動 …… 47
3 協働からシナジェティクスへ …… 48

5章 スポーツの脳科学 …… 50
1 運動に関連する脳領域 …… 50

2 学習に伴う脳構造変化 …… 51
3 学習に伴う脳機能変化 …… 51
4 各スポーツ選手における脳構造 …… 52
5 各スポーツ選手における脳機能 …… 52
6 まとめ …… 53

Topics 2 脳活動を測定する …… 54

第Ⅲ部 スポーツ社会心理学 …… 55

1章 スポーツにおける動機づけ …… 56
1 動機づけとは何か …… 56
2 内発的動機づけと外発的動機づけ …… 57
3 自己決定理論 …… 57
4 スポーツや運動への動機づけをどのように高めるのか …… 59
5 スポーツにおける目標設定 …… 60
6 効果的な目標設定の方法 …… 60
7 達成目標 …… 62
8 達成目標に影響する要因 …… 63

2章 スポーツと感情 …… 66
1 感情の基礎的特徴 …… 66
2 スポーツと感情 …… 68
3 今後に向けて …… 69

3章 スポーツにおける集団 …… 70
1 集団とは …… 70
2 集団の構造 …… 71
3 集団の心理的プロセス …… 72
4 リーダーシップ …… 74
5 効果的なチームづくり …… 78

4章 チームの心理状態 …… 80
1 チームスポーツの多様性 …… 80
2 集団凝集性 …… 81
3 集合的効力感 …… 82

5章 パーソナリティとスポーツ …… 84
1 パーソナリティとは …… 84
2 パーソナリティ理論 …… 85
3 パーソナリティ検査法 …… 88
4 パーソナリティとスポーツ …… 90

6章 スポーツとライフスキル …… 94
1 ライフスキルとは …… 94
2 先行研究の概観 …… 94
3 まとめ …… 97

Topics 3 スポーツとジェンダー・セクシュアリティ …… 98

第Ⅳ部 臨床スポーツ心理学 …… 99

1章 わが国の心理サポートの進歩と課題 …… 100
1 欧米諸国の心理サポートの現状と課題からみたわが国の心理サポートの進歩 …… 100
2 わが国の心理サポートをめぐる状況と課題 …… 104
3 わが国の心理サポートの研究と実践の２つの社会的責任 …… 107

2章 スポーツメンタルトレーニング …… 110
1 スポーツメンタルトレーニングとは …… 110
2 SMTを支える理論と心理的スキル …… 111
3 SMTの実践 …… 113
4 SMTの資格制度の概要と目的 …… 116

Topics 4 オリンピック選手への心理サポートの実際 …… 119

3章 スポーツカウンセリング …… 120
1 スポーツカウンセリングとは …… 120
2 スポーツカウンセリングを支える理論 …… 122
3 スポーツカウンセリングの実際 …… 124
4 スポーツカウンセリングの課題と展望 …… 127

Topics 5 アスリートを支えるソーシャルサポート …… 130

第Ⅴ部 アスリートと市民の健康に関わるスポーツ心理学 …… 131

1章 健康スポーツ心理学の基礎 …… 132
1 健康スポーツ心理学とは …… 132
2 健康が重要視される社会的背景 …… 132
3 ストレス概論 …… 134
4 ストレスマネジメント …… 137
5 健康スポーツの実施に伴う心理的恩恵 …… 139

2章 健康増進を目的とした身体活動・運動の参加と継続 …… 142
1 身体活動・運動の参加と継続 …… 142
2 身体活動・運動の参加と継続に関する代表的な理論・モデル …… 144

3章 健康状態のモニタリング …… 151
1 健康状態のモニタリングの意義 …… 151
2 ストレスマーカーとしての生理心理学的指標 …… 151
3 使用と実際 …… 154

4章 スポーツ傷害の心理学 …… 155
1 スポーツ傷害の発生に関係する心理的要因 …… 155
2 受傷後の心理的反応 …… 156
3 リハビリテーションにおける心理スキルトレーニング …… 156
4 受傷選手のためのカウンセリングスキル …… 159
5 選手の成長を促す受傷体験 …… 160

Topics 6　傷害と心的外傷後成長 …… 161

5章　バーンアウト(燃え尽き症候群) …… 162
1　バーンアウトの発生に関連する心理・社会的要因 …… 162
2　バーンアウトの対処策 …… 165

第Ⅵ部　パラスポーツの心理学 …… 167

1章　パラスポーツへの心理サポート …… 168
1　心理サポートの枠組みと流れ …… 168
2　パラリンピック選手への心理サポートの現場 …… 169
3　今後の課題と展望―パラスポーツの取り巻く環境と心理サポートの今後の取り組みと課題― …… 171

2章　障害のある人の身体活動・運動 …… 173
1　障害のある人における身体活動・運動の実施 …… 173
2　障害のある子どもの身体活動・運動 …… 174
3　障害のある大学生に対する体育授業の実践 …… 175
4　インクルーシブ体育 …… 177
5　スペシャルオリンピックス …… 177

3章　パラスポーツの心理的効果：競技スポーツの立場から …… 179
1　喪失体験としての中途障害 …… 179
2　受障による喪失体験が心理面に及ぼす影響 …… 179
3　競技スポーツを通した自己の再構築 …… 182

Topics 7　パラアスリートへの心理サポートの実際 …… 185

第Ⅶ部　スポーツ心理学の研究法 …… 187

1章　スポーツ心理学で研究を行うための方法 …… 188
1　目的による研究の分類 …… 188
2　３つの研究方法とその具体例 …… 188
3　研究を実施する際の３つのポイント …… 191

2章　論文・レポートの書き方 …… 193
1　レポート・論文を作成する必要性 …… 193
2　レポート・論文の書き方に関するルール …… 193

索引 …… 195
あとがき …… 198
著者一覧 …… 200

【注釈】
下記の用語は執筆者・文脈によって多様に使用されているが，その意味は同義である。本書では，読者がその用途に不便が無い限り執筆のままに掲載した。読者自身で多様に使用されている用語の意味や用法をご判断して頂きたい。

1．選手，アスリート，スポーツ選手，競技選手，競技者
2．心理サポート，心理的サポート，心理学的サポート，メンタルサポート，心理学的なサポート

序章 スポーツ心理学の展開

1 はじめに

本書は，2011年に初版を，2018年に改訂版を出すことができ，今回，三訂版の発刊に至り，この間の世界のスポーツ心理学の進歩には一日の感がある。過去の出来事を知ることは，それがどのように始まり，どのように進歩し，将来どうなっていくのかを理解するのに役立つという。スポーツ心理学も他の学問分野と同様にその始まりから現在に至るまで，長い道程を歩んできた。わが国のスポーツ心理学の歴史を辿っていくと，欧米諸国の歩みに倣いながら，独自の枠組みで進歩してきた。

この分野に興味をもった人々が，その歴史に触れることでスポーツの“こころの身体”の追求の道程を共通して理解すること出来る。本書では，“スポーツの心理学”に関する歴史やその成果のすべてを語ることはできないが，国内外の主要な歴史の流れと成果を扱うことに努力した。共有された歴史認識は，相互に作用し，次代に向かって歩むことを手助けする。

スポーツの科学，技術，用具などは確かに進歩発展してきたが，ひとの“こころ”の本質は変わっただろうか。物質と共に精神が進歩発展するというのは思い込みに過ぎないようである。我々は，スポーツを取り巻く環境が変化し続ける中で，本書がスポーツ心理学の道標を示し続ける責任を果たせることを望んでいる。

2 本書の目的（誰のための本なのか）

スポーツ心理学の目的は，「あなたの人生にとって，スポーツと運動は何を意味するのか」という問いへの解を提供することである。したがって，本書の目的もこれから外れることはない。1800年代に始まったスポーツ心理学は，初めは競技スポーツのパフォーマンス向上のための心理的現象（課題）のメカニズムや解決の科学的根拠を示すことが主たる目的であった。その後，運動や健康に関する知的風景を発展させてきた。現在，その成果はスポーツをはじめ，教育，運動，健康，レジャー，レクリエーション，政策など様々な領域で応用されている。

本書のタイトルには，「これから学ぶ」という言葉がつけられている。これはスポーツ心理学に興味のあるすべての人々にスポーツ・運動の心理的現象を正しく理解するためのヒントを提供するという意味を含んでいる。

3 本書の位置づけ

スポーツ心理学が扱う領域は広範にわたる。本書では，欧米諸国でのスポーツ心理学の枠組みを眺めながら，第Ⅰ部2章で示すような「包括的スポーツ心理学」の枠組みを提案した。その歴史的背景からスポーツ心理学は，競技スポーツのパフォーマンスの強化と成績向上に貢献してきた。しかし，それに影響する様々な心的課題に対処する必要があり，それを補う分野として「応用スポーツ心理学」と，運動（motor/movement）の制御や学習などを扱う「運動心理学」を位置づけた。一方で，運動の心理的効果を扱う分野が立ち上がり，「運動心理学」が位置づけられた。ここでいう「運動」は，「exercise」の意味である。さらに健康に関わる分野が加わり，「健康スポーツ心理学」をサブ分野として位置づけた。これらを網羅して「包括的スポーツ心理学」の枠組みを示した。わが国の体育心理学・スポーツ心理学の進歩は，体育とスポーツが併存する独自の過程を歩んできたことの理解が必要である。

4 本書の構成

本書は，7部26章から構成されている。これからみてもスポーツ心理学の枠組みが，いかに広範か分かると思う。

第Ⅰ部 体育・スポーツ心理学の進歩では，わが国のスポーツ心理学のテキストでは取り上げられていなかった欧米諸国とわが国のスポーツ心理学の進歩の過程を，1章で概観している。過去のことを知ることは，かつてあったことを認識することではなく，自分の中に取り入れて創造することで新しいことを知るのだと思う。2章では，スポーツ心理学の多様性を示し，国際的なスポーツ心理学の枠組みとわが国のそれを比較検討することでわが国のスポーツ心理学の新しい枠組みを提案し，問題提起をしている。

第Ⅱ部 運動心理学では，ヒトの身体運動のメカニズムや作用について解説している。ここでの「運動」は「motor/movement」を指し，「exercise」ではない。1章と2章では運動の制御と知覚・認知を，3章では学習と指導を扱っている。そして，4章と5章は身体運動の制御システムについて，加えて脳神経科学からのアプローチを解説している。それを補うトピックスでは，運動イメージと脳活動の測定を紹介した。

第Ⅲ部 スポーツ社会心理学では，個別化（個人）と共同化（集団）と2つのカテゴリーに分けて，それぞれの心理的課題を扱っている。個別化のテーマとして動機づけ（1章），パーソナリティ（5章），そして新たに感情（2章）とライフスキル（6章）を取り上げた。共同化のテーマとしてグループダイナミックスの側面を3章と4章で取り上げた。そして，トピックスでは新たにジェンダーについて解説している。

第Ⅳ部 臨床スポーツ心理学では，これまでのテキストでは取り上げられてこなかった欧米諸国とわが国の心理サポートの進歩を歴史的に概観し，そこにみられる課題を分析し，将来の方向を1章で論じた。そして，わが国の心理サポート技法の中心に位置するスポーツメンタルトレーニングを2章で，スポーツカウンセリングを3章で取り上げた。ここで使われている「臨床」という言葉は，心理サポートに関わるカウンセリング（相談や面接）だけでなく，「こころと身体」についての実践的・現場的知識をも含めて広義な活動を意味している。また，トピックスでは，オリンピック選手への心理サポートの実際と，周囲からのサポート必要性を解説している。

第Ⅴ部 アスリートと市民の健康に関わるスポーツ心理学では，従来，スポーツの健康心理学で扱われる事柄を取り上げて解説した。ここで扱う運動は，「exercise」を指し，運動心理学の分野に含まれる。1章と2章では主として一般人の運動とメンタルヘルスの効果を解説している。新たなテーマとして，健康状態のモニタリング（3章）を加えた。4章と5章では，スポーツ選手のメンタルヘルスにも言及した。トピックスでは，スポーツ傷害と心的外傷後成長について解説している。

第Ⅵ部 パラスポーツの心理学では，わが国のスポーツ心理学のテキストでは，唯一取り上げられている新しい領域である障害者のスポーツ・運動活動の心理的効果を解説する。1章では，2006年から始まったパラスポーツ選手への心理サポートの現状と課題を，2章では障害者が行う身体活動や運動の心理的効果を本格的に扱った研究の成果を解説している。3章では競技スポーツとしてのパラスポーツが，障害者のこころにどのような変化と効果をもたらすか理論的に解説している。トピックスでは，パラアスリートへの心理的サポートの現状と課題を解説している。

第Ⅶ部 スポーツ心理学の研究法では，「これから学ぶ」ために必要な研究方法を取り上げている。1章でスポーツの心理的課題を検討するための研究法を，2章ではレポートや論文にまとめるための視点を示している。

第Ⅰ部

体育・スポーツ心理学の歴史と進歩

1800年代の後半から欧米を中心にスポーツの心理的事象を取り扱う分野としてスポーツ心理学が実験心理学を基礎として誕生し，応用心理学やエクササイズを対象とした運動心理学にまでその範囲を拡大した。一方わが国では，1924年に文部省国立体育研究所が開所され，心理部門が設置され体育心理学が誕生した。第Ⅰ部の1章では，欧米諸国とわが国のスポーツ心理学の歴史の流れと進歩の過程を概観している。2章では，スポーツの多様性と不確実性が顕在化する中で，スポーツ心理学分野も多様化していることを示し，国際的なスポーツ心理学の枠組みとわが国のそれを比較検討することでわが国のスポーツ心理学の新しい枠組みを提案し，将来を展望している。

1 スポーツ心理学の進歩

1 国際的にみたスポーツ心理学の歴史

スポーツ心理学の歴史は，他の学問と同じようにその時代背景を映しながら進んで来た。

ここでは，APA[注1)]Handbookと ISSP[注2)] Advancement in Mental Skills Trainingのレビューから概観する。

＊注1）APA：American Psychological Association（アメリカ心理学会）

＊注2）ISSP：International Society of Sport Psychology（国際スポーツ心理学会）

1 萌芽期：1830 (1890)-1919

心理学の領域をみると，コッホ(1830) が体操の心理学に関する本を出版した。また，1879年にヴントによってライプツィヒ大学に世界初の実験心理学研究室が開設された。その後,「催眠と筋力に関する事例（Gieger, 1884)」,「精神疲労と身体的パフォーマンス（Mosso, 1891)」,「フェンシング選手の反応時間（Scripture, 1894)」などが発表され，スポーツ心理学は，1890年後半から1900年初めにかけて，その原理についての研究が世界的に始まった。

1900年に入ってから，陸上競技選手をはじめとするスポーツ選手の心理的側面の研究が行われた。初期のスポーツ心理学研究には，その後の議論のきっかけとなったトリプレットの自転車競技選手の社会的促進の研究がある。この時代で注目すべきことの1つは，近代オリンピックの創始者であるクーベルタンが，1913年にスポーツ心理学に焦点を当てた最初の国際会議である“The International Congress of the Psychology and Physiology of Sport” をスイス・ローザンヌで開催した。クーベルタンはスポーツの心理学的側面の重要性に気づいており，トリプレットと共にスポーツ心理学の萌芽期の発展に貢献した人物である。2つ目は，1908年に発表されたヤーキースとドッドソンの「逆U字仮説」であり，覚醒と運動パフォーマンスの逆U関係を示し，スポーツ心理学の領域で推論され，それ以来殆どのスポーツ心理学の教科書で言及されている。

2 黎明期：1920-1940

1920年に，ルディックがモスクワのthe Institute of Physical Cultureに，シュルテがベルリンのthe German High School for Physical Exerciseに実験心理学研究室を開設した。また，ディームがスポーツ心理学研究所を開設した。日本でも1924年に，文部省国立体育研究所が開所され心理学部門が設けられた。1925年，グリフィスがイリノイ大学のスポーツ心理学研究室長に就任するなど，この頃から各国にスポーツ心理学の研究拠点が設置され始めた。そして，1928年に国際スポーツ医学連盟の規約に，スポーツに関する心理学研究の推進が明記された。同年，クーベルタンは国際スポーツ教育局を開設し，スポーツ心理学の研究を奨励した。この時代の主な研究は，スポーツ選手の運動指導と学習，心理的諸要因，適性と性格，反応時間とそれらの分析・評価法であった。

3 組織的発展期：1941-1965

スポーツ心理学研究の拠点の整備と活性化に伴い，パフォーマンス向上ための心理スキルの活用が注目され始めた。イエーツは，1940年代初頭にサンノゼ州のボクシングチームに，トレイシーは1950年のシーズン中にセントルイスブラウンズの野球チームに心理サポートを行った。さらに，パフォーマンス向上のための催眠法が提供された。1950年代後半から1960年代初頭にブラジルのサッカー代表チームも心理サポートを取り入れた。この間，ロシアでは応用スポーツ心理学の研究に取り組み，パフォーマンス向上に用いられ，プーニは心理的準備モデル(Model of Mental Preparation for Athletics)を提案し，ロシアのナショナルチームのトレーニングプログラムの一部になった。そして，日本，イタリア，イギリス，オーストラリア，ドイツにおいてもパフォーマンス向上に心理学を適用し始めた。

さらに，アメリカの大学では心理サポートの実践者や学生に対して，スポーツ心理学の教育と訓練を提供するコースが設置された。スポーツ心理学教育の発展は，アメリカだけではなく，ドイツやロシアでもみられた。

この時代の終盤になって，スポーツ心理学の学術的組織化の要望が高まり，特にロシア，チェコスロバキア，ブルガリアなどの当時の東欧圏では，国内学会の設立が相次いだ。日本においても，1961年に日本体育学会(現 日本体育・スポーツ・健康学会)に体育心理学専門分科会(現 体育心理学専門領域)が設置された。

4 学問的発展期：1966-1980

この時代は，国内外の学会の設立や学術会議の開催，研究誌(査読付き)での研究成果の発表が，さらに加速化した。

アントネッリが，世界のスポーツ心理学者に呼び掛けて，1965年に国際スポーツ心理学会(ISSP)を設立し，ローマで第1回国際スポーツ心理学会を開催し，その後，4年ごとに学会が開催され，1968年に第2回をワシントンDCで，1973年に第3回をマドリードで，1977年に第4回をプラハと続いて，2021年に第15回を台北市で開催している。国際的なスポーツ心理学の組織化が始まると，多くの国々が自国のスポーツ心理学領域の組織化への機運が高まり，1960年代後半には，イギリス，カナダ，ドイツ，北米，スイスにスポーツ心理学会が設立され，1970年代には，オーストラリア，ブラジル，エジプト，フランス，フィンランド，イスラエル，イタリア，日本，ポルトガル，スウェーデンに国内学会が設立された。

組織化に伴って，国内外での研究成果の発表が増えたことで研究誌の発刊が必要になった。最初の国際的な研究誌は，1970年に発刊された国際スポーツ心理学研究(the International Journal of Sport Psychology)であった。その他の研究誌は，“the Journal of Sport Psychology”“Journal of Sport Behavior”(アメリカ)，“the Japanese Journal of Sport Psychology”(日本)が1970年代に出版された。

この間に，スポーツ心理学の大学院プログラムの開発と導入の機運も高まり，ペンシルベニア大学とフロリダ州立大学においてスポーツ心理学専攻の教育プログラムが開始され，続いてイリノイ大学とウェストバージニア大学でも始められた。

さらに，パフォーマンス向上のための応用心理学の知見や手法の導入に世間の注目が集まり，応用スポーツ心理学が誕生した。また，アメリカではスポーツ心理学を利用する選手やコーチを指導するスポーツ心理学コンサルタントが誕生し，USオリンピック委員会(USOC)にはスポーツ心理学委員会が設置された。

5 変革期(基礎研究から応用へ)：1981-2000

この時期に入ると，多くの人々がスポーツ心理学の重要性に気づいて，その活用法への関心がさらに高まった。そして，選手やコーチに対して心理的側面への支援が，アメリカを始めとして各国で行われるようになった。その一方で，学術的努力はパフォーマンス向上のための心理スキルトレーニングの有効性を示すための研究が続けられた。

そして，心理的側面への支援が始まったことで，それが合法的かつ倫理的に行われるかという課題が生じた。この点について，USOCが主導的な役割を果たし，スポーツ心理学の分野を教育スポーツ心理学，臨床スポーツ心理学，スポーツ心理学研究の3つのカテゴリーに分けて解決を図り，さらに発展させるために，支援を行う専門的な組織が職業として使役される側面に，適切に対応するための具体策を講じることになった。1980年代に，応用スポーツ心理学会(AASP)とAPA 47部会によって，スポーツ心理学の専門家(コンサルタント)の資格認定と専門的トレーニングについて議論された。加えて，スポーツ心理学コンサルタントの雇用についても議論された。

さらに，1980年代には中国，オランダ，メキシコ，スペイン，インド，ナイジェリアにスポーツ心理学会が設立された。研究誌の数が2倍以上の11誌に増加し，スポーツ心理学が応用的実践に焦点を当て始めるに伴い"Journal of Applied Sport Psychology" や"The Sport Psychologist" などの応用スポーツ心理学の研究誌も発刊された。また，インターネットでのコミュニケーションの重要性が増して，1987年には電子メールでコミュニケーションを取ることができるsport psychology listservが開発された。

6 過渡期(多様化と情報化による新しい枠組みの創出)：2001-現在

スポーツ心理学の研究と実践は，スポーツ分野での重要な地位を担うようになった。そして，社会の多様化と情報化による新しいニーズに応えるために，学問的枠組みと方向性を修正してきた。その1つに，1999年に11誌あったスポーツ心理学の研究誌(査読付き)がここに来て26誌に急増し，言語も英語に限らず多言語化した。加えて，多種多様な研究誌をレビューするための専門誌(the International Review of Sport and Exercise Psychology)が刊行されたことでも分かる。

これらの研究誌をみると，スポーツ心理学の分野の多様性とその方向が見えてくる。臨床スポーツ心理学の研究誌は，選手のメンタルヘルスと心理的課題に焦点を当てている。また，2010年に刊行されたAPAの47部門の研究誌(Sport , Exercise and Performance Psychology)は，スポーツ選手だけでなく一般的の運動・スポーツ環境を含む広範な領域で，スポーツ心理学の概念を適用した研究を掲載している。他分野への拡がりは，スポーツ心理学の介入に特化した研究誌の刊行をみても明らかである。情報化の波は，スポーツ心理学の分野でも例外ではなく，LinkedIn，ResearchGate，Facebook，Twitterなどの専用ネットワークを支援する特定のウェブサイトを使用することで，世界中のスポーツ心理学の専門家が容易にコミュニケーションを取ることができるようになった。

このような多様化と情報化による進歩は，適応する対象範囲にも関係し，プロスポーツや大学の選手や組織だけでなく，軍事，舞台芸術などの分野での認知度の高まりによって，スポーツ心理学の専門家が様々な場面で支援を行う機会が増え，それぞれのポジションでの雇用が増えている。

2 わが国のスポーツ心理学の歴史と進歩

わが国では，教育としての体育とスポーツ活動としてのクラブ活動が並存する体育とスポーツ事情が，2つの研究・実践領域の形成過程に影響を与え，その状況を複雑にしてきた。その体育心理学とスポーツ心理学の研究は，その目的を同じくするものではないが身体運動の心理的課題を扱うことにおいて重なる部分が多い。つまり，「体育」という名称のもつ両義性が，体育とスポーツの心理学研究の範疇を曖昧にした。体育は身体活動を通した教育とみる限り教育の領域であり，身体活動の価値範囲に拡大し，自然的，文化的，社会的な広範な身体活動とすればスポーツの領域といえる。そして，現在では運動，競技，健康，社会活動にわたる広範な領域の心理的課題をスポーツ心理学が担っている。

1 わが国のスポーツ心理学の歴史

わが国のスポーツ心理学の歴史は，最初に論じたように体育とスポーツの歴史的文脈を無視することは出来ない。ここでは，日本体育学会体育心理学専門分科会の資料を中心にして概観する。

わが国の体育・スポーツ心理学の起源は，心理学にある。わが国で心理学の実験的研究が画期的に前進したのは松本亦太郎がドイツ留学を終えて，1914年に著した『精神動作学』に端を発し，田中寛一，寺澤厳男，松井三雄と引き継がれ，松井が文部省国立体育研究所に着任したことにより，体育やスポーツ現場での心理的課題の研究が本格的に始まった。

⑴草創期（1900–1972）

体育心理学は，1924年に，体育の学問的研究を行う目的で文部省国立体育研究所が開所されたことに拠り，東京大学心理学研究室（航空心理学）の助手であった松井三雄が心理担当の技手（ギテ）として着任したことから始まる。同所は第2次世界大戦の勃発により，1941年に閉所された。1950年に日本体育学会が設立され，1958年に学会の研究領域が分科され体育心理学専門分科会が発足した。1959年に松井三雄を中心にして「スポーツ心理研究会」が有志で始まり，日本体育協会にスポーツ科学研究委員会が設置されてスポーツ心理学に研究の目が向けられてきた。

⑵揺籃期（1973–1999）

1973年に日本スポーツ心理学会が設立され，松田岩男（東京教育大学）が理事長に就任し，1989年に会長制に移行し初代会長に松田岩男が就任したが，1992年にアメリカ・ボストンで不慮の事故に遭われ逝去され，第2代会長の藤田厚（1992-2001）がその遺志を継いだ。

この間，学問としての研究基盤を固めて社会的認知を得るために，学会が編集する啓蒙書として，1979年に『スポーツ心理学概論』，1984年に『スポーツ心理学 Q & A』，1998年に『コーチングの心理 Q & A』が発刊された。また，1979年には国際スポーツ心理学会の理事会を東京に誘致し，同時に「国際スポーツ心理学シンポジウム」が開催された。そして，1989年には，アジア南太平洋スポーツ心理学会（ASPASP）が設立され，藤田厚が初代会長に就任し，アジア・南太平洋地域のスポーツ心理学の中心的役割を担った。

⑶発展期（2000–現在）

スポーツ科学の飛躍的な発展に呼応するかのように国立スポーツ科学センターが2001年に開設されたのと前後して，2000年に学会が認定する「スポーツメンタルトレーニング（SMT）指導士」制度が発足した。これを契機にスポーツ心理学の研究とスポーツ現場での実践が飛躍的に進んだ。そして，第3代会長徳永幹雄（2002-2004）はSMT指導士の研鑽の場として「全国SMT指導士会」を組織した。第4代会長杉原隆（2005-2007）は，『スポーツ心理学事典』の編纂に尽力し2008年に刊行され研究基盤が完成した。第5代会長に猪俣公宏（2008-2010）が就任し，第6代会長石井源信（2011-2013）のときに「日本スポーツ心理学会40周年記念誌」が刊行された。第7代会長中込四郎（2014-2016年）のときに第7回アジア南太平洋スポーツ心理学会（2014）が東京で開催された。第8代会長荒木雅信（2017-2019年）は，学問的枠組みの再編と組織運営の一元化を意図し，体育心理学とスポーツ心理学の統合を図ろうとしたが実現に至らなかった。その後，第9代会長山本裕二（2020-2022），第10代会長筒井清次郎（2023-）と続き現在に至り，創設より50年が経った。

2 松井三雄と後藤岩男の体育心理学

わが国の体育心理学の創始者は，松井三雄先生と後藤岩男先生の二人であろう。『体育心理学』という銘の書は，松井が1930年と1952年に『体育心理学』を刊行しているが後者が基となっている。また，後藤は1940年に『最近體育心理学要論』を，1949年に『体育の心理』を刊行し，初学の徒に大きな影響を与えた。

松井は，「体育運動の中に知的活動が多く含まれている。例えば，野球の捕手は打者の特徴を記憶し，投手に投げる球種の指示を出している。これは記憶と思考の活動であり，身体運動には知的活動が多く含まれていて，知的経験が重要な部分を占める。また運動の種類には，非計画的なものと計画的なものがあり，さらに自発的なものと他発的なものがあるとし，理想的な体育は，非計画的・自発的運動である」と述べている。

また，松井は1959年に『スポーツ心理学』を著した。その著書の中で，「身体的最高能率を発揮するに必要な条件を心理学的に研究するのが，スポーツ心理学である」と定義している。そして，スポーツ心理学で取り上げる研究テーマとして，①発動力，②適性，③トレーニング，④テクニック，⑤策戦，⑥適応の6つを挙げている。

一方，後藤は東京文理科大学（東京教育大学の前身，現筑波大学）で心理学を担当し，児童心理学（要支援児童教育）を専門としていたが早逝された。後藤はゲシュタルト心理学の研究者であり，体育の人格形成と適応について関心をもち，「體育の心理，運動を行っている人の心の動きというのは非常に面白い，心理学の問題としても，體育に関係ない人でも，これは非常に面白い問題」と著書の序文に書いている。その内容の核心は，体育運動における自我の活動を2つに分けて，思考に代表される非現実的な活動を「内の場の活動」とし，運動に代表される現実的な活動を「外の場の活動」として捉えている。そして，内の場と外の場は相属していて，互いに相制的であるという点である。つまり，「内の場」である思考活動を活発に活動させるためには，「外の場」である運動が抑制されなければならず，「外の場」である運動を活発に行うためには，「内の場」である思考活動をある程度まで抑制しておかなければならず，2つの場を同時に活性化させることはできないと述べている。そして，運動を活発に行うことで外の場が分化し，思考活動を活発にすれば内の場が分化するが，長期間，スポーツだけに専念している人間は，それが習慣化し内の場の分化が行われず繊細で深い思考ができなくなり，鋭敏で豊かな感性を失ってしまうことが危惧されるとし，その逆も指摘している。この書は，当時の体育人にとっては刺激的な内容であると同時に説得的でもあった。

【文献】

荒木雅信（2018）体育・スポーツ心理学研究の射程．体育科教育，2：12-15.

荒木雅信（2020）体育心理学研究の「曲り角」再考.体育の科学，Vol. 70, No.8, pp.599-603.

後藤岩男（1940）最新體育心理學要論．目黒書店, pp.69-88.

後藤岩男（1949）体育の心理．金子書房, pp. 87-89.

Kornspan. A S. & Quartoroli, A (2019) Chapter 1 A Brief Global History of Sport Psychology, APA Handbook of Sport and Exercise Psychology. APA, pp. 3-16.

松井三雄（1952）体育心理学．体育の科学社, pp. 1-7.

松井三雄（1959）スポーツ心理学．同文書院, pp. 1-4.

鷹野健次（1993）分科会30年の活動を顧みて将来を考える．第44回日本体育学会，体育心理学専門分科会キーノートレクチャー，大会抄録集.

Terry P, C. et al. (2021) Advancement in Mental Skills Training An introduction, Advancement in Mental Skills Training. Ed. Maurizio, B.et al., pp. 2-3.

時本識資，長田一臣（1988）体育心理学からスポーツ心理学へ―日本におけるスポーツ心理学の成立事情―．日本体育大学紀要，17(2), pp. 33-41.

スポーツ心理学の新しい枠組みの構築

スポーツ心理学のテーマは，“人生においてスポーツと運動があなたにとって何を意味するのか”を考えるきっかけを提供することである。歴史は，私たちが前を向き過去からの教訓を学ぶのに役立てるのに必要である。世界中のスポーツ心理学の専門家がこの分野の発展に貢献した足跡を理解するために，その歴史的概要を前章で示した。

1 欧米諸国のスポーツ心理学の概念的枠組み

欧米諸国のスポーツ心理学の英語表記をみると，"Sport and Exercise Psychology" となっているものが多く，スポーツ心理学(Sport Psychology)と運動心理学(Exercise Psychology)は概念的距離を置くものであることを理解した上で，スポーツ心理学の枠組みを考えると，「スポーツ」，「運動(Exercise)」と「健康」の分野に大別される。それぞれをスポーツ心理学，運動心理学と称し，運動心理学に“健康スポーツ心理学”が含まれ包括的である。

スポーツ心理学は，スポーツパフォーマンスの強化と競技成績の向上を目的とする。そして，競技スポーツに関係する心理的事象がその対象であり，心理的原理を基にした知識，方略，技術の使用に関係する。そのサブ分野として応用スポーツ心理学(Applied Sport Psychology)がある。応用スポーツ心理学は，スポーツパフォーマンスだけに関係するものではなく，スポーツのあらゆる問題に対処するための心理学の知識，方略，技術の使用を対象とする。

運動心理学は，「運動への参加に影響を与える心理的要因」と「運動による心理的成果(メンタルヘルス)」を研究する分野と定義され，運動科学と心理学が融合したものである。その対象範囲は広く，実験，臨床，社会，人格，発達心理学の中核分野が含まれている。これに含まれるもう1つの分野として健康スポーツ心理学が位置づけられる。健康に関するスポーツ心理学では，行動医学の台頭や社会生態学モデルの発展と相まって，社会的，文化的，環境的，政策的な問題を含む多様な心理的構造をもつ運動心理学を利用して，健康の保持に身体運動の習慣化とその重要性を示唆してきた。ここでいう「運動」は，体力の維持・改善を目的とした動きの構造と定義し，運動心理学は，身体活動における心身の相互関係とその決定要因，および行動変容に影響する心理的要因と方略の研究と定義する。

一方わが国では，この分野の中核にあった体育心理学は，その目的や扱う対象から，新しい枠組みでは運動心理学に含まれる。体育心理学は，青少年の体力向上と人格形成が主要なテーマとなる。体育は身体運動を通した全人的教育であるとしながら，「体育心理学研究の範疇は」と問われると，それに答えることはやさしいことではない。鷹野は「体育現象に対して心理学的な立場から研究するもの」としながら，時代によって体育の概念が変遷し，かつ体育事象にもいろいろな側面があるので，言葉の定義だけではその扱う内容を明確に伝えることは難しいと指摘している。以下では，わが国におけるこれまでの枠組みを概観し，将来に向けた新しい枠組みを考えてみたい。

2 わが国の体育心理学研究の概要

わが国でこれまで出版された『体育心理学』と題した著書を参考にして，体育心理学が扱う研究課題を検討した。松井は，体育心理学が扱うべき課題について，先ず体育事象の目的と目標およびそれらを達成するための方法の明確化を挙げ，次に学習者の発達過程における個人差の把握と運動課題の妥当性，そして最後に改善のための評価の3つの段階に分け，いずれの段階においても心理学的立場からの研究課題が含まれており，それを研究し体系化することの重要性を強調している。

そこで，過去の体育心理学分野で研究されてきた内容について概観し，体育心理学研究の範囲をみていく。研究領域の分類は，藤善，中村(1969)と和田，鷹野(1975)によって行われている。これらの分類基準には違いはあるものの，概ね，藤善らのように区分することができる。鷹野によれば，この区分は教育の構造に対応しているという。つまり，「原理」には，体育の方針，教材のあり方など教師側に関連した内容が含まれ，「発達，学習，適応」には学習者の状態に関連し，身体・運動・心理面などの学習者側の諸問題が含まれ，「指導」には教師が学習者にはたらきかけるときの諸問題，教師と学習者との相互関係の問題が含まれる。このように，体育心理学研究の課題は教育と関連しているが，これらの課題は学習者の状態の把握と指導に関するものが多く，体育心理学研究は教育の対象と方法に関するものといえる。また，和田は体育心理学に関する研究が減少し，スポーツ心理学に関する研究が増加する傾向にあることを指摘している。この傾向は，この後さらに加速化していくことになる。

表1 日本体育学会(現 日本体育・スポーツ・健康学会)の研究発表のコード表（体育心理学）

綱(分類)	目(項目)	綱(分類)	目(項目)
原理	理論 歴史 研究方法論 その他	発達	発達段階 身体と運動の発達 運動遅滞 認知・情動の発達 社会的発達 ライフスキル 運動と遊び その他
運動学習	運動制御 運動学習 認知情報処理 認知訓練 技能評価・フィードバック 学習過程・練習法	指導実践	個人差・学習者の特性 体育指導者 スポーツ指導者 ゲーム分析 指導効果 指導言語 学習指導行動の観察・分析 その他
動機づけ	スポーツ・運動参加 運動の楽しさ・運動嫌い 内発的動機づけ 達成目標 覚醒とパフォーマンス 原因帰属 その他	健康心理	メンタルヘルス 心理社会的効果 ストレスマネジメント 疾病(生活習慣病)予防 運動行動の決定因 行動変容・介入 運動処方 その他
パーソナリティ	パーソナリティテスト 自我・自己概念 自己実現・個性化 パーソナリティ特性と適性 パーソナリティ形成(変容と発達) 運動・スポーツ行動 態度 その他	心理支援	心理査定・診断 適応(個人・集団) 問題(問題行動) カウンセリング 心理療法 運動療法 キャリアトランジション その他
社会心理	集団特性 リーダーシップ ライフスキル 社会性と社会的影響 ジェンダー 対人認知・影響 コミュニケーション チームビルディング その他		

1 日本体育学会(現 日本体育・スポーツ・健康学会)の研究発表コード表にみる体育心理学研究

2009年に，体育心理学専門分科会(現 体育心理学専門領域)において研究の発表コード表が見直され，2010年から適用された(**表1**)。この見直しは，これまでの研究に基づいて分類されたものである。表のように体育心理学の課題を残しながらも，スポーツ心理学の課題を加え広範になっている。また，隣接する専門領域のそれをみると，体育社会学では「体育・スポーツ・プレイの社会心理学的研究(モラール・集団意識・凝集性など)」が，運動生理学では「神経－筋機能(学習・トレーニング効果)」が，体育経営学では「複合・総合領域(リーダーシップ)」が，発育発達では「その他(精神・心理)」が，体育方法では「指導内容・指導方法について(精神・心理面)」が，体育科教育学では「教授・学習指導論」が挙げられて，体育心理学研究が他領域の研究課題と融合し，研究の学際化が成されてきた。このことから，体育心理学研究をみると体育事象の中での教師・学習者の心理学的課題にとどまらず，スポーツ事象にまで範囲を拡げている。

2 わが国のスポーツ心理学研究

「スポーツ」は競技を含む広範な身体活動とした場合，スポーツ心理学研究の範囲は，さらに広くなる。スポーツの心理学的研究は新しい課題ではない。それは，国立体育研究所の研究誌「體育研究」の中に，スポーツ心理学に関する研究がみられることでも明らかである。松井は著書『スポーツ心理学』の冒頭で，スポーツを「身体的最高能率発揮のための闘争」とする一方で，「その過程における経験による内的変化に基礎をもつものである」とも述べている。そして，スポーツにおける内的(こころ)変化と外的(身体)変化に関連させて，身体的最高能率を発揮するのに必要な条件を心理学的に研究するのがスポーツ心理学であるとしている。

日本スポーツ心理学会の研究発表をみると，初期にはスポーツ事象における基礎的・理論的研究が多く，「運動学習」関係として知覚，練習，トレーニング，コンディショニング，作戦，「運動適応」関係として性格，カウンセリング，競争と協同，生活，性，年齢などが研究課題として取り上げられた。1980年代になって，知覚，学習，指導，パーソナリティ，コンディショニング，態度，社会／集団，動機，コーチング，セラピー，テスト／測定評価など研究の細分化が始まった。2000年のスポーツメンタルトレーニング指導士認定制度の開始から，メンタルトレーニングや臨床心理などのスポーツ選手・コーチへの心理サポートに関係する心理技法(リラクセーション技法，思考，目標設定，行動変容など)や事例研究(カウンセリング)などの応用研究が加わるようになった。

3 スポーツ心理学研究の新しい包括的な枠組み

以上のように，体育学の一専門分野である体育心理学と，並存するスポーツ心理学の成立過程と研究の範囲を概観してきた。20年程前から体育・スポーツの心理学に「運動心理学」という分野が起こり，3つの研究分野に区分されるようになった。調枝は，運動心理学を「身体運動の多様な運動行動を心理学的に研究する基礎科学」と定義し，「運動心理学の知見や研究方法を教育に適用する体育心理学とスポーツに適用するスポーツ心理学があり，それらは応用科学として発展している」と述べている。そして，この区分はあくまで便宜的なものであり，現代科学の潮流である学際的な枠組みの中で，研究者の発想も研究方法も柔軟で相互補完的になっていて，運動心理学の研究領域として感覚・知覚系の情報処理，注意や認知機能の生理心理，運動記憶，運動の学習と制御，運動発達，情動としての覚醒水準や動機づけ，運動と健康，メンタルトレーニングの臨床的支援を挙げている。

わが国のスポーツ心理学は，これまで払われてきた努力を基にし，スポーツ・運動事象の心理学的課題の解決に努めなければならない。加

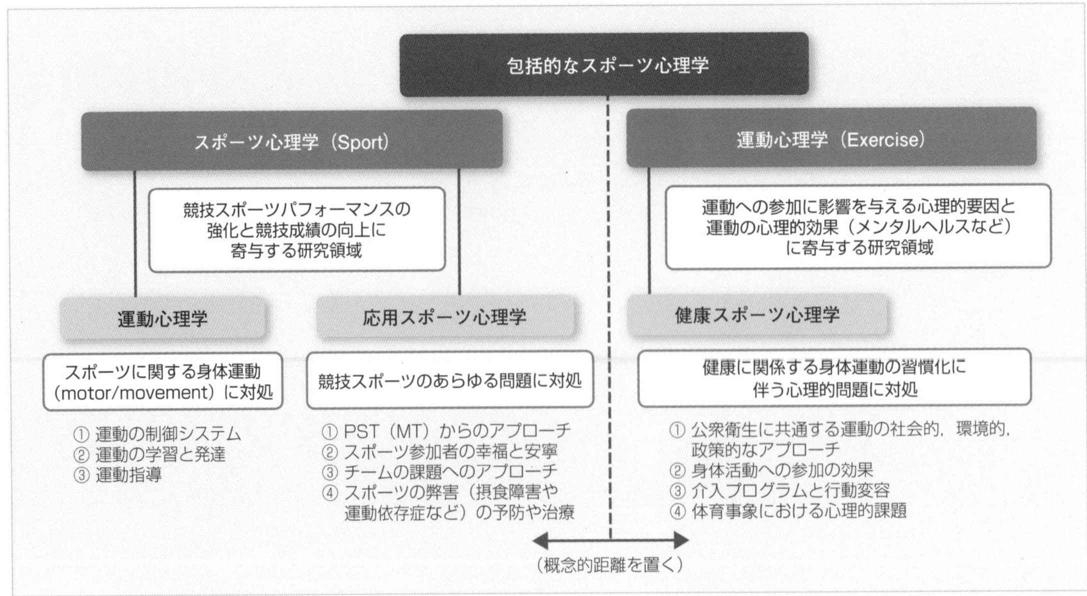

図1 包括的なスポーツ心理学の枠組み（荒木作図，2023）

えて，国際的な動向などを踏まえると，わが国のスポーツ心理学の枠組みも改変せざるを得ない状況にある。**図1**で示すように，スポーツ心理学を「スポーツ」と「運動」に大別し，「健康」は運動心理学の領域に含まれ，その枠組みはハイブリッドな構成となっている。競技スポーツを対象とするスポーツ心理学と，運動と健康を対象とする運動心理学は概念的距離を置きつつ，それぞれのサブ分野に，運動心理学（破線の枠部分）・応用スポーツ心理学と健康スポーツ心理学が位置することになる。スポーツ心理学のサブ分野にある運動心理学の「運動」は「motor/movement」を意味する。このような学問分野の構成はわが国の進歩の過程から生まれた独自の枠組みである。しかし，身体運動の制御や学習，発達の分野は，こころの仕組みを探求する神経・脳科学の分野に移行し独自の分野を確立しつつある。

包括的なスポーツ心理学は，スポーツ心理学と運動心理学に大別され，概念的距離を置きつつ他の学問分野と融合し，スポーツ現場の事象や意見を取り入れて新しい枠組みを作り上げないとスポーツ・運動の場から消えることになる。

【文献】

荒木雅信（2018）体育・スポーツ心理学研究の射程．体育科教育，2, pp.12-15.

藤善尚憲，中村昭子（1969）体育・スポーツに関する心理学的研究について ―体育学研究とResearch Quarterly の検討―．天理大学学報．

松井三雄他（1959）スポーツ心理学．松井三雄〔編〕，同文書院，pp.1-4.

松田岩男（1979）体育心理学．現代保健体育学体系4．大修館書店，pp.1-13.

松田岩男他（1987）新版　運動心理学．松田岩男，杉原隆〔編著〕，大修館書店，pp.1-6.

鷹野健次他（1972）体育心理学研究．杏林書院，pp.1-19.

調枝孝治（2001）序章 運動心理学の展開．調枝孝治先生退官記念論文集刊行会〔編〕，遊戯社，pp.8-15.

鈴木清他（1995）体育心理学 改訂版．実務教育出版，pp.4-17.

Terry, C. P.（2011）“16 Applied Sport Psychology Beware the Sun, Icarus”． IAAP Handbook of Applied Psychology, IAAP, pp.386-410.

和田尚，鷹野健次（1975）体育心理学研究の成果と課題．体育の科学，25⑿, pp.796-799.

第Ⅱ部

運動心理学

「運動心理学」はわが国のスポーツ心理学の枠組みの特徴を表し，ここでの「運動」は「motor/movement」を指し，「exercise」ではない。1章と2章では運動の制御と知覚・認知について，3章では学習と指導について基本的な考え方を示している。そして，4章では身体運動の制御システムについて，5章では脳神経科学から運動への機能的なアプローチを解説している。それを補うトピックスでは，運動イメージと脳活動の測定についての知見を取り上げている。

人の「こころと身体」の相互作用を理解するための運動学，神経生理学や脳科学の知識は，ヒトの身体運動のメカニズムやその作用を通して，スポーツする人の「こころ」を理解するための基本的な材料である。

1 運動の制御

スポーツの場面では，時々刻々と変化する状況に対して，適切な行動をとることが要求される。適切な行動をとるためには，状況の変化を予測・把握し，目的とする運動の制御を行う必要がある。本章では運動の制御に焦点を当て，まず運動制御の仕組みおよび一般法則について説明する。その後，プレッシャー下での運動制御およびアスリートの運動制御について概説する。

1 運動制御の仕組み

1 運動を制御する神経メカニズム

スポーツでは多くの場合，身体の運動を伴うため，運動を適切に制御することは試合成績などを含めパフォーマンスに直結する。例えば，野球のピッチングにおいて，キャッチャーが構えるミットに対してどれだけズレ(誤差)の少ないボールを投げ続けることができるかはバッターをアウトにする要因の1つであり，勝利に寄与し得る。

スポーツの場面において，私たちは外界の状況を把握した上で，運動を実行することを基本とする。例えば，野球のバッティングにおいて，バッターはピッチャーから投じられたボールの情報に基づいてバッティング動作を実行する。このように外界の状況を把握するために，ヒトは眼から視覚情報，耳から聴覚情報，皮膚や骨格筋から体性感覚情報といった感覚情報を取得する。これら種々の感覚情報は脳に入力され，情報の統合が行われる。そして，統合された情報に基づき，脳が運動のための指令を生成し，それを脊髄経由で骨格筋に送ることで運動を実行する。

2 運動を予測する仕組み

運動が実行されると，その運動の結果は，視覚情報や体性感覚情報として，脳にフィードバックされる。そして，これらフィードバックされる感覚情報に基づき，必要に応じて運動を修正する。しかし，フィードバックされる感覚情報が脳に入力され，運動が修正されるまでには数百ミリ秒程度の時間遅れが発生する。この時間遅れはわずかなように思えるが，円滑かつ素早い運動を実行する際には無視することのできない時間となる。そのため，この時間遅れを克服するために，脳は，実際にフィードバックされる感覚情報の取得に先立ち，遠心性コピー(という脊髄ではなく脳内に送られる運動指令のコピー)を介して出力される運動の結果を予測するのである。フィードバックされる感覚情報への依存が大きいと，時間遅れのあるフィードバック情報を待って運動指令を修正することになるため，ぎこちない運動となってしまう。私たちは，このような脳による運動の予測を通じて円滑で素早い運動を実現しているのである。なお，私たちの脳には，運動とその指令との関係をシミュレーションする機構が備わっていると考えられており，この機構を内部モデルと呼ぶ(**図1**)。内部モデルには，逆モデルと順モデルがあると言われる。逆モデルは，ある運動を実行するためには，どのような運動指令を出力すればよいかを計算するモデルであり，順モデルは，ある運動指令を出力したときに，どのように身体が動き，どのような視覚情報や体性感覚情報がフィードバックされるかを計算するモデルである。**図1**の場合，逆モデルは，ボールを握っている手を上げる(目標とする運動)ための運動指令を決め，順モデルは，その運動指令(遠心性コピー)が手をどのように動かすのかを予測する。このような内部モデルを私たちの脳が有することが，スポーツにおける巧みな運動制御を可能にする1つの要因と言える。

3 運動の自由度を減らす仕組み

スポーツにおける運動のほとんどは多関節運動であり，全身性の運動が多い。上述のピッチング動作においても，ボールを握っている手が多関節であるだけでなく，前腕や上腕といった上肢の運動を制御することに加え，下肢や体幹の運動までをも上肢と協調させつつ制御する必要がある。このことは，私たちの運動において，制御すべき変数の数である自由度が大きいことを意味しているが，自由度が大きいがゆえに，多様な運動が可能になっているとも言える。また，ヒトの全身には数百の骨格筋があり，それら骨格筋は多くの関節を構成するわけであるが，わずか1つの関節での運動（つまり単関節運動）においてもその運動に必要な骨格筋活動の組み合わせ数は膨大である。これだけ複雑な構造をしている身体運動を制御するには，自由度を減らす必要があるが，それを可能にしているものとして筋シナジーが挙げられる。筋シナジーとは，機能的に類似した骨格筋をグループ化して制御する様式で，ヒトはこの筋シナジーを採用しているものと考えられている。筋シナジーにより，運動制御における大きな自由度に対処していると考えられる。

2 運動制御に関わる一般法則

1 速度と正確性のトレードオフ

スポーツの多くの場面で，高速かつ正確な運動を要求されることは多い。例えば，野球のバッティングにおいて，ピッチャーが投じたストレートに対して強打する際，バッターは高速かつ正確なスイングを行わなければならない。しかし，これら双方を高い水準で満たす（両立する）ことは難しい。スイングが高速になるほど，ボールにバットを正確に当てることは難しくなる。逆に，ボールにバットを正確に当てようとすると，スイングの速度は低下する。このような速度と正確性の関係性を，速度と正確性のトレードオフと呼ぶ。

2つの標的間を素早くタップする実験課題において，標的間の距離（運動振幅）が増加するに

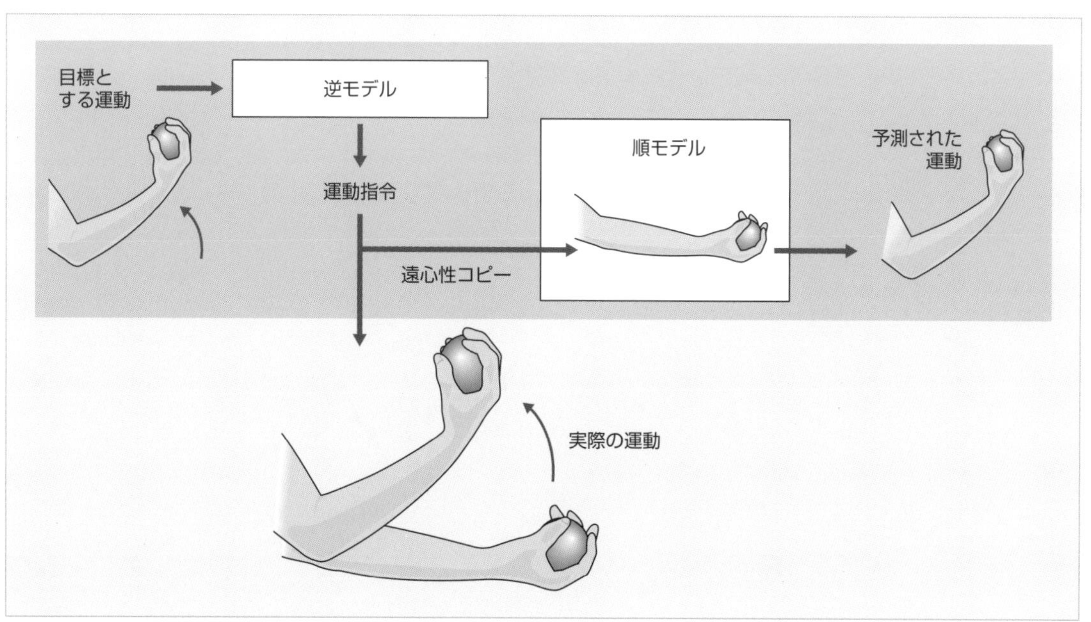

図1 逆モデルと順モデル（Kandel et al. 2014を改変）

つれて，また標的の幅が小さくなるにつれて，運動時間が増加することが知られている。これらの関係性を数式で表現したものを，フィッツの法則と呼ぶ。フィッツの法則は，運動振幅と標的幅との比（運動の難易度）の変化に応じて運動時間が変化することを示す（**図2**）。

また，高速で標的を狙うエイミング課題において，運動終点のバラつきを測定すると，運動の速度が大きくなるにつれて，終点のバラつきも大きくなることが確認されている（**図3**）。

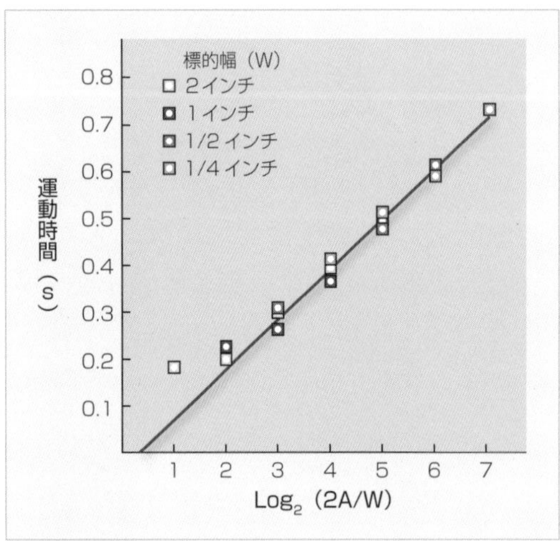

図2 運動振幅（A）・標的幅（W）と運動時間との関係性（Schmidt and Lee，2020を改変）

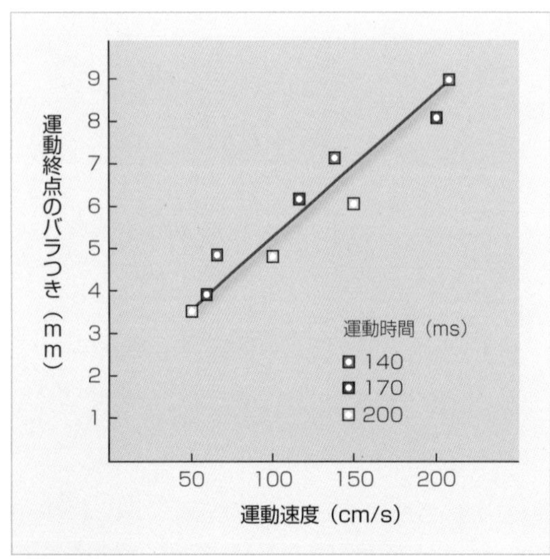

図3 運動の速度と終点バラつきの関係性（Schmidt and Lee，2020を改変）

2 運動の変動性

スポーツの熟練者は優れた運動制御能を示す。しかし，熟練者でさえ，常にまったく同じ運動を実行することは困難である。例えば，高校生とプロ野球のピッチャーで投球の分布を比べると，高校生に比べてプロ野球のピッチャーは精度高くボールをコントロールすることができるが，プロ野球のピッチャーでさえ投じたボールはばらつくことが知られている。このようにスポーツの熟練者でさえ，大なり小なり運動の変動性を示すのである。

上述のピッチングより単純な運動課題である力発揮課題においても，試技間で同じ力を生成しようとした場合に，発揮される力は試技間で変動することが知られている。また，標的とする力を設定し，標的に力を合わせる課題においても，発揮される力の程度が大きくなるにつれて（力発揮の最大値に対する70％程度まで），力の変動が大きくなることも知られている（**図4**）。この知見は，スポーツにおける運動制御において，高い正確性が要求される場合には，力発揮の程度を考慮する必要があることを示唆している。

このように私たちが実行する運動は大小様々な変動を伴う。そのためスポーツの場面はじめ私たちが運動を行う際には，運動の変動性を考

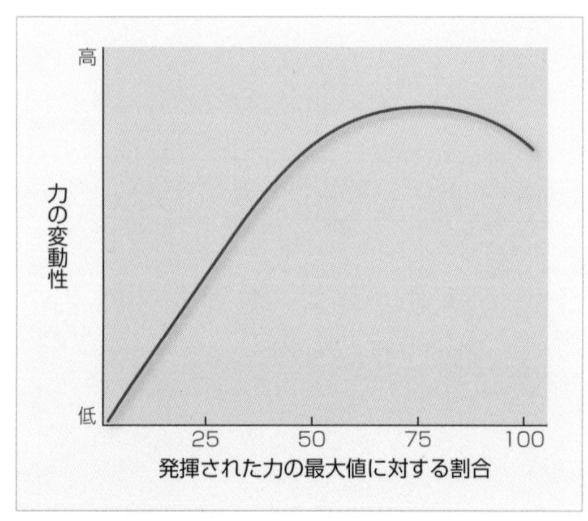

図4 力の発揮レベルと変動性の関係性（Schmidt and Lee，2020を改変）

慮し，状況に応じて運動制御することが重要である。

3 プレッシャー下での運動制御

1 プレッシャー下での運動パフォーマンス低下

試合といった本番でのプレッシャーは，時に選手の注意や集中力を高め，重要な場面での高い運動パフォーマンス発揮につながることがある一方で，プレッシャー下において選手自身の持つ実力が十分に発揮されず，運動パフォーマンスが低下することも少なくない。例えば，引退のかかる重要な試合でのプレッシャーが，本来発揮できるはずの運動パフォーマンスを低下させる。このように，プレッシャー下におけるパフォーマンス低下のことをあがり（チョーキング）と呼ぶ。

では，このあがりにおいて，具体的にどのような運動パフォーマンスの低下や運動制御上の特徴が確認されるのであろうか。例えば，プロのサッカー選手を対象にペナルティキックに対するプレッシャーの影響を調査した研究（Ellis & Ward, 2022）は，高いプレッシャー下でキックしたボールのばらつきが大きくなることを報告している。吉江ら（Yoshie et al. 2009）はまた，熟練ピアニストを対象に，ピアノコンクールの本番とリハーサル時それぞれで演奏中の上肢・体幹の筋活動を測定している。結果，コンクール本番での筋活動はリハーサル時でのそれに比べて大きく（**図5**），前腕の筋では屈筋と伸筋が同時に活動することで関節が動きにくくなる共収縮も確認されている。なお，芸術性や表現力，リズムといった演奏パフォーマンスに関する審査員の評価も，リハーサル時に比べて本番で低くなったことが報告されている。このように，プレッシャー下では運動の変動が大きくなったり，不要と考えられる筋活動の増加が生じるなど，プレッシャーは通常とは異なる運動制御を引き起こし，運動パフォーマンスを低下させ得る。

2 あがりを引き起こす要因

プレッシャー下でのパフォーマンス低下であるあがりを引き起こす要因の1つとして考えられているのが注意である。あがりを引き起こす注意については，自身の運動に意識的に注意が向けられることによってあがりが生じるというものと，自身の運動から注意がそらされ運動への注意が減少することによってあがりが生じるという大きく2つの考えが存在する。

スポーツでは日々繰り返し行う練習によって運動は習熟する。そのように習熟した運動は，運動制御の情報処理プロセスにおいて自動化される。しかし，プレッシャー下では，運動パ

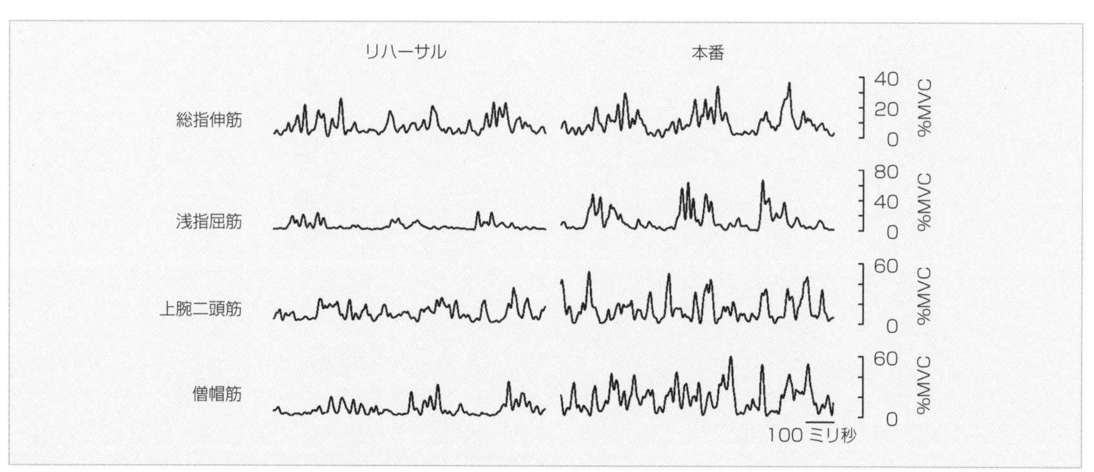

図5 リハーサル時および本番での筋活動（Yoshie et al. 2009を改変）
注）%MVCは発揮された力の最大値に対する割合を示す。

フォーマンスに対する不安から自身の運動に対して意識的に注意が向けられ，運動制御の自動性が乱れる(脱自動化が引き起こされる)ことで，運動パフォーマンスが低下すると考えられている。このようなプレッシャーによる運動への意識的な注意に基づく運動パフォーマンスの低下に対しては，運動の意識的制御を弱めることが肝要である。例えば，二重課題を用いることで自身に向けられる注意をそらすことが，運動パフォーマンスの低下を緩和させる介入の1つとして考えられている。なお，自動性が維持されることは，試合における戦術や相手選手に注意を向ける量を増やすことができるため，運動パフォーマンスだけでなく，試合全般における高いパフォーマンス発揮につながり得る。

他方で，プレッシャー下での運動パフォーマンスに対する不安が，運動課題に関係のない情報へと注意をそらせることで，運動課題に対する注意が減少し，運動パフォーマンスが低下するという考えもある。例えば，試合において観客に注意が向くことで，運動への注意が減少し，運動パフォーマンスが低下するというものである。このような，プレッシャー下において，運動課題に関係のない情報へと注意が向けられることに基づく運動パフォーマンスの低下に対しては，運動課題に注意を向けるよう配慮することが肝要である。例えば，プレパフォーマンスルーティンと呼ばれる運動実行前の系統立った思考や行動シーケンス，クアイエットアイと呼ばれる運動実行前の標的注視などが有効な介入として考えられている。

あがりを引き起こす他の要因として，性格特性も挙げられる。例えば，ナルシシズムが高いほど，あがりが小さいことが報告されている。また，特性不安が高い場合および自信が低い場合は，あがりが生じやすいとされる。

3 あがりの神経メカニズム

自身の運動に対して意識的に注意が向けられることで生じるあがりの神経メカニズムに関しては，プレッシャー下での左半球(特に側頭葉)の脳活動が関連することが示唆されている。また，自身の運動から注意がそらされ運動への注意が減少することで生じるあがりの神経メカニズムに関しては，前頭前野の活動が関係することが示唆されている。

興味深いことに，運動を実行する前に片手でボールを握ることであがりが軽減されることが報告されている。これはあがりに対する介入の1つとして考えられるが，その神経メカニズムとして片手でボールを握ることに基づく脳の広範な活動減少が示唆されている(Cross-Villasana et al. 2015)。

なお，プレッシャー下では自律神経系も影響を受けることが種々の研究で報告されている。例えば，上述の吉江ら(Yoshie et al. 2009)において，ピアノコンクールのリハーサル時に比べて，本番では平均心拍数や発汗率が増加することが報告されている。このことは，あがりを発生させるストレスフルな状況は，脳による筋制御だけでなく，自律神経制御にも影響を与えることを示している。

4 アスリートの運動制御

1 反応時間から見た特徴

スポーツの試合場面において，状況の変化に対して素早く適切に行動することは，試合の勝敗を左右する要因の1つである。例えば，サッカーのペナルティキックにおいて，ゴールキーパーはキッカーの放ったボールに対して，事前予測を踏まえつつ，できる限り素早く反応しなければならない。また，野球の試合において，盗塁を試みようとするとき，ランナーはピッチャーによる牽制球に注意を払いつつ，ピッチャーがキャッチャーに向けてボールを投じた瞬間に，素早く盗塁を開始しなければならない。

このような例をはじめとして，スポーツの試合場面では，状況を判断し，素早く適切に反応しなければならないことが多い。これら状況の判断と，その判断に基づく反応の生起は，主に脳による情報処理が基盤にあると考えらえる。

この情報処理のプロセスを評価するための行動学的指標として，反応時間が古くから広く扱われてきた。本項では，まず反応時間を測定する方法について説明した上で，反応時間におけるアスリートの特徴を示す。

反応時間とは，刺激の呈示から反応の生起までにかかる時間を指し，この時間が長いほど，複雑な情報処理がなされたとみなす。反応時間の測定では，ディスプレイに刺激を呈示し，その刺激に対して，手指によるボタン押しで反応させることが多い。ボタン押し以外にも，マットスイッチを使用して，足がマットから離れることで反応を測定することもある。

反応時間を測定する際によく用いられる課題として，単純反応時間課題，選択反応時間課題，およびGo/No-go反応時間課題がある（**図6**）。単純反応時間とは，予め定められた1種類の刺激の呈示から，同じく予め定められた1種類の反応までにかかる時間のことである。**図6**の左図は，単純反応時間課題の実験手続きの例を表しており，黒色の四角が呈示されてからボタンを押すまでに要する時間が単純反応時間となる。なお，黒色の四角が呈示される前に，十字などが呈示されることがある。これは注視位置を教示するためである。

選択反応時間とは，予め定められた複数の刺激のいずれかが呈示されてから，刺激に応じて予め定められた反応までにかかる時間を指す。**図6**中央の図は，選択反応時間課題の実験手続きの例を表している。黒色の四角が呈示された場合には黒色のボタンを押し，灰色の四角が呈示された場合には灰色のボタンを押す。この際の反応時間が，選択反応時間である。刺激とそれに応じた反応の数が増えるほど，反応時間が遅延することが知られている。

Go/No-go反応時間は，弁別反応時間とも呼ばれ，予め定められた複数の刺激のいずれかが呈示され，特定の刺激に対してのみ反応する(Go)際の反応時間である。この場合，刺激によっては反応してはならない(No-go)刺激が存在し，その刺激もまた呈示される。**図6**の右図は，Go/No-go反応時間課題の実験手続きの例を表しており，黒色の四角が呈示された場合にはボタンを押し，灰色の四角が呈示された場合にはボタンを押さない。これら3種類の反応時間課題以外にも，複数の妨害刺激の中に，反応すべき標的刺激が存在するか否かを判断する視覚探索課題などでも反応時間が測定されることがある。

上述のように，スポーツの試合場面において，素早くかつ適切に反応することは，勝敗を左右する要因の1つである。それゆえ，状況を素早くかつ適切に判断し，行動に移すトレーニングは，スポーツの練習場面において種々認められる。野球のバッティング練習は顕著な例であろう。野球の打者は原則，ストライクを打ち，ボー

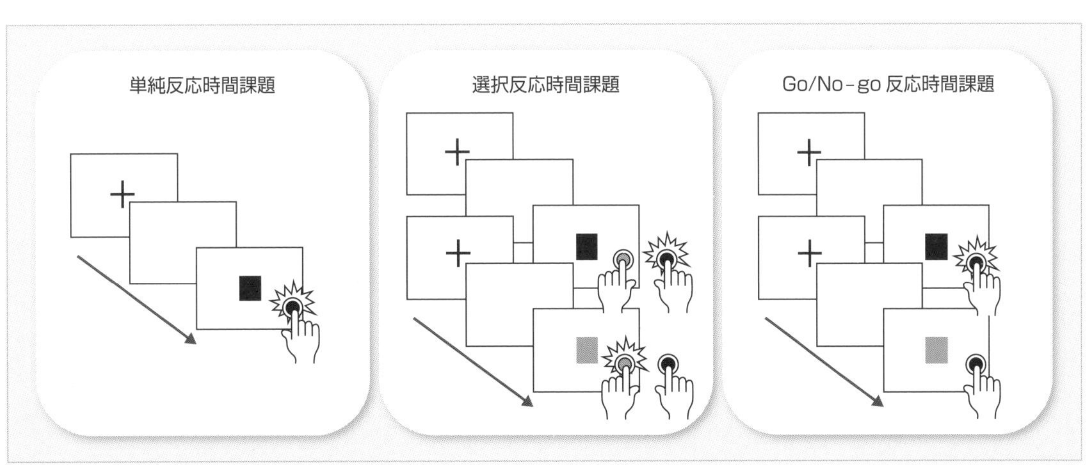

図6 3種類の反応時間課題（筆者作成）

ルは打たないことが要求されるためである。このような野球のバッティング練習は，上述のGo/No-go反応時間課題に相当すると言えよう。

実際，バッティング練習を日常的に実施している野球選手は，Go/No-go反応に優れていることが明らかにされている(Kida et al. 2005)。**図7**は，一般大学生，大学のテニス選手，大学の野球選手，およびプロ野球選手に対して，単純反応時間課題とGo/No-go反応時間課題を実施した際の反応時間を示している。単純反応時間は，一般大学生，テニス選手および野球選手の間で差がなく，さらにテニス選手の技能レベル間，および野球選手の技能レベル間でも差はない。しかし，Go/No-go反応時間に関しては，野球選手の反応時間が，一般大学生およびテニス選手のそれよりも短かく，さらに野球選手は技能レベルが上がるにつれて，反応時間が顕著に短くなり，プロ野球選手で最も反応時間が短いという結果を示している。このことは，日常的にGo/No-go反応に相当する練習が含まれている野球の選手，とりわけ練習を長期間行ってきた高い技能レベルを有するプロ野球選手が，素早くかつ適切に弁別反応していることを示しており，反応時間がスポーツにおける競技特性および技能特性を反映し得ることを示している。

2 神経制御から見た特徴

サッカーのリオネル・メッシ選手や野球の大谷翔平選手など世界に目を向けると類まれな運動パフォーマンスを発揮する選手がいる。そのような選手の動きは非常に巧みであり，メッシ選手は創造性豊かな足さばきを，大谷選手はシャープで力強いバットスイングを私たちに見せてくれる。サッカーや野球に限らず，また世界トップクラスのアスリートでなくとも，様々なスポーツにおける熟練者は巧みな運動パフォーマンスを示す。そのような巧みな運動パフォーマンスを支えるメカニズムの1つとして，本項では筋制御を中心とした神経制御の観点から説明する。

アスリートの巧みな運動制御に関連して，櫻井と大築(Sakurai & Ohtsuki, 2000)は，バドミントンの熟練者と未熟練者を対象に，スマッシュ動作における筋活動を測定・比較している。その結果，熟練者はインパクト直後に上腕三頭筋と橈側手根屈筋の活動が減少している一方，未熟練者はインパクト直後も筋活動が維持していた。筋収縮には生理学的なエネルギー消費を伴うため，不要な筋収縮はエネルギー効率の観点から望ましくない。その点，熟練者は不要な筋活動が少なく，エネルギー効率の高い運動制御を行っているものと考えられる。同様の現象は音楽家を対象とした研究でも確認されている。古屋ら(Furuya et al. 2009)は，ピアニストおよびピアノ初心者が打鍵する際の筋活動を測定し，ピアノ初心者は上腕三頭筋を収縮させて打鍵する一方で，ピアニストは上腕二頭筋を弛緩させて打鍵することを明らかにしている。

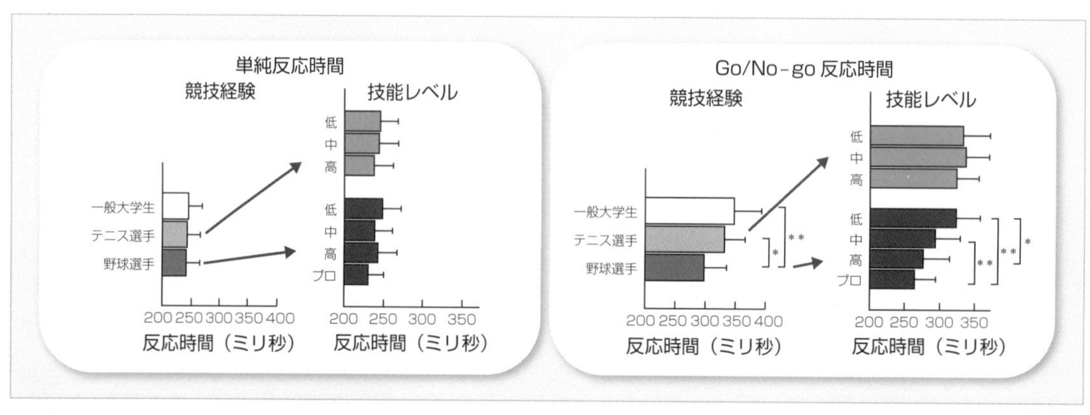

図❼ 一般大学生，テニス選手および野球選手における単純反応時間とGo/No-go反応時間
(Kida et al. 2005を改変)

このことは，ピアニストは打鍵時に上腕二頭筋を弛緩させることで，上肢を鉛直下方向に牽引する重力を利用していることを示唆する。上述のバドミントンのスマッシュ動作の例と同様に，エネルギー効率の高い運動制御を熟練者が行っていることを示すものである。他にも，藤井ら(Fujii et al. 2009)は最速タッピング課題を用いて，世界最速ドラマー，一般ドラマーおよび非ドラマーのタッピング速度および筋制御について検討している。その結果，世界最速ドラマーは，一般ドラマーと非ドラマーに比べて，タッピング速度が大きく，手首の屈筋および伸筋を明確に交互収縮させていることを明らかにした。他方で，一般ドラマーと非ドラマーは，世界最速ドラマーのような明確な交互収縮を示さず，つまり屈筋と伸筋の共収縮の程度が大きいことを示し，またタッピング速度も小さかった。このことは，熟練者が関節運動において，屈筋と伸筋を交互に活動させるような(共収縮の程度が小さくなるような)筋制御を行うことで，エネルギー効率の高い運動制御を実現していることを示している。

上述のように，スポーツや音楽における熟練者は，エネルギー効率の高い筋制御を行っていることが示唆されているが，脳でも同様にエネルギー効率の高い制御が行われていることを示唆する研究がある。内藤と廣瀬(Naito & Hirose, 2013)は，サッカーのネイマール選手，他のプロサッカー選手，水泳選手およびアマチュアサッカー選手に足首の運動を行わせ，運動中の脳活動を測定している。その結果，ネイマール選手の一次運動野足領域の活動が，他の実験参加者に比べて，小さいことを明らかにしている。このことは，ネイマール選手が，筋活動と同様に生理学的エネルギーを消費する脳活動を抑えつつ，極めて効率的に運動を制御していることを示唆する。

このように熟練したアスリートや音楽家は，生理学的エネルギーの観点から非常に効率的な運動の制御を行っていることが示唆される。

【文献】

Cross-Villasana, F., Gröpel, P., Doppelmayr, M., & Beckmann, J.(2015) Unilateral left-hand contractions produce widespread depression of cortical activity after their execution. Plos one, 10(12)：e0145867.

Ellis, L. & Ward, P.(2022) The effect of a high-pressure protocol on penalty shooting performance, psychological, and psychophysiological response in professional football：a mixed methods study. Journal of Sports Sciences, 40(1)：3-15.

Furuya, S., Osu, R., & Kinoshita, H.(2009) Effective utilization of gravity during arm downswing in keystrokes by expert pianists. Neuroscience, 164(2)：822-831.

Gray, R.(2020) Attentional theories of choking under pressure revisited. Tenenbaum, G., & Eklund, R.C.〔Eds〕Handbook of Sport Psychology(fourth edition). Wiley,pp.595-610

樋口 貴広(2015)協調の背景．樋口 貴広・建内 宏重〔編〕姿勢と歩行ー協調からひも解くー．三輪書店，pp.170-188.

Hill, D.M., Hanton, S., Matthews, N., & Fleming, S.(2010) Choking in sport：a review. International review of sport and exercise psychology, 3(1)：24-39.

石原 正規(2017)反応時間測定法．市原 茂，阿久津 洋巳，石口 彰〔編〕視覚実験研究ガイドブック．朝倉書店，pp.143-158.

Kida, N., Oda, S. & Matsumura, M.(2005) Intensive baseball practice improves the Go/Nogo reaction time, but not the simple reaction time. Cognitive Brain Research, 22(2)：257-264.

Mesagno, C., & Beckmann, J.(2017) Choking under pressure：theoretical models and interventions. Current Opinionin Psychology, 16：170-175.

Mesagno, C., Ehrlenspiel, F., Wergin, V.V., & Gröpel, P.(2021) Choking under pressure. Filho, E., & Basevitch, I.〔Eds〕Sport, exercise and performance psychology. Oxford university press,pp.31-45.

Naito, E., & Hirose, S.(2014) Efficient foot motor control by Neymar 's brain. Frontiers in Human Neuroscience, 8：594.

Sakurai, S., & Ohtsuki, T.(2000) Muscle activity and accuracy of performance of the smash stroke in badminton with reference to skill and practice. Journal of Sports Sciences, 18(11)：901-914.

Schmidt, R.A., & Lee, T.D.(2020) Principles of speed, accuracy, and timing－controlling simple movements－. Schmidt, R.A., & Lee, T.D.〔Eds〕Motor learning and performance：from principles to application(sixth edition). Human kinetics,pp.273-313.

Wolpert, D.M., Pearson, K.G., & Ghez, C.P.J., 五味 裕章訳(2014) 運動の構成と計画．Kandel, E.R., Schwartz, J.H., Jessell, T.M., Siegelbaum, S.A., & Hudspeth, A.J.〔eds〕カンデル神経科学．メディカル・サイエンス・インターナショナル，pp.731-754.

Yoshie, M., Kudo, K., Murakoshi, T., & Ohtsuki T.(2009) Music performance anxiety in skilled pianists：effects of social-evaluative performance situation on subjective, autonomic, and electromyographic reactions. Experimental Brain Research, 199(2)：117-126.

2 知覚と認知

本章ではスポーツにおける様々なパフォーマンスの基盤となる知覚と認知を扱う。まずは知覚と認知それぞれが何を表すのかを示した上で，それらが運動とどのように関わるのかを説明する。その後，スポーツにおける予測と意思決定，プレッシャー下における知覚と認知の特性，およびアスリートの知覚と認知の特性について概説する。

1 知覚および認知とは

1 知覚とは

目や耳，皮膚といった感覚器官からの物理的な情報を基に，経験や知識も反映しつつ，外界の対象を捉えることを知覚と呼ぶ。知覚は，スポーツでの様々なプレーを支える基盤となる。例えば，野球のバッターは，相手ピッチャーが投じたボールがいつ・どこに到達するかを予測しつつボールを目で捉え，スイングするか否かを判断する。ブラインドサッカーのフィールドプレーヤーは，「シャカシャカ」鳴るボール音からボール位置を捉え，「ボイ」という声から相手ディフェンダーの位置を捉え，またゴール裏にいるコーラーの声からゴール位置を捉え，最終的にシュートする。このように感覚器官からの情報を基に外界の対象を捉える知覚は，スポーツにおけるプレーの基盤になると言える。

2 認知とは

外界の対象を知覚した後，対象について分析したり，その分析結果を記憶するといった心的過程を認知と呼ぶ。この認知もまた，スポーツにおける様々なプレーの基盤となる。例えば，バスケットボールの試合において，ボールを持った選手は，コート上のどこに味方選手がいて，どこに相手選手がいるのかを目で捉えつつ，戦術を踏まえ次のプレーをどのように展開するか考え・判断した上で実行に移すといった高度な情報処理を行っている。このように，スポーツにおける認知活動は複雑な情報処理から成ることが多く，また時間的制約の高い状況下で行われることが多いという特徴がある。

2 運動と知覚・認知の関係

1 運動に伴う知覚・認知の変化

普段は気づきにくいが，歩いたり走ったりするとき，進行方向を中心として拡散的に風景が広がる。例えば，マラソンで走っているランナーの目には，時々刻々と進行方向を中心としたコース周囲の情報が流れるように入力されている。このような動的な視覚情報はオプティックフローと呼ばれ，自身が動くことによって入力される感覚情報が変化することを意味し，運動と知覚の密接な関係を示すものである。また，マラソンにおいて，給水ポイントがランナーの目に入ってきたときには，取るべきドリンク位置を確認し，どのようにドリンクをとるか計画した上で実行に移すことになる。このことは，自身の動きによって変化する外界の情報に基づき，自身の行動を決めるといった運動と認知の関係を示しているものと言える。

2 知覚・認知を伴わない運動応答

通常は知覚および認知活動に基づいて運動が実行されるが，常にそのような機序で運動が実行されるわけではない。例えば，標的に手を伸ばしている最中に，その標的が突如移動すると，標的の移動が顕在的な知覚および認知を伴わない一方で，手の動きは標的の移動に合わせるように修正される。この無意識的・自動的な運動応答はオートマティックパイロットと呼ばれる。このオートマティックパイロットは，知覚および認知に基づく随意的な運動応答に比べて非常に短い時間で発現することが知られている。予期せずボールの軌道が変化することは，球技スポーツではよくあることだが，オートマティックパイロットはそのような際に身体が無意識的に反応する機序の1つとして考えられるだろう。

3 スポーツにおける予測と意思決定

1 スポーツにおける予測

知覚および認知活動に基づく運動はその過程において短くない時間を要するため，過去の経験などに基づき未来に起こり得る事象を推定すること，すなわち予測することもまた，スポーツ場面で高いパフォーマンスを発揮する際に欠かせない要素の1つである。例えば，野球のバッティングにおいて，相手ピッチャーが投じるボールの種類やコースを予測したり，バスケットボールのディフェンスにおいて，オフェンスの動きを予測することは，その予測が適切であれば，高いパフォーマンス発揮につながり得る。

予測能力を評価するにあたり，時間的な観点については，例えばテニスサーブの映像に対してサーブ方向を予測的に回答させる課題を用い，様々なタイミングでサーブ動作を遮蔽することで，遮蔽時点までのサーブ動作から方向予測をさせる。そして回答に基づき，どの時点までの情報が予測に重要であるかを評価する。空間的な観点については，例えばテニスサーブの映像に映る選手の身体部位を消失させることで，どの身体部位の情報が予測に重要となるかを評価する。コンピュータグラフィックのアバターを使用し，アバターの形態や運動情報を操作し，予測に対するそれらの情報の寄与についても検討されている。このような予測能力は一般に，種々の競技初心者に比べて，熟練者で高いことが報告されている。

2 スポーツにおける意思決定

上述した予測の上位概念に位置づけられる意思決定もまた，スポーツでの高いパフォーマンス発揮における重要な要素である。意思決定とは，可能性ある選択肢の中から特定の行動を選択する行為を指す。例えば，バスケットボールの試合においてシュートかパスかの判断や，野球のバッティングにおいて打つか打たないかの判断などが挙げられる。このような選手による意思決定だけでなく，審判によるジャッジや監督・コーチによる戦術選択など，スポーツの幅広い場面で，意思決定は頻繁に認められる。

スポーツでの意思決定の際，ヒューリスティックと呼ばれる大まかなやり方／戦略が用いられることがある。サッカーやバスケットボールといったスポーツでは，厳しい時間的制約の下で，素早い意思決定が求められる。そのような状況下では，シンプルな決定プロセスが都合よく，大まかなやり方／戦略であるヒューリスティックが適用されると考えられている。

4 プレッシャー下での知覚と認知

1 プレッシャー下での知覚変化

オリンピック出場への切符がかかった試合など重要な試合において，アスリートには大きなプレッシャーがかかる。第Ⅰ部1章で述べている通り，スポーツにおける試合や音楽における演奏会など，プレッシャーのかかる本番では運動パフォーマンスが低下することが知られる。さらに，本番でのプレッシャーは運動パフォーマンスだけでなく，知覚および認知にも変化を生じさせることも知られている。例えば，ゴルフのパッティング課題を用いた研究(Gray & Cañal-Bruland, 2015)は，プレッシャー条件および非プレッシャー条件下で，知覚したホールサイズの推定を行うよう実験参加者に求めた。プレッシャー条件下でパターのキネマティクスや心拍数が変化した実験参加者(**図1：チョーク群**)は，プレッシャーによりホールサイズを小さく推定してしまうことが報告されている。また，高跳びにおけるバーの高さ知覚に対するプレッシャーの影響を調べた研究(Tanaka et al. 2018)は，低プレッシャー条件に比べて高プレッシャー条件下で，バーを高く知覚してしまうことを報告している。これらの知見は，プレッシャーがスポーツにおける知覚に影響することを示すものである。

2 プレッシャー下での認知変化

プレッシャー下では自身の運動に意識的に注意が向けられたり，自身の運動から注意がそらされ運動への注意が減少するといった注意の変化が生じることが知られている(1章参照)。また，プレッシャー下では自身のミスや相手選手のパフォーマンスといった自身にとって脅威となる対象に注意が向きやすくなり，自身のミスに関する思考も増える。プレッシャー下で自身の運動をはじめとする取り組むべき課題から注意がそらされることは，課題に対する情報が不十分な状態で意思決定を行うことにつながるため，意思決定の精度を低下させることになる。このようにプレッシャーは注意や思考といった認知活動にも影響を与えることが種々報告されている。

5 アスリートの知覚と認知

1 アスリートの知覚・認知特性

オリンピックやパラリンピックの試合において，アスリートの際立ったパフォーマンスは観衆を魅了する。そのようなパフォーマンスの背景には，アスリート特有の知覚・認知特性が存在するものと考えられる。

例えば，バイオロジカルモーション(主要な関節部位に配置された点の動き)を用いてサッカーボールのキック方向に関する予測課題を実施し，アスリート群(サッカー選手)と非アスリート群で予測パフォーマンスを比較した研究がある(Romeas & Faubert, 2015)。実験結果は，非アスリート群に比べてアスリート群が，サッカーボールのキック方向について優れた予測パフォーマンスを示した。この結果は，アスリートが競技特異的な動作に対して優れた知覚・認知特性を有することを示唆している。

他にも，バスケットボールのプロ選手によるシュートを，バスケットボールの熟練者と初心者が観察し，そのシュートの成否について予測

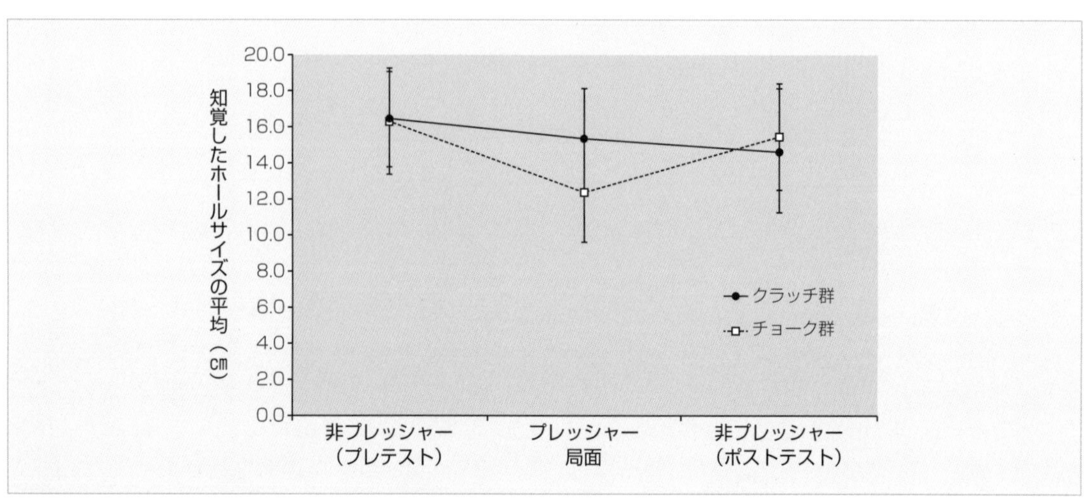

図1 プレッシャーおよび非プレッシャー条件下で知覚したホールサイズの平均値
(Gray & Cañal-Bruland 2015を改変)

させた研究(Aglioti et al. 2008)から，熟練者は初心者よりも早く正確にシュートの成否を予測できることが示されている。熟練者は，シュートを放ったプロ選手のキネマティクスの情報を利用することで，素早く正確なシュートの成否予測を行っていることが示唆されている。他方で，初心者はボールの軌道に基づきシュートの成否を予測していることが示唆されており，スポーツの場面における熟練者の素早く正確な予測の背景として，相手選手の運動情報が重要な要素の1つとして挙げられる。

なお，熟練者の予測に寄与する他の情報として，試合状況といった文脈情報も重要であることが報告されている。後述するように，運動情報および文脈情報はいずれも，予測はじめ知覚・認知トレーニングにおいて重要となる。

2 アスリートの知覚・認知メカニズム

アスリートの意思決定は効率的で優れていることが知られているが，そのような意思決定を支えるメカニズムとして，アスリートは大規模かつ効率的に体系化された知識ベースを有していることや，重要な手がかりに注意を向けることができること，そして重要でない選択肢を少なくできるといった要因が考えられている。また，アスリートの外界に対する視覚探索方略として，アスリートは長時間の注視を行うことが知られている。これはアスリートがどこを見るべきかを把握していること，かつ重要な情報を外界から抽出するのに必要な時間を注視として費やしていることを示唆する。これらを踏まえると，アスリートは高い効率性を持った知覚・認知メカニズムを有することが伺える。

3 知覚・認知トレーニング

上述のようにアスリートの知覚・認知特性は，非アスリートのそれと異なることが種々の研究例から伺える。では，非アスリートが知覚・認知能力を向上させるにはどのようなトレーニングを行うとよいのであろうか。例えば，中本と福原(2021)は，運動情報および文脈情報を利用できる状況でのトレーニングの重要性を提案している。運動情報および文脈情報を利用できる状況を設定することは，各情報の信頼性に応じた重みづけと統合を介して予測精度を向上させるプロセスを経ることになり，実際のスポーツ場面に則したトレーニングとして有用であると考えられるのである。中本と福原(2021)はまた，観察する運動の真似をしながら予測を繰り返すことの重要性も提案している。このことは，知覚・認知トレーニングにおいて，単純に繰り返し運動を観察するのではなく，その運動を真似することで自身の運動システムをより動員することの有用性を示唆するものである。

【文献】

Aglioti, S.M., Cesari, P., Romani, M., & Urgesi, C.(2008) Action anticipation and motor resonance in elite basketball players. Nature neuroscience, 11(9): 1109-1116.

Basevitch, I., & Tenenbaum, G.(2021) Decision-making. Filho, E., & Basevitch, I.〔Eds〕Sport, exercise and performance Psychology. Oxford university press,pp.104-117.

Eccles, D.W.(2020) Expertise in sport. Tenenbaum, G., & Eklund, R.C.〔Eds〕Handbook of Sport Psychology (fourth edition). Wiley,pp.467-486.

Gray, R. & Cañal-Bruland, R.(2015) Attentional focus, perceived target size, and movement kinematics under performance pressure. Psychonomic bulletin & review, 22(6): 1692-1700.

門田 浩二(2010) 潜在的な視覚運動制御からみたスポーツ動作. スポーツ心理学研究, 37(2): 123-131.

中本 浩揮・福原 和伸(2021) ボール軌道を予測する能力とは－スポーツの予測研究過去，現在，未来－. 体育の科学, 71(7): 458-464.

田中 ゆふ(2018) スポーツにおける予測と注意. 体育の科学, 68(4): 289-294.

Tanaka, Y., Sasaki, J., Karakida, K., Goto, K., Tanaka, Y.M., & Murayama, T.(2018) Psychological pressure distorts high jumpers' perception of the height of the bar. Journal of functional morphology and kinesiology, 3(2): 1-6.

Raab, M., MacMahon, C., Avugos, S., & Bar-Eli M.(2019) Heuristics, biases, and decision making. Williams, A.M., & Jackson, R.C.〔eds〕Anticipation and decision making in sport. Routledge,pp. 215-231.

Romeas, T., & Faubert, J.(2015) Soccer athletes are superior to non-athletes at perceiving soccer-specific and non-sport specific human biological motion. Frontiers in psychology, 6: 1-11.

Wilson, M.R., Kinrade, N.P., & Walsh, V.(2019) High-stakes decision making-anxiety and cognition-. Williams, A.M., & Jackson, R.C.〔eds〕Anticipation and decision making in sport. Routledge,pp. 232-249.

Topics 1

運動イメージと脳波・事象関連電位

昨今ではメンタルトレーニングが広く認知され，運動イメージを用いたイメージトレーニングも注目されるようになってきた。運動イメージは，運動場面において新たな技能を獲得する場合や，運動遂行に先立つリハーサルなどに用いられ，種々の研究からも競技力の向上に対して有効であると報告されている（Feltz and Landers, 1983）。

もちろん，世界と伍する選手の中にはこれらイメージトレーニングの指導を専門的に受けた経験のない選手もいる。競技力の高い選手ほど質の高い運動イメージを想起できるとされているが，専門的なイメージトレーニングの経験がない選手の，競技力向上に伴う運動イメージの変化については不明な点が多い。また，運動イメージ実施中については検討がされてきたものの，運動イメージ実施の準備の局面については十分な検討がなされていない。運動イメージの競技力の向上に伴う変化や，競技力の高い選手の様相を明らかにすることは，様々な競技力の選手に適したイメージトレーニングの提供に必要であると考えられる。

第三者が観察することのできない運動イメージは，質問紙や中枢の活動を測定することのできる脳波などから検討がされてきた。脳波を用い，初心者が全国大会出場を果たすまでの運動イメージの変化を定期的に測定したところ，覚醒水準と脳の活動部位が変化し，質問紙から運動イメージの質の向上が観察された。運動イメージの質は競技力の向上に合わせて段階的に変わり，それに伴い中枢の活動も変化することがわかった。また，脳波の一種である事象関連電位を用い，運動イメージの準備の局面について，競技力の高低の比較をしたところ差は認められなかった。しかし，競技力の高い選手の方が質の高い運動イメージを行っていた。すなわち，運動イメージを実施する直前の脳活動は，競技力に関係なく同程度であるにも関わらず，競技力の高い選手は質の高い運動イメージを想起することができる。これらの研究から，競技力の向上に伴う段階的な運動イメージの質の変化と，競技力の高い選手の運動イメージの特徴の一片が明らかとなった。興味深いことに，これらの研究における対象者は全国大会出場や世界大会で入賞しているにも関わらず，専門的なイメージトレーニングの経験はない。すなわち，競技力の向上により自然と運動イメージに関する能力をある程度獲得していることになる。

それでも，運動イメージは多くの場合，競技力の向上を助けてくれるものである。その効果を最大限に活かすためには，競技力に合ったイメージトレーニングを実施することが大切である。そのためにも，心理指標や生理指標を用いて，種々の種目の競技力向上に伴う運動イメージの変化を様々な角度から詳細に検討することが今後の課題である。

【文献】

Feltz, D.L., & Landers, D.M. (1983) The effects of mental practice on motor skill learning and performance : A meta-analysis. Journal of Sport Psychology, 5 : 25-57.

3 運動学習と運動指導

1 (認知)心理学的視点に立った運動遂行のメカニズム

1 情報処理モデル

(1)情報処理モデル

ヒトを取り巻く環境からの刺激・情報入力から反応・行動出力に至るまで，どのように内的に情報処理をしているのであろうか？この情報の流れを一連の処理過程として捉えているのが情報処理モデルの考え方である。**図1**に示すように，情報処理モデルにおいて，環境からの情報は受容器(桿体や錐体，耳小骨，固有受容器細胞など)で受け取られ，神経インパルスに変換されて大脳へ送られる。そして中枢神経にあるそれぞれの感覚に対応した感覚登録器に登録される。感覚情報が中枢神経内に完全な形として存在する時間は非常に短く，この感覚の一部が作業記憶に送られるが，その多くは消失してしまう。このような情報低減の過程を選択的知覚と呼んでいる。作業記憶には容量に限界があり，送られてきた情報をリハーサルやコード化しなければその情報は消失してしまう。コード化された情報は膨大な容量を持つ長期記憶に送られる。長期記憶に貯蔵された情報は必要に応じて反応実行パターンの基礎を形づくる情報が検索される。意識して考えられた情報は作業記憶へ送られ，反応生成器へ情報が送られる。一方，意識されない情報は直接に反応生成器へ送られる。反応生成器は反応の順序を組織化し，効果器(筋肉，腺，器官など)を管理する。また，情報の流れは，結果に対する予期，実行コントロールの手順や目標達成のための方略などによって影響を受ける。

この理論的枠組みを基礎に，反応時間や視覚的探索パターン，言語報告等の分析を通じてヒトの心的過程を理解しようと検討されてきた。では感覚情報の入力から運動スキルの遂行に至るまでの情報処理過程をどのように説明できるだろうか？

2 運動遂行の情報処理過程

(1)閉回路制御システム

感覚情報の入力から運動行動に至る出力の過程において，感覚情報がどのように機能するかを概念化する上で閉回路制御システムの考えが

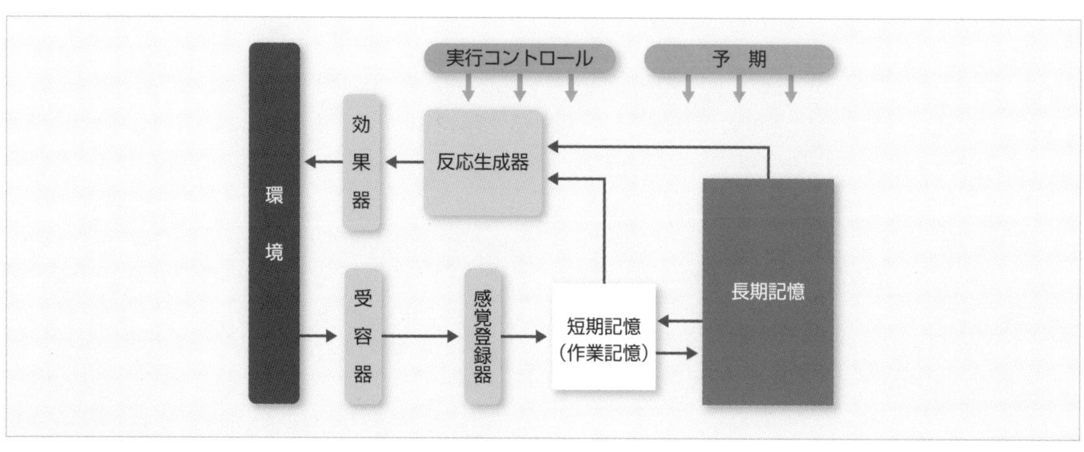

図1 情報処理モデル(ガニエ，1989：著者一部加筆)

用いられている。このシステム(**図2**)は，目標が決まるとともにその目標を達成したときの望ましい状態(感覚情報)が発生する。この望ましい状態が基準となり，比較器にて現在の状態と望ましい状態が比較される。そこで生じた誤差(エラー)を解消するために実行システムにて調整する意志を決定し，その情報が効果器システムへ送られて決定された意志が実行に移される。実行された結果の情報が比較器へとフィードバックされて，再び目標を達成したときの望ましい状態(感覚情報)と比較され，誤差が検出され修正のために意志決定され，…という循環が生じ，感覚情報が目標を達成するシステムの調節機構を形成しているという考えである。この調節機構は，エアコンディショナーなど日常の生活環境で多く応用されている。**図3**は運動制御における閉回路制御システムを概念化したモデルである。書道で自分の名前を書く場合，名前を書くスペースを確認すると(刺激同定)，どのような大きさと文字間隔でどのようにきれいな字を書くのかを決める(反応選択)。これらの条件を決めると，そのように書くための指令が組織化される(反応プログラム)。ここで,「決定した条件で書く」ために身体へ発信する運動プログラムと，「こんな感じで書けば決定した条件で書けるだろう(予測)」という基準が発生する。運動プログラムに基づき，各筋に対する指令が脊髄を通じて筋へと送られる。筋収縮により筋力や筋長のフィードバック情報が生じると共に自分の名前を書く運動が発現する。運動が実行されると関節位置や身体位置のフィードバック情報(内在的フィードバック)が生じ，そしてどのように書けたのか(外在的フィードバック)がわかる。筋，運動，環境からのフィードバック情報(反応産出フィードバック)は比較器で基準と比較されて誤差(エラー)が検出される。名前を書いた結果，思ったよりも字を小さく書いてしまったと判断すると,名前を消して，今度は大きめに名前を書く(誤差修正)。ヒトはこのような閉回路制御システムによる情報処理の繰り返しを通じて，状況に応じた適切な運動が発揮できるように洗練されていくと考えることができる。また，書道の先生からの助言や指導など具体的な結果の知識(KR： Knowledge of Results)が与えられなくても,［内在的フィードバックの基準］–［行動の結果得られる自己受容感覚］の間と,［外在的フィードバックの基準］–［行動の結果得られる外部受容感覚］の間の比較の結果で得られる主観的強化がKRの代わり

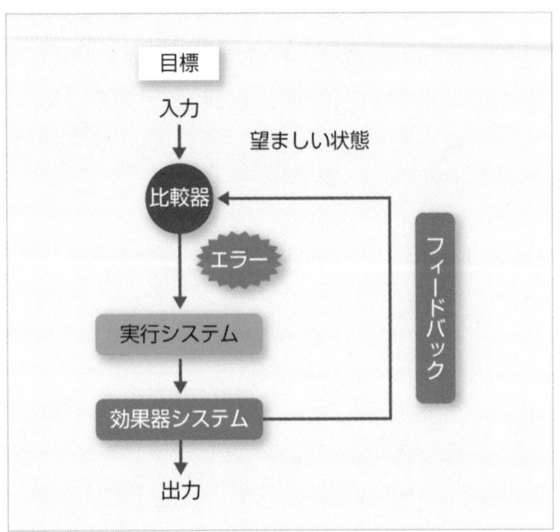

図❷ 閉回路制御システム(シュミット，1994)

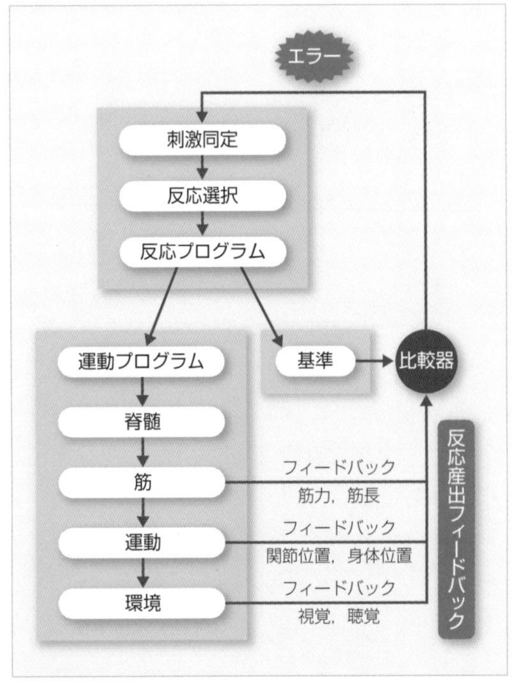

図❸ 人間のパフォーマンスの拡大概念モデル(シュミット，1994)

になり，誤差検出のための情報になる。

閉回路モデルは比較的ゆっくりとした運動の制御について理解するには有用である。しかしながら，走る・投げる・跳ぶ・打つなど素早い運動の制御ではフィードバック情報を処理するのに時間が間に合わないという時間的問題があり，運動制御に関するモデルの限界が指摘される。そこで素早い運動制御に関しては，開回路制御システム(**図4**)という考え方に基づいて概念化されている。開回路制御システムでは誤差を検出するフィードバック機能や比較器の機能を備えていない構成であるため，素早い運動の運動プログラムが実行されるとその場面で実行した結果について判断することができず，その運動実行中には軌道修正ができないという特徴を持つ。素早い動作の修正には主観的強化が用いられ，誤差修正についての予測を行っている(フィードフォワード情報による制御)と考えられている。

(2)一般運動プログラム

閉回路モデルは運動プログラムを記憶として貯蔵する容量の問題や経験のない運動を遂行することに関して説明できない。運動プログラムは長期記憶の中で保存されていると考えられているが，例えばゴルフのようにあらゆるゴルフクラブであらゆる距離を調整して打つとなると数え切れないほどの運動プログラムが記憶されていることになる。記憶貯蔵の容量にそれらを保存するほどの余裕はあるのか疑問になる。また，マット運動のようにいくつかのスキルを組み合わせて練習もしないで演技することができることに関して説明することができない。経験のない運動プログラムはどのように生成されるのであろうか？

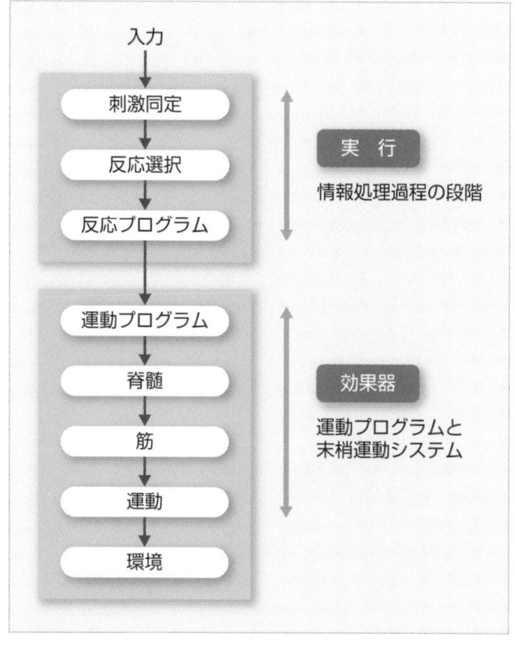

図4 人間のパフォーマンスにおける拡大した開回路制御システム(シュミット，1994)

これらの問題点を解決するために「一般運動プログラム」という概念が考えられた。運動プログラムは一般化できるという考え方で，一般運動プログラムは記憶に貯蔵されており，プログラムが実行されるときに環境に対応するよう微妙に運動が調整されるというものである。例えば，「あ」を大学ノートの一行に書いたり，1ページいっぱいに書いたりできるのは，「あ」を書く一般運動プログラムが書かなければならないスペースに適切に「あ」を書くようにプログラムが修正されて実行されていることを示している。また，非利き手で書いたことのない字を書くことができるのは，その字を書く一般運動プログラムが反応プログラム段階で長期記憶から呼び出された後，その字を書く非利き手の運動のスピード，大きさなど質的変数(パラメータ)が選択され，指令が下ると非利き手で字を書く運動が開始されるからであると考えられている。

(3)スキーマ学習

ゴルフのパッティングにおけるボールとカップの距離あわせのように，同じ一般運動プログラムを使ってどのようにパラメータと関連づけて調整しているのだろうか？特定の距離のパッティングを練習すると，その“打つ”という動作の集合体(クラス)の打球距離すべてに一般化するという学習が生じるといわれている。スキーマ理論(Schmidt, 1975)によると，学習者は打球距離とこれに必要なパラメータを関連づける1つのルール(スキーマ)を獲得すると説明している。

図5はパッティング距離とパラメータ値を関連づけるスキーマを表している。1mのパッティング距離を導くパラメータAの練習から始め，次に3mのパッティング距離を導くパラメータB，そして5mのパッティング距離を導くパラメータCの練習をしたとする。すると練習者はパラメータ値とボールの転がった距離を関連づけ，両者の間に一般的関係(スキーマ)を形成することになる。このとき，仮にパッティング距離とパラメータ値を関係づけるスキーマを"Y＝aX＋b"という関係にあったとすると，パラメータAをこのスキーマに代入すると1mのパッティングを生むことになる。パッティング練習の初期段階ではパッティング距離とパラメータ値の関連づけが不確かなものである("b"に幅がある)ため，パラメータAをスキーマに代入してもパッティング距離にばらつきが生じてしまうことになる。あらゆる距離のパッティングを行うことでこのスキーマはより確かなものになっていく("b"の幅が狭くなっていく)。

また，このスキーマを利用すると経験のない距離にも対応することが可能になると説明できる。つまり，例えば7mのパッティングを初めてするときに，まず7mの距離を見積もり，これに必要なパラメータ値を反応プログラミング段階でスキーマを利用して推定する。Dというパラメータ値が決定されれば，パッティングの一般運動プログラムに転送され，パッティングが行われるということになる。

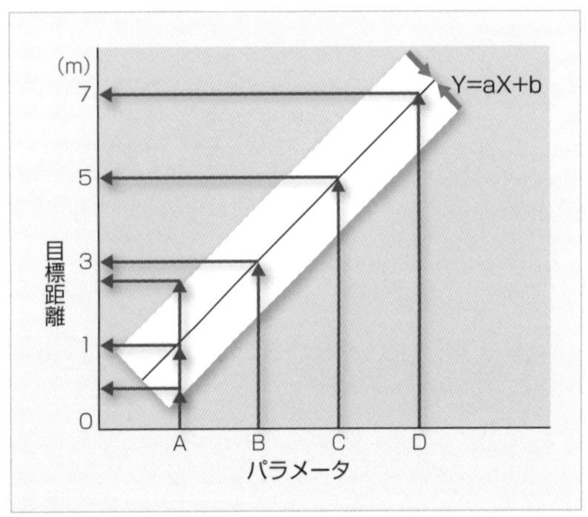

図5 パッティングとパラメータを関連づけるスキーマ
(筆者作成)

2 運動学習の原理

1 運動学習

(1)運動学習の定義

学習は「個体発生過程において，経験により比較的永続的な行動変化がもたらされること，およびそれをもたらす操作，そしてその過程」と一般的に定義づけられている(中島ら，1999)。「経験により」というのは遺伝的な制約を受ける成熟と区別され，そして「比較的永続的な」とは一時的な疲労や動機づけによる変容と区別されている。学習の特徴として，①行動変化に持続性が見られるため，ある程度長期間にわたって覚えておくこと，②先行した経験がプラスに働いたりマイナスに働いたりする効果があること，③恐怖体験など，一回の経験に基づいて学習効果が現れることがある，④過去の経験と同じ事態に直面したとき，適切に対処できるよう行動に変化が生じることがあげられる。

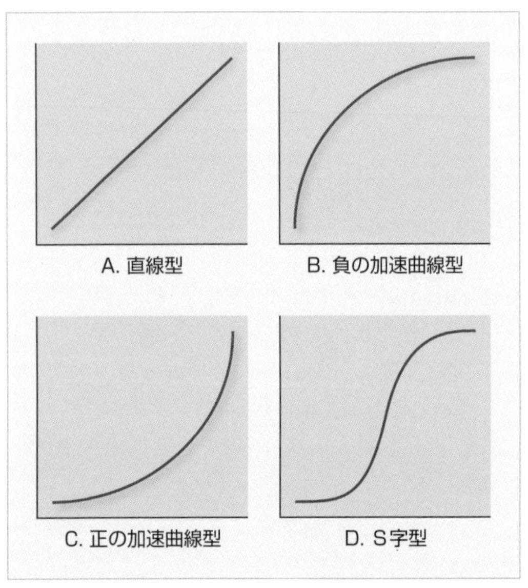

図6 典型的なパフォーマンス曲線の4つのタイプ
(松田・杉原，1987)

また，運動学習については「環境や具体的刺激状況の知覚に基づいて有機体(ヒトや動物など)が身体的動作を協応させることによって，個々の反応がまとまりのある知覚＝運動系列に統合され，正確さや迅速性，安定性，適合性を獲得すること」と定義づけられている(中島ら，1999)。つまり，練習や経験を通じて「できなかった」運動が，正確に，迅速に，安定して適切に「できる」ようになっていく過程をいう。

⑵運動学習におけるポイント

運動学習の過程にはいくつかの特徴が見られる。練習の経験量とその出来映え(パフォーマンス)との関係を示す曲線を学習曲線(パフォーマンス曲線)という。**図6**のAのように，練習を積み重ねれば，それに比例してパフォーマンスが向上すると考えられ(直線型)，学習者の能力と課題の困難度がほぼつり合っているときによく見られるパターンである。しかし実際には課題の難しさの程度，個人の学習能力，体調などの影響で両者には比例の関係は見られないのが普通である。典型的パターンとして，Bのように始めのうちはパフォーマンスが向上するが伸び悩んでしまうという負の加速曲線型は，課題が非常に単純な時や学習者の能力が課題の困難度を上回っているときによく見られる。課題が比較的複雑なときや学習者の能力が課題の困難度を下回っているときにはCに見られるように始めのうちはなかなかパフォーマンスが伸びないが，練習を積むにつれて加速度的にパフォーマンスが伸びるという正の加速曲線型が見られやすい。そして，Dに見られるように，比較的長期にわたって練習に取り組んでいる場合や困難度の異なる下位技能によって構成される課題に取り組む場合によく見られるS字型に分類される。S字型は，始めは伸びないが，あることをきっかけに加速度的に伸び，また伸びなくなるという特徴をもつ。

練習に取り組んでいると，一時的にパフォーマンスが伸びなくなるという現象が起きることがある。プラトー（高原)と呼ばれる現象で，パフォーマンス向上が停滞する状況である。スランプはパフォーマンス自体が下降する状況をいうが，プラトーではパフォーマンス自体は停滞しているものの次に上達するために内部的に準備が進められている状況にある。また，学習者の動機づけが低下したとき，技能の遂行を阻害する悪い癖を身につけてしまったとき，疲労が増大したとき，そしてパフォーマンスの測定方法に限界があったときにもプラトーが見られると仮説的に理由づけられている。

パフォーマンスの向上において，質的違いが見られる。フィッツとポズナー（Fitts & Posner, 1967)によると，学習段階は3つに分けて考えられるという(**図7**)。初期段階は言語－認知化の段階と呼ばれ，習得しようとする課題を師範や言語的な教示によって与えられた情報をもとに理解する段階である。過去に類似した技能を経験した場合にはその情報を長期記憶から呼び出し，そしてこれをもとに初歩的な方策を立てて技能を遂行する。中期段階は運動化段階と呼ばれる。運動化段階は「どのような動きをするのか」理解するという課題に対する認知的要素から「その動きをどのようにするのか」といった巧みで精巧な動作を習得していく段階である。運動コントロールのプログラム化が進み，動作の誤差検出と修正ができるようになってくる。また，視覚的情報から筋感覚的情報へ重要

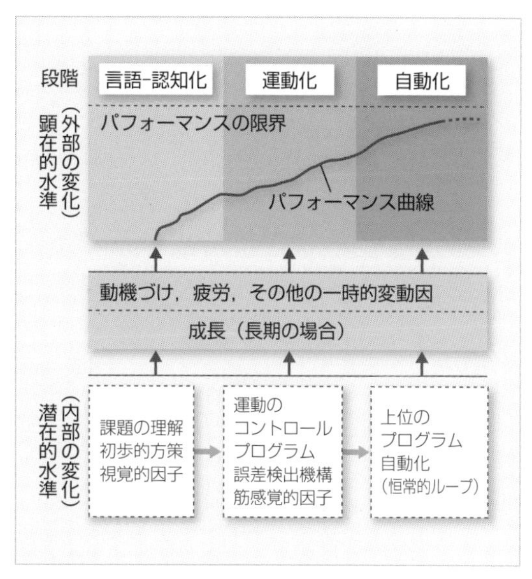

図❼ 運動の習熟段階(松田・杉原，1987)

度が増してくる。最終段階である自動化段階では誤りが減り，効果的な動きをあまり意識することなく遂行することが可能になる。またこの段階では，動作コントロールのための基本的なプログラムを状況に応じて最適に適応させる上位の統御システムが確立されるという内部的変化の特徴を持つ。

(3)運動学習の転移

学習の特徴で挙げられているように，運動技能の学習においても先行した経験が学習効果に影響を及ぼすことがある。これを運動学習の転移という。例えば，テニスで普段は右手でラケットを握っている場合，ある程度左手でもフォアハンドストロークができるのは右手のフォアハンドストロークの運動技能が左手のフォアハンドストロークに転移しているからである。先行経験がその後の運動学習を促進する場合を正(プラス)の転移，逆に運動学習を妨害する場合を負(マイナス)の転移という。正の転移は，スキーの経験のある学習者はスケートの上達が比較的速やかであったりする例が挙げられる。一方，負の転移では野球経験者やテニス経験者はゴルフがなかなか上達しないといった例が挙げられる。

また，利き手で練習したことが練習していない非利き手でもできるように，片側の器官を使った学習が反対側の器官に正の転移が生じることが知られている。これを両側性転移という。例えば，「あ」を普段は利き手で書いているが，左右に反転した「あ」を非利き手で書くことができる。逆に，非利き手や非利き足で行う練習は，利き手や利き足の器用さの向上に期待することができると言える。特に四肢のバランスのとれた器用さが求められる競技等では非利き手や非利き足の練習が有効になる可能性が高くなる。

2 フィードバック

(1)フィードバックの種類

運動技能を学習する上で，先に触れたように，実際に動作を遂行したときに得られるフィードバック情報は内的基準との比較で生じる誤差を検出し修正するために重要である。運動学習におけるフィードバック情報は，生得的フィードバックと呼ばれる内在的フィードバックと，外在的フィードバック(付加的)に分類できる。内在的フィードバックは視覚，自己受容感覚，聴覚，力覚，触覚，臭覚から得られる。また，外在的フィードバックは結果の知識(KR：Knowledge of Results)，パフォーマンスの知識(KP：Knowledge of Performance)，ビデオや映画など視聴覚機器，新聞や雑誌の記事から得られる。KRは課題目標に対する遂行結果についての言語情報(シュートが入った！ 10cmオーバー！等)である。KPは運動学的フィードバックと呼ばれることもあるが，運動や運動パターンについての情報(スイング開始が遅い！ ヘッドアップが早い！等)である。KRとKPの類似点と相違点を**表1**に示すが，外在的フィードバックには①学習者の動機づけを増す，②行為に対して強化を与える，③誤差情報を提供してくれる，④情報への依存性を増すため，フィードバック情報が与えられない状況下においてパ

表1 結果の知識とパフォーマンスの知識との比較(シュミット，1994)

結果の知識(KR)	パフォーマンスの知識(KP)
類似点	
・言語あるいは言語化が可能 ・外在的 ・反応の後	・言語あるいは言語化が可能 ・外在的 ・反応の後
相違点	
・環境上の目標に関しての結果についての情報 ・通常内在的フィードバックを豊富に有する ・得点や目標についての情報 ・実験室において最もよく用いられる	・運動の産出やパターン化についての情報 ・通常内在的フィードバックと区別される ・運動学的側面についての情報 ・指導において最もよく用いられる

フォーマンスを著しく低下させてしまうという問題が発生する可能性がある(依存性産出特性)，という特徴を持つ。

2 フィードバックの与え方

(1)即時フィードバックと遅延フィードバック

フィードバックの与え方によって学習効果が異なることが明らかにされている。

パフォーマンス遂行後，即座に与えられるフィードバックを即時的フィードバックという。例えばゴルフの飛球を見ることがこれにあたる。また，ある程度時間が経過したときに与えられるフィードバックを遅延フィードバックといい，霧の中のプレイなどゴルフの飛球が見えない状況下で打球結果の確認が後になって分かることがこれにあたる。通常，練習試行後すぐにフィードバックを与えた方が学習に効果的であると考えがちであるが，フィードバック情報の提示を数秒から数分遅らせても学習の低下が見られない。むしろ練習期間が終了してから行われた保持テストにおいて，遅延フィードバックを受けた練習条件の方が即時的フィードバックを受けた練習条件よりも優れたパフォーマンスを発揮したことが明らかにされている。つまり学習者は，即時的フィードバックが与えられると，運動の感じなど反応産出フィードバックの処理を阻止することになり，誤差検出能力の学習を遅らせるためであると考えられる。ここで依存性産出特性の問題が発生することになる。

依存性産出特性の問題を減少させ，学習を促進するフィードバック情報の与え方にはいくつかの方法がある。

(2)絶対的頻度と相対的頻度の条件

フィードバック情報の量を考えるときに，絶対的頻度と相対的頻度を理解しておく必要がある。90試行の練習において5試行毎にフィードバック情報が与えられたとすると，18回の絶対的頻度，20%の相対的頻度でフィードバック情報が与えられたことになる。フィードバック情報の量と学習効果の関係について検討するために，各試行後にフィードバック情報が与えられた条件(100%の相対的頻度)よりも2試行終了毎にフィードバック情報が与えられた条件(50%の相対的頻度)の学習効果を比較した。その結果，練習試行では両条件は同程度のパフォーマンスレベルであった。しかし，2日後に行われた保持テストではフィードバック情報が与えられた頻度が少ない条件の方が優れたパフォーマンスを示し，フィードバックの与えられる相対的頻度を減少させた方が学習を促進することが報告されている(Winstein & Schmidt, 1990)。

(3)漸減的フィードバック

漸減的フィードバックはフィードバックの情報量をスキル習得の進度にあわせて少なくしていく方法である。つまり，学習初期では学習者に対してフィードバック情報が高い相対的頻度(100%など)で与え，スキル習得の進度に合わせて相対的頻度を減少させていくということになる。学習初期では，学習者にとってフィードバック情報が頻繁に与えられるので目標パフォーマンス習得に対する動機づけと運動を継続することに対する動機づけの効果を持つ。そして相対的頻度を減少させることによって学習者のフィードバック情報への依存性の増大を防ぐことが可能になる。また，学習者のスキル習得の進度に合わせてフィードバック情報量を調整するので，学習者のパフォーマンス低下が生じたときには相対的頻度を増加させることができ，そしてパフォーマンスが改善できたならば相対的頻度を減少させることが可能になる。よって，学習者の能力の個人差にあわせフィードバック情報を与える量を調整し，フィードバック情報に依存することなくパフォーマンスを遂行する能力を生じさせることが可能になる。

(4)帯域幅フィードバック

帯域幅フィードバックは，パフォーマンス目標に対して一定の幅の範囲内にパフォーマンス結果が収まれば誤差情報を学習者に与えず，範囲を外れたときにその誤差情報を学習者に与えるという方法である。スタートボタンを押した900msec後にゴールボタンを押すという課題を練習した結果を**図8**に示す。帯域幅を目標時間の10％とした場合，帯域幅は810～990msecになる。この方法では，学習初期にパフォーマンス結果が帯域幅を外れるケースが頻繁に現れるため，学習者はフィードバック情報を受け取る回数は多い。練習を重ねるにつれてパフォーマンス結果が帯域幅内に収まるケースが増えるので学習者の受け取るフィードバック情報は減少する。結果的には漸減的フィードバックを生み出すことになるという効果がある。また，パフォーマンス結果が帯域幅内に収まれば正しくパフォーマンスが遂行できたという正の強化が与えられる(「正しい」というフィードバック情報が与えられた場合と与えられなかった場合に学習効果の差はないといわれている)ので，学習者は一貫したパフォーマンスを遂行する。その結果，試行ごとの微細な修正を行わず，パフォーマンスは安定し，記憶として残りやすくなるという効果がある。

(5)要約フィードバック

要約フィードバックは複数試行分のフィードバック情報をまとめて学習者に提示する方法である。5試行が終了する毎に5試行のパフォーマンス結果に関する情報をグラフ化したり，平均値を算出して学習者に与えたりする方法が例として挙げられる。ここで問題になるのは，要約する試行数はどのように設定したら良いのかという点である。一回の試行でフィードバック情報を学習者に与えると依存性産出効果を増してしまうし，多くの試行数を要約してフィードバック情報を学習者に与えると技能習得や練習に取り組む意欲が低下してしまう。**図9**は要約フィードバックの試行数と課題の複雑性との関係を示している。課題が複雑になるほど学習者は課題を適切に遂行するためのフィードバックによる指示が必要になるため，要約する最適な試行数を相対的に少なくし，課題が単純になるほど要約する最適試行数を相対的に多くすることが適切であると考えられている。

3 練習スケジュール

運動の学習を効率的にするスケジュールの立て方があるのだろうか？例えば，ゴルフのショットでは，各クラブを使ってショットするためには複数の"ゴルフ・ショット"の一般運動プログラムが学習される必要がある。つまり，一般運動プログラムを効率的に形成していく練習スケジュールを立てる必要があるということになる。

(1)ブロック練習とランダム練習

ゴルフ練習場での練習を考えた場合，9番アイアン20球連続してショット，次に7番アイアンを20球連続してショット，5番アイアンを20球連続してショットしていくという練習スケジュールをブロック練習という。また，3本のクラブを無秩序な順番でショットする練習スケ

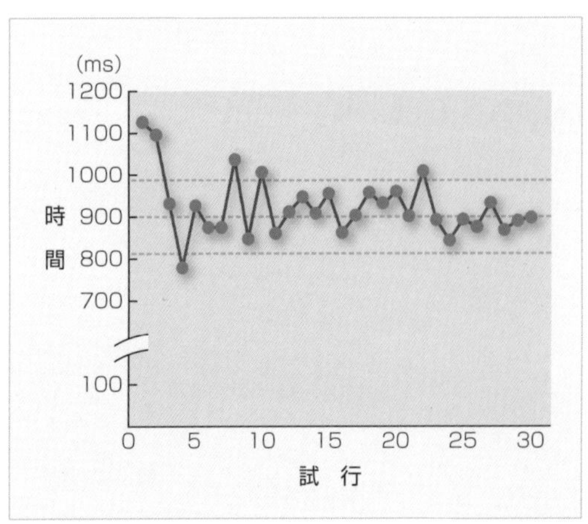

図8 帯域幅を用いた練習試行とパフォーマンスの関係(筆者作成)

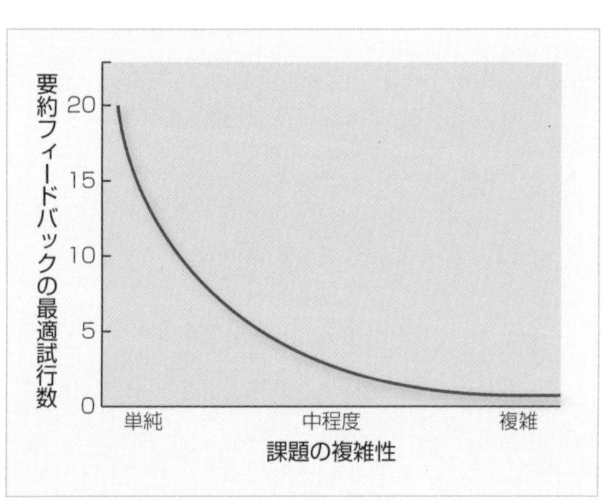

図9 課題の複雑性と要約フィールドバックにおける最適試行数との推測される関係(シュミット，1994)

ジュールをランダム練習という。両練習条件において同じ球数(合計60球)を練習した場合，ブロック練習はランダム練習よりもパフォーマンスを発揮する。しかしながら，練習終了に一定期間おいて保持テストを実施すると，ランダム練習の方がブロック練習よりも優れたパフォーマンスを示すことが確認されている。つまり，各クラブのランダムな練習は，練習中にはブロック練習をするよりも上手くショットできないかもしれないが，後になってショットしてみるとブロック練習よりも正確にショットできるといえる。その理由は2つ考えられている。1つは忘却再構成仮説(Lee & Magill, 1983)と呼ばれるもので，ブロック練習では同じ目標の練習が繰り返されるのでリハーサルなど長期記憶に残すための作業が作業記憶内で行われない。一方，ランダム練習では毎回目標が変わるので，その度に遂行方法を再構成していくための作業が作業記憶内で行われる。よって，練習時のパフォーマンスはブロック練習よりも劣っているが，保持テストではブロック練習よりも優れたパフォーマンスが発揮できるという考えである。他方，精緻化仮説(Shea et al. 1979)は，ブロック練習は同じ目標の練習が繰り返されるので前試行との比較をする必要がないのに対し，ランダム練習では毎回目標が変わるので前試行との違いを明確にするための準備と評価ための情報処理が必要になる。よって，ランダム練習はブロック練習に比べて手の込んだ情報処理が必要になるので，練習中のパフォーマンスは劣るが保持に有利であるという考え方である。

⑵多様性練習とパラメータ学習

では，同じ動作を練習する場合ではどうであろうか？　野球で捕手が一塁へ速い送球をする場合，正確に速く送球するためには送球の距離とパラメータ値を関連づけるスキーマを利用してパラメータ値を決定し，“送球”の一般運動プログラムへ転送し“送球”が遂行される。つまり，運動の遂行結果が効率的に正確になるためには，より確かなスキーマを効率的に形成していく練習を行う必要があるということになる。

シュミット(Schmidt, 1975)によると，スキーマの学習は，同一の一般運動プログラムの利用において多くのパラメータが調整される練習を行うという多様性練習と，練習の量の程度によって規定されると説明している。つまり，同じ回数で送球を練習するならば，同じ距離を同じ送球の速さで何回も練習するよりも，ピッチャー，一塁ベースや二塁ベースなど，いろいろな距離をいろいろな速さで送球の練習をした方がスキーマの一般化を高めることになる。そして捕手は練習で経験しなかった動作に対して学習を適応することができるし，いろいろな距離に正確な送球ができるようになるということになる。ただし，多様性練習を取り入れた実際の練習においては，一般運動プログラムの限界を越えないように注意しなければならない。例えば，内野の範囲で送球する場合と外野手に向かって遠投する場合，あるいは非常に近い距離で送球する場合では，一般的な送球のプログラムを利用することなく，それぞれに応じた別のプログラムを新たに利用すると予想される。つまり，動作パターンに変化が見られる場合には一般運動プログラムの限界を越えているものと見なし，目標距離や運動速度などを適切に設定する必要がある。

⑶自己調整学習

学習者自身が学習の仕方に対する判断や行為(学習方略)を決めた場合，どの程度の学習効果が期待できるのだろうか？記憶研究において，記憶しなければならない刺激語－反応語の対を学習者に自由に選択させた場合(自己選択条件)と，実験者が強制的に対を学習者に提示した場合(強制選択条件)の学習効果を比較したところ，前者は後者に比べて学習成績が優れていたことが報告されている(Perlmuter et al. 1971)。学習者は実験者から提示された情報を十分に吟味しなくても，提示された情報から学習者自身が選択するだけでも記憶が促進されるという。これを自己選択効果と呼ぶ。この解釈には，動機づけ説とメタ記憶説がある。動機づけ説は，自ら選択することで動機づけが増加することを説明している。他方，メタ記憶説は，自己選択において学習者自身は自分にとって記憶しやすいか否かという判断(メタ記憶)に従って記憶しやすい単語を選ぶことができるので，強制条件よりも成績が良くなると説明している。

学習方略の自己調整と学習効果の関係について説明する自己調整学習理論が提唱されている(Zimmerman, 1989)。自己調整学習とは，学習者自身の認知的側面に対して前もって持っている認識や知識(メタ認知)，行動的側面や動機づけの側面において活発に取り組まれる学習を意味している。運動の学習で言うメタ認知とは，前もって持っている運動学習における自己に対する認識や練習方法などに関する知識をさす。メタ認知的側面で学習の立案や目標設定，学習の組織化，自己モニター，そして自己評価が行われるという。運動学習実験においてフィードバック情報の受け取りを学習者自身で決定できる自己調整スケジュール条件は，強制的にフィードバック情報が与えられる強制スケジュール条件に比べて優れていたことが報告されている(Janelle et al. 1995)。このように練習中におけるKR利用や練習スケジュールを学習者が自主的，自発的に決定することは強制的な練習を強いられる場合よりも学習効果が期待できる。しかし，動機づけが高くてもそれを達成する方法が不適切であるケース，達成する方法が適切でも動機づけが低いケースでは学習効果につながらないため，メタ認知的側面と動機づけの側面を区別して慎重に取り組む必要がある。

3 効果的な運動指導

1 モデリング(観察学習)効果

スポーツスキルの指導場面をイメージしてみよう。少なくとも示範モデルと学習者の2つの立場に分けられる。示範モデルは体育教師，インストラクター，場合によってはスポーツスキルを練習している場面を学習者に提示する学習モデルがあてはまる。

そこでは，スキル習得を能率的に進めることを期待し，生徒や選手に対して示範モデルを観察させ練習を繰り返し行わせる方法が取り上げられる。この効果をモデリング効果あるいは観察学習効果という。このモデルの観察では，モデルの行う新しい反応パターンを習得するモデリング効果(観察学習効果)の他に，制止／脱制止効果，反応促進効果などがある。制止効果は，学習者がモデルのネガティブな結果を導く行動をとった反応を観察することによって，学習者がモデル行動と同様の反応行動を抑制または低下が起こる場合をいう。逆の場合が脱制止効果である。また，反応促進効果は観察者の持つ反応レパートリーそのものの反応行動が起こりやすくなることである。観察学習効果は反応レパートリーにはない反応パターンを習得するため，反応促進効果とは異なる。また，反社会的な行動反応の類は含まないので，制止効果や脱制止効果とも区別される。いずれにしてもモデル行動の結果が代理強化となり，観察者の反応行動に影響するのである。

モデリングの効果を説明する上でよく用いられる理論はバンデュラ(Bandura, 1986)の社会的認知理論である。その理論では，観察者のモデル行動の観察から反応行動の遂行までに至る過程を一連の情報処理過程と見なし，次にあげる4つの下位過程を仮定してモデリングの効果を説明している(**図10**)。

- 注意過程：観察者はモデル反応の際立った特徴に注目し，知覚し，弁別する。
- 保持過程：イメージによる(映像的な)表象と言語による表象の2つの表象系(認知的表象)を用いて観察による視覚的情報の入力を表象的形態でコード化し保持する。
- 運動再生過程：コード化された示範パターンの象徴的表象を利用して再生パフォーマンスとして外顕的遂行を導く。
- 動機づけ過程：正の誘因の導入によって観察者の再生パフォーマンスに変換する。

注意過程と保持過程はモデル行動の習得面，運動再生過程と動機づけ過程はモデル行動の再生面として捉えられる。

これら4つの下位過程をスポーツスキルの指導場面におけるモデリングに置き換えて解釈すると次のようになる。始めに，学習者はお手本となる動作のうち，特徴のある部分や注目すべきところなどに注意を向ける(注意過程)。そしてお手本を映像的なイメージやその動作でポイントとなる部分やタイミングを言葉として記憶し，イメージや言葉を使ったリハーサルを行うことで記憶を強化する(保持過程)。記憶された映像的なイメージや言葉を頼りに動作再生され(運動再生過程)，動作再生するタイミングを見計い，あるいは再生するにふさわしい場面か否かの判断によって動作として遂行する(動機づけ過程)。

スポーツスキルの指導場面では，学習者のスキル習得をいかに効率的に，そして効果的に進めることができるのかという点がポイントになるため，インストラクションの設定条件が重要になる。つまり，スキルに関する表象が効率的(速く)に効果的(記憶に残る)に形成されるようにインストラクションを設定しなければならないということである。よって，スキル習得に及ぼすモデリング効果の研究領域では，モデル行動の習得面，つまり注意過程と保持過程に着目した研究が数多く報告されている。

スポーツスキルのモデリングは運動を構成する要素のうち，動作の系列要素，身体の空間的位置操作要素，そしてタイミング要素が学習者に伝わりやすく，筋感覚的要素は伝わりにくいとされている。また，モデリングでは，モデルがスキル習得時に用いた学習方略など，認知的側面の学習も可能であるといわれている。しかしながら，インストラクションの設定条件を無視し，やみくもに示範モデルを学習者に提示したところで期待通りの効果が得られるとは限らない。また，筋感覚のように示範モデルから学習者へ伝わりにくい要素も，筋感覚を適切に表現する言葉の使用や，映像や音声の利用などである程度のモデリング効果が期待できる。

そこで以下に，インストラクションを設定する上で考慮すべきいくつかの条件について触れていくことにする。

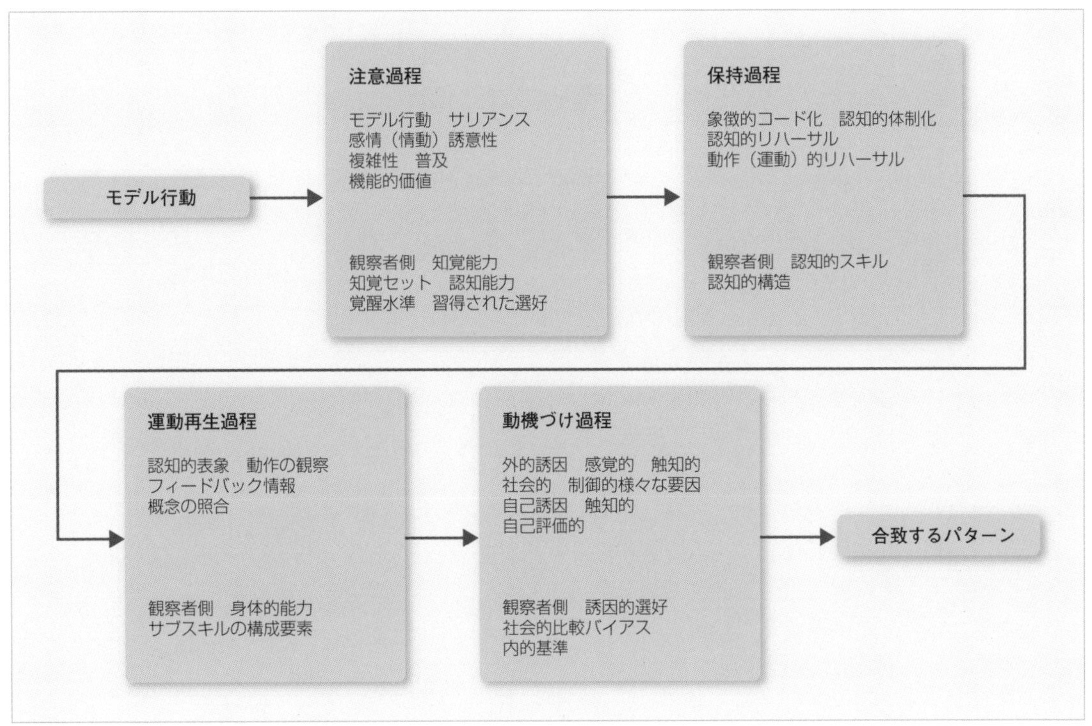

図⑩ Banduraによるモデリング過程(Bandura, 1986を翻訳)

(1)モデル提示の角度

「百聞は一見にしかず」という諺があるように，人間の外界からの情報の約80％は視覚に依存していると言われている。このため，スキルを学習者に提示する際には，示範モデル動作をどの角度から提示するのかという設定条件は学習者の映像的イメージの形成，さらには身体の空間的位置操作に影響するといえる。

猪俣ら(1983)は体操的な系列動作課題を用いて示範モデルの背面からの角度を学習者に提示する条件(背面モデル提示条件)と，示範モデルの対面からの角度を学習者に提示する条件(対面モデル提示条件)のモデリング効果について検討している。その結果，背面からの観察条件は対面からの観察条件よりもスキル習得の効率が良かったことを報告している。さらに石倉・猪俣(1995)は，示範モデルと学習者の視線が一致するかまたは反対になるかが学習者のスキル習得に影響するのはスキルに関する視覚的手がかりの取り込みの難易によるものと考え，体操的な系列動作課題を用いて，背面モデル提示条件と対面モデル提示条件のスキル習得の効率とモデル観察時の視覚的探索パターンの特徴を比較した。スキル習得の効率は猪俣ら(1983)と同様に背面モデル提示条件の方でスキル習得が速やかに現れた。また，モデル観察中の視覚的探索パターンの特徴としては，対面モデル提示条件はモデルの上肢部や身体周辺部を，一方，背面モデル提示条件ではモデルの胴体部を主に探索していた(**図11**)。バンデュラ(Bandura, 1986)のモデリング過程で仮定している注意過程においてはモデル反応の際立った特徴に学習者の注意が向けられやすいため，対面モデル提示条件ではモデル動作の上肢部の動きに注意が向けられたものと考えられる。また，モデル観察中の注視点移動回数に両条件間の差異は認められなかったが，最終試行における注視点移動回数の分散において背面モデル条件下は対面モデル条件下に比べて小であった。注視点移動回数の分散に両条件間の差異が認められたということは，対面モデル条件下では注意を向ける視覚的情報の選択肢が絞られた学習者と絞られない学習者との両者が存在し個人差が現れたものと推察している。示範モデルと学習者の視線が一致するか，または反対になるかの問題は，示範モデルを学習者自身が自己の遂行するイメージとしてモデル動作を捉えやすいか否かに関わり，視線が一致しない場合にはイメージを反転操作する能力がスキル習得に反映されることが指摘されている(猪俣ら，1983)。

これらの報告から，モデル提示角度は示範モデルと学習者の視線を一致させることが速やかなスキル習得を導くことが期待できると言えそうだ。しかしながら，回転追跡課題においては，背面および対面モデル提示条件によるモデリング効果に両条件間の差は現れなかったことが報告されている(猪俣ら，1982)。左右対称的な動作など視覚的な手がかりがあまり明瞭ではない動作課題に関してはモデル提示の角度はあまり重要ではないようであるが，モデル提示の角度を考える上では，学習者自身が自己の遂行するイメージとして示範モデルを捉えやすくするよ

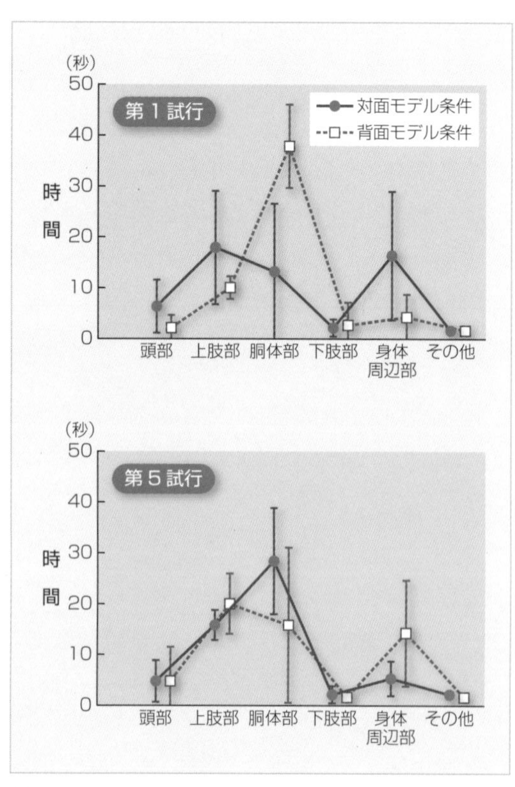

図11 対面および背面モデル観察時の部位別累積注視時間(石倉・猪俣，1995)

う，示範モデルと学習者の視線が一致するように設定することが望ましいといえる。

(2)モデル提示の回数と時期

モデル示範をどのくらいの回数で，いつ提示するのかによってもスキル習得に影響を及ぼすことは明らかである。フィッツとポズナー(Fitts & Posner, 1967)による学習の三段階説の初期段階である言語－認知化段階では，これから学習しようとするスキルの全体像について理解することが求められるとしている。また，バンデュラ(Bandura, 1986)の社会的認知理論におけるモデリングの過程では，学習者はモデル反応の認知的表象を頼りに運動を生成すると仮定している。よって，身体的にスキル遂行を試みる前に示範モデルを提示することは，学習者のスキルの理解あるいは認知的表象を形成するという意味でスキル習得の効率性に大きく寄与するものと考えられる。ランダース(Landers, 1975)は梯子登り課題を用いて，モデル提示の時期がパフォーマンス習得に及ぼす影響について検討している。練習初期において，①練習前にモデルを提示する条件と練習前・中にモデルを提示する条件は，練習中にモデルを提示する条件に比べてよいパフォーマンスを示した。そして②練習後期では練習前・中にモデルを提示する条件は練習中にモデルを提示する条件に比べてよいパフォーマンスを示したことを報告している。この結果から，練習前と練習前・中にモデルを提示することは学習者にとって実際にパフォーマンスを試みる前にパフォーマンスを導くための記憶コードを形成させることができたからだと推察している。

モデル観察のみでスキル習得の効率性が期待できると言えないし，身体練習のみでスキル習得の効率性を期待できるとも言えない。先に触れたように，モデリングはスキルの理解や認知的表象の形成を効率的に進め，これを手がかりとしたパフォーマンス再生を導く。そして，そこで得られたフィードバック情報と認知的表象を比較し，その誤差を検出・修正していくことでその効果が得られていくからである。つまりモデリングでは，モデル観察→認知的表象の形成→再生→フィードバック情報－認知的表象間の誤差の検出と修正→モデル観察…が繰り返されてスキル習得が成立していくという過程を踏むものと考えられる。しかしながらシダウエイとハンド(Sidaway & Hand, 1993)はゴルフボールのヒッティング課題で，習得期においてKRが与えられているモデルの練習状況を観察する割合が多いほど，保持テストや転移テストでよりよい結果が得られる傾向が認められたことを報告している。この結果は，学習者自身のパフォーマンスで得られるKRの頻度が増えるほどスキルの保持や転移に有利に働く結果が得られるという予想に反するものであり，モデリングとKRは同じ様式でスキル習得に働かないことを示している。

(3)モデルの特性

先に挙げたように，誰がモデルになって運動スキルを学習者に提示するのか。モデルの特性はモデリング過程のうちの注意過程に影響するとされ(Bandura, 1986)，モデルの有能性，社会的地位水準，年齢，社会的力，類似性などがパフォーマンスに影響することが報告されている(McCullagh et al. 1989)。例えば，子供は中立的なモデルよりも温厚なモデルに注意を向ける(Yussen & Levy, 1975)。同性／異性モデル観察時の注視運動パターンの特徴に違いがみられる(石倉・猪俣，1995)。また，学習者に対して学習者と同じ社会的地位水準(同じ学生)であると教示した場合には，熟練選手であると教示した場合よりも学習効率が良かったことが報告されている(McCullagh, 1987)。しかしながら，これらのモデル特性がパフォーマンスに作用するのは注意によるものか動機づけによるものか明らかにされていない点が指摘されている。

学習者はモデル反応の認知的表象をもとに運動を生成するのであれば，提示するモデルのスキルレベルも考慮すべきモデル特徴の要因の1つである。モデルの技能レベルをいくつか設定して技能を学習者に提示したところ，学習者はそのモデルの技能レベルに応じたパフォーマンスを再生したことが報告されている(McCullagh, 1987)。つまり，技能水準の高いモデルの観察は学習者に対してこれから学習しようとしていくスキルの認知的表象を正しく形成し，課題の方略も学習されていくため，技能水準の低いモデルの観察に比べてモデリング効果が速やかに現れるといえよう。しかしながら，技能水準の低いモデルが学習している場面の提示条件を工夫すると技能レベルの高い正しくパフォーマンスを再生するモデルの提示条件と同程度の，場合によってはそれよりも高いモデリング効果が期待できる。モデル観察によって学習者はスキルのフォームや方略を学習すると考えられている。このため，学習しているモデル(学習モデル)が結果の知識(KR)を与えられている場面や，指導者からのアドバイスを受けている場面，学習しているモデルがスキル遂行時に考えていることを口に発しながら行う場面などを加えて提示すると，単に学習しているモデルの映像を提示する場合よりもモデリング効果が得られることが報告されている(McCullagh & Weiss, 2001)。この場合，学習しているモデルの提示を観察している学習者に対してよりよいパフォーマンスの学習を導く問題解決過程を活性化させ，そしてよりよいパフォーマンスを遂行するための誤差検出と修正に役立つと考えられている。

2 言語的指導

(1)モデル観察時の言語的教示

モデル動作の提示に加え，そこで指導者(モデル)がことばによる教示を加えて与えたらどのような効果が得られるのだろうか。杉原・石井(1993)は学習者に対してモデル提示時に見るポイントを指示することの有効性を報告している。お手玉課題を用いてモデリング群，モデリング・指示群，そして統制群の学習効果を検討したところ，モデル観察はお手玉課題の学習に有効である。そして単にモデルを観察するだけでなく，観察のポイントについての指示を加えることでより大きなモデリング効果が得られることを明らかにしている。また，石倉(2000)もお手玉課題を用い，技能習得に伴うモデルに対する見方の変容について学習者の発話を分析して事例的に検討している。モデルは動作だけを提示し，その他の情報は与えなかった。検討の結果(**図12**)，技能習得の進んだ学習者は(被験者A)，感覚的な身体情報の言語化に限界があるものの，お手玉課題を遂行する上でただモデル動作をまねるのではなく，そのポイントは何かを考えるためのヒントを得ようとするモデル観察に変化した。一方，技能習得の進まなかった学習者(被験者B)には，モデル動作をまねるために観察をするにとどまるというモデルに対する見方に方略的変化が認められなかったことが報告されている。これらの報告から，単にモデル動作を提示することは学習者にとってこれから習得しようとする動作の理解には役立つと思われる。しかしながら，実際に技能を遂行する場面で，何に注意を向けて技能を遂行しなければならないのかについては情報を与えてくれない。もしこのような状況が続けば，学習者には技能習得を進めていくための方略を考える，いわゆる一種の問題解決学習が強いられ，技能習得が遅れてしまう。よって，杉原・石井(1993)の報告のように，モデル提示に加えて観察のポイントを指示することはモデリングによるより大きな学習効果が期待できることになる。

では，どのような観察方略に関する教示をモデル動作に加えたら有効なのであろうか？ 石倉・猪俣(Ishikura & Inomata, 1998)は大筋的系列動作をモデルの正面の角度から学習者に提示する条件において，学習者が用いるモデル像を学習者自身の身体位置関係に積極的に一致させる観察方略が技能習得とモデル観察時の注視運動に及ぼす影響について検討している。モデル像を正面の角度から見た再認テストを正確に答えるように教示した群，モデル像を背面の角度から見た再認テストを正確に答えるように教示した群，そして正確に再生できるように教示した群を設定した。その結果，モデル像を背面の角度から見た再認テストで正確に答えるように教示した群の再生得点が最も良かったが，モデル観察時の注視運動には3群間に目立った特徴の違いは見られなかった。モデル像を学習者自身の遂行するイメージとしてとらえやすくするためにモデル観察時に積極的にモデル像を反転させる観察方略は，注意の方向を検討する指標である注視運動の特徴には見られなかったものの，技能習得に有利に働くことが報告されている。

これらのように，ことばによる教示は社会的認知理論(Bandura, 1986)によるところの注意過程と保持過程に大きく作用する。杉原・石井

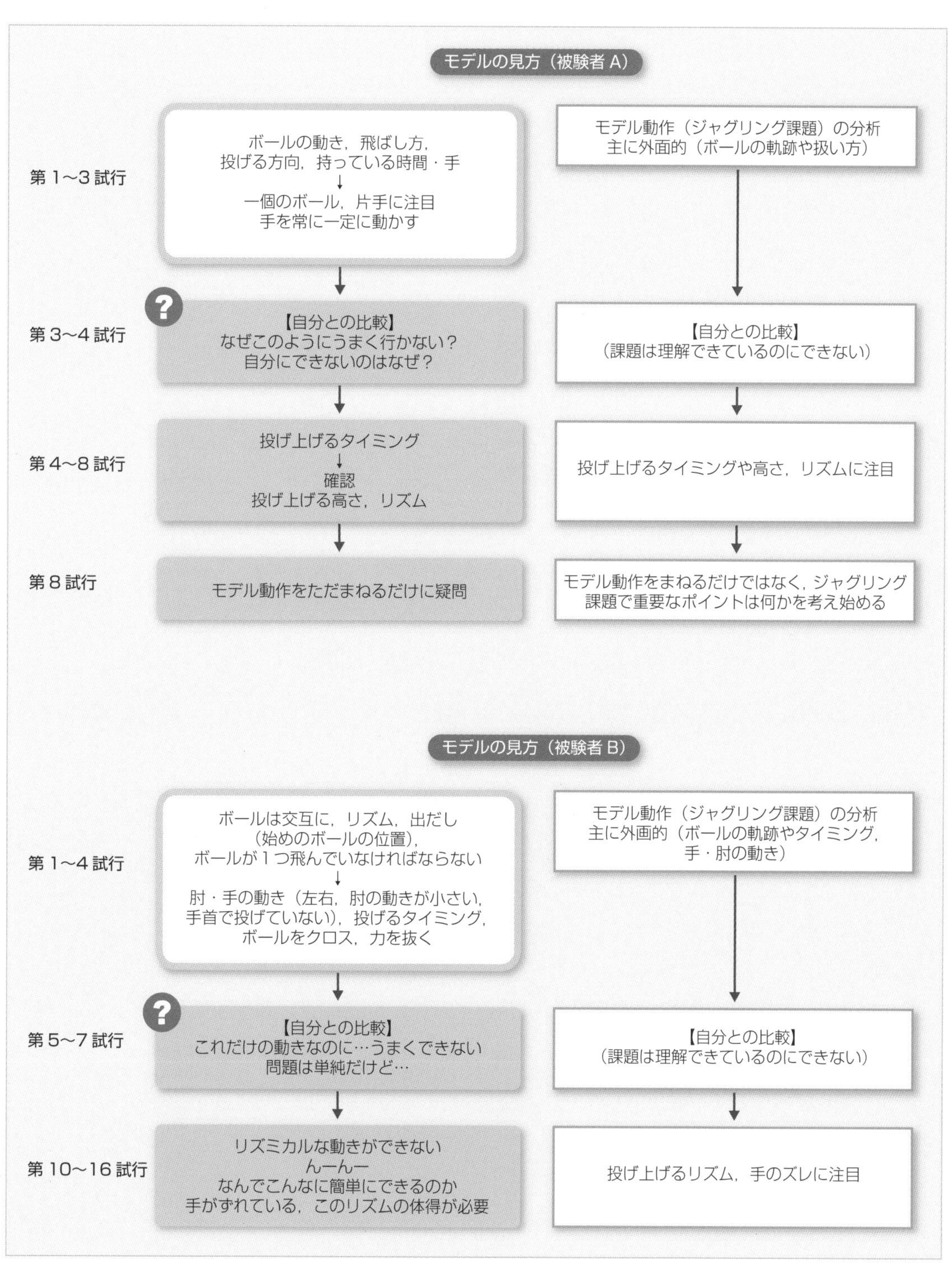

図⓬ お手玉課題におけるモデルの見方の変容(石倉，2000)

(1993)で取り上げられた教示は技能を習得する上で重要なポイント(パフォーマンスに関する重要な知識)を示す内容であり，石倉・猪俣(Ishikura & Inomata, 1998)で取り上げられた教示はモデル動作を学習者自身の遂行する動作として積極的にイメージ化することを導くための内容であるといえよう。モデル動作のどこに注意を向けるべきか，あるいはモデル動作をどのようにとらえるのかを指示することによって学習者の注意の方向を誘導することになり，技能習得に影響を及ぼすのはこれらの報告から理解されよう。

一方，保持過程においては観察によって得られた情報を記憶に残すために映像的なイメージと言語を用いてコード化して記憶として保持される作業が行われる。動作再生時にはそのコードをもとに再生パフォーマンスとして遂行されるため，モデル提示時に与えることばは観察された情報が記憶として残りやすくするための手だてとして重要になる。例えば，小筋的系列動作課題や日常的な動作を系列化した課題を用いた研究では，ことばで動作を記述する言語コーディングや動作に名前を付けるラベリングなど言語を媒介としたコード化が技能再生の保持に有効であると解釈する報告が多い。大塚・猪俣(1985)は体操的な大筋的系列動作課題を用いて短期的および長期的な記憶保持の効果について検討を加えるためにイメージ群，ラベリング群，言語群，そして統制群を設定し比較した。その結果，大筋的系列動作課題の動作再生はイメージ群において記憶保持に有利であり，言語によって具体的に記述する方略は習得を妨げることを報告している。日常的な動作を系列化した動作や小筋的な系列動作の場合は大筋的系列動作に比べて言語によって記述する情報量が少なく，言語コーディングを伴った観察学習の有効性が認められるものと考えられる。また，イメージやラベルを用いたコード化方略の有効性が報告されているため，モデル観察時には“…のような”“…に似た”といった動作を象徴的なイメージとして想起しやすいことばを利用する工夫が求められる。特に力の発揮など感覚的側面を説明するにあたっては，指導者には学習者の運動経験や認知的発達の側面を考慮し，指導者と学習者が共感できるようなことばや比喩的表現を数多く用意しておく必要がある。例えばスケートの停止技術の1つであるハの字型ストップを教える場合，スキーの経験者には“足を制動プルークのようにしてゆっくりと横にひらく”，小学校低学年には“カタカナのハの字を作ってゆっくりと横に開く”など技術を提示しながら指示することが可能になる。

学習者の発達的側面からも考慮しておく必要がある。マカロフとウエイス(McCullagh & Weiss, 2001)によると，学習者の選択的注意，リハーサル方略，コーディング能力，意志決定，知識母体などの認知的能力の側面から認知的発達特徴を考慮して指導にあたることも重要であるとしている。例えば，子供を対象としたモデリング研究で得られた知見から，5歳から13歳の間の子供のうち，低年齢の子供は高年齢の子供に比べて認知的能力が未発達であるため，単に視覚的モデルを提示するよりも視覚的モデルに加えて観察の手がかり，リハーサル方略やコーディング方略を与える方が技能習得に有利に働くことが報告されている。また，年齢や技能レベルなどの似た学習者同士がペアを組んで互いをモデルとして学習する条件(Peer modeling, Dyad practice)と一人で練習に取り組む条件では，練習に費やす時間が同じ場合，同程度の技能習得の効果が現れるとされている。ただし，学習者間でフィードバックや学習方略などの情報が互いに共用できるようにすることが重要であり，その結果として技能習得を促進するばかりではなく，学習者自身の有能感，自信，動機づけ，強化にも影響することが報告されている。

⑵注意の方向づけとパフォーマンス

ゴルフのパッティングを練習するときに，学習者はパッティングフォームに注意を向けたらよいのか，それともパターヘッドの振り幅に注意を向けたらよいのか，カップに注意を向けたらよいのかという問題は遂行動作やパフォーマンス結果に影響するのであろうか。

バレーボールのオーバーハンド・サービスの習得時に学習者の身体の動きに注意を内的に方向づける教示を与えた場合よりも，サーブ目標に体重を移動させるように注意を外的に方向づける教示を与えた場合の方が正確なサーブが打てるようになることが報告されている(Wulfら，2002)。このように学習者自身がフォームなど内的に，あるいは体重を移動する方向など外的に注意を方向づけることは，指導者からのことばによって注意の方向づけが可能であり，遂行動作やパフォーマンス結果に作用するといえる。では学習者のパフォーマンスレベルの違いによっても同様に影響するのであろうか。

学習者の技能水準と注意を方向づけとの関係について報告されている(Perkins-Ceccato et al. 2003)。ゴルフのアプローチショットにおいて，高いスキルのゴルファーにはできるだけ目標にボールを近づけるよう教示した方(外的に注意を方向づけ)が，スイングのフォームやスイングの力加減に注意するよう教示した(内的に注意を方向づけ)場合よりも成績が良かった。ところが低いスキルのゴルファーには内的に注意を方向づける教示を与えた方で成績が良かったという結果が得られている。初心者には内的に，つまり自己のフォームに注意を方向づけた方がパフォーマンス習得を促進するようである。

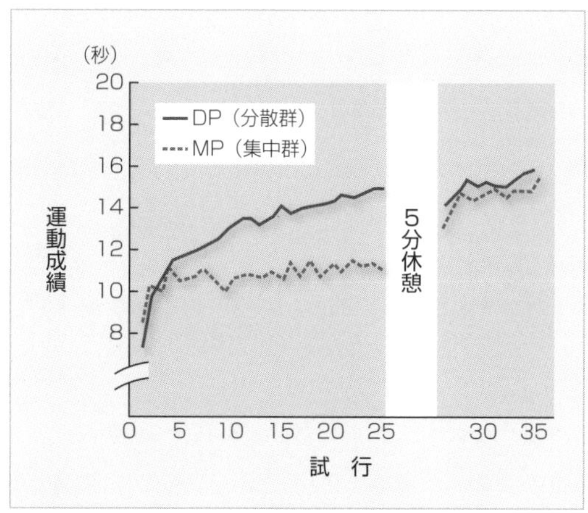

図13 集中群と分散群の運動成績曲線
(松田・杉原，1987)

3 効果的な休憩の入れ方とスキルの特徴に応じた練習法

練習スケジュールを考えるときに，効果的な休憩の入れ方やスキルの特徴に応じた練習法があるのだろうか。

(1)集中法と分散法

練習中に休憩を入れない練習スケジュールの立て方を集中法と言い，休憩を入れながら練習するスケジュールの立て方を分散法と言う。回転板上に記された曲路を足先で追従する作業を集中法と分散法による練習スケジュールで比較されている(Whitley, 1970)。集中法では25秒練習した後に5秒休憩，分散法では25秒練習した後35秒休憩した。それぞれのグループが25試行練習した後，5分休憩をはさみ，再び10試行を分散のスケジュールで実施した。その結果(**図13**)，25試行の練習では分散法の成績が良かったが，休憩後の成績では両グループは同程度の成績を示した。休憩の前から後にかけて集中法で練習したグループの成績が上昇するという現象が見られている。これをレミニッセンスという。練習効果の現れにくい集中法であるが，潜在的な学習効果が期待できる練習条件である。しかし，練習者の技能水準や学習意欲を考えると両練習法の特徴は次の通りになる。

集中法：練習中に休憩が入らないため練習が継続的に続けられる。よって，学習者の練習に対する意欲が高い場合やスキルの微妙な修正を試みる場合に有効な方法であると言われている。

分散法：練習中に休憩が入るため学習者の練習意欲が低い場合に有効である。また，分散法では休憩時間において視聴覚教材を利用したり，指導者からの指導時間にあてたりすることができるという利点があげられる。

(2)全習法と分習法

走り幅跳びの練習を例えると，助走から着地に至るまでの一連の動作を練習するケースを全習法と呼び，着地動作や踏切動作のみを取り上げて練習するケースを分習法と呼ぶ。一般的に，簡単なスキル習得には全習法が，複雑なスキル習得には分習法が有効であるとされているが，その効果は課題の特徴に依存している。ラジオ体操のような系列的なスキルの習得では，スキルをいくつかに分け，習得できていない部分を練習する方法をとると効果があるとされている。水泳のような連続的なスキルは全習法で効果があるとされているが，スキルを分割して練習する場合，分割したスキルを上手く協調する必要がある。よって連続的なスキルで分習法を取り入れるときにはスキルを単純に分割するのではなく，スキル全体との関わり(リズムなどの協調運動)を考慮してスキルを分割する必要がある。不連続なスキルのうち連続的な課題の練習では，ゆっくりとしたフィードバック処理の必要な課題(テニスサーブのトスの練習)には分習法の効果が期待できる。一方，不連続なスキルのうち，ピアノ演奏のように，同時にスキルを協調する必要のある課題の練習では同時にスキルを操作するプログラムが求められるので，分習法の効果は期待できない。全習法と分習法に関連して，単純でより複雑なスキルを習得するための基礎スキルを習得する下準備活動(Lead-up activities)の導入が考えられる。例えば，跳び箱運動を教える際になる初歩的ポイントは跳び箱手のつき方や手をつく位置になる。このスキルを身につける練習法として助走を使って跳び箱上に立つという練習が小学校の跳び箱運動の授業で取り入られるケースがあるが，この練習を下準備活動として捉えることができる。下準備活動ではその後に習得する複雑なスキルの基礎になる必要があるし，その後の練習に対する恐怖感を軽減する側面も持つ必要がある。

4 イメージを利用したトレーニング

ここでは運動遂行の情報処理過程との関わりで触れることとする。

スキーマ理論(Schmidt, 1975)では運動を遂行する目標が決定されると目標を達成した時の望ましい状態が発生する。この望ましい状態は内在的フィードバックの基準と外在的フィードバックの基準に分けられ，現在の状態，つまり行動の結果得られる自己受容感覚と外部受容感覚がそれぞれ比較されることによって誤差が検出されるという仕組みが考えられている。内在的フィードバックの基準は筋感覚的イメージ，外在的フィードバックの基準は視覚的イメージとして捉えることができる。練習初期には言語－認知化段階であるため学習課題を理解するために視覚的情報が必要になる。このため，示範者の行動を記憶に強固に残すために視覚的イメージを利用したトレーニングに取り組み，学習の進度に合わせて筋感覚的イメージを利用したトレーニングを導入していくことで運動コントロールのためのプログラム化の促進が期待できる。

また，サッカーやバスケットボールなどの開放スキルでは，ゲーム状況を視覚的にイメージし，状況に応じた反応をシミュレートすることで意志決定の速さと正確さ，戦術に関する知識を豊かにすることが期待できる。ボクシングの練習で行われているシャドートレーニングもシミュレーショントレーニングの効果を狙った1つの方法である。

【文献】

Bandura, A. (1986) Social foundations of thought and action : a social-cognitive theory. New York : Prentice-Hall.

Fitts, P.N., & Posner, M.I. (1967) Human Performance, Books/Cole.

E・D・ガニエ 著，赤堀侃司，岸学 監訳(1989)学習指導と認知心理学．パーソナルメディア．

猪俣公宏・小山哲・妹尾江里子(1983)動作系列学習におけるモデル提示角度の影響．総合保健体育学，Vol.6，pp.137-141.

猪俣公宏・西田保・勝部篤美・妹尾江里子(1982)回転追跡学習に及ぼすモデル提示とイメージリハーサル効果 －特に生理的反応とパフォーマンスの分析に基づいて－．体育学研究，Vol.27，pp.143-152.

石倉忠夫(2000)ボールジャグリングの技能習得に伴うモデルデモンストレーションに対する見方の変容 －事例研究－．京都体育学研究，Vol.16，pp.33-41.

石倉忠夫・猪俣公宏(1995)大筋的系列動作のモデリングにおける対面及び背面モデル提示条件の比較に関する研究．スポーツ心理学研究，Vol.22，pp.7-13.

Ishikura, T., & Inomata, K. (1998) An attempt to distinguish between two reversal processing strategies for learning modeled motor skill. Perceptual and Motor Skills, Vol.86, pp.1007-1015.

Janelle, C.M., Kim, J., & Singer, R.N (1995) Participation-controlled performance feedback and learning of a closed motor skill. Perceptual and Motor Skills, Vol.81, pp.627-634.

Landers, D.M. (1975) Observational learning of a motor skill：Temporal spacing of demonstrations and audience presence. Journal of Motor Behavior, Vol.7, pp.281-287.

Lee, T.D., & Magill, R.A.(1983)The locus of contextual interference effect in motor skill acquisition. Journal of Experimental Psychology：Learning, Memory, and Cognition. Vol.9, pp.730-746.

松田岩男，杉原隆 編著(1987)新版 運動心理学入門．大修館書店．

McCullagh, P. (1987) Models similarity effects on motor performance. Journal of Sport Psychology, Vol.9, pp.249-260.

McCullagh, P., & Weiss, M.R. (2001) Modeling：considerations for motor skill performance and psychological responses. Chapter 8 in Singer, R., Hausenblas, H.A., & Janelle, C.M. (Ed.). Handbook of sport psychology (2nd ed). New York：John Wiley & Sons.

McCullagh, P., Weiss, M.R., & Ross, D. (1989) Modeling considerations in motor skill acquisition and performance：an integrated approach. Exercise and sport science reviews, Vol.17, pp.475-513.

中島義明・安藤清志・子安増生・坂野雄二・繁桝算男・立花政夫・箱田裕司編集(1999)心理学辞典．有斐閣．

大塚巌・猪俣公宏(1985)大筋的系列動作課題の短期および長期記憶に及ぼす記憶方略の効果．体育の科学，Vol.37, pp.464-469.

Perkins-Ceccato, N., Passmore, S. R., & Lee, T. D.(2003) Effects of focus of attention depend on golfers' skill. Journal of Sports Science, Vol.21, pp.593-600.

Perlmuter, L.C., Monty, R.A., & Kimble, G.A.(1971)Effect of choice on paired-associate learning. Journal of Experimental Psychology, Vol.91, pp.47-53.

リチャード・A・シュミット著，調子孝治　監訳(1994)運動学習とパフォーマンス　理論から実践へ．大修館書店．

Schmidt, R.A.(1975)A schema theory of discrete motor skill learning. Psychological Review, Vol.82, pp.225-260.

Shea, J.B., & Morgan, R.L.(1979)Contextual interference effects on the acquisition, retention, and transfer of a motor skill. Journal of Experimental Psychology：Human Learning and Memory. Vol.5, pp.179-187.

Sidaway, B., & Hand, M.J. (1993) Frequency of modeling effects on the acquisition and retention of a motor skill. Research Quarterly for Exercise and Sport, Vol.64, pp.122-125.

Ste-Marie, D.M., Lelievre, N., & Germain, L.S. (2020) Revisiting the applied model for the use of observation：a review of articles spanning 2011-2018. Research Quarterly for Exercise and Sport, Vol.91, pp.594-617.

杉原隆・石井美子(1993)示範(モデル呈示)はどのように行えば効果的か．学校体育，7月号，pp.68-71.

Whitley, J.D. (1970) Effect of practice distribution on learning a fine motor task. Research Quarterly, Vol.41, No.4, pp.576-583.

Winstein, C.J., & Schmidt, R.A. (1990) Reduced frequency of knowledge of results enhances motor skill learning. Journal of Experimental Psychology：Learning, Memory, and Cognition, Vol.16, No.4., pp.667-691.

Wulf, G., McConnel, N., Gartnet, M., & Schwarz, A.(2002) Enhancing the learning of sport skills through external-focus feedback. Journal of Motor Behavior, Vol.34, No.2, pp.171-182.

Yussen, S.R., & Levy, N.M. (1975) Effects of warm and neutral models on the attention of observational learners. Journal of Experimental Child Psychology, Vol.20, pp.66-72.

Zimmerman, B.J.(1989)Models of self-regulated learning and academic achievement. In B. J. Zimmerman., & D. H. Schunk (Eds.) Self-regulated learning and academic achievement theory, research, and practice：Progress in cognitive development research. New York：Springer-Verlag, pp.1-25.

4 ダイナミカルシステムズアプローチ

1 複雑な身体運動へのアプローチ

1 ダイナミカルシステムズアプローチ

ダイナミカルシステム（Dynamical system：Schöner & Kelso, 1988b）とは力学系の訳で，あるシステムが時間とともに動的に変化し，発展していくことを意味する。さらに，人間の複雑な身体運動の振る舞いを研究することを目的としたダイナミカルシステムズアプローチとは，非線形力学系理論（nonlinear dynamical system theory）に依拠して，身体運動の変化や発展を微分方程式や差分方程式の解として現象を表現する。このアプローチによる人間の身体運動を解明するための解析の視点は，応用物理学での複雑系，特に自己組織化とパターン形成，生物学でのリズム現象などと類似している。

2 複雑系と身体運動

複雑系（complex system）をそのまま訳すと「複雑なシステム」である。しかしながら，自動車のエンジンのように個々の細かな部品の組み合わせで構造的に複雑になったような「込み入った」（complicated）システムではない。ここでの複雑とは，個々の要素がいくつか集まって，局所的・部分的な相互作用が大域的な振る舞い（全体の状態）を決定し，全体から見たときに個々の要素の振る舞いの総和以上の振る舞いになり，全体の振る舞いが個々の振る舞いに影響している。この視点からシステムを捉える概念が複雑系である。複雑系の視点から，ある状態を観測しようとする取り組みは，スポーツ心理学だけでなく，物理学，生物学，化学など，他の学問分野でも盛んに実施されてきた。

3 身体運動の自己組織化とパターン形成

ダイナミカルシステムズアプローチで，あるシステムの状態を捉える概念として自己組織化がある。自己組織化とは，あるシステムが外部から制御されることなく，そのシステムを構成する個々の要素が自発的にある構造を形成し，秩序だった状態に発展していくこと，である（Kugler et al. 1980）。この自己組織化の過程では，そのシステムの状態が揺らぐ過程を通して全体の秩序が決定され，その秩序のもとに個々の要素の機能や関係性が時々刻々と変化し，発展する過程が観測できる。そして，そのシステムがある安定した状態に落ち着いたときに，パターンが形成された，と理解する。

図1は，自己組織化によるパターン形成の例として，移動速度によって馬の足並みが変化する過程である。馬の移動速度が徐々に速くなっていくと，並足（なみあし）から速足（はやあし），そして駆足（かけあし）に，突然，意図的ではな

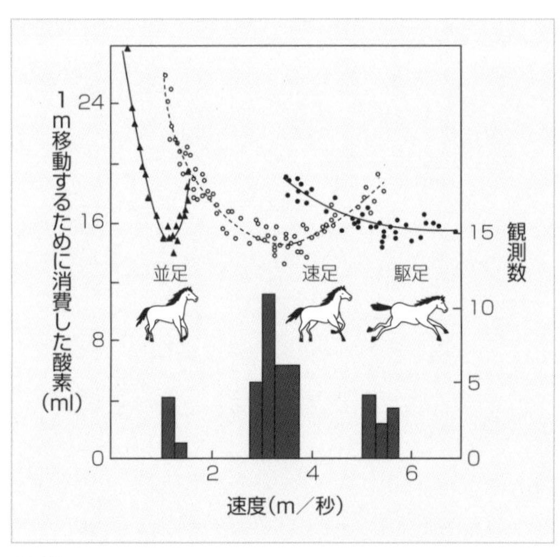

図❶ 酸素消費と移動速度の関係による運動パターンの変化（Hoyt & Taylor, 1981を改変）

く，切り替わってしまう。運動生理学の計測として，酸素摂取量の変化もみられる。例えば，並足で徐々に移動速度が上昇すると，酸素摂取量が高くなる。その後，速足に切り替わることで，酸素摂取量が低くなっている。この突然の切り替わりの状態は，速歩から駆足でも観察されている。このことは，4本の脚がそれぞれの動きのパターンを変化させることだけでなく，それぞれの動きによって自己組織的に全体的な足並みのパターンが形成され，3種の足並みが突然切り替わることを示している。ダイナミカルシステムでは，この突然の切り替わりの現象を相転移と呼ぶ(後述)。

2 ダイナミカルシステムから捉えた身体運動

熟練した競技者は身体運動の自由度(後述)を減らす方法を持っている(Kelso，1982)。ベルンシュタイン(Bernstein，1967)は，生体運動学な因果関係となる連動装置によって複雑なシステムを協応させるとき，末梢の不確定性(peripheral indeterminacy)となる多義性と自由度(degrees of freedom)に注目した。

1 3つの多義性

ベルンシュタイン(1967)は，身体運動の複雑さを文脈多義性として指摘した。まず，腕の位置の初期状態(例えば，胴体の側面に下ろした状態と水平まで上げた状態)から，身体の正中線に向かって腕を屈曲させると大胸筋が収縮する。この収縮の過程が，肩関節に対して，腕がなす角度や位置によってまったく異なることを例に挙げて，解剖学的要因(anatomical factor)を指摘した。次に，身体運動が変動する機械的要因は，筋肉の状態と運動の結果との関係が変動することにあり，それは状況に依存すること，身体関節は結合しているので，ある関節を動かす際には環境の要因(例えば，重力，慣性モーメント，反力)などの筋肉以外の力が作用すること，中枢神経系が筋肉以外の力の発生を予測して筋の力を発生させるように司令を出しているとは考えられないこと，基本的に筋肉の収縮状態に関してプログラムを作成することは不可能であることを例に挙げて，力学的多義性(mechanical variability)を指摘した。そして，筋肉の状態と動きの間に固定された関係を想定できないこと，中枢神経系から四肢の筋肉への司令は脊髄を通じて伝達されるため，経路の途中で修正せずに，正確に忠実に伝達することができないことを例に挙げ，生理学的多義性(physiological variability)を指摘した。

2 自由度問題

人間の運動生成を計算機に模した情報処理アプローチは，中枢神経系の指令によって筋が制御されることを仮定していた。例えば，腕を動かすとき，肩で約10個，肘で6個，橈尺骨で4個，手首で6個の筋を制御するための指令を決定する。これらは計26個の自由度に相当する。さらに，肩の筋肉1つに100個の運動単位(motor unit)があると仮定すると，2600個(＝26×1000)となる(Turvey et al. 1982)。全身運動の場合，神経細胞10^{11}個の発火様式の組み合わせを想定しなければならない。この仮定で人間の運動制御を理解しようとすると，膨大な自由度を制御していることになる。

身体運動において，これだけ膨大な自由度を制御していることになると，解が存在しない，解が一意に定まらない，解がシステムを構成する要素の初期値に影響を受ける，といった3つの不良設定問題が生じる。ベルンシュタイン(1967)は，この問題のうちの後者2つを指摘し，この問題は自由度問題あるいはベルンシュタイン問題と呼ばれている(Turvey et al. 1982)。

3 協応構造

ベルンシュタイン(1967)は，文脈多義性と自由度問題を解決するために，協応(coordination)の構想(Turvey et al. 1982)を提案した。

彼は，人間が運動するとき，自由度問題を解決しなければならないため，例えば筋が収縮と弛緩を協調することで自由度を減らす，といった機能的な構造があると考えた。この構造を協働(Synergy)という。例えば，**図2**左の初心者のように，スキースラローム練習機の上で，関節の角度を微調整しながらバランスをとることが精一杯な段階がある。彼は，このように，身体部位の運動を単純化する第一段階として自由度を凍結する(freezing：Vereijken et al. 1991)と考えた。この凍結とは，複数の関節を動かさずに固定化する，あるいは複数の関節を同時に屈曲・伸展して自由度を減らすことである。

徐々に新奇な運動に慣れてくると，**図2**右の熟練者のように，複数の関節の屈曲・伸展のタイミングをずらして，関節の角度を大きく動かし，複数の自由度を制御できるようになる。彼は，複数の関節の運動を調整できるのが協働であり，第二段階の自由度の解放(freeing：Vereijken et al. 1991)があると考えた。新たな協応のモードを獲得する，この解放が習熟である。

3 協働(Synergy)から シナジェティクスへ

ハーケン(Haken, 1983)は，システム内の複数の要素が相互作用することで自己組織的に大域的な秩序を形成する協働現象を体系化し，その現象をシナジェティクス(Synergetics)の構想を提案した。この構想は主に，人間の運動ではリズムなどの運動の速さを規定する制御パラメータ(control parameter)と複数の関節の関係の変化を記述する秩序パラメータ(order parameter)の2つのパラメータによって自己組織化の現象を説明するという特徴があった。

1 身体運動の相転移現象

シナジェティクスの構想に依拠したダイナミカルシステムズアプローチによって，身体運動を解析した初期の研究は，ケルソの実験(Kelso, 1984)である。彼らは**図3**上段のように，手のひらを臥位にして人差し指を左右(内外転)の方向に往復運動をさせる実験をした。**図3左**のように指を左右に逆方向に動かすことが同相，**図3右**のように同方向に動かすことが逆相である。この2つの往復運動の差を相対位相(あるいは位相差)と呼ぶ。彼は相対位相が逆相から同相，あるいはその逆へ，突然，切り替わる相転移の現象(pp.46-47も参照)について検証した。

逆相の往復運動を徐々に速くしていき，ある一定の速さになると(**図4**の灰色の領域)，突然，同相に切り替わってしまう。シナジェティクスの理論では，この現象について，往復運動の速度の変化を制御パラメータ，左右の指の往復運動の関係を秩序パラメータとして説明する。特に，**図4**での相転移となった速さ(2.25回／秒)で，相対位相のばらつきが大きな値(黒丸●)を示したように，いわゆる揺らぎの現象が観察され，逆相から同相へ相転移が発生していた。

2 行動情報(behavioral information)

身体運動の新たな技能を学習する過程を説明するために，ダイナミカルシステムズアプローチで3つの行動情報が仮定された(Schöner &

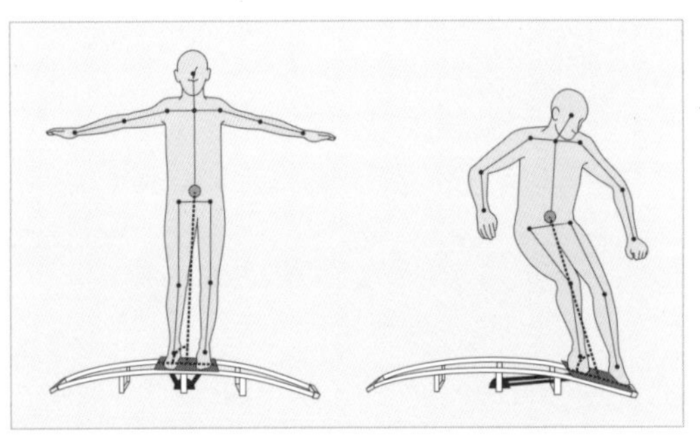

図❷ スキー練習機の初心者(左)と熟練者(右)の運動(Whiting et al. 1987の写真(右)を改変)

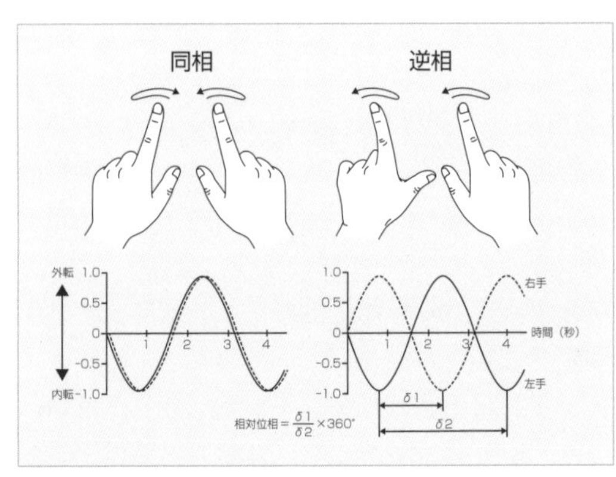

図❸ 同相と逆相の運動(上)とデータ例(下)

Kelso, 1988a)。まず環境情報(environmental information)は課題で要求される合目的な運動のパターンの情報である。次に記憶情報(memory information)は内在ダイナミクスに影響を及ぼす習得的に記憶化された情報である。そして意図情報(intentional information)は環境情報に合わせてパターン形成するために記憶情報から引き出された意図に関する情報である。

3 内在ダイナミクス(intrinsic dynamics)

生得的な機構(innate mechanism)ではなく，新たな身体運動を学習する前に既に存在する自律的で動的な協応の変化を内在ダイナミクスという。学習前には，学習者はある振る舞いのパターン(behavioral pattern)をもち，合目的に学習されるべきパターンを産出するように修正されていく過程のダイナミクスである。そのため一旦学習が達成されると，内在ダイナミクスの根底にある行動情報としての記憶のパターンとなる記憶情報が構成され，修正されたパターンの安定状態(これをアトラクタを呼ぶ)となるダイナミクスが見られる。

4 意図ダイナミクス(intentional dynamics)

内在ダイナミクスを意図情報が摂動し，揺らがす過程を意図ダイナミクスという。ただし，意図ダイナミクスの概念の限界は，内在ダイナミクスが学習に関連する意図(例えば，相転移をさせる意図)となる予測値(記憶)をもっているときのみ，である。

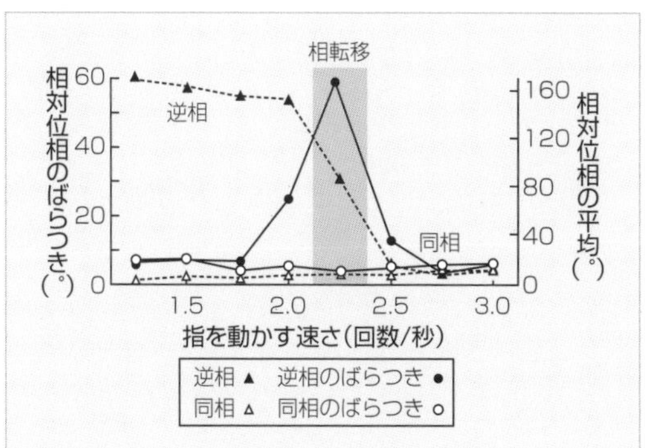

図④ 左右の人さし指の往復運動の速さによる逆相から同相への相転移(Schöner, Haken, & Kelso, 1986を改変)

5 学習ダイナミクス(learning dynamics)

前述の自己組織化の過程のように，身体運動は僅かながらも常に揺らいでいる。その揺らぎによって秩序が形成され，振る舞いのパターン(behavioral patten)が形成される。この形成された秩序は，生得的というよりも，過去の内在ダイナミクスや学習によって記憶されてきた意図的な変化(intentional change)によって秩序化された振る舞い(ordered behavior)であり，学習ダイナミクスとなる。

【文献】

Bernstein, N.A. (1967) The Co-ordination and Regulation of Movements. Pergamon Press: London.

Haken, H. (1983) Synergetics: An introduction. Springer: Berlin.

Hoyt, D.F. & Taylor, C.R. (1981) Gait and energetics of locomotion in horses. Nature, 292:239-240.

Kelso, J.A.S. (1984) Phase transitions and critical behavior in human bimanual coordination. Amarican Journal of Physiology, 246:R1000-R1004.

Kelso, J.A.S. (1982) Human Motor Behavior. Lawrence Erlbaum Associates: NJ, pp. 237-238.

Kugler, P.N., Kelso, J.A.S., & Turvey, M.T. (1980) On the concept of coordinative structures as dissipative structures: I. Theoretical lines of convergence, In: Stelmach, G.E., & Requin, J. (Eds.) Tutorials in Motor Behavior. North-Holland: Amsterdam, pp.3-47.

Schöner, G., Haken, H., & Kelso, J.A.S. (1986) A stochastic theory of phase transitions in human hand movement. Biological Cybernetics, 53: 247-257.

Schöner, G. & Kelso, J.A.S. (1988a) A dynamic pattern theory of behavioral change. Journal of Theoretical Biology, 135: 501-524.

Schöner, G. & Kelso, J.A.S. (1988b) Dynamic pattern generation in behavioral and neural systems. Science, 239:1513-1520.

Turvey, M.T., Fitch, H.L., & Tuller, B. (1982) The Bernstein perspective: I. The problems of degrees of freedom and context-conditioned variability. In: Kelso, J.A.S. (Ed.) Human Motor Behavior. Lawrence Erlbaum Associates: NJ, pp. 239-252.

Vereijken, B., van Emmerik, R.E.A., Whiting, H.T.A., & Newell, K.M. (1991) Free(z)ing degrees of freedom in skill acquisition. Journal of Motor Behavior, 24(1): 133-142.

Whiting, H.T.A., Bijlard, M.J., & den Brinker, B.P.L.M. (1987) The effect of the availability of a dynamic model on the acquisition of a complex cyclical action. The Quarterly Journal of Experimental Psychology, 39A, 43-59.

5 スポーツの脳科学

スポーツで高いパフォーマンスを発揮するためには，筋力や持久力といった体力的な要素だけでなく，身体や道具を適切に制御する能力が必須である。身体の動きは筋収縮によって生み出されるが，筋を随意的に収縮するためには脳が運動指令を送る必要がある。さらに，対戦型の競技や球技などでは相手の選手の動きやボールの軌道などを予測することも重要であり，予測も脳が行う。

スポーツ選手は長年のトレーニング（＝運動学習）によって様々な能力が向上しており，それらトレーニングによって脳にも様々な変化が生じている。実際に，脳機能を可視化する脳機能イメージングや電気生理学的手法を用いた神経科学的手法によって，スポーツ選手と一般人では脳機能や脳構造に差異があることが報告されており，それらの違いが高いスポーツパフォーマンスを支える神経基盤だと考えられている。本章では，脳科学に関する基礎的な知見，およびスポーツに関連する脳科学研究について紹介する。

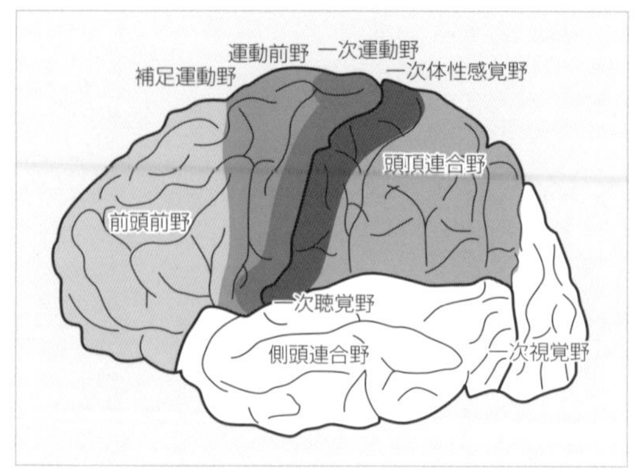

図❶ 運動に関連する脳部位

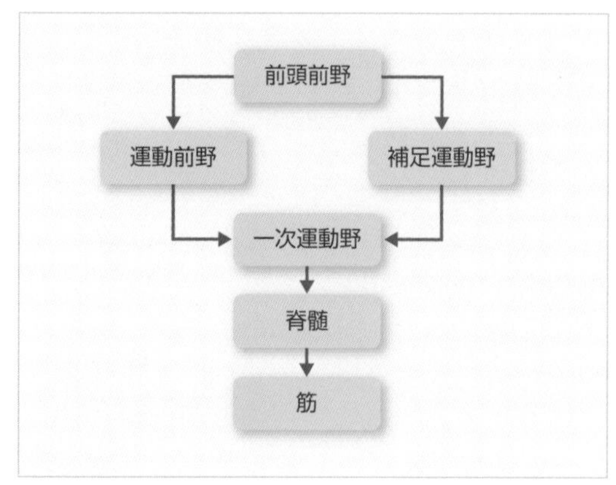

図❷ 運動指令の経路

1 運動に関連する脳領域

脳には様々な領域があり，各脳領域は異なる役割を持っていると考えられている（**図1**）。随意運動は，高次脳領域である前頭前野が目標を決め，運動前野や補足運動野が目標を達成するための運動計画を作り，その運動の指令が一次運動野，脊髄を経て筋に伝わることで発現する（**図2**）。さらに，大脳基底核，小脳，外界の情報を処理・統合する視覚野，体性感覚野，前庭，頭頂連合野なども運動指令の生成や修飾に関与しており，適切に運動を遂行するためには重要な領域である。近年は，特定の脳領域に特定の機能があるという機能局在論ではなく，複数の領域をネットワークもしくはシステムとしてとらえる考え方も増えてきている。

スポーツにおいて他者の動きを予測することは自身の身体の制御と同様に重要である。他者の動きを見てその他者の意図が理解できるのは，ミラーニューロンシステムもしくはミラーシステムと呼ばれる主に運動前野と頭頂連合野にある下頭頂小葉から構成されるシステムによるものと考えられている（Rizzolatti and Craighero, 2004）。霊長類を対象にした研究によって運動前野や下頭頂小葉には，自身が運動をしたときにも活動し，他者がその運動を行っているところを観察したときにも活動する神経細胞が存在することが発見された。つまり，他者の動作を観察してその運動意図を理解するために，自身の運動システムを使って推論していると考えられている。言い換えると，自身の運動のレパートリーが増えると，予測能力も向上すると考えられる。

2 学習に伴う脳構造変化

脳構造は磁気共鳴画像法(MRI)を用いて測定されることが多い。各脳領域の容量を調べる場合にはT1強調画像がよく撮像され，立体(voxel)ごとに解析を行うvoxel based morphometry(VBM)解析がよく用いられている。また，水の拡散を評価する拡散強調画像では，神経束という構造によって水の拡散方向が制限されることを利用して，白質にある神経線維の微細構造を評価する試みがなされている。

スポーツ選手の脳構造に関する知見を理解するために2004年にNature誌に発表された論文は非常に重要である。この論文では一般成人を対象にジャグリングのトレーニングを3ヶ月間実施し，その前後の脳構造をVBM解析した。その結果，物体視に関係する第5次視覚野と，体性感覚と視覚情報の統合，空間把握などに関連する頭頂連合野の灰白質容量が増大していた(Draganski et al. 2004)。これは，成人であってもトレーニングによって脳構造が変化することを示している。さらに，ジャグリングのトレーニングによって，灰白質だけでなく，白質の微細構造も変化することも報告されている(Scholz et al. 2009)。白質は灰白質の神経細胞から情報伝達のために伸びる軸索の束であり，白質の微細構造変化は脳領域間の情報伝達が変化している可能性を意味する。ただし，MRIで評価した結果は，神経細胞の軸索や樹状突起の増大，血管新生やグリア細胞の増加など様々な生理学的変化の総和を反映しており，何か1つの生理学的な変化を捉えているわけではない(Zatorre et al. 2012)。

3 学習に伴う脳機能変化

運動学習によって脳活動は変化するため，学習前後では同じ運動を実施したとしても測定される脳活動量や賦活部位が異なることがある。さらに，この変化パターンは学習の初期と後期では異なることが知られている(Dayan and Cohen, 2011)。つまり，学習初期であれば学習によって活動量が減るが，学習後期では逆に活動量が増える脳領域もある。このように学習による活動量変化は非線形である場合があるため，文献を読む際には，単純に「運動学習によって脳活動量が増えた(もしくは，減った)」という結果だけではなく，学習局面や活動量変化の背後にある神経メカニズムを考える必要がある(Mizuguchi and Kanosue, 2017)。

一般的には，学習初期には前頭前野をはじめとする高次の認知領域を含めた広範囲で大きな活動が見られ，学習に伴ってそれらの活動が減少，限局してくる。これは，認知的負荷の減少や不必要な脳活動が減ったことと関連していると考えられる。引き続き学習を続けると，運動の種類等によって必要な期間は異なるが，数日から数ヶ月程度のトレーニングによって，一次運動野の活動量が増えることも報告されている(Dayan and Cohen, 2011)。これは特定の運動に対してより多くの神経リソースを使えるようになったと解釈される。また，大脳基底核の一部である被殻などの活動も増加し，これは運動の自動化，すなわち，ほとんど意識せずに適切な運動が行えるようになることと関連していると考えられている。さらに数年から十数年といった長期的なトレーニングを続けると，一次運動野を含めた多くの領域で運動中の活動量が減少することが知られており，神経効率化(neural efficiency)と呼ばれる(Li and Smith, 2021)。これは必要な神経細胞だけが活動し，それ以外の神経細胞が活動しないようになるという脳機能再編が起こったためと考えられる。

ただし，運動課題の種類や難易度によって学習に伴う脳活動変化も異なるため，一見似たような実験デザインの研究であっても逆の結果が観察される場合もあるので注意が必要である。具体的には，比較的単純な運動課題であれば神経効率化の影響が反映されやすく，複雑な課題であれば運動マップ拡大もしくは神経リソースの増加の影響が反映されやすいと考えられている(Li and Smith, 2021)。したがって，スポーツ選手と一般人の運動中の運動野の活動量を比較した場合，単純な課題であればスポーツ選手の方が活動量が低く，複雑な課題であればスポーツ選手の方が活動量が高い，という結果が出やすいと考えられる。

4 各スポーツ選手における脳構造

これまでに様々なスポーツ選手の脳構造が計測され，一般人と比較されている。

例えば，一般人と比較して，体操選手では一次体性感覚野や頭頂連合野などが大きく(Huang et al. 2015)，ゴルファーでは運動前野と頭頂連合野が大きいことが報告されている(Jäncke et al. 2009)。また，ハンドボール選手では右半球の一次運動野や一次体性感覚野，補足運動野が大きく，両手をよく使うハンドボール選手は左手を支配する右半球で一般人と顕著な差が生じていると考えられる(Hänggi et al. 2015)。他にも，バスケットボール，バドミントン，スピードスケート，ランニング，ダンスなどを対象にした研究がある。しかし，プロフェンシング選手の脳構造は一般人と差が無いという報告(Cordani et al. 2022)や，一見似ている競技種目であっても異なる結果が散見される。

上記のように，非常に多様な競技において一般人とは脳構造が異なると報告されているものの，必ずしも一貫した結果が出ているとは言い難い。これには，競技種目の違いや計測・解析方法の違いだけでなく，トレーニングによる構造変化は徐々に増加するといった単純なものではなく非線形であることも関連していると考えられる(Dayan and Cohen, 2011)。例えば，野球選手を対象にした研究によると，対照群(経験無し)と比較して平均競技経験年数が4.4年の中級者では容量が減少しているが，平均競技経験年数が9.3年の上級者では容量が増加している脳領域があることを報告している(Chang et al. 2018)。つまり，変化はU字になっている。したがって，上級者と中級者を含む様々な経験年数のスポーツ選手(経験者)を一括りに分析をしている研究では結果の解釈に注意が必要かもしれない。

5 各スポーツ選手における脳機能

スポーツ選手は長年のトレーニングによって非常に効率的に運動を行えるようになっており，トップレベルのサッカー選手では足の動作を行う際の一次運動野の活動量が小さいことが報告されている(Naito and Hirose, 2014)。

スポーツ選手は，身体の制御だけでなく，予測能力も優れていることがよく知られている。バレエダンサーを対象にした興味深い研究がある。バレエは，男性特有の動作と女性特有の動作があり，ダンサーは通常異性特有の動作は行わないが，舞台では異性の動作を見る機会が多いため視覚的な親近性には差がない。男性ダンサーと女性ダンサーに対して男性特有，女性特有の2種類の動作を観察させたところ，男性ダンサーでは男性特有の動作を見たときに，女性ダンサーでは女性特有の動作を見たときにミラーニューロンシステムの活動が高いことが明らかになった(Calvo-Merino et al. 2006)。つまり，ミラーニューロンシステムの活動は単に見慣れている動作を観察したときに高まるのでなく，自身が行い慣れている動作を見たときに高くなることがわかる。この結果は，プロバスケットボール選手，バスケットボールを見る機会の多いコーチ・記者，一般人を対象にフリースロー動作を行っている動画をボールリリースの瞬間まで見せ，その後にシュートがゴールに入るか否かを答える課題を用いた研究においても同様であることが確かめられている(Aglioti et al. 2008)。つまり，プロバスケットボール選手はシュートの成否を予測する課題の正答率が高く，さらに，動画観察中にはミラーニューロンシステムの活動を反映すると考えられる一次運動野の興奮性が高まっていた。

近年，パラアスリートの研究が進んでおり，パラアスリートの脳では障がいによる代償的機能変化に加え，スポーツのトレーニングによって顕著な脳機能再編が起きていると考えられている(Nakazawa, 2022)。義足を用いて長年スポーツを行うと，健常者では通常使われることがない同側一次運動野の動員が増加することが報告されており，この変化は健常なスポーツ選手や義足を使用しているがスポーツはしていない一般人では起きていない(Nakazawa, 2022)。このような脳科学研究がさらに進めば，脳機能再編能力を最大限に引き出す科学的なトレーニング法が考案されるかもしれない。

6 まとめ

スポーツ選手を対象にした脳科学研究が増えてきているものの，まだ未解明な部分も多い。さらに，スポーツトレーニングによる脳構造および脳活動変化の背景にある神経メカニズムは複数あり，必ずしも単純な増加や減少を示すわけではなく非線形な変化がみられることもわかっている。したがって，学習局面(競技経験年数や競技レベル)や脳機能測定中の運動課題など影響を及ぼす要因を考慮する必要がある。また，脳構造または脳活動変化が見られる脳領域には競技によっても異なるため，競技特性も考えながら総合的に研究結果を解釈する必要がある。

これまでの多くの研究は成人のスポーツ選手と一般人を比較した横断研究であり，数ヶ月程度のトレーニング介入を実施する縦断研究において可塑的な変化が観察されているものの，スポーツ選手を対象にした介入研究や年単位の継続的な測定を行っている研究は少ないため因果関係については不明な点が多い。したがって，現在では，スポーツのパフォーマンス向上に直接貢献できるような脳科学的な知見はほとんどないと思われる。しかしながら，スポーツの脳科学研究には大きな可能性があると考えられるため，今後の脳科学研究に期待したい。

【文献】

Aglioti SM, Cesari P, Romani M, Urgesi C. (2008) Action anticipation and motor resonance in elite basketball players. Nat Neurosci. 11(9)：1109-1116.

Calvo-Merino B, Grèzes J, Glaser DE, Passingham RE, Haggard P. (2006) Seeing or doing? Influence of visual and motor familiarity in action observation. Curr Biol. 16(19)：1905-1910.

Chang CY, Chen YH, Yen NS. (2018) Nonlinear neuroplasticity corresponding to sports experience：A voxel-based morphometry and resting-state functional connectivity study. Hum Brain Mapp. 39(11)：4393-4403.

Cordani C, Preziosa P, Gatti R, Castellani C, Filippi M, Rocca MA. (2022) Mapping brain structure and function in professional fencers：A model to study training effects on central nervous system plasticity. Hum Brain Mapp. 43(11)：3375-3385.

Dayan E, Cohen LG. (2011) Neuroplasticity subserving motor skill learning. Neuron. 72(3)：443-454.

Draganski B, Gaser C, Busch V, Schuierer G, Bogdahn U, May A. (2004) Neuroplasticity：changes in grey matter induced by training. Nature. 427 (6972)：311-312.

Hänggi J, Langer N, Lutz K, Birrer K, Mérillat S, Jäncke L. (2015) Structural brain correlates associated with professional handball playing. PLoS One. 10(4)：e0124222.

Huang R, Lu M, Song Z, Wang J. (2015) Long-term intensive training induced brain structural changes in world class gymnasts. Brain Struct Funct. 220(2)：625-644.

Jäncke L, Koeneke S, Hoppe A, Rominger C, Hänggi J. (2009) The architecture of the golfer's brain. PLoS One. 4(3)：e4785.

Li L, Smith DM. (2021) Neural Efficiency in Athletes：A Systematic Review. Front Behav Neurosci. 15：698555

Mizuguchi N, Kanosue K. (2017) Changes in brain activity during action observation and motor imagery：Their relationship with motor learning. Prog Brain Res. 234：189-204.

Naito E, Hirose S. (2014) Efficient foot motor control by Neymar's brain. Front Hum Neurosci. 8：594.

Nakazawa K. (2022) Brain reorganization and neural plasticity in elite athletes with physical impairments. Exerc Sport Sci Rev. 50(3)：118-127.

Rizzolatti G, Craighero L. (2004) The mirror-neuron system. Annu Rev Neurosci. 27：169-192.

Scholz J, Klein MC, Behrens TE, Johansen-Berg H. (2009) Training induces changes in white-matter architecture. Nat Neurosci. 12(11)：1370-1371.

Zatorre RJ, Fields RD, Johansen-Berg H. (2012) Plasticity in gray and white：neuroimaging changes in brain structure during learning. Nat Neurosci. 15(4)：528-536.

Topics 2

脳活動を測定する

ヒトを対象にした非侵襲的脳活動測定法にはいくつか種類があり，最も優れた測定手法が1つ存在するわけではなく，各測定法にはそれぞれ長所・短所がある。

脳活動計測法は，神経活動によって生じる電気的な活動(一次応答)をセンサーによって測る方法，神経活動によって生じる代謝(二次応答)を測る方法，代謝によって消費した酸素やエネルギーを補給するために増加する血流変化(三次応答)を測る方法，の3種類に大別できる。

一次応答を測定する方法には脳波，および，脳磁図がある。脳波は，頭皮上に電極を貼付し，脳の電気的な活動を計測する。脳波の長所は時間分解能が高いことであり，ミリ秒オーダーで測定できる。運動の準備や感覚入力など特定の事象に関連した脳電位を事象関連脳電位といい，例えば手に与えられた感覚刺激の20ms後に一次体性感覚野近傍から体性感覚誘発電位が記録できる。また，脳波を周波数解析するとシータ波やアルファ波などのパワーが求められ，注意状態などを推定できる。脳波の短所は空間分解能が低いことであり，脳は不均質な容積伝導体のために発生源の特定が困難であることに起因する。脳磁図は脳活動に伴うわずかな磁場変化を超伝導量子干渉計によって測定するため，脳波とは違って容積伝導体の影響はなく，空間分解能は比較的高い。ただし，信号は距離に応じて減衰するため，脳深部の活動を捉えることは難しい。

二次応答を測定する方法にはポジトロン断層法がある。ポジトロン断層法は，例えばグルコースに似た物質に放射性物質で標識した放射性トレーサを注入すると，脳内で代謝が多い領域が特定できる。ただし，放射線被曝を伴うので繰り返しの測定には向かない。

三次応答を測定する方法には機能的近赤外線分光法，および，機能的磁気共鳴画像法がある。機能的近赤外線分光法は，ヘモグロビンが赤外線を吸光することを利用し，ヘモグロビン量の変化を測定する。一般的には送光センサーと受光センサーの距離は30mm程度であり，このセンサー間距離であれば皮質を経由した信号が取得できる。ただし，センサーは頭皮上に置くため，信号は皮膚血流変化の影響を受ける。したがって，近年では，短いセンサー間距離のセンサーにより皮膚血流のみを測定し，解析によって皮膚血流変化の影響を除外する方法が増えてきている。機能的磁気共鳴画像法は脳全体の活動を空間分解能高く測定できる点が長所である。しかし，近赤外線分光法と同じく血流変化に伴う信号変化を検出しているため，時間分解能は低い。また，測定中は頭部を動かすことができないという制約がある。

【文献】

福山秀直（2016）fMRI 原理と実践．メディカルサイエンスインターナショナル．

開一夫・金山範明（2020）脳波解析入門 Windows10対応版：EEGLAB と SPM を使いこなす．東京大学出版会．

表1 各測定法の長所と短所

	時間分解能	空間分解能	脳深部計測	身体的自由度
脳波	○	×	△	○
脳磁図	○	△	×	×
ポジトロン断層法	×	○	○	×
機能的近赤外線分光法	△	△	×	○
機能的磁気共鳴画像法	△	○	○	×

第Ⅲ部

スポーツ社会心理学

スポーツ社会心理学では，スポーツを実践する個人と集団の2つのカテゴリーに分けて，それぞれの心理的課題を扱っている。個人の心理的課題として，1章ではスポーツ心理学の主要な要因である動機づけの働きを扱っている。また，5章ではパーソナリティの特性とスポーツの関係を取り上げている。そして2章ではスポーツにおける感情のメカニズムを扱い，6章ではスポーツ活動でのメンタルヘルスに関係するライフスキルを取り上げた。

集団（チーム）の心理的課題として，3章ではスポーツにおける集団のダイナミカルな相互作用について，4章では集団内で起こる典型的な心理的課題について解説している。そして，トピックスでは新たにスポーツとジェンダーについて解説している。

1 スポーツにおける動機づけ

人が何かを行おうとする際，なぜそれを行うのかという理由は人によって様々である。例えば，毎朝，10キロのランニングを行っている高校生がいたとする。その高校生は，次の大会で優勝をして，まわりの人に認められたいと思っているかもしれないし，クラブの監督から毎朝走るように言われているので仕方なく走っているのかもしれない。もしくは，単に走ること自体が楽しいから毎朝走っているかもしれない。したがって，毎日ランニングをしているという行動の「量」だけの視点では，意欲の理解は十分ではない。むしろ，その行動を支えている意欲の「質」の視点が重要といえる。動機づけは，このような意欲の質を説明する概念である。本章では，まず，内発的動機づけと外発的動機づけを中心に，動機づけとスポーツ・運動との関連を説明する。次に，動機づけを高めるために重要である目標設定について解説する。

1 動機づけとは何か

動機づけは，「行動を一定の方向に向けて発動させ推進し持続させる過程」と定義される。**図1**に行動生起の時間順序から考えた場合の動機づけの４つの働きを示す。第１に動機づけは行動喚起機能，すなわち，人の行動を引き起こす働きがある。例えば，友人が楽しそうにサッカーをするところを見て，自分もサッカーを練習し始めたとすれば，サッカーをしたいという動機づけが生じ，行動が開始されたことになる。自動車の働きにたとえれば，まず，エンジンがかけられ，車を始動させる働きにあたる。動機づけの第2の働きとして行動維持機能がある。行動が始発されても目標実現に向けて動機づけが持続しないと目標は達成されない。先の例でいうと，サッカーの練習を始めても，練習が辛すぎて試合を経験する前にやめてしまう場合があてはまる。短時間で終結する行動については動機づけの行動維持機能はあまり重要な意味をもたないが，目標との距離が遠い長期的な行動では重要な意味をもつといえる。動機づけの第３の働きは，行動調整機能である。この機能は広い意味では先の行動維持機能の中に含まれる。この動機づけの機能には，自分の行動に対する結果のフィードバックを確実に受け取り，さらに目標に接近するにはどのようにすべきかを考え，自らを励ましていく働きがある。すなわち，どのようにしたら効果的に目標に接近できるかを考え，具体的な方法を準備する働きといえる。最後に，第4の動機づけの働きは，行動強化機能である。換言すれば，動機づけがさらなる動機づけを生起させる機能といえる。欲求の充足は快感をもたらすので人は再度それを経験したいと思う。例えば，ある人がフルマラソン大会に挑戦し，完走できたとしよう。そのときに達成感が忘れられず，またフルマラソンに出場したいという動機づけが生じるといった具合である。このように，動機づけは人が学習し，行動していくための前提条件である。私たちがスポーツや運動に取り組んでいく際にも同様であり，動機づけを理解することは，スポーツや運動を実践したり，指導する上で極めて重要であるといえる。

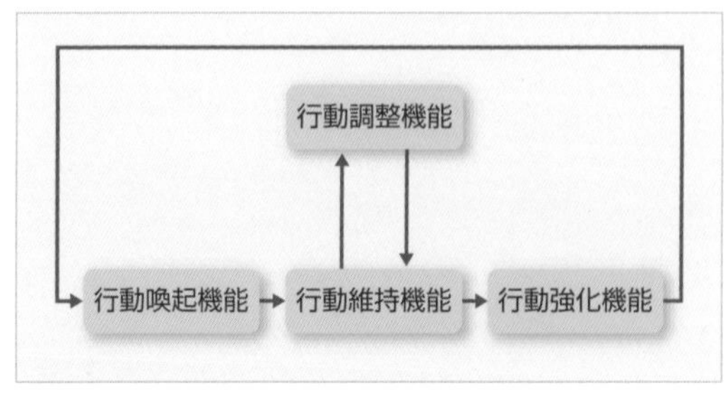

図１ 動機づけの働き（速水，1998）

2 内発的動機づけと外発的動機づけ

一般的に，人に何らかの行動を生起させるためには外的な力が有効だと考えられている。その外的な力の代表が報酬と罰といえる。例えば，母親が子どもに「水泳教室に行ったら，帰りにドーナツを買ってあげるからがんばって行きましょう！」と言う場合や，コーチが選手に「このタイムでゴールできなかったら，腕立て伏せを200回！」と言う場合があてはまる。報酬と罰は，人を動機づけるための最も強力かつ有効な手段であると考えられてきた。しかしながら，私たちの行動は常に外的な力によってのみ生起しているわけではない。とにかく泳ぐことが楽しくて水泳教室に通う子どももいるだろうし，自ら決めた目標タイムを切る達成感を得るために泳ぐ選手もいるだろう。このように，人間の行動を理解するためには，内発的動機づけと外発的動機づけを区別しなければならない。

マレー（Murray, 1964）によると，内発的動機づけと外発的動機づけは次のように区別される。内発的動機づけは，「その活動自体から得られる快や満足のために活動が遂行される場合」と定義される。一方，外発的動機づけは，「活動と報酬との間に固有の結びつきがなく，報酬を得るために活動が遂行される場合」と定義される。外発的動機づけには，罰の回避のために活動が遂行される場合もあてはまる。さらに説明を加えると，内発的に動機づけられた行動は，「行動することそのものが目的になる行動」を意味するのに対して，外発的に動機づけられた行動は，「行動することが目的を得るための手段になっている行動」ということができる（青柳，2004）。

したがって，同じ行動であっても，内発的に動機づけられていることもあれば，外発的に動機づけられていることもあるといえる。例えば，あるプロ野球選手が「あなたはなぜプロになろうと思ったのですか？」と記者から質問を受けていたとしよう。その選手は，「野球をやっているときが一番幸せを感じるからです」と答えた場合，この選手は野球をすることから得られる満足から動機づけられていると考えられ，内発的に動機づけられた活動を行っているといってよいだろう。その選手が高額な給料を得たいがためにプロになったとしたら，それは外発的動機づけに基づいた行動といえるだろう。

これまで，内発的動機づけと外発的動機づけという分類は対立的な概念とされがちであり，ともすると内発的動機づけは善，外発的動機づけは悪の色分けさえされる感がある。しかし，スポーツや運動に対する内発的動機づけは，多くの場合，先験的に存在するものというよりも，経験的に形成されるものである。外からの様々な働きかけが徐々に個人内に浸透し，やがて本人自身の価値や態度となって，他者からの指示がなくても自分で判断して行動を開始し，目標到達まで自分を導いていく内発的動機づけが生じるのである（速水，1998）。このように内発的動機づけと外発的動機づけとを連続体と捉え，外発的動機づけの再評価をもたらした理論が自己決定理論（Deci and Ryan, 1985；2002；Ryan and Deci, 2017）である。

3 自己決定理論

自己決定理論（Self-determination theory）は，デシとライアン（Deci and Ryan, 1985；2002；Ryan and Deci, 2017）によって提唱された，自己決定の程度による動機づけの質の変化を体系化した理論である。これまでの動機づけ研究では，動機づけを生得的なものとして捉え，内発的動機づけが自律的であり，一方，外発的動機づけは他律的であるというように，2つの動機づけを対照的なものとして二分法的に位置づけていた。このような観点では，動機づけが性格特性のような静的なものとして，内発的動機づけのみに肯定的な意味づけがなされ，外発的動機づけは，望ましくない動機づけとして扱われてきた。しかし，自己決定理論によれば，外発的に動機づけられている行動（他律的に動機づけられている行動）であっても，内在化の過程を通して自律的に動機づけられた行動になる場合も存在すると仮定しており，外発的動機づけをさらに自己決定の程度によって分類している。つまり，自己決定理論は，人間が社会的な価値観などを自己のものとして内在化していく過程を理論化したものであり，外発的であった動機づけが自律的な動機づけへ変化していく過程を示しているのである。

図2に自己決定理論による動機づけの分類を示した。この動機づけの分類は自己決定連続体(Self-determination continuum)と呼ばれている。この図によれば，動機づけは，①非動機づけ，②外発的動機づけ，および③内発的動機づけの３つに分類される。また，動機づけの下位概念は，調整スタイルと名付けられている。これら動機づけの分類を運動への動機づけを例にして説明する。

非動機づけとは，目的意識がなく，行動する意図が欠如している状態である。具体的には，人が運動を行う理由はないと思っていたり，運動を行っても何も変わらないと考えていたりする状態といえる。

外発的動機づけは，下位概念である４つの調整スタイル，すなわち，外的調整，取り入れ的調整，同一視的調整，および統合的調整から成り，この順序で価値の内在化の過程を自己決定の程度により４つの段階に分けている。外的調整は，まったく自己決定がなされていない段階である。例えば「医師に言われたから仕方なく運動を行う」というように，すべてにおいて当事者の行動は，外的な力によって開始される。取り入れ的調整は，課題の価値は認め，自己の価値観として取り入れつつあるものの，まだ，「しなければならない」といった義務的な感覚を伴っている状態である。例を挙げると，「運動しないと罪悪感にさいなまれるから」というようにネガティブな理由で運動を行っている場合が当てはまる。取り入れ的調整が，先の外的調整と異なる点は，「運動を行おう」という自己決定が当事者側に一応できている状態，すなわち，行動に対する価値の内在化が始まっている点である。同一視的調整は，行動を自分の価値として同一視するものである。例えば，「自分にとって重要なことだから運動を行う」というように，第２段階の取り入れ的調整と比べて，一層，自己決定が積極的な方向に進んでいる。運動を行うことが，たとえ何らかの手段であったとしても，それが自分にとって大切であるという意識が成立すれば，より自律的な状態で運動に取り組むことができる。最後に，外発的動機づけの中で最も自己決定の高い段階として，統合的調整が存在する。統合的調整は，運動を目的達成の手段としつつも，当事者は望んで行動している状態と考えられる。つまり，他にやりたいことなどがあった場合でも，何の葛藤もなく自然とその行動を優先させてしまうような状態であり，自ら「やりたくて」その行動を選択している状態といえる。例えば，「仕事帰りに同僚から食事に誘われても，運動することが生活の一部であるためフィットネスクラブに向かう」といった場合が当てはまる。内発的動機づけは，運動を行うこと自体が目的であり，運動を行う際に得られる楽しみや満足に動機づけられている。

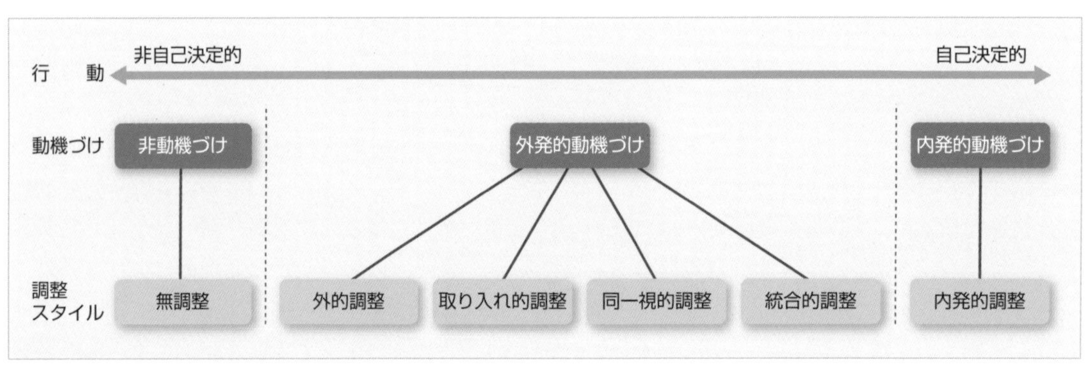

図❷ 自己決定理論の概要（Ryan and Deci，2017を改変）

言い換えれば，運動を行うことが何の手段でもなく，ただ楽しみや満足を得る目的で行っている場合といえる。

スポーツや運動を長期間継続している人はどのように動機づけられているのか，もしくは，人がスポーツや運動を始めてから定期的に行動を維持するようになる過程で，どのように動機づけが変化しているのかを検討することは，スポーツや運動の継続を支援していく上で非常に意味がある。

著者らの研究グループは，この自己決定理論を運動場面に適用した尺度を作成し，成人を対象に，運動行動との関連についての研究を行っている（松本ら，2003；Matsumoto et al. 2021）。これらの研究から，長期にわたる定期的運動行動の継続に内発的動機づけや統合的調整，同一視的調整といった自律的な動機づけが重要であることが明らかになっている。まとめると，運動実践を動機づけの側面からみた場合，外的調整，および取り入れ的調整のような外部からの働きかけによって生起する動機づけよりも，同一視的調整，統合的調整，および内発的動機づけのような自律的な動機づけのほうが運動を実践していくのに際して望ましい動機づけと考えられるのである。

4 スポーツや運動への動機づけをどのように高めるのか

スポーツや運動における内発的動機づけ（スポーツ・運動自体の楽しさや満足に動機づけられる）や自己決定度の高い外発的動機づけ（自分にとって価値があるという重要性に動機づけられる）といった自律的な動機づけを高めることは，スポーツ・運動の継続や人々のメンタルヘルスに対する望ましい影響があるといわれる。それでは，指導者は，内発的動機づけや自己決定度の高い外発的動機づけなどの自律的動機づけをどのように高めさせていったらよいのだろうか。そのような問いに対して，デシとライアンは，基本的心理欲求（basic psychological need）という概念を提示している。

自己決定理論では，人間は本来積極的で能動的な存在であり，人間の中には自分自身の成長と発達を目指す志向性があるとしている（安藤・岡田，2007）。このような人間の特徴の基となるのが基本的心理欲求であり，有能さへの欲求（need for competence），自律性への欲求（need for autonomy），および関係性への欲求（need for relatedness）の3つが仮定されている。デシとライアンは，人を内発的に動機づけ，また行動を内在化させるためには，その3つの心理欲求の充足が重要であると述べている（Deci and Ryan, 2002）。つまり，この3つの欲求が満たされる環境で人は自律的に動機づけられると考えられる。

有能さへの欲求とは周囲の環境と効果的にかかわりたい，有能であると感じたいという欲求である。ここでの有能さとは，ホワイト（White, 1959）のイフェクタンス欲求（need for effectance）に基づいたコンピテンス（competence）の概念を源流としている。ホワイトは有能さを環境と効果的に相互作用する能力であるとし，その能力を発揮し，環境と効果的に相互作用ができたときに感じる効力感を求める動機づけがあると考えたのである。自己決定理論における有能さへの欲求は，自分に能力があるということを確認したいという傾向であるとされている（安藤・岡田，2007）。例えば，ある人がスキー場で他の人がバタバタと転んでしまっている難斜面を颯爽と滑り降りることができ，周りの人から称賛された場合，その人は有能さを感じることができるだろう。

次に，自律性への欲求とは自らが自らの行動の原因でありたいといった欲求である。ここでの自律性とは，ド・シャーム（deCharms, 1976）が提唱した指し手（origin）とコマ（pawn）という概念を源流にしている。指し手というのは，自己の運命を支配しているのは自分自身であると感じている人のことであり，自分の行動の原因を自分自身の中に感じている人のことである。コマというのは，自分は振り回されていると感じ，運命の糸は他者に握られていて，自分はあやつり人形にすぎないと感じている人である（deCharms，1976）。このように，自分で決定している感覚があるのか，もしくは他者によって決められている感覚があるのかは，動機づけに大きく影響する。自己決定理論においても，他者に決められるのではなく，自分自身で自分の行動を決定したいという自律性への欲求は，自律的な動機づけの基になる概念である（安藤・岡田，2007）。例えば，選手がコーチからの指示で練習する場合と，コーチから示されたいくつかの練習内容から自分たちで選択して練習する場合があるとしよう。選手は，結果的に同じ練習内容を行ったとしても，得られる自己決定感は異なるだろう。

そして，関係性への欲求とは，個人間における個人的，感情的な結びつきや愛着への欲求であり，他者と良好な結びつきをもちたいという欲求といえる。関係性への欲求は，ハーロウ（Harlow, 1958）の愛情への欲求（need for love），マックレランド（McClelland, 1985）の親和欲求（need for affiliation），ボウルビィ（Bowlby, 1979）の愛着理論などに基づき，社会的欲求が基本的心理欲求の１つとして取り入れられた。他者との親密な関係は，人間の発達や行動にとって非常に重要なものとされており，関係性への欲求とはそのような人間関係を求めるものである（安藤・岡田，2007）。例えば，歩くことがそれほど得意ではないと感じている人が，大好きなメンバーとならウォーキングのサークル活動に参加したいと切望したとしよう。その人は，そのサークル活動によって，関係性への欲求が満たされているのかもしれない。

著者らの研究グループは，日本人成人を対象に，運動場面における3つの基本的心理欲求と運動動機づけとの関連を検討した（Matsumoto and Takenaka, 2022）。その結果，男女とも，有能さへの欲求，自律性への欲求，および関係性への欲求は，自律的な動機づけと関連が認められた。つまり，運動場面において3つの基本的心理欲求は望ましい動機づけを高める重要な要因であることが明らかになった。したがって，自己決定理論に基づく動機づけ支援は日本人を対象にする場合においても有用であると考えられる。

デシとライアンによれば，有能さ，自律性，および関係性への欲求は，本来人間が有しているものであり，これらの欲求を満足させることが活動に対して自律的に動機づけることにつながる。逆にいえば，その人が活動に対して自律的に動機づけられていない場合，その人の置かれている環境が３つの基本的心理欲求を妨げる環境であるとも考えられる。

5 スポーツにおける目標設定

スポーツ活動は，目標を立てて行うことの多い活動といえる。例えば，「全国大会に出場する」「自己ベストを更新する」といった目標はよく耳にする目標である。目標設定（goal setting）とは，「ある課題に対して決められた時間内に特定の熟達基準に到達すること」（石井，1998）と定義される。目標は，主観的目標と客観的目標に区別できる。主観的目標とは，「最後まであきらめない」「試合を楽しむ」といった目標が挙げられる。客観的目標とは，「大会で優勝する」「次の試合で10点以上獲得する」といった目標である。そして，客観的目標は，結果目標（試合に勝つなど）とパフォーマンス目標（タイムを縮めるなど）に区別される。

スポーツ心理学の研究では，適切な目標は動機づけを高めること，目標の達成が成功体験をもたらし自信を高めること，さらに，運動パフォーマンスを向上させるなど，目標設定の有効性が多数報告されている。スポーツ場面で目標を設定すると，練習内容や運動課題に注意を向けるようになり，動機づけを維持することができ，目標達成のために練習方法を工夫するようになる。その結果，パフォーマンスが向上するということである。

6 効果的な目標設定の方法

目標設定を効果的に行うためには，目標設定の原理原則に従うことが重要といえる。ここでは，スポーツにおける効果的な目標設定の方法を示す。

1 目標設定の原則

⑴結果目標だけではなく，行動目標を設定する

勝利や順位といった結果を重視した目標を結果目標と呼び，特定の結果を導くために必要で具体的な行動や競技内容を重視した目標を行動目標と呼ぶ。

結果目標は，対戦相手や運など自分ではコントロールできない要因によって決まることがある。また，あまりにも勝敗を強調しすぎると，負けることが失敗とみなされるために，プレッシャーを引き起こしパフォーマンスの低下をもたらす危険性がある。これに対して，行動目標は，対戦相手などの要因の影響を受けにくく，成功も失敗も自分に責任があるといった統制感がもてる目標である。自らが行うべきことに集中し，進歩がわかるにつれて自信や動機づけを高めることができる。また，行動目標では試合のプレーそのものが目標とされているため，自分のプレーに集中することができ，緊張や不安が低下する。

⑵現実的で挑戦的な目標を設定する

スポーツの目標設定の研究では，中程度の難易度の目標がパフォーマンスを向上させることが明らかになっている。**図3**に示したように，スポーツにおける目標の難易度には，動機づけを高める最適な挑戦の水準があると考えられている。やさしすぎる目標ではやる気が起こらず，反対に難しすぎる目標では達成できるという自信がもてずに努力しなくなる。努力すればできるかもしれないと感じることができる挑戦的な目標を設定することによって，動機づけを高めることができる。

⑶抽象的でなく具体的な目標を設定する

これまでの研究によって，抽象な目標より具体的な目標がパフォーマンスを高めることが指摘されてきた。例えば，「フルマラソンをできるだけ速く走る」という曖昧な目標より「フルマラソンを4時間以内で走る」という具体的な目標を設定することが望ましいと考えられる。なぜなら，「最善を尽くす」といった抽象的な目標はそれが達成できたかを評価する基準が明確ではない。これに対して，具体的な目標は客観的な評価が可能であり，達成についての適切なフィードバックを得ることができる。距離，時間，回数など計測可能な測度を用いて具体的で明確な目標を設定することは目標に注意を集中させ，動機づけを高めることになる。

⑷長期目標と短期目標を設定する

シーズンの初めに，今シーズンの最終目標として「全国大会優勝」といった長期目標を設定することがよくある。長期にわたる目標を設定することは重要であるが，それだけでは曖昧な目標になりやすい。短期目標は，達成についてのフィードバックが早期に得られるため，達成感や満足感を得られやすく，長期目標に対する動機づけを維持することができる。したがって，長期目標に結びつくような短期目標を段階的に設定することが重要になる。これらは，行動変容技法でシェーピングと呼ばれる。

⑸チーム目標と同時に個人目標を設定する

チーム目標はチームワークの形成やチームの試合への動機づけを高めるために重要である。しかしチーム目標のみではメンバー一人ひとりのコミットメントが生じない場合がある。チーム目標を達成するためにもそれに関連した個人目標が設定され，その目標が達成される必要がある。つまり，チームの目標達成に必要な選手の個々の役割を重視した個人目標を，明確に設定することが大切である。

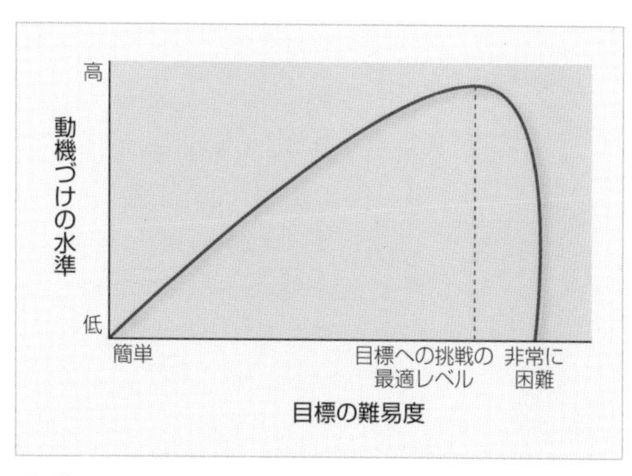

図3 目標の難易度と動機づけとの関係
（マートン，1991）

2 目標設定のプロセス

目標設定では，①評価(現状分析)，②目標設定，③遂行(努力)，④達成度の評価というプロセスを繰り返し行うことが重要である。プロセスの各段階での留意点を以下に示す。

①評価(現状分析)の段階では，技術面だけでなく，体力面や心理面などの現状を客観的に評価することが重要である。そのために測定可能な指標を利用することや，指導者の意見を聞くことなどが有効である。②目標設定の段階では，目標設定の原則に基づいて設定することが重要である。また本人が意欲的に目標達成に取り組むためには，他者が目標を設定するのではなく，個人の主体性に基づいた目標設定が必要である。③遂行の段階では，目標を達成するための方法を明確にすることが重要である。どのような方法を，いつごろ用いて，目標を達成するのかについて詳細に計画することは，達成に対する自信を高める。また，時間とともに目標に対する意識が薄れることを防ぐために，設定した目標を目に付く場所に掲示しておくことは，意欲を失わない方法として有効である。④達成度の評価の段階では，目標の達成を客観的に評価することが重要である。また，目標の達成によって自信や有能感を高めるものでなければならない。目標設定が動機づけや成績に効果をもつかどうかは，自ら設定した目標を達成することによって自信や有能感を高めることができたかどうかに左右されるからである(伊藤，2000)。

7 達成目標

これまで，スポーツにおける目標設定と効果的な目標設定の方法について述べてきた。近年，動機づけ理論の中でも注目されている理論が達成目標理論(achievement goal theory)である。この理論は，人間の達成行動に対する有能さ(competence)を中核として概念化されたものであり，動機づけの強さは個人が達成場面で設定する目標の種類や意味づけによって規定されると考えている。スポーツ場面で例えると，「次の大会で自己ベストを更新する」「チームの中で一番になる」といった目標の種類や意味づけが個人の動機づけに影響を及ぼすと考えられる。達成目標に関する研究は，エイムズ(Ames, C., 1992)，ニコルス(Nicholls, 1984)，ドゥエック(Dweck, 1986)によって提唱された理論的枠組みで行われている。達成目標理論において，人は自らが有能であることを実感したいという有能さへの欲求をもっていることを前提とし，自分自身の有能さを感じるために達成目標を設定する(西田・小縣，2008)。そして，設定された達成目標によって，達成場面における行動や感情が決定される。この達成目標は，「課題目標」と「自我目標」の2つに大別される。

1 課題目標

課題目標(task goal)は，練習や努力を重視し，技術の向上や習得などを目標とするものである。学習目標(learning goal)や熟達目標(mastery goal)とも呼ばれる。例えば，「自己ベストを更新する」といった目標は課題目標といえる。課題目標では，他者と比べて能力があるかないかという問題よりも，自分自身の能力や技術を最大限に発揮することに集中し，学習の「過程」そのものが重視される。そして，成功の判断基準は，自己の中にある絶対的基準(上達する，向上する，達成するなど)である。そのため，課題目標をもつ人は，習熟し進歩することや活動そのものを実行することに目が向くことになる。課題目標では失敗を努力不足や練習方法の不適切さを示す手がかりといった今後の成功への情報源として捉える傾向がある。

2 自我目標

自我目標(ego goal)は，能力を重視し，他者よりも優れていることを誇示したり，高い評価を得ることを目標とするものである。例えば，「チームの中で一番になる」といった目標が挙げられる。成績(遂行)目標(performance goal)とも呼ばれる。自我目標をもつ人は，自分が有能であると他者から評価されることに関心があることから，他者からの能力評価が重要になり，課題目標が重視している自分の進歩や努力より，むしろ他者に勝ったときや他者よりも少ない努力によって成功したときに有能さを感じる特徴がある。成功の判断基準は，他者比較による相対的基準である。自我目標では失敗を低い能力の証拠として捉える傾向がある。

ドゥエック(1986)によると，個人がどのような達成目標をもち，それがどのような達成行動に結びつくのかは，自己の能力をどのように捉えているかによって左右される。**表1**は達成目標と達成行動との関係を示している。まず，固定的能力観，つまり能力は固定したもので，自分ではコントロールできないものと考える場合は，自分の能力が十分か不十分かに注意が向くことから，自我目標を設定する傾向が強いと考えられる。もう一方は，増大的能力観，つまり能力は柔軟で増大する可能性があると考える場合は，自分の能力をどのように拡大，進歩させることができるかに関心があることから，課題目標を設定する傾向が強いと考えられる。

行動パターンとしては，自我目標を設定した場合，自己の現在の能力が相対的に高いと認知したときには成功できる可能性が高いことから，積極的に課題に取り組み，熟達志向型の行動パターンを示すと考えられる。しかし，自己の現在の能力が相対的に低いと認知したときには失敗する可能性が高いことから，課題への意欲的な取り組みを避けて能力の低さを隠そうとする。したがって，挑戦を避ける傾向があり，無力感型の行動パターンに陥りやすい。また，課題の選択に関しても，確実に成功できるやさしい課題か失敗しても能力の評価に影響しない極めて難しい課題を選択する傾向がある。これに対して，課題目標を設定した場合，自己の成長のために努力すること自体が成功としてみなされるので，能力の高低は成功に影響しないものと考えられている。そのため，自己の現在の能力の認知にかかわらず，熟達志向型の行動パターンを示すと考えられる。また，課題の選択は自分の能力や技術を最大限に発揮する最適挑戦レベルの課題を選択する傾向がある。

8 達成目標に影響する要因

達成目標理論によると，個人が特定の達成場面でどのような目標をもつかは，特性要因と状況要因の両方から影響を受ける(ザラスインとファモーズ，2006)。**図4**は，達成目標に影響する要因を示したものである。ここでの特性要因とは個人差のことをいう。このような達成目標の個人差，志向性のことを目標志向性(goal orientation)と呼んでいる。目標志向性は，課題志向性(task orientation)と自我志向性(ego orientation)の２つに大別される。一方，ここでの状況要因は，個人を取り巻く環境がどちらの達成目標を強調しているかによって，特定の達成目標が導かれる。このような状況要因としての達成目標の概念は動機づけ雰囲気(motivational climate)と呼ばれる。動機づけ雰囲気は，熟達雰囲気(mastery climate)と成績雰囲気

表1 達成目標と達成行動(Dweek，1986)

能力観		達成目標	現在の能力についての自信		行動パターン
固定的理論 (能力は固定的)	⟶	自我目標 (目標は有能さについて肯定的な評価を受け，否定的な評価を避けること)	高い場合	⟶	熟達志向型 挑戦を求める 高い持続性
			低い場合	⟶	無力感型 挑戦を避ける 低い持続性
拡大理論 (能力は可変的)	⟶	課題目標 (目標は有能さの拡大)	高い場合 もしくは 低い場合	⟶	熟達志向型 挑戦を求める 高い持続性

(performance climate)の２つに大別される。

1 目標志向性

目標志向性は，目標に対する個人の志向性であり，課題志向性および自我志向性の２つに大別される。

課題志向性は，何かに熟達することや能力を伸ばすことなど熟達や学習のプロセスそのものを重視する志向性である。熟達志向性や学習志向性とも呼ばれる。一方，自我志向性は，能力に価値を置き，他者との比較を基にした達成を重視する志向性である。したがって，２つの志向性では，失敗の捉え方が異なる。課題志向性では失敗を能力や技術の向上のための情報と捉えるのに対して，自我志向性では評価の情報であり，不安を喚起するものと捉える。また，指導者の位置付けも異なる。課題志向性では指導者を良き導き手として捉えるのに対して，自我志向性では評価者または判定者として捉える。

これまでスポーツ，体育の分野で目標志向性の研究は行われている。わが国においても，課題志向性が自我志向性より動機づけに望ましい影響を与えることが明らかになっている。

2 動機づけ雰囲気

達成目標は個人内の要因だけでなく，達成行動に従事する環境によっても影響される。動機づけ雰囲気とは，集団が有する達成目標のことである。集団が課題目標(熟達目標)を重視するときにみられる熟達雰囲気と，集団が自我目標(成績目標)を重視するときにみられる成績雰囲気に大別される。つまり，周りの環境が熟達や努力を重視するものであると認知すると，課題目標をもちやすくなり，他者との比較や成績を重視する環境であると感じれば，自我目標をもちやすくなる。例えば，「努力することが強調され，評価される」「失敗を恐れずに，成長するために挑戦することを指導される」といった認知を促す環境であれば，課題目標をもちやすくなる。一方,「試合での結果ばかりが評価される」「他者より優れていることのみが称賛される」といった認知を促す環境であれば自我目標をもちやすくなる。

スポーツ集団の動機づけ雰囲気に関する先行研究を概観すると，スポーツ場面の動機づけ雰囲気は熟達雰囲気と成績雰囲気に区別できるこ

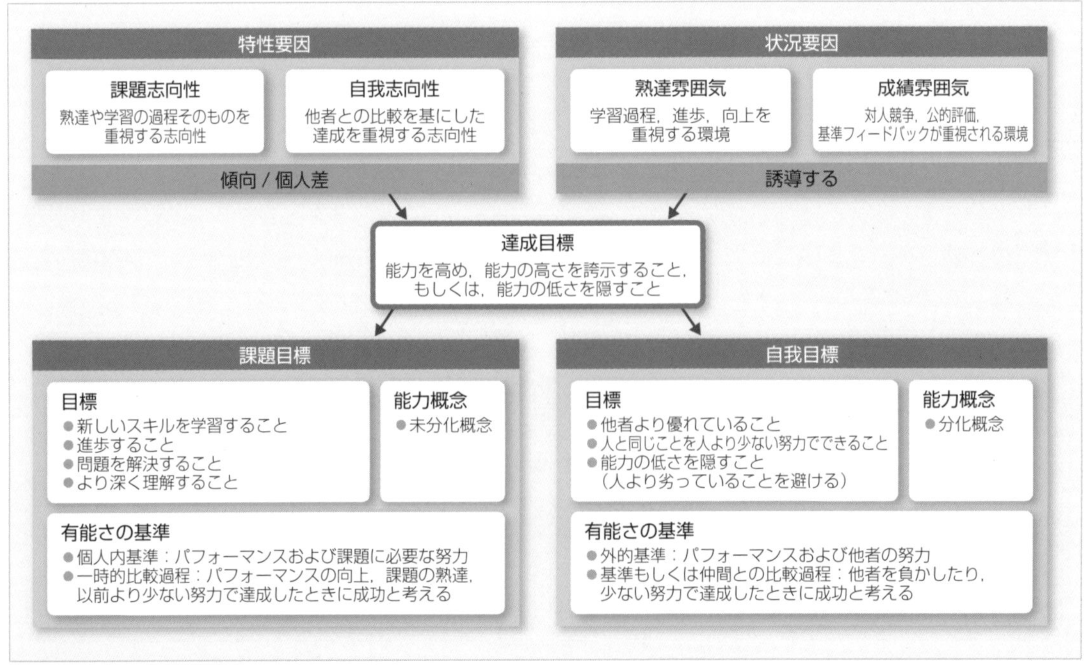

図④ 達成目標に影響する要因(ザラスインとファモーズ，2006より引用一部改変)

とが明らかになっている(Newton et al. 2000)。熟達雰囲気には，①個人の上達や努力が高く評価される雰囲気，②個人の役割が重視される雰囲気，および③協力的に学習に取り組める雰囲気，が含まれる。一方，成績雰囲気には，①他者と競争することや勝敗が重視される雰囲気，②不平等な評価がなされる雰囲気，および③失敗すると非難される雰囲気，が含まれる。スポーツ，体育の動機づけ雰囲気として，熟達雰囲気を高めることが重要であることが明らかになっている。

【文献】

安藤史高・岡田　涼(2007)自律を支える人間関係. 中谷素之〔編〕学ぶ意欲を育てる人間関係づくり. 金子書房, pp.35-55.

Ames, C.(1992)Classrooms : Goals, structures, and student motivation. Journal of Educational Psychology, 84 : 261-272.

青柳　肇(2004)モティベーション. 杉山憲司・青柳　肇〔編〕ヒューマン・サイエンス　心理学的アプローチ. ナカニシヤ出版, pp. 77-82.

Bowlby, J.(1979)The making & breaking of affectional bonds. Tavistock Publications.

ド・シャーム：佐伯　胖〔訳〕(1976)やる気を育てる教室－内発的動機づけ理論の実践－. 金子書房.

Deci, E.L., & Ryan, R.M.(1985)Intrinsic motivation and self-determination in human behavior. Plenum.

Deci, E.L., & Ryan, R.M.(2002)Handbook of self-determination research. The University of Rochester Press.

Dweck, C. S.(1986)Motivational process affecting learning. American Psychologist, 41 : 1040-1048.

Harlow, H.F.(1958)The Nature of Love. American Psychologist, 13 : 673-685.

速水敏彦(1998)自己形成の心理－自律的動機づけ－. 金子書房.

石井源信(1998)目標設定の意義. 体育の科学, 48 : 358-361.

伊藤豊彦(2000)スポーツにおける目標設定. 杉原　隆・船越正康・工藤孝幾・中込四郎〔編〕スポーツ心理学の世界. 福村出版, pp. 95-107.

マートン：猪俣公宏〔訳〕(1991)コーチング・マニュアル　メンタルトレーニング. 大修館書店, pp. 175-197.

Matsumoto, H., Taniguchi, A., & Nishida, J. (2021) A revised Self-determined Motivation Scale for Exercise with integrated regulation inclusion. Journal of Health Psychology Research, 34: 13-22.

Matsumoto, H., & Takenaka, K. (2022) Relationship Between Basic Psychological Needs and Exercise Motivation in Japanese Adults: An Application of Self-Determination Theory. Japanese Psychological Research, 64: 385-396.

松本裕史・竹中晃二・髙家　望(2003)自己決定理論に基づく運動継続のための動機づけ尺度の開発：信頼性および妥当性の検討. 健康支援, 5 : 120-129.

McClelland, D.C.(1987)Human Motivation. Cambridge University Press.

Murray, E.J.(1964)Motivation and emotion. Prentice Hall.

Newton, M., Duda, J.L., & Yin, Z.(2000)Examination of the psychometric properties of the perceived motivational climate in sport questionnaire-2 in a sample of female athletes. Journal of Sports Sciences, 18 : 275-290.

Nicholls, J.G.(1984)Achievement motivation : Conceptions of ability, subjective experience, task choice, and performance. Psychological Review, 91 : 328-346.

西田　保・小縣真二(2008)スポーツにおける達成目標理論の展望. 総合保健体育科学, 31: 5-12.

Ryan, R.M., & Deci, E.L.(2017)Self-determination theory : Basic Psychological Needs in Motivation Development and Wellness. Guilford Press : New York.

White, R.W.(1959)Motivation reconsidered : The concept of competence. Psychological Review, 66: 297-333.

ザラスイン＆ファモーズ：ヴァンデン－オウェールら〔編〕スポーツ社会心理学研究会〔訳〕(2006)体育における子どもの目標と動機づけ. 体育教師のための心理学. 大修館書店, pp. 12-23.

【参考文献】

磯貝浩久(2004)スポーツにおける目標設定. 日本スポーツ心理学会〔編〕最新スポーツ心理学－その軌跡と展望－. 大修館書店, pp. 45-54.

磯貝浩久(2008)動機づけ雰囲気. 日本スポーツ心理学会〔編〕スポーツ心理学事典. 大修館書店, pp. 258-260.

伊藤豊彦・磯貝浩久・西田　保(2008)体育・スポーツにおける動機づけ雰囲気研究の現状と展望. 島根大学教育学部紀要 教育科学・人文・社会科学・自然科学, 42 : 13-20.

森　司朗(2008)達成目標, 目標志向性. 日本スポーツ心理学会〔編〕スポーツ心理学事典. 大修館書店, pp. 256-258.

杉原　隆(2003)運動指導の心理学－運動学習とモチベーションからの接近－. 大修館書店.

2 スポーツと感情

1 感情の基礎的特徴

1 スポーツ実施の根底にある感情

筆者は大学の講義で動機づけ(1章参照)について解説する際，必ず「あなたがスポーツをする理由は何ですか？」と尋ねる。大半の学生が「好きだから」とか「楽しいから」などと回答するのだが，これらの回答に動機づけの根本にある感情の存在を垣間見ることができる。一般に，好きとか楽しいといった快感情は接近行動を，嫌いとか苦しいなどの不快感情は回避行動をそれぞれ誘発するといわれる。1章でみたように，心理学では行動の発動や推進に対して作用するこころのはたらきを動機づけという概念を用いて説明するが，先の学生の回答にあるよう，動機づけの根底には感情が存在する。このことは，内発的動機づけが快感情を得るために行動を発動させるという性質からも確かめられよう。

行動を動機づける感情とはどのようなものだろうか。喜怒哀楽という熟語にみられるよう，感情には複数の種類があるが，本章では個々の感情ではなく，全体的な視点から感情を取り上げる。まず，感情理解の基礎として感情の概念構造と喚起過程を，続いて，スポーツに関わる感情現象について，それぞれ概説する。なお，本章と関連する内容が他の複数の章でも取り上げられているので，適宜参照されたい。

2 感情とは何か

様々にある感情が全体としてどのように体系化や構造化できるのかという点に関して，心理学では基本感情説と次元説という2つの代表的な理論がある。基本感情説では，感情を「生体が生存する上で，必要に応じて適応価の高いものが進化し，遺伝的に組み込まれてきたもの」と捉えて，文化的影響を受けることなく存在するものとみなしている。この理論の代表的な提唱者であるエクマン(Ekman，1972)は，怒り，恐れ，悲しみ，驚き，喜び，嫌悪という6つを生存に不可欠な基本となる感情(基本感情)として取り上げ，これらには固有の表情や運動の基盤となる身体状態(生理反応パターン)が生得的に備わるはずと主張した。しかし，6感情を識別する普遍的特徴はいまだ明確には確認できておらず，現在では基本感情が存在するという主張は衰えつつある。

代わって優勢的な位置にあるのが次元説である。この理論では，悲しみや怒りといった個々の感情は人が作り出した概念であり，文化的背景の影響を強く受けて存在すると考えられている。このことは例えば，英語や日本語など，言語によって感情を表す単語(概念)に違いがあることからも窺い知れる。例えば，スポーツ心理学ではあがり感情に関する研究が盛んであるが，あがりに該当する直接的な単語が英語には存在しないようである(そのため，海外でもあがりに類する研究は行われてはいるものの，そこで扱う現象は日本人が抱くあがりと完全に合致するわけではない点に注意が必要となる)。

次元説によると，個々の感情は基本感情説で説明されるような独立した関係にはなく，意味空間を構成する次元上の1つのベクトルとして表わされる。典型的な次元として，両極が快と不快からなる誘意性次元と，高覚醒と低覚醒からなる覚醒次元の2つが想定されている。そして，個々の感情はこの2次元の組み合わせによって特徴づけられるとされる。ラッセル(Russell, 1980)は，複数の感情(基本感情を含む)を表す単語の類似性を調査することで，各感情が2次元の強度の組み合わせによって円環構造を示すことを見出しており（**図１**），この結果から次元説は円環モデルとも呼ばれる。

3 感情はどのように生じるか

図２に，典型的な感情喚起過程を示す（手塚，2017）。この図にあるよう，感情は状況に対する評価を経て生じると考えられている。我々は，意識的あるいは無意識的に，常に自身を取り巻く環境に注意を払い続けている。環境が自身にとって何らかの意味がある場合には，そこに注意が向いて認知的に評価がなされ，それに応じた感情状態が形成される。どのように評価が行われるのかという仕組みについては諸説あるが，スポーツ心理学と関連する理論として，自身が直面する状況（例えば，重要な試合）をやりがいのある挑戦的なものと評価するか，自身の能力では太刀打ちするのが難しい脅威的なものと評価するかに応じて，快感情または不快感情が生じるとする理論がある（詳細は手塚（2022）の他，この理論がストレス研究に根差すことから第Ｖ部１章も参照されたい）。なお，評価を介さずに生じる感情もあると考えられるが（例えば，味覚や痛みなどの身体感覚に伴う感情など），本章では割愛する。

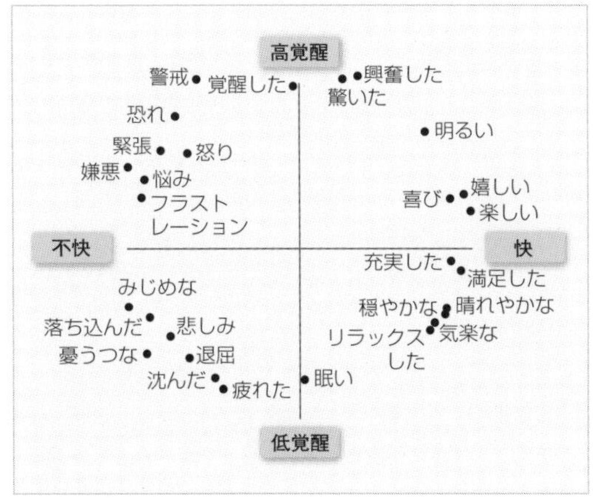

図１ 感情の次元構造（Russell，1980を改変）

評価に応じて，何らかの感情状態が形成される。中枢神経系での処理を通じて，末梢の生理活動や表出行動を瞬時に組織化する段階であり，まさに感情喚起の瞬間といえる。ただし，実際に脳活動を測定すると，先行する評価や後続の感情反応との分類が困難で，研究者の立場によってはこの段階を想定しないこともある（詳細は手塚，2017）。

感情反応は，中枢神経系での処理の結果として形成されるもので，「楽しい」とか「悲しい」といった主観的な感情体験，身体運動の基盤となる身体状態（生理活動），表情や音声，姿勢などの外部から観察可能な行動（表出行動）といった，多側面から観察や測定が可能である。**図２**には，各反応の測定の仕方（指標）も例示しているので参考にされたい。例えば，主観的感情体験を測定しようとすると，次元説に基づく感情全体を捉える心理尺度の他，怒りや不安など，個々の感情を測定する尺度などが様々に開発さ

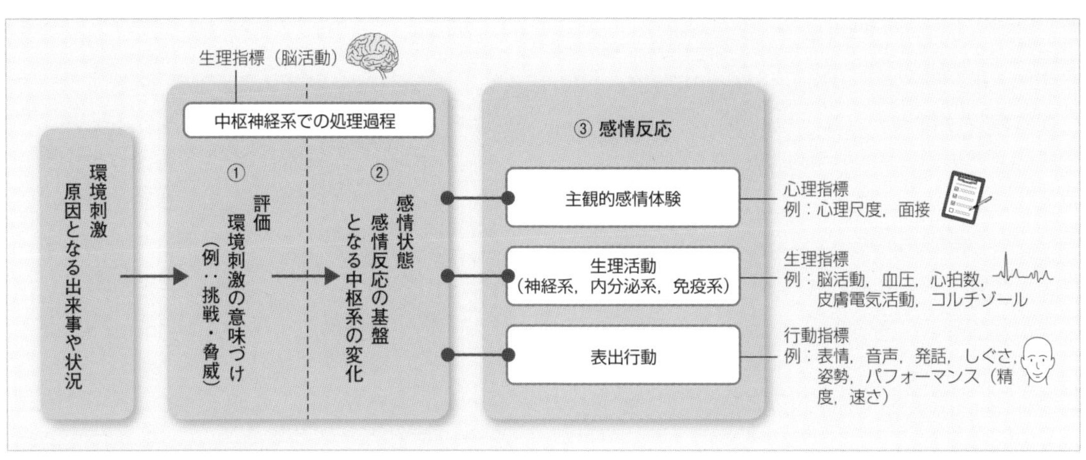

図２ 典型的な感情喚起過程（手塚，2017 を一部改変）

れている。

ここまで，感情の構造と喚起過程を概説してきた。これら感情の基礎的特徴を理解することで，スポーツに関する感情もよりよく理解することが可能となり，実践にも活かせるだろう。

2 スポーツと感情

1 スポーツ実施に伴う快感情

冒頭に取り上げたスポーツと楽しさについて，ここまでの内容を踏まえると，楽しさとは高覚醒の快感情であること，また，スポーツを挑戦的なものと評価することで生じる感情であるといえる。スポーツを通じてこうした快感情を体験する(感情状態になる)と，それ自体が報酬となって(すなわち，内発的に動機づけられて)，人は再びそのスポーツを行おうとする(接近行動が誘発される)と解釈できる。

スポーツ実施に伴う快感情の変化を詳細に捉えた研究によると，高覚醒だけでなく，低覚醒の快感情も生じるという。荒井ら(2003)は，次元説に基づく心理尺度(一過性運動に用いる感情尺度)を用いて感情を測定した結果，運動直後には高覚醒の快感情(高揚感)が，運動後しばらくすると低覚醒の快感情(落ち着き感)が増加すること(と高揚感が減少すること)を報告している。この結果から，スポーツは楽しさ以外の，いわゆる心地よさやリラックスに関する感情をもたらす効果もあるといえる。この結果に鑑みれば，多様な快感情の体験が，我々をスポーツへと動機づけると考えられる。

快感情の体験は，健康増進の観点からも重要視されている。健康スポーツ心理学という，生涯スポーツや健康スポーツの役割に注目する領域では，快感情を健康の一指標とみなし，快感情の体験の蓄積が個人のウェルビーイング(幸福度)やQOLを促進すると考えている(手塚，2018)。この点は，第Ⅴ部1章でも取り上げているので参照されたい。

2 スポーツ実施に伴う不快感情

スポーツは，常に快感情をもたらすわけではない。思い通りにプレーできなかったり試合に負けたりしたときは，不全感やくやしさなど，不快な感情に苛まれる。また，指導者やチームメイトとの人間関係に起因するストレスなどもしばしば経験する。特に競技スポーツに従事するアスリートは，快感情よりも不快感情を経験することの方が多いのではないだろうか。楽しくて始めたスポーツであっても，競技性が加わることで価値が多様化し，不快な体験を避けて通れなくなる。ここでは，アスリートが競技スポーツに従事する中で経験する不快感情やストレスの概要を，慢性(日々のトレーニング)および一過性(試合)の両視点からみてみる。

アスリートは慢性的にストレスを抱えているといわれるが，そもそも何に起因するのだろうか。例えば，大学生アスリートを調査対象とした岡ら(1998)の研究によると，①日常・競技生活での人間関係，②競技成績，③他者からの期待やプレッシャー，④自己に関する内的・社会的変化，⑤クラブ活動内容，⑥経済状況・学業という6つが主たる問題だという。これらの問題にうまく対処できないと不快感情が高まり，その累積からコンディションを崩したり，ケガのリスクが高まることになる。さらには，重篤な症状であるバーンアウトを引き起こす恐れもある(第Ⅴ部5章も参照)。

それゆえ，アスリートにはストレスのコントロールが求められる。ストレスマネジメントと呼ばれる体系的なプログラムが開発されており，スポーツメンタルトレーニングなどを通じて学習することが可能である。前者については第Ⅴ部1章で全般的な解説が，後者については第Ⅳ部を通じて詳しい解説がそれぞれあるので参照されたい。

一過性の競技場面に視点を移すと，そこでもアスリートは同様に，感情やストレスのコントロールが求められる。かつてサッカー日本代表の監督を務めたオシムは，「ストレスをどう解消するかは，選手に最優先に求められる能力の

1つだ。今日の生活はストレスとは不可分で，それをコントロールするのは同時に感情をコントロールすることでもある。ピッチの上で相手に相対したときも同じで，あらゆる状況で感情をセルフコントロールできる選手だけが成功を得られる。」と印象的なことを述べている（田村，2008）。

競技場面では様々な感情が生じるが，ここでは，古くから日本のスポーツ心理学が研究対象としてきたあがり感情に注目する。あがりは，不安や緊張が著しく亢進した状態を指すことが多く，パフォーマンスに関わる感情として一般に認識されている。緊張とパフォーマンスは逆U字関係にあるといわれ，適度な緊張状態（これを最適水準という）にあるときに最もよいパフォーマンスが可能で，緊張が強すぎても弱すぎても，望ましいパフォーマンスは得られないと考えられている（第Ⅳ部2章も参照）。

この考えは現代のスポーツ心理学で広く受け入れられているが，感情の次元構造に鑑みると，逆U字理論は感情とパフォーマンスとの関係を単純化しすぎているとの指摘がある（手塚，2019）。逆U字理論では，緊張の強弱という一次元のみを取り上げ，過緊張をあがり，低緊張を気抜け等としてそれぞれ扱ってきた。これらを**図1**に照らすと，過緊張は第2象限（高覚醒の不快），低緊張は第3象限（低覚醒の不快）の感情と位置付けられる。対して中程度の緊張は，第1象限と第4象限をカバーする快感情全般として扱われているように解釈できる。このように考えると，緊張の強弱というよりも，快か不快かという点がより重要であるよう思われる。

次元説的視点を導入すると，最適水準に関する個人差や種目差なども説明がしやすくなる。例えば，快感情が重要である一方，同じ快感情であっても，筋力発揮が求められる種目では高覚醒の，正確性が求められる種目では低覚醒の快感情がそれぞれ最適となろう。他にも，あがりへの対処や介入についての新たな視点も検討可能となる。これまで，過緊張に対するリラクセーションの重要性が専ら論じられてきたが，高覚醒で不快な状態から快の状態への変化させるような方略が有効な場合があるかもしれない。実際，過緊張にある場合に，リラクセーション以外の方略を用いるアスリートも一定数いるといわれる（手塚，2019）。

アスリートの感情，特にネガティブ感情とパフォーマンスの関係について，次元説観点を取り入れることでより一層理解を深めることが可能となり，新たな介入へと道も開けよう。

3 今後に向けて

これまでのスポーツ心理学では，感情についての体系的な理解はほとんど行われてこなかった。しかし，本章にあるよう，感情を中核に据えることで，健康スポーツや生涯スポーツから競技スポーツに至るまで，我々のスポーツ行動を体系的に理解する一助となることがわかる。また，「する」以外にも，「みる」や「支える」スポーツを理解する上でも，感情を中核に据えることは有用である。人とスポーツとの関わりを理解し，よりよい実践に向けて，感情を中心とするアプローチが今後増えていくだろう。

【文献】

荒井弘和・竹中晃二・岡浩一朗（2003）一過性運動に用いる感情尺度―尺度の開発と運動時における感情の検討―．健康心理学研究，16: 1-10.

Ekman, P.（1972）Universals and cultural differences in facial expressions of emotion. In J. Cole（Ed.）Nebraska symposium on motivation. Vol. 19. Lincoln: University of Nebraska Press. pp.207-283.

岡浩一朗・竹中晃二・松尾直子・堤俊彦（1998）大学生アスリートの日常・競技ストレッサー尺度の開発およびストレッサーの評価とメンタルヘルスの関係．体育学研究，43: 245-259.

Russell, J. A.（1980）A circumplex model of affect. Journal of Personality and Social Psychology, 39: 1161-1178.

田村修一（2008）イビチャ・オシム「日本サッカーに告ぐ」Number, 29（21）: 26-33.

手塚洋介（2017）ネガティブ感情の精神生理学　鈴木直人・片山順一（編）生理心理学と精神生理学第Ⅱ巻応用　北大路書房，pp.3-13.

手塚洋介（2018）運動療法の心理的恩恵――感情に注目した運動の効果――．日本臨床運動療法学会雑誌，19，1-3.

手塚洋介（2019）ネガティブ感情の機能と構造――緊張からみた感情の科学的理解と実践的活用に向けて――　体育の科学，69: 570-574.

手塚洋介（2022）心臓血管系血行動態からみたアスリートの感情．心理学ワールド，99: 24-25.

3 スポーツにおける集団

1 集団(group)とは

私たちは，ひとりでスポーツや運動を行うこともあれば，集団(group)で取り組むこともある。クラスメイトと体育の授業を受けたり，バスケットボール部に所属してプレーをしたり，地域のランニングサークルで仲間のランナーと走ったりなど，他の参加者と一緒にスポーツや運動をする場面は少なくない。

集団とは，同じ目標を持ち互いに影響し合う２人以上のメンバーで構成される集合体を指す。上で挙げたような体育授業のクラス，バスケットボール部，ランニングサークルなどは集団と考えられる。

私たちは，このような集団で取り組むことで，楽しく運動ができたり，自分のパフォーマンスを発揮できたり，スポーツを続けたりすることができる。集団のメンバーの力が合わさって，一人では達成できなかったことが達成できることもある。

一方，集団に所属することが障壁となり，楽しく運動ができなかったり，自分のパフォーマンスが発揮できなかったり，最後にはスポーツを辞めてしまうというような結果を生むこともある。一人で達成できることよりも，集団で達成できることの方が小さくなることも経験する。

集団はどのようなときに良い集団となり，またその中ではどのようなことが起こっているのだろうか。集団として成長するにはどうすべきであろうか。この章では，スポーツチームを含む集団の構造とその発達過程，集団内で観察される心理的プロセス，そして効果的なチームづくりの方法について考える。

図1 集団の生産性(Steiner, 1972)

1 集団の生産性

前述のように，集団はいつも効果的で生産性の高い良い集団であるとはいえない。ステイナー（Steiner, 1972)は，集団の生産性について図１のような考え方を提唱した。

ここでの生産性をスポーツチームのパフォーマンスと考えると，「実際の生産性」とは，そのチームが達成したパフォーマンスを指し，「潜在的な生産性」とは，そのチームのメンバーの能力やスキルを考慮して可能なはずのパフォーマンスを指す。実際の集団の生産性は，この「潜在的な生産性」から，集団での「プロセスにおける損失」を差し引いて決まるとされている。このような集団での「プロセスにおける損失」の要因には，主にメンバー間のコーディネーションの欠如と動機づけの低下があるとされている。

例えば，４人でチームを組み綱引きをするとする。その４人が，それぞれ40kgの力で綱を引くことができれば，このチームは160kgの力で綱を引けるはずである。しかし，メンバー間の協力が欠けていた，コミュニケーションが上手くいかなかった等のコーディネーションの欠如，もしくはメンバーの１人が，他のメンバーがなんとかしてくれるだろうと思い力を出さなかった等の動機づけの低下が原因で実際にチームが綱を引く力が120kgになる。このような場合，このチームにおいて40kgのプロセスにおける損失があったといえる。

効果的で生産性の高い良い集団になるには，この集団でのプロセスにおける損失をどのように防ぎ，そして集団の潜在的な生産性をどのように高めるかが重要である。

2 集団の発達過程

どんなに良い集団でも，最初から良い集団であったわけではない。集団が発達する過程はおもに5つの段階に分けられる。

まず最初の段階である形成期(forming stage)では，集団のメンバーはお互いを知り，何がその集団で取り組む課題になるか，目標になるかを明確にする。ここで，それぞれの特徴，能力やスキルを理解し，どのような方法で目標を達成できるかについても考えていく。

次の段階の混乱期(storming stage)では，集団として目標に取り組んで行く中で，メンバー間，もしくはメンバーとリーダーとの間で軋轢が生まれたり衝突が起きたりする。またそのように摩擦ができることで，集団が取り組む課題や目標，またそれを達成する方法に対してメンバーが疑念を持ち，反発が起きる。

そして，メンバー同士がぶつかり，反発し合いながら，集団は規範期(norming stage)へ移るとされている。規範期では，メンバー間の摩擦を解決することで，集団にまとまりができはじめる。また，集団の目標の達成に向けてそれぞれの役割を認識し，お互いが協力をする。

生産期(performing stage)では，メンバー間の関係性は安定し，集団全体が目標を達成することや集団での成功に集中している。集団の課題を終え目標を達成した後，メンバーはそれぞれの役割での責任を果たして，集団は解散する(散会期：adjourning stage)。

どの集団でも，これら5つの段階を踏んで集団として発達するとされている。しかし，それぞれの段階で，どの程度の時間を要するかは個々の集団によって異なる。例えば，大学の運動部では，1シーズンが終わると4年生は卒業し，新しい1年生が入部する。その際，部や部員についてまったく何も知らない1年生は，他の学年の部員を知り，また他の学年の部員は1年生を知り，目標の達成に向けて新しい戦略を考えていく必要がある。しかし，1年生以外の部員はすでにお互いを知っており，この部の形成期にかかる時間は新設の運動部よりも短いかもしれない。ただし，1年生部員の構成によっては，形成期が短くても混乱期が長引く可能性もある。

また集団の発達は，始めから順調に進むことはなく，発達段階は繰り返すともいわれている(Arrow et al. 2004)。メンバー間の衝突およびその解決は，一度経験したら終わらず，集団として目標に向かう中で何度も起こる可能性がある。このように，集団でそれぞれの発達段階に要する時間や経験は変化し，また発達段階は進んだり戻ったりを繰り返す。しかしながら，どの集団もどれかの発達段階を飛び越すことはなく，良い集団になるにはすべての発達段階を踏む必要があるといえる。

2 集団の構造

集団として発達する過程は，個々の集団によって異なる。しかし，どの集団もその成長する過程で考慮すべきこととして，集団を構成するメンバーの役割，そして集団の規範の2つが挙げられる。

1 集団の役割(group roles)

集団のメンバーには，それぞれに役割がある。役割とは，その集団で求められる行動を指す(Carron and Eys, 2012)。その役割には，その集団でのポジション，地位や，集団で割り振られた責任，もしくは自身で考える責任が関係する。また，この役割は，キャプテン，主務など，スポーツチームで指名され与えられるような公式な役割の場合もあれば，盛り上げ役などの集団の中で自然に現れる非公式な役割の場合もある。

集団が成長するには，それぞれのメンバーが自身の役割を全うする必要がある。そのためには，公式，非公式に関わらずまずは自身の役割とそれに伴う責任を明確に理解することが重要である。例えば，スポーツチームにおいてキャプテンという公式な役割を与えられたとしても，その役割がどの程度の大きさで，その役割をどのように全うできて，またその役割でのパフォーマンスはどのように評価されて，それを全うしないことがどのような結果を伴うかについて，選手は理解する必要がある。

役割を明確にすることで，メンバーのその役割でのパフォーマンスが向上する，不安が軽減する，満足度が向上する，メンバー間のコミュニケーションが向上する，などの研究報告もある(Carron and Eys, 2012)。一方，メンバーの役割が不明確であることはネガティブな結果を生むこともあり，集団はそれぞれの役割を明確にする必要があるといえる。

2 集団の規範(group norms)

集団として時間を過ごす中で，その集団の中で規範が形成される。集団の規範とは，集団のメンバーに求められる行動の基準を指す(Carron and Eys, 2012)。例えば「どんなときもチームのメンバーをサポートすべきである」という考えがチームにあり，コートにいるメンバーがゴールを決めたら，ベンチにいるメンバーは立って，そのメンバーをさらに盛り上げる等の行動が当たり前として受け入れられていることがある。このような行動は，チームのルールとして制定されていることではないが，必要であると実践され，この行動基準から外れることは他のメンバーからの批判の対象となる。

このような集団の規範は，メンバーに集団で必要とされる情報を与える機能と，メンバーの集団への統合を促す機能がある。まず集団の規範があることで，メンバーはその集団について理解し，自身の考え，行動，態度が，その基準と照らし合わせて適切かどうかを評価することができる。規範から情報を得ることで，メンバーは他のメンバーの振る舞いから大きく外れないで済む。また集団の規範を理解し受け入れることは，集団への統合を促していく。個々のメンバーが規範を受け入れることは，目標達成に向けて集団がまとまりを持ち続けることにつながるのである。

3 集団の心理的プロセス

集団は様々な個人が関係をつくり，お互いへ影響を与えあいながら成り立っている。ここでは，集団においてどのような心理的なプロセスが観察できるかについて概説する。そしてそのような心理的プロセスが，集団の成長にどう影響を与えるかについて考えていく。

1 リングルマン効果(Ringelman effect)と社会的手抜き(social loafing)

集団は大きければ大きいほど良いのであろうか。100年以上も前，リングルマンは綱引きの課題を使って，この問いについて検証した。その結果，集団が大きくなるにつれて集団の生産性は減少するという結果が現れた。綱引きチームのメンバーの一人ひとりが100%の力を持っているとすると，２人のチームでは93%，３人のチームでは85%，４人のチームでは77%，８人のチームでは49%しか，メンバーが力を出していないことがこの研究で示されたのである。このように，集団のサイズが大きくなるほど，集団の生産性が下がるという現象をリングルマン効果という。

このリングルマン効果は，他のメンバーが一緒に課題を行っているときにパフォーマンスが向上すると提唱した社会促進理論や，社会の通念である「ひとりよりもふたり」という考えを否定するものであった。

ただ必ずしも，集団が大きくなればなるほど集団の生産性が下がるわけではないことも，後の研究で明らかになっている。集団の生産性の低下を説明する要因の１つに社会的手抜きがある。社会的手抜きとは動機づけの低下により，集団に所属するメンバーが100%以下の力しか発揮していない状況を指す(Latané et al. 1979)。このような社会的手抜きが起こりやすい状況には以下が挙げられる(Karau and Williams, 1993)：

・メンバー個人のパフォーマンスが評価されない(特定されない)

・課題の意義が低いと考えている
・課題への個人の関わりが少ない，もしくは個人の貢献が冗長だと見られている
・メンバー個人のパフォーマンスを集団の基準と照らしあわせて評価できない
・他のメンバーの能力が高いと考えている
・課題の遂行に貢献している他のメンバーが他人である

多くのメンバーで構成される集団であったとしても，上のような状況を防ぐことができれば，社会的手抜きは起こりにくく，また集団の生産性の低下の抑止も可能であると考えられる。

スポーツチームにおいても，このような社会的手抜きを防ぐことは必須と考えられる。まずは自身のチームで社会的手抜きが起こりやすい状況を特定し，その状況に対応する策を練ることが重要である。例えば，選手個人のパフォーマンスが特定できないという状況で，チームに社会的手抜きが起こりやすいのであれば，それぞれの選手のパフォーマンスを可視化する方法を導入すること(スタッツを取る，メンバー評価を導入するなど)が効果的であると考えられる。

2 集団凝集性(group cohesion)

集団凝集性とは，「集団が目標の達成のために，またはメンバーの感情的なニーズを満たすために一致団結し，まとまりを維持する傾向に見られる動的なプロセス」を指す(Carron et al. 1998, p.213)。集団凝集性には，集団の課題目標の達成に対してのメンバー間のまとまりにおけるプロセスを指す課題凝集性(task cohesion)と，集団の中で良好な対人関係を維持するためのまとまりにおけるプロセスを指す社会凝集性(social cohesion)がある。

初期の研究では，集団凝集性は集団のパフォーマンスと関連しないという結果も報告されていたが，キャロンら(Carron et al. 2002)はこれまでの研究からの知見をまとめて，課題凝集性，社会凝集性ともに集団のパフォーマンスと正の関連があることを示した。また集団凝集性の高いチームは社会的手抜きが起こりにくく，選手の満足度が高いという研究報告も見られている。

集団として成長するためには，集団凝集性を向上させる必要があるといえる。**図2**にスポーツチームの集団凝集性に関わる4つの要因を示した(Carron and Eys, 2012)。チームの選手の契約やチームの競技レベルなどの環境要因，チームの規範・文化，チームの選手の成功への欲求などのチーム要因，それぞれの選手のチームへの満足度や相似性を含む個人要因，そして選手とチームのリーダー（監督やキャプテンなど)とのコミュニケーションや関係性が含まれるリーダーシップ要因である。

チームの集団凝集性を向上させるために，これら4つの要因に変化を加えていくことが効果的であると考えられる。また，その結果の集団凝集性の向上は，これらの要因のさらなる変化にもつながる可能性がある。

3 集合的効力感(collective efficacy)

選手にとって自信をもって試合に臨むことが重要であるのと同じで，チームが力を発揮するには，チームとしての自信を向上させることが重要である。集合的効力感とは，集団の目標を達成するために必要な行動を遂行する統合的な能力に関する，集団で共有された信念(Bandura, 1997)と定義される。

この集合的効力感を向上させるためには，その情報源に介入を行うことが効果的である。スポーツチームの集合的効力感の6つの主な情報源を**図3**に示した。この中でも，過去のパフォー

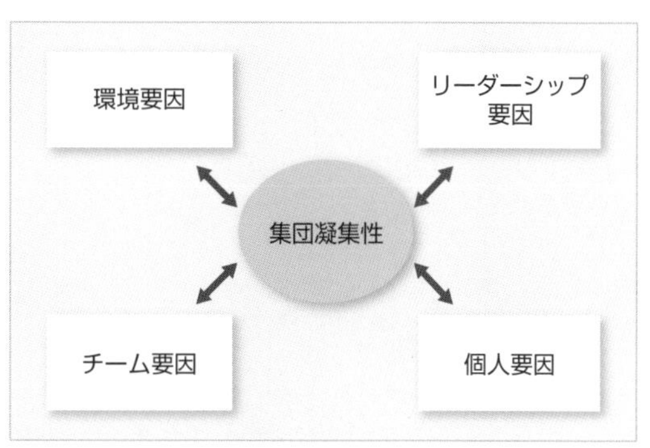

図2 集団凝集性に関わる要因
(Carron and Eys, 2012)

マンスは集合的効力感に最も影響力のある情報源であるといわれている。勝つ・負ける，などの結果だけでなく，「戦術が計画通りにできた」「積極的なディフェンスができた」など，試合や練習でチームの課題に対して経験したことも集合的効力感の情報源になりえる。またチームの能力に訴えかけるような応援，サポート，声掛けなどの言語説得，また他のチームの成功を見る代理体験（直接，もしくはビデオを通して，など）も，集合的効力感を向上させる有効な方法であると考えられている。

集団の大きさや，リーダーシップ，そして前述の集団凝集性も，集合的効力感の情報源になりえる。集合的効力感の情報源に触れる経験を効果的に増やすことができれば，チームの集合的効力感を高める機会が増え，効果的なチームづくりにつながるといえる。

4 動機づけ雰囲気（motivational climate）

リーダーなどの重要な他者がつくる目標達成に向けての集団の環境を動機づけ雰囲気という。集団の環境が，学習や熟達の過程に集中しているような熟達雰囲気であるとき，メンバーは努力すること，個々の課題を達成すること，そして成長することが集団の中で強調されていると感じる。しかし，集団の環境が個々の能力を評価し，他者と比較して立てられた目標に重きが置かれるような成績雰囲気のとき，メンバーはメンバー間で競争をすることや失敗をしないことに集中をする（Newton et al. 2000）。

スポーツチームにおいて，指導者がつくる熟達雰囲気は，チームの集合的効力感，パフォーマンス，集団凝集性，満足感などにつながるとされている。反対に成績雰囲気は，高い不安や，メンバーのドロップアウト，チーム内の対立の増加などと関係があると報告がされている（Duda and Balaguer, 2007）。

集団の熟達雰囲気は，メンバーに自身が立てた目標を達成し成長する機会を与え，誰かに評価されることに関しての不安感を軽減させる。また集団における個々の役割を感じられるので，メンバーは自分が集団に貢献していると感じ，他のメンバーと協力できる。一方，成績雰囲気は，他のメンバーとの比較を強調し，負けることや失敗に対しての不安感を増長させ，メンバー同士のライバル関係を促進してしまう。良い集団への成長を促すためには，熟達雰囲気をつくっていくことが必要であるといえる。

ただ，勝利を目指すことや成績雰囲気が，必ずスポーツチームに悪影響を与えるということではない。スポーツにおいて「勝利する」という目標の達成を目指すことは，チームの刺激になり動機づけを促す（Vealey, 2005）。このような目標も持ちつつも，熟達雰囲気を中心にチームづくりをしていくことが求められる。

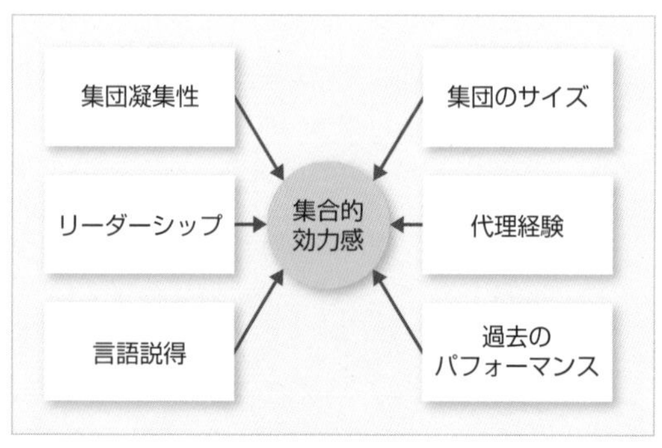

図3 集団的効力感の情報源（Carron and Eys, 2012）

4 リーダーシップ

集団の成長において，効果的なリーダーシップは必要不可欠な要素である。リーダーシップは，共通の目標の達成に向けて，メンバーが集団の他のメンバーに影響を与える行動的，心理的，社会的過程と定義される（Vealey, 2005）。この定義において重要な要素は，リーダーシップは「過程」であるという点である。つまりリーダーシップは，「リーダー」という個人のメンバーのみを指す訳ではなく，そのリーダーが集団の他のメンバーに影響を与える際に関連する様々な要因も含まれているのである。

ここでは，スポーツチームのリーダーシップを理解するために提唱されてきたリーダーシップの理論を紹介する。

1 多角的リーダーシップモデル (multidimensional model of leadership)

多角的リーダーシップモデル(**図4**)は，変革型リーダーシップ(後述)を基盤とし，リーダーの実際の行動だけでなく，リーダーに要求される行動と好まれる行動を考える必要性について示唆している。また，これらの行動に影響を与える要因として，チームの規範や競技レベル，動機づけ雰囲気などの状況の特徴，リーダーの年齢，性格，コーチングのスタイルなどのリーダーの特徴，そしてチームのメンバーの年齢，性別，能力などのメンバーの特徴が挙げられている。リーダーの特徴はリーダーの実際の行動に，状況の特徴はリーダーに要求される行動に，メンバーの特徴はリーダーに好まれる行動に主に影響を与えるとされている。そして，リーダーの実際の行動が，状況やメンバーに要求される行動，好まれる行動に応えられたとき，チームのメンバーのパフォーマンスや満足感が最も向上するとしている。

この理論を使用した研究では，主に5種類のリーダーの行動が検討されてきた(**表1**)。例えば，男子の選手は，指導者のリーダーシップに独裁型の意思決定スタイルを好み，女子の選手は民主型の意思決定を好むなど，男女で好むリーダーの行動が違うとの報告もある。またユースの年代の選手よりも，大学スポーツなど競技レベルの高い選手の方が，独裁型の意思決定スタイルやソーシャルサポート行動を好むなどの結果も見られている(Riemer, 2006)。

チームの成長を促し良いチームをつくっていくためには，リーダーは自身の実際の行動が，状況やチームのメンバーに要求されている行動，そして好まれる行動と違っていないかをモニターしていく必要がある。

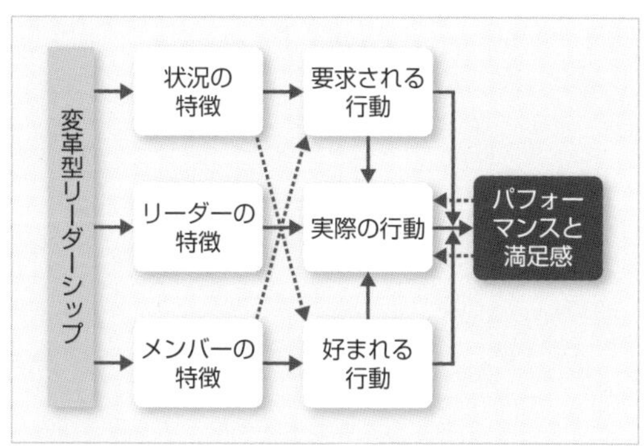

図4 多角的リーダーシップモデル(Chelladurai and Saleh, 1980；Chelladurai, 2001)

2 変革型リーダーシップ (transformational leadership)

もともとはマネジメントの分野から提唱された変革型リーダーシップとは，明確なビジョンを呈示し，動機づけを鼓舞して，メンバーの力を効果的に引き出しながら，集団を率いるというリーダーシップである(Bass and Riggio, 2006)。またこの変革型リーダーシップは，メンバーのリーダーとしての成長を促すリーダーシップでもある。従来，考えられ受け入れられていたような，社会的な交換(報酬を与える，褒める，罰を与える，など)によってメンバーに影響を与えるというリーダーシップ(処理型リーダーシップ：transactional leadership)から，一線を画すリーダーシップとして提唱された。この変革型リーダーシップは，前述の多角的リーダーシップモデルの中でも基盤になるリーダーシップとして語られている(Chelladurai, 2001)。

この変革型リーダーシップは主に4種類の行動で構成されている。まず「理想化された影響」は，メンバーが一体感を感じ，熱心に見習おう

表1 リーダーの行動(Chelladurai and Saleh,1980)

リーダーの行動	具体的な行動
指示・トレーニング	指示を与える，練習・トレーニングを指示する，チームの活動を調整する
ポジティブ・フィードバック	良いパフォーマンスを褒める，報酬を与える
ソーシャルサポート	メンバーが気もちよくチームにいられるように促す，メンバーと良い関係を築く
独裁型意思決定スタイル	独立した意思決定をする，意思決定においてリーダーとしての権限を重要視する
民主型意思決定スタイル	目標や練習，試合の戦術や戦略などの意思決定に，メンバーを参加させる

とする見本のような存在になるカリスマ的なリーダーシップに関連する行動である。「鼓舞する動機づけ」は，リーダーが示すビジョンや目標に対してメンバーが積極的に努力できるように促す行動である。「知的刺激」では，メンバーの創造性や気づきを促し，新たな取り組みを奨励する。そして，「個別配慮」にはメンバーの多様性をリーダーが認め，それに応じてメンバーの成長を促すようにサポートするような行動が含まれる。

チームの指導者が取るこれらの変革型リーダーシップ行動は，メンバーの内発的動機づけ，努力やパフォーマンスと正の関係が見られている（Charbonneau et al. 2001 ; Rowold, 2006）。

表2 指導者の自律サポート行動（Mageau & Vallerand, 2003）

自律サポート行動	具体的な行動・例
制限やルールの中で，できる限り選手が選択できるようにする	・練習メニューを選択できるようにする ・試合でとる戦術を選べるようにする
課題や制限，ルールに関しての理由を明確にする	・なぜこの練習メニューを今日行うのか説明する ・チームルールがある理由を明らかにする
選手の感情や気持ちを聞き，認める	・戦術に関して選手がどう思っているかを聞く ・メンバーの選択について葛藤があることを理解し認める
選手が主体的に活動する機会や独自に活動する機会を与える	・課題の解決策を提案するが，実際にどのように解決するかは選手に任せる ・選手が提案する練習メニューを取り入れる
非コントロール的なフィードバックを与える	・選手の自律性や能力に関するフィードバックをする ・選手の努力など，選手がコントロールできることに向けてフィードバックする ・高すぎず低すぎない現実的な期待が伝わるフィードバックにする
コントロールするような行動を避ける	・選手をコントロールするような行動をとらない ・罪悪感を喚起させるような批判をしないようにする ・選手をコントロールするような言葉や報酬は避ける
チームで自我中心性が起こらないようにする	・課題の達成や個人の成長に焦点をあて，勝利やチーム内の競争に注意が向きすぎるような成績雰囲気を作らない

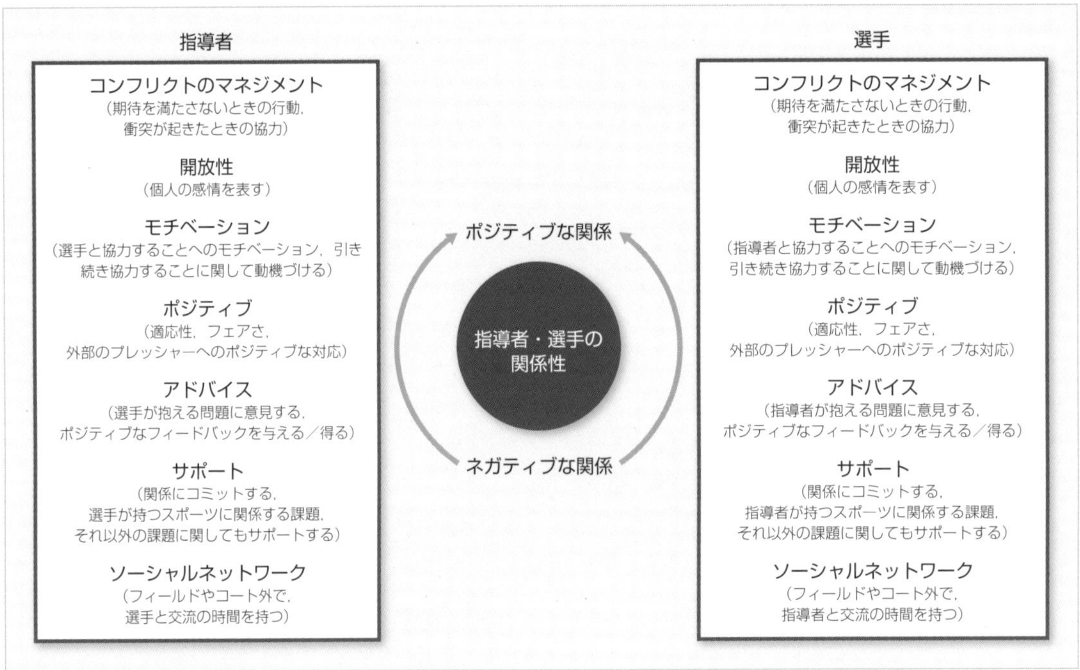

図5 指導者と選手の関係性を維持する-COMPASSモデル（Rhind and Jowett, 2010を一部改変）

ただし，処理型リーダーシップの行動が必要ないという訳ではない。特に，処理型リーダーシップ行動の１つである，課題が達成されたときに報酬を与える行動（随伴的報酬：contingent reward）は，変革型リーダーシップとの関連もみられており，効果的なリーダーシップに必要な行動であるとされている。つまり，リーダーが処理型リーダーシップを取ることが悪いのではなく，処理型リーダーシップの行動に変革型リーダーシップの行動を加えていくことが重要であるといえる。

3 指導者と選手の関係性 (coach-athlete relationship)

指導者のリーダーシップと関連し，チームづくりの中で重要なこととして挙げられることの１つに，指導者と選手の関係性の向上がある。指導者と選手の関係性は，選手の動機づけ，そしてパフォーマンスに影響を与える。

まず，指導者と選手の関係性づくりにおいては，選手の自律性をサポートするような行動（自律サポート行動：autonomy-supportive behaviors，**表２**参照）が重要であるとされている（Mageau and Vallerand, 2003）。自身で選択し，問題を解決したり決定したりすることを促す自律サポート行動は選手の「自分はできる」という有能感,「自分で選択したい」という自律性,「ほかのひとを思いやり思いやられたい」という関係性への欲求を満たし，選手の内発的動機づけ（１章「スポーツにおける動機づけ」参照）を向上させる。

また，選手と指導者の良い関係性について，3+1Cモデルが提唱されている（Jowett and Ntoumanis, 2004）。この理論では，指導者と選手の良い関係性は，指導者と選手がその関係性に尊敬や信頼などの感情的な意味をつける「親密性」（closeness），指導者と選手がその関係性を続けていくという意志を持つ「コミットメント」（commitment），指導者と選手がお互いの意見に応えながら協働して行動する「相補性」（complementarity），そしてお互いの感情・考え・行動を理解する相互理解を表す「コオリエンテーション」（co-orientation）で成り立つとされている。

また，指導者と選手の関係性の質を向上し，維持をするための７つのポイント（COMPASS）が提案されている（**図５**）。ここでは，指導者と選手の関係性をポジティブで良いものにし，またそれを維持をしていくには，指導者から選手への働きかけだけでなく，選手から指導者への働きかけも必要であると示されている。

4 アスリートのリーダーシップ

ここまで，主に指導者のリーダーシップに関する理論について紹介をしてきたが，チームの成長には，アスリートのリーダーシップ（athlete leadership）も必須である。これまでの研究で，アスリート・リーダーは，指導者のリーダーとは異なった影響をチームに与えることが報告されている（Loughhead and Hardy, 2005）。

また，チームに影響力を持つアスリート・リーダーはキャプテンなどの公式なアスリート・リーダー（formal athlete leader）に限らない。公式なアスリート・リーダー以外にも，チームにはリーダーとして機能する非公式なアスート・リーダー（informal leader）が複数存在することが示されている。

このようなアスリート・リーダーがチームで

表３ アスリート・リーダーの役割（Fransen et al. 2014）

リーダー	役割の内容
課題リーダー	フィールド／コート上を仕切るリーダー。チームが目標に集中することを助けたり，戦術においての意思決定を促す。また，ゲーム中にチームメイトに戦術的なアドバイスを提供し，必要に応じて調整する。
社会的リーダー	フィールド／コート以外で主導的な役割を持っているリーダー。チーム内で良好な関係を促進し，チームの雰囲気を良くすることに貢献する。フィールド／コート以外でのチームメイト間の対立の解決を促す。
モチベーションリーダー	フィールド／コート上で最もモチベーションを与えるリーダー。できるところまで努力するようチームメイトを励ます。また，落ち込んでいるプレーヤーを新鮮な気持ちにする。
外的リーダー	チームと外部の人々との関係を結ぶリーダー。クラブ運営におけるチームの代表。メディアやスポンサーとコミュニケーションが必要な場合に主導する。

果たす役割として，主に4つの役割が挙げられている（**表3**）。最近の研究で，これらのリーダーの役割はチームの中で分散されており，役割のすべてを一人のアスリート・リーダーが担っていることはほとんどないことも報告されている。また，それぞれの役割を担うリーダーが複数存在することは，チームの集団凝集性や集合的効力感と関連する可能性も示唆されている。チームづくりにおいて，指導者のリーダーシップのみでなく，上記のような役割におけるアスリートのリーダーシップも伸ばしていくことが必要であるといえる。

5 効果的なチームづくり

この章では，スポーツチームを含む集団を心理学的な観点から概説し，関連する心理的な要因やプロセスについて紹介をしてきた。このような概念や理論をもとにチームづくりを考える必要があると示してきたが，他にはどのような点を考慮できるであろうか。

例えば，良いチームをつくるにはメンバー間で様々なソーシャルサポートを促すことが重要であるといわれている。ソーシャルサポートとは受け手のウェルビーイング（身体的・精神的・社会的に良好な状態）を向上させるための，少なくとも2人以上の個人間の資源の交換(Shumaker and Brownell, 1984)であると定義される。これまでの研究で，メンバー間のソーシャルサポートは個人の感情や行動へポジティブな影響を与えるだけでなく，チームの雰囲気を向上させることにもつながることが示されてきた。ソーシャルサポートは，多角的リーダーシップモデルの中でもリーダーの行動の1つとして含まれているが，チームのメンバー全員がお互いをサポートする，その行動を定着させることは良いチームへのさらなる成長を促すことにつながると考えられる。

また，この章の中でも語られた集団凝集性を向上させるチームづくりのポイントとして**表4**が挙げられる(Prapavessis et al. 1997)。例えば，チームづくりにおいて，この中で示されているチーム目標や目的の設定は非常に重要である。チームの成功には，個人で立てる目標よりも，チームで立てた目標の方が大きく影響を与えるとされている。さらに，チームのメンバーを目標の設定に参加させることが集団凝集性の向上につながる。メンバーが積極的にその目標の達成に貢献したい，と思えるような，挑戦的な目標を設定することが，チームづくりには必要である。

またチームの一体感や独自性を高めることも重要である。チームの一体感を高めるには，メンバーが一緒にいられる状況をつくることが必要であるとされている。例えば，合宿や遠征などで寝食をともにする経験は集団凝集性の向上に効果的であると考えられる。また弁別性を高めるには，チームのジャージやTシャツを着る，

表4 集団凝集性を向上させるチームビルディングのポイント(Prapavessis et al. 1997)

チーム要因	ポイント
役割の明確さと役割の受容	それぞれのメンバーがチームでの役割を明確に理解していると，集団凝集性は向上する。メンバーが自身の役割に満足して，それを受け入れていると，集団凝集性は向上する。
リーダーシップ	集団凝集性はチームのリーダーシップに影響される。参加型リーダーシップスタイルの指導者の行動は凝集性の向上に影響を与える。
チームの基準への準拠	チームの規範への準拠は，集団凝集性の向上に貢献する。集団の規範は，とても変化しづらいものである。
一体感	身体的に近いところにメンバーがいられると，チームの集団凝集性は向上する。
弁別性	チームの弁別性（他のチームとの違いがはっきりしていること）は，集団凝集性の向上に影響を与える。
犠牲	チームの中での地位が高いメンバーがチームに犠牲を払っているとき，集団凝集性が向上する。
目標と目的	チームの目標は，メンバー個人の目標よりも，チームの成功と強く関係している。メンバーのチームの目標設定への参加は，集団凝集性の向上に影響を与える
協力	協力的な行動は，メンバーの個人的な行動よりも，個人と集団のパフォーマンスにとって重要である。協力的な行動は，個人間の競争的な行動よりも個人と集団のパフォーマンスにとって重要である。協力的な行動は，集団凝集性の向上に影響を与える。

チームカラーに合わせた靴紐をつける，チームだけの集まりを企画する，チームのスローガンやルーティンを持つ，なども効果的であると考えられる。メンバーが一体となっている，また自分たちのチームは他のチームと違う，と感じられることで，集団凝集性は向上する。

最後に，このようなチームづくりの中で指導者のリーダーとしての役割は大きい。同じチームは2つとして存在しない。指導者は，集団の構造や集団の心理的なプロセスを理解し，また現在のチームのメンバーやチームを取り巻く状況を判断しながら，チームづくりを主導する。そして，リーダーとしての自身を見直して，リーダーとしての強みと改善点を明確にする必要がある。また，選手のリーダーとしての成長を促すことも求められる。チームに必要なリーダーとしての行動は何か，リーダーとしてどのようにメンバーに接するべきかを常に考えることが重要である。

【文献】

Bandura, A. (1997) Self-efficacy : The exercise of control. W.H. Freeman and Company : New York.

Bass, B.M., & Riggio, R.E. (2006) Transformational leadership. (2nd ed.). Psychology Press : New York.

Carron, A.V., Brawley, L.R., Widmeyer, W.N. (1998) The measurement of cohesiveness in sport groups. In : J. L. Duda (Ed.) Advancements in sport and exercise psychology measurement. Morgantown, WV. pp. 213-226.

Carron, A.V., Colman, M.M., Wheeler, J., & Stevens, D. (2002) Cohesion and performance in sport : A meta-analysis. Journal of Sport and Exercise Psychology, 24 : 168-188.

Carron, A.V., & Eys, M.A. (2012) Group dynamics in sport (4th ed.). Fitness Information Technology : Morgantown, WV.

Charbonneau, D., Barling, J., & Kelloway, E.K. (2001) Transformational leadership and sports performance : The mediating role of intrinsic motivation. Journal of Applied Social Psychology, 31 : 1521-1534.

Chelladurai, P., & Saleh, S.D. (1980) Dimensions of leader behavior in sports : Development of a leadership scale. Journal of Sport Psychology, 2 : 34-45.

Chelladurai, P. (2001) Managing organization for sport and physical activity : A systems perspective. Holcomb-Hathaway : Scottsdale, AZ.

Duda, J.L., & Balaguer, I. (2007) Coach-created motivational climate. In S. Jowett, D. Lavalee (Eds) Social psychology in sport. Human Kinetics : Champaign, IL. pp.117-130.

Feltz, D.L., Short, S.E., & Sullivan, P.J. (2008) Self-efficacy in sport : Research and strategies for working with athletes, teams, and coaches. Human Kinetics : Champaign, IL.

Fransen, K., Vanbeselaere, N., De Cuyper, B., Vande Broeck, G., & Boen, F. (2014) The myth of the team captain as principal leader : Extending the athlete leadership classification within sport teams. Journal of Sports Sciences, 32 : 1389-1397.

Karau, S.J., & Williams, K.D. (1993) Social loafing : A meta-analytic review and theoretical integration. Journal of Personality and Social Psychology, 65 : 681-706.

Jowett, S., & Ntoumanis, N. (2004) The coach-athlete relationship questionnaire (CART-Q) : Development and initial validation. Scandinavian Journal of Medicine and Science in Sports, 14 : 245-257.

Latané, B., Williams, K., & Harkins, S. (1979) Many hands make light the work : The cause and consequences of social loafing. Journal of Personality and Social Psychology, 37 : 822-832.

Loughead, T.M., & Hardy, J. (2005) An examination of coach and peer leader behaviors in sport. Psychology of Sport and Exercise, 6 : 303-312.

Mageau, G. A., & Vallerand, R.J. (2003) The coach-athlete relationship : A motivational model. Journal of Sport Sciences, 21.

Newton, M., Duda, J.L., & Yin, Z. (2000) Examination of the psychometric properties of the Perceived Motivational Climate in Sport Questionnaire - 2 in a sample of female athletes. Journal of Sports Sciences, 18 : 275-290.

Prapavessis, H., Carron, A.A., & Spink, K.S. (1997) Team building in sport. International Journal of Sport Psychology, 27 : 269-285.

Rhind, D.J.A., & Jowett, S. (2010) Relationship maintenance strategies in the coach-athlete relationship : The development of the COMPASS model. Journal of Applied Sport Psychology, 22 : 106-121.

Riemer, H.A. (2006) Multidimensional model of coach leadership. In : S. Jowett, D. Lavalee (Eds) Social psychology in sport. Human Kinetics : Champaign, IL. pp.57-74.

Rowold, J. (2007) Transformational and transactional leadership in martial arts. Journal of Applied Sport Psychology, 18 : 312-325.

Shumaker, S.A., & Brownell, A. (1984) Toward a theory of social support : Closing conceptual gaps. Journal of Social Issues, 40 : 11-36.

Steiner, I.D. (1972) Group processes and group productivity. Academic : New York.

Tuckman, B.W., & Jensen, M.A.C. (1977) Stages of small group development revisited. Group and Organizational Studies, 2 : 419-427.

Vealey, R.S. (2005) Coaching for the inner edge. Fitness Information Technology : Morgantown, WV.

4 チームの心理状態

1 チームスポーツの多様性

「チーム」対「チーム」で争われる競技を一般的にチームスポーツと呼ぶ。チームスポーツでは，同じチームに所属するメンバーらと互いに協力しながら競技に臨むことになる。そのため一人で競技に臨む場面では見られないようなチームスポーツに特有の心理状態が観察される。

1 メンバー間の相互依存性

チームスポーツとひと言で言っても実に多様な競技が含まれる。フェルツら(Feltz et al. 2008)は，メンバーらがお互いのプレーに対してどの程度影響を及ぼしているのかといった相互依存性(interdependence)の観点からチームスポーツを分類している。

まず，バスケットボールやサッカー，ラグビーといった競技の開始から終了に至るまでの間，大部分のプレーがメンバーらの相互依存性のもとで成り立つ競技はチームスポーツの最たる例として挙げられる。これらの競技はチームスポーツという言葉を聞いたときに真っ先にイメージするものであり，違和感を抱く人は少ないと考えられる。

それに対して，「個人」対「個人」で争われる陸上競技やゴルフ，レスリングといった競技をチームスポーツだと論じると違和感を抱く人がいるかもしれない。しかし，これらの競技であっても「個人」対「個人」の競争結果を集約することでチームの勝敗を決定する団体戦であれば，これも先に挙げた競技と同様に相互依存性を伴うチームスポーツと言えるだろう。なぜなら，他のメンバーの競争結果次第で自分自身の取り得る戦術(攻撃的にプレーするのか，慎重にプレーするのか)が変化するという点で相互依存性を有していると考えられるからである。

そして，両者の中間的な性質を持つ競技，すなわちメンバー間で高度な連携プレーが求められる場面があり，かつ特定場面においては一部のメンバーだけでプレーが完結する競技もチームスポーツに含まれる。代表的な例としては野球やアメリカンフットボールが当てはまる。ここで例示したチームスポーツは相互依存性の程度によって**図1**のように整理することができる(Feltz et al. 2008)。

2 チームのパフォーマンスを左右する要因

チームスポーツに含まれる様々な競技は，いずれも同一チームのメンバー間に相互依存性が認められる。しかし，その程度には幾らか差が認められることは先に述べた通りである。この相互依存性の程度の差はチームのパフォーマンスを規定する要因に違いをもたらす。

ウィドマイヤー（Widmeyer, 1990)は，チームに所属するメンバーらが保持する能力とチー

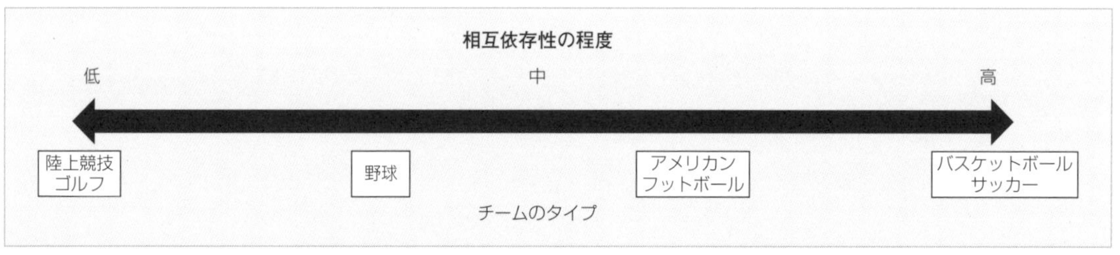

図1 チームスポーツにおける相互依存性(Feltz et al. 2008, p.122, Figure4.1をもとに作成)

ムのパフォーマンスの関連性について過去の研究を引用しながら論じている。それによれば，野球のような相互依存性の低い競技では，個々のメンバーらが保持する能力とチームのパフォーマンスには強い正の関連性が認められる一方で，バスケットボールのような相互依存性の高い競技では，この関連性が相対的に弱くなると論じている。これは相互依存性の高い競技ではプロセスにおける損失(Steiner, 1972)が大きくなるためだと考えられている(プロセスにおける損失については本書70頁を参照)。

それでは，相互依存性の高い競技においてチームのパフォーマンスを高めようとする場合，如何なる要因に着目すれば良いのだろうか。素朴な感覚からするとコーチや監督の指導力，競技中に採用する戦術，キャプテンの統率力などがチームのパフォーマンスに影響する要因として考えられる。また，どの程度チームとして一致団結しているのかや，目前の競技場面において普段通りの実力を発揮できる自信があるのかといったチームとしての心理状態もチームのパフォーマンスに影響を及ぼすものと考えられる。

以下では，特にチームのパフォーマンスと密接に関連するチームの心理状態として，比較的長い時間をかけて研究成果が積み重ねられてきた2つの心理的な構成概念を紹介する。

2 集団凝集性

集団凝集性はチームの心理状態について考える際に必ずといって良いほど着目される構成概念である。そして一般的に「メンバーを自発的に集団に留まらせる力の総体」(亀田, 1999, p.185)と定義されている。特にスポーツ場面においては，既に第Ⅲ部3章で述べられているように「集団が目標の達成のために，またはメンバーの感情的なニーズを満たすために一致団結し，まとまりを維持する傾向に見られる動的なプロセス」(Carron et al. 1998, p.213)と定義されている。

1 集団凝集性を測定するには？

スポーツ場面に着目して行われた集団凝集性に関する研究ではキャロンら(Carron et al. 1985)の作成した集団環境質問紙(group environment questionnaire：GEQ)が頻繁に用いられている。

GEQは**表1**に示す通り，社会的側面に対する個人的魅力(individual attractions to group-social：ATG-S)，課題的側面に対する個人的魅力(individual attractions to group-task：ATG-T)，課題的側面に対する集団の一体感(group integration-task：GI-T)，社会的側面に対する集団の一体感(group integration-

表1　集団環境質問紙(内田ら，2014)

ATG-S: 社会的側面に対する個人的魅力
■チームのメンバーとの付き合いは楽しい。 ■チーム以外の者との付き合いよりも，チームメンバーとの付き合いのほうが楽しい。 ■シーズンが終わって，チームのメンバーと会わなくなると寂しい。 ■このチームでの活動は自分が所属している集団の中でも最も大切な集団のひとつである。 ■親しい友人がチームの中に数人いる。
ATG-T: 課題的側面に対する個人的魅力
■このチームのプレースタイルが気に入っている。 ■このチームは自分のパフォーマンスを伸ばす機会を十分に与えてくれている。 ■チームが試合に勝とうとする意欲に満足している。 ■試合のとき，自分の出場時間に満足している。
GI-T: 課題的側面に対する集団の一体感
■われわれのチームは一致団結して目標を達成しようとしている。 ■われわれのチームは，試合で負けたり成績が思わしくない時は，チームメンバー全員が責任を感じる。 ■われわれのチームのメンバーは，チーム目標が一致している。 ■われわれのチームは，練習中にうまくできないメンバーがいるとき，メンバー全員でサポートする。 ■われわれのチームのメンバーは，試合や練習のとき，それぞれの役割や責任などについて遠慮なく話し合う。
GI-S: 社会的側面に対する集団の一体感
■われわれのチームは，シーズンオフの時でもチームのメンバーと一緒に過ごしたいと思っている。 ■われわれのチームは，試合や練習以外の時でも仲が良い。 ■われわれのチームは，それぞれ出かけるよりも，チームメンバーと一緒に出かけることを好む。 ■われわれのチームは，チームのメンバー同士でパーティ(飲み会・食事会など)をよくひらく。

注)内田ら(2014)で使用された集団環境質問紙の項目は，織田ら(2007)の邦訳を一部修正したものである。

social：GI-S）の4つの下位尺度で構成されており，各々4項目から5項目，合計18項目で集団凝集性を測定する。

GEQについては内田ら（2014）が織田ら（2007）によって邦訳された18項目を一部修正して使用し，本邦においても原版と同じ4つの下位尺度で構成されることを確認している。しかし，GEQを邦訳した織田ら（2007）や杉山ら（2021）は，北米で作成された集団凝集性の尺度を文化的背景の異なる日本にそのまま適用することは妥当ではないと指摘している。したがって文化的背景の違いを考慮することを重視するのであれば，GEQの18項目にいくつか独自の項目を追加して作成された織田ら（2007）の尺度や，杉山ら（2021）が作成した尺度を使用することが望ましい。

2 集団凝集性とパフォーマンスの関連性

スポーツ場面における集団凝集性の研究は多数行われている。キャロンら（Carron et al. 2002）は個別の研究結果をメタ分析と呼ばれる手法を使って統合した上で幾つか重要な知見を見出している。

まず，集団凝集性を測定する際に頻繁に使用されるGEQはチームのパフォーマンスとの間に中程度の正の関連性が認められている。またGEQを構成する4つの下位尺度についてもそれぞれ小〜中程度の正の関連性が認められている。なお4つの下位尺度のうち，GI-Tがチームのパフォーマンスと最も強い正の関連性を示しているが，他の3つの下位尺度と比較して関連性の強さに統計的な違いは認められていない。

次に，課題凝集性（ATG-TとGI-T）と社会凝集性（ATG-SとGI-S）のいずれもチームのパフォーマンスと正の関連性が認められている。そして，関連性の強さには統計的な違いがないと報告している。この結果は，チームビルディングの有効性について論じる際に重要な知見である（チームビルディングについては本書78頁を参照）。

チームビルディングではチーム内の対人関係を円滑にするためのプログラムを時折実施するが，このプログラムを経験した人の中には競技中のパフォーマンス向上には役立たないのではないかと疑念を抱く人がいるかもしれない。しかし，こういったプログラムは社会凝集性の改善を通してチームのパフォーマンス向上に寄与する可能性をキャロンらの結果は示唆している。したがって，チームビルディングにおいて対人関係を円滑化するプログラムを実施することには一定の介入効果があると考えて良いだろう。

3 集合的効力感

チームが目前の競技場面において普段通りの実力を発揮できる自信がどの程度あるかはチームのパフォーマンスを考える上で重要な観点である。これに関連する心理的な構成概念として集合的効力感がある。集合的効力感については，既に第Ⅲ部3章において取り上げられていることから，ここでは特に集合的効力感を測定する際の具体的な方法と，チームのパフォーマンスとの関連性について取り上げる。

1 集合的効力感を測定するには？

集合的効力感は「集団の目標を達成するために必要な行動を遂行する統合的な能力に関する，集団で共有された信念」（Bandura, 1997, p.477）と定義されている。この概念定義に沿う形で作成された尺度としてショートら（Short et al. 2005）のスポーツ集合的効力感尺度（collective efficacy questionnaire for sports：CEQS）がある。CEQSは，能力（ability），努力（effort），忍耐力（persistence），準備力（preparation），結束力（unity）の5つの観点から集合的効力感を評価するように，各々4項目，全20項目で構成されている。

CEQSの1つの特徴として，ある競技に特化した内容で項目が構成されていない点が挙げられる。この特徴によって，様々なチームスポーツを対象に集合的効力感の調査が実施できるほか，競技を越えて集合的効力感の強度を比較で

きる点で汎用
CEQSについては
しており，本邦に
性を持つ尺度であ

フィールド上で集
はいくつか注意すべ
の集合的効力感を評価
ムを1つの単位とみな
である。実際の調査では
ンバーのうち，できるだ
バーらを中心に協力を依
とになるだろう。そして得
得点を平均化してチームの
するのが一般的な方法であ
力感を測定するタイミングで
感はその時々の状況に応じて
ら，出来る限り競技が行われる
ことが望ましい。

2 集合的効力感とパフォーマン

集合的効力感とチームのパフォ
正の関連性が認められることが実験
在するスポーツチームを対象とした
での調査研究で繰り返し示されてい

スタイコビッチら(Stajkovic et al.
スポーツに限らず様々な場面を対象に行われてきた集合的効力感に関する研究を集約してメタ分析を行っている。その結果，集合的効力感はチームのパフォーマンスに対して中程度の正の関連性を示すことを見出している。加えて，集合的効力感とチームのパフォーマンスの関連性は相互依存性の高い課題(競技)ほど強くなることを明らかにしている。したがって，集合的効力感は本章の冒頭でも論じたバスケットボール

ー，ラグビーといった相互依存性が高
おいて，よりチームのパフォーマンス
る重要な心理的要因になり得る。

(1997) Self-efficacy : The exercise of control.
an : New York.

., Brawley, L. R., & Widmeyer, W. N. (1998)
ment of cohesiveness in sport groups. In : J. L.
Advancements in sport and exercise
easurement. Morgantown, WV. pp. 213-226.

, Colman, M. M., Wheeler, J., & Stevens, D.
esion and performance in sport : A meta
nal of Sport and Exercise Psychology, 24 :

Widmeyer, W. N., & Brawley, L. R. (1985)
ent of an instrument to assess cohesion in
: The group environment questionnaire.
ournal of Sport Psychology, 7 : 244-266.

hort, S. E., & Sullivan, P. J. (2008) Efficacy
ms. Self-efficacy in sport : Research and
working with athletes, teams and coaches.
s : Champaign.

9) 集団凝集性．中島義明ほか(編) 心理学辞
185.

勝昭・徳永幹雄 (2007) スポーツにおける集
検証ならびにパフォーマンスとの関係．財団
ーツ振興会スポーツ医科学研究助成報告書.

Sullivan, P., & Feltz, D. L. (2005)
nd preliminary validation of the collective
nnaire for sports. Measurement in Physical
Exercise Science, 9 : 181-202.

Lee, D., & Nyberg, A. J. (2009) Collective
efficacy, potency, and group performance : Meta-analyses of their relationships, and test of a mediation model. Journal of Applied Psychology, 94 : 814-828.

Steiner, I. D. (1972) Group process and productivity. Academic Press : New York.

杉山卓也・中村武彦・西井 良 (2021) スポーツにおける集団凝集性尺度の作成．体育学研究，66 : 327-342.

内田遼介・町田 萌・土屋裕睦・釘原直樹 (2014) スポーツ集合的効力感尺度の改訂・邦訳と構成概念妥当性の検討．体育学研究，59 : 841-854.

Widmeyer, W. N. (1990) Group composition in sport. International Journal of Sport Psychology, 21 : 264-285.

5 パーソナ

1 パーソナリティとは

人にはそれぞれ異なるパーソナリティが見られ，パーソナリティと環境とのかかわりのもとで個人の行動が生じる。人の体力の個人差を考える場合，体力要素はそれぞれ明確な定義がなされ，種々の測定法によって客観的に比較される。一方，パーソナリティという心の個人差を考える場合，パーソナリティとはどのように定義され，測定・比較されるのだろうか。本章では，パーソナリティを把握するための様々な理論のうち，類型論と特性論について概観する。また，パーソナリティとスポーツの関係について先行研究の知見をまとめる。

1 パーソナリティの語源

西洋の学問では，人の心の特徴を表す用語としてパーソナリティ（personality），キャラクター（character），テンペラメント（temperament）があり，それらの概念が日本に導入されるとともに訳語が当てられてきた。慣習として，パーソナリティは人格と訳され，いわゆる「人となり」のことを表す。パーソナリティの語源はラテン語のペルソナ（persona）であり，古代ギリシアの劇で用いられていた仮面または仮面をかぶった役者という意味から派生した言葉である。また，キャラクターは性格と訳される。キャラクターの語源はギリシア語で刻みつけられたものという意味があり，その人の経験によって刻み込まれた特徴を表す。さらに，テンペラメントは，気質と訳される。テンペラメントは，遺伝的・体質的な要因による生得的な特徴で，比較的永続的で安定した部分を表す用語として使われている。日本語における人格という用語の使われ方を考えてみると，「あの人は人格者だ」「あの人

れるように，
評価が含まれ
れてきたパー
な意味や価値
で使用されて
妙に一致しな
がって，近年
性格，気質な
差を表すため
用が定着しつ
つある。

本章では，人格，性格，気質を包括する用語としてパーソナリティを使用する。しかし，人格，性格，気質という用語が種々の検査法や先行研究で使用されている場合は，それらの用語をそのまま使用することとする。

2 パーソナリティの定義

これまでの研究において，様々な観点からパーソナリティを定義することが試みられてきた。中でもパーソナリティ研究に大きな影響を与えたものは，アメリカの心理学者オールポート（Allport）による定義である。オールポートはパーソナリティを「個人の環境への適応を決定する心理・身体的なシステムからなる個人内の力学的機構である」と定義した（Allport, 1937）。このオールポートの定義を整理すると，パーソナリティには，次のような概念が含まれると考えられる。

①個人のあらゆる適応は独自のものであり，自発的であること（個人の環境への適応）。
②精神と身体の作用が複雑に影響しあって表れるもの（心理・身体的なシステム）。
③パーソナリティは，常に進化し変化しているもの（力学的機構）。

パーソナリティのように，本来，直接見るこ

とができないようなものを理論的に仮定したものを構成概念という。オールポートが定義したパーソナリティの構成概念は，人の感情，思考，行動における特徴や問題を分析することに大きな影響を与えたといえる。そして，パーソナリティ研究では，ライフステージ，精神的健康・不健康，社会，文化，およびスポーツ等をテーマにし，心の個人差や集団差の理解を深めるために多くの理論が提唱されている。

2 パーソナリティ理論

パーソナリティを理解するための理論の構築は古くから試みられており，その記録は古代ギリシア時代まで遡る。

紀元前4世紀頃，アリストテレスの弟子で哲学者であったテオプラストス(Theophrastus)は，『人さまざま(邦題)』という書物の中で，おしゃべり，お節介，けちなど，30種類の特徴を表した。これが，パーソナリティを体系的にまとめた最古の書物とされている。また，古代ギリシアの医者であったヒポクラテス(Hippocrates)は，人間の体内にある4種類の体液(血液，粘液，黒胆汁，黄胆汁)の混合に変調が生じた場合に病気が生じるという四体液説を唱えた。さらに，ガレノス(Galen)は，ヒポクラテスの四体液説に基づき，どの体液が優勢に働くかによって気質が異なるという四気質説を発表した。その四気質説では，人を「楽観的で健康な気質(多血質)」「いらだちやすい気質(胆汁質)」「抑うつ的で落ち込みやすい気質(黒胆汁質)」「静かで無関心な気質(粘液質)」の4つに分類した(小塩，2010)。このように，古代ギリシア時代から医学的知見を基にパーソナリティを分類する試みがなされていたことは，大変興味深い。また，この時代の理論が以後2000年以上にわたってパーソナリティ研究の考え方に影響を与えたことも事実である。一方，日本における古い書物を調べてみると，戦国時代の軍学者であった小幡勘兵衛が，武士のタイプを「沈着型の人」「敏捷型の人」など6つの類型に分類した記録が残っている(渡邊，2010)。

このような歴史を踏まえて，本章では，パーソナリティを理解するための諸理論のうち，代表的な類型論と特性論を中心に概観する。

1 類型論

類型論とは，タイプ論ともいわれ，ある特徴を基に人をいくつかの型に分類し，それぞれの型ごとに特徴的なパーソナリティを示そうとする考え方である。例えば，血液型によって性格を分類しようとする考え方が，これに該当する。近代の心理学において，類型論の代表的な提唱者には，クレッチマー（Kretschmer)，ユング(Jung)，シュプランガー（Spranger)が挙げられる。

クレッチマーの類型は，人の体格に焦点を当てたものである。クレッチマーは，精神医学者としての臨床経験を基に体格と精神疾患に関連があると考え，「細長型」「肥満型」「闘士型」という3種類の体型とそれぞれの型に対応した気質を見出した(**表1**)。

ユングの類型は，人の関心や興味がその人自身よりも外部に向けられる傾向(外向型)であるのか，あるいは内部に向けられる傾向(内向型)であるのかという精神力動的な観点による分類である。ユングは，この外向，内向という2つの型の下に，それぞれ思考，感情，感覚，直観という4種類の心的機能をつくり，それらの関係からパーソナリティを8類型に分類した(**表2**)。

シュプランガーの類型は，人がどのような価値観を追及しているのかという価値志向に焦点を当てたものである。シュプランガーは，人の価値志向によって生活形式が異なることに着目し，パーソナリティを6類型に分類した(**表3**)。

表1 クレッチマーの類型による3気質

体型	気質	特徴
細長型	分裂気質	非社交的，静か，まじめ，神経質
肥満型	躁うつ気質 (循環気質)	社交的，親切，温厚，明朗
闘士型	粘着気質	几帳面，執着，融通が利かない

これらに代表されるような類型論は，パーソナリティをいくつかに分類することにより直観的にパーソナリティを把握しやすいという利点がある。しかし，パーソナリティという複雑な概念を数個の型のいずれかに当てはめようとすることへの疑問が指摘されている。また，どの類型にも当てはまらない場合や中間的な類型に当てはまる場合が生じるという批判がある。さらに，体型などの分類は，固定的な見方であるために，パーソナリティの変化を捉えることが困難であることも指摘されている。したがって，パーソナリティ理論は類型論から数学的手法を用いた次世代のアプローチへと変化していくことになった。

表2 ユングの類型(大山，2009)

	外向	内向
思考	外向思考型：客観的な事実を重視し，それに基づいて筋道を立てて考える	内向思考型：考える対象が自分自身に向かっている理想や主義を掲げる
感情	外向感情型：周囲の状況をよく理解して，他人と良い関係を保つのが得意	内向感情型：心の中に明確な好き，嫌いの判断を持っていて，自分の心に忠実
感覚	外向感覚型：現実の人やものに対して，具体的に，また実際に身体的な感覚で感じ取る	内向感覚型：感覚的印象をゆっくりと自分のものにしていくので，静かで受動的に見える
直観	外向直観型：周囲の人やもの，将来の見通しに対してカンが鋭い	内向直観型：カンが心の内に向かい，無意識に奥まで入り込む

表3 シュプランガーの類型(加藤，2001)

類型	特徴
理論型	事物を客観的に眺め，知識体系の追及に価値を見出す生活志向，実際問題には無力で生活感に乏しい
経済型	経済的利点からの実用的価値より判断し，蓄財が生活の目的
権力型	権力を握り，他人を支配することに価値をみる
審美型	実生活に関心を示さず，芸術的活動に最高の価値をおく
社会型	社会福祉活動に興味関心をもつ生活
宗教型	聖なる者の恵みと救いの宗教的活動に最高の価値をみる

2 特性論

特性論では，パーソナリティの特徴を細かく分け(これを特性という)，それらを量的に表すことでパーソナリティを把握しようとする考え方である。この考え方では，それぞれの人が個別に持つ特性を「個別特性」，また，すべての人が共通に持つ特性を「共通特性(パーソナリティ特性)」と考える。そして，パーソナリティを最もよく説明できる共通特性を見つけ出し，それらを測ることによってパーソナリティ全体を表そうとするものである。例えば，ある人(Aさん)のパーソナリティを表すために神経質，まじめさ，社交性という3つのパーソナリティ特性を用いて質問紙法を行ったとする。その結果，それぞれの特性を10点満点で評価した結果，Aさんは，神経質が5点，まじめさが8点，社交性が2点であった。その結果から，Aさんのパーソナリティは，非常にまじめであるが，社交性に欠けるなどと表すような手法である。このような特性論の代表的な提唱者は，オールポートとオドバート(Odbert)，キャッテル(Cattell)，アイゼンク(Eysenck)，ゴールドバーグ(Goldberg)，コスタ(Costa)とマクレー (McCrae)が挙げられる。特性論では，どのような共通特性を用いたらパーソナリティをより良く説明できるかという課題に対して多くの研究が積み重ねられてきた。

オールポートとオドバートは，パーソナリティの特徴は普段使用されている語彙の中にあると考えた。1936年，彼らは，ウェブスター英語辞典第2版に掲載されている40万語の中からパーソナリティ特性を表す4,504語を収集・整理した。その後，キャッテルは，オールポートとオドバートの整理した語彙を基に因子分析を用いて，12因子のパーソナリティ特性を抽出した。因子分析とは，複数の質問項目の回答の傾向から，それらの背後に共通する因子(特性)を統計解析により見つけ出す手法である。キャッテルは，その後の研究で4つの特性を追加し，1949年に16因子のパーソナリティ特性(**表4**)に基づく16PF人格検査(The Sixteen

Personality Factor Questionnaire：16PF)を作成した。

アイゼンクは，大脳や自律神経系の覚醒水準などによる神経系の個人差がパーソナリティにも影響すると考え，２因子または３因子の特性によってパーソナリティを説明した(**表４**)。この考え方を基に，1959年，アイゼンクは，「外向性－内向性」「神経症的傾向」という２因子によってパーソナリティを把握するモーズレイ性格検査(Maudsley Personality Inventory：MPI)を作成した。さらに，その後の研究で「精神病傾向」を追加し，1975年に３因子によってパーソナリティを把握するアイゼンク性格質問紙(Eysenck Personality Questionnaire：EPQ)を作成した。

表４のとおり，研究者によってパーソナリティを説明する特性の種類や数が異なっていた。そこで，必要最小限でどのような特性を用いればパーソナリティを説明できるのかが次の焦点となり，多くの研究が行われた。その結果，現在では，５つの特性でパーソナリティを説明する理論が支持されている。これは，ビッグファイブ(Big Five)や５因子モデル(Five Factor Model：FFM)といわれている。ビッグファイブはゴールドバーグ，また，５因子モデルはコスタとマクレーによって提唱された理論である。両理論は，それぞれの研究者により異なる研究アプローチによって分析されたものであるが，結果として共通する５つの特性が導き出されたものである。ビッグファイブ・５因子モデルでは，神経症傾向，外向性，開放性，調和性，誠実性という５つの特性によってパーソナリティを表す理論であり，これらの特性はパーソナリティを把握するための最大公約数であると考えられている(**表４**)。

以上のように，特性論では，それぞれ抽出された特性に基づいたパーソナリティ検査法を用いることにより，客観的・定量的にパーソナリティを把握できるという利点がある。一方，特性論では，人の行動は時間や状況が変わってもある程度一貫性があることを前提としているため，次項で説明するような一貫性の問題が指摘されている。

表４ パーソナリティ特性の例

キャッテルの16因子(16PF人格検査：16PF)		
情感 知能 自我強度 支配性 衝動性	公徳心 大胆 繊細 猜疑心 空想性	狡猾 罪責感 抗争性 自己充足 不安抑制力 浮動性不安
アイゼンクの２因子(モーズレイ性格検査：MPI)	**アイゼンクの３因子(アイゼンク性格質問紙：EPQ)**	**ビッグファイブ・５因子モデル**
外向性－内向性 神経症的傾向	外向性－内向性 神経症的傾向 精神病傾向	神経症傾向 外向性 開放性 調和性 誠実性

3 一貫性論争

1968年，アメリカの心理学者ミッシェル(Mischel)は，特性論の前提概念となっている通状況的一貫性(異なる状況を通してある行動や反応が安定してみられること)はなく，行動は状況の変化に応じて大きく変化すると主張した(Mischel，1968)。このミッシェルの主張を契機として，その後20年間にわたり「人の行動は，状況が変わってもある程度一貫性が見られるのか，あるいは状況が大きく影響するのか」ということをテーマとして実証研究が多く行われることになった。これは，パーソナリティ研究における「一貫性論争」または「人か状況か論争」といわれている。現在では，人の行動には，それまで仮定されていたほどの通状況的一貫性はないが，だからといって人の行動が状況だけで決定されるわけではなく，個人的な規則性や統一(つまりパーソナリティ)は確かに存在するという折衷的な見方が共有されている(渡邊，2013)。したがって，その後は，人と状況との相互作用からパーソナリティを把握しようとする相互作用論が提唱されていくこととなった。しかし，一貫性論争を契機として新しい理論の構築がなされていきながらも，パーソナリティ研究における実用性という観点から，ビッグファイブ・５因子モデルなどの特性論は，現在でも多くの実証研究が継続されている有効な手法である。

3 パーソナリティ検査法

パーソナリティにおける個人の特徴や個人差を分析するためには，パーソナリティ検査法が用いられる。パーソナリティ検査法は，大別すると質問紙法，投影法，作業検査法の3種類の方法がある（**表5**）。これらの検査方法は，様々なパーソナリティ理論に基づき開発され，多くの実証研究が行われている。ここでは，3種類の検査方法における代表的な検査法を概観する。

1 質問紙法

質問紙法は，受検者が複数の質問項目に回答することにより，パーソナリティの特徴を検査するものである。受検者は，質問項目に対して自分のパーソナリティがどの程度当てはまるかを，2件法（「はい」「いいえ」），3件法（「あてはまる」「どちらでもない」「あてはまらない」），5件法（「とてもあてはまる」「ややあてはまる」「どちらでもない」「ほとんどあてはまらない」「まったくあてはまらない」）などで回答する方法である。質問紙法による代表的なパーソナリティ検査法は，**表5**のとおりである。

ミネソタ多面人格目録（Minnesota Multiphasic Personality Inventory：MMPI）は，1951年にマキンリ（McKinley）とハサウェイ（Hathaway）が作成した質問紙である。アメリカの臨床現場で最も使用頻度が高い検査法であり，10因子の特性によってパーソナリティを表すものである（**表6**）。

矢田部ギルフォード性格検査（Yatabe-Guilford Personality Inventory：YG）は，特性論に基づく性格検査としては日本で最も古く作られたもので，現在でもよく使用されている。1954年，矢田部がギルフォードらの作成した3つの性格検査をモデルにして旧矢田部・ギルフォード性格検査を作成したものが始まりである。その後，園原と辻岡による修正を得て現在の12因子の特性からなるYGとなっている（**表6**）。

質問紙法を用いる場合の長所は，同時に多くの受検者の検査が行えること，時間的・金銭的に比較的低コストで行えること，多くの変数を客観的に検査できることなどが挙げられる。一方，受検者が正直に回答したかが不明であること，受検者が質問の意味を理解できない場合が生じること，パーソナリティを把握するための原因と結果の関係（因果関係）が断定できないことなどの短所もある。

表5 代表的なパーソナリティ検査法

質問紙法
ミネソタ多面人格目録（MMPI） 矢田部ギルフォード性格検査（YG） モーズレイ性格検査（MPI） アイゼンク性格検査（EPQ） 16PF人格検査（16PF） 主要5因子性格検査 NEO-FFI
投影法
ロールシャッハ・テスト
作業検査法
内田クレペリン検査

表6 MMPI，YGの構成尺度

ミネソタ多面人格目録（MMPI）		矢田部ギルフォード性格検査（YG）	
Hs	心気症	D	抑うつ性
D	抑うつ	C	回帰性傾向
Hy	ヒステリー	I	劣等感
Pd	精神病質的逸脱	N	神経質
Mf	男性性・女性性	O	客観性
Pa	妄想症	Co	協調性
Pt	精神衰弱	Ag	攻撃性
Sc	精神分裂病	G	一般的活動性
Ma	軽躁病	R	のんきさ
Si	社会的内向性	T	思考的外向
		A	支配性
		S	社会的外向

2 投影法

投影法は，何を表しているかはっきりとしないあいまいな絵や図形，文章などを受検者に見せ，自由に意味づけてもらうことによってパーソナリティの特徴を検査するものである。受検者があいまいな刺激を知覚するとき，自分の知識，経験，欲求，感情などの特徴が回答に投影されるという考え方に基づいている。投影法による代表的な検査法は，ロールシャッハ・テストがある(**表5**)。ロールシャッハ・テストとは，1921年，ロールシャッハ(Rorschach)によって作成されたインクブロット(インクのしみ)検査の一種である。インクのシミでできた左右対称の図版を1枚ずつ受検者に見せ，何が見えるかを答えてもらうことにより個人の心理構造を明らかにしようとするものである。

投影法の長所は，受検者が自分に偽って回答する必要がなくなり，パーソナリティの潜在的な部分が回答に反映されるという長所がある。一方，受検者と検査者との関係性によって回答が変わってしまうこと，検査の実施法や結果の整理・解釈が複雑であり，検査者が専門的な訓練を受けていないとパーソナリティを誤って解釈してしまうことなどの短所がある。

3 作業検査法

作業検査法は，受検者に一定の作業を行わせ，その作業刺激に対する行動や作業の結果からパーソナリティの特徴を検査するものである。作業検査法による代表的な検査法は，内田クレペリン検査(**表5**)で，受検者には1ケタの数字を連続して加算する課題が与えられる。作業検査法を行う場合，受検者が意図的に検査結果を歪めにくいという長所があるが，広範囲なパーソナリティを把握することには向かないという短所がある。

4 検査における妥当性，信頼性，効率性

心理学的検査を作成・使用する際には，その検査がどの程度正しいのか(妥当性)，信頼できるのか(信頼性)，効率的か(効率性)について検討・理解する必要がある。

妥当性とは，選択した検査がパーソナリティをどの程度正確に測定できているかを表す指標である。さらに，妥当性には，内容的妥当性，基準関連妥当性，および構成概念妥当性の3つがある。1つ目の内容的妥当性とは，検査の尺度項目が測定しようとする構成概念を偏りなく測定しているかという指標である。2つ目の基準関連妥当性とは，検査によって得られた結果がそれ以外の方法によって得られた結果と相関しているかという指標である。さらに，3つ目の構成概念妥当性とは，本来測定されるべき構成概念から考えられることが実際に生じているかという指標である。

信頼性とは，検査によって得られた結果がどの程度安定しているかを表す指標である。検査の結果は，偶然的な誤差の影響で結果が変化することも考えられるが，信頼性が高い場合，このような誤差は小さくなる。信頼性の評価方法には，再テスト法，代替形式法，折半法，内的統合法(α係数)などの手法がある。

効率性とは，実用性ともいわれ，どの程度効率的に結果が取り出されるかを表す指標である。

5 検査者の倫理

心理学的検査を実施する際には，たとえ卒論レベルであっても検査者として次のような倫理的配慮(杉山・松田，2016)が必要である。

①使用目的にそった適切なテストを選択する。
②質問冊子などのテスト用具は厳重に管理する。
③実施に先立って受検者に実施目的，回答方法，結果の利用法をわかりやすく説明する。
④定められた手順通りに実施し，不正や妨害などの不測の事態に際しては，責任者に速やかに報告し対処する。
⑤あらかじめ定められた方法で障害者などへの配慮をする。

4 パーソナリティとスポーツ

パーソナリティとスポーツの関係は，様々なパーソナリティ理論や検査方法を用いて研究が行われてきた。主な研究テーマには，「スポーツ選手のパーソナリティ」「パーソナリティと競技成績」「スポーツ経験によるパーソナリティの変容」および「パーソナリティとあがり」などがある。

1 スポーツ選手のパーソナリティ

スポーツ選手のパーソナリティを明らかにするために，スポーツ選手と非スポーツ選手のパーソナリティを比較した研究が多く行われてきた。そして，方法論的には，特性論に基づいた質問紙法による検討が多く報告されている。例えば，多くのスポーツ選手に対してMMPIを用いて検討した結果によると，スポーツ選手は非スポーツ選手に比べ，神経質ではなく，躁的であり，男性的であったと報告されている（平田，1965）。また，YGの研究を集約した結果，スポーツ選手に共通する特性は，思考的外向性でのんきであり，活動的で，神経質ではなく，攻撃的であった（丹羽，1966）。同じく，YGを用いて大学生のスポーツ選手と一般学生（非スポーツ選手）を比較した結果，スポーツ選手は活動的であり，社会的優位性や支配欲が強く，外向的ではあるが，やや衝動的な面を持っていたという報告もある（花田ら，1968）。さらに，縦断的研究としては，徳永（1981）がYGを用いて小学校5年生から中学校3年生まで調査した研究がある。それによると，全体的傾向として男子では，どの年齢を比較しても継続的にスポーツクラブに所属していた者は，まったく所属していなかった者より情緒安定，社会的適応，外向の傾向であった。同様に女子でも，継続的にスポーツクラブに所属していた者は，まったく所属していなかった者より社会的適応，外向の傾向であったと報告されている。海外の研究においても，16PFを用いて男子大学生のスポーツ選手と非スポーツ選手を比較した結果，スポーツ選手は，独立心が強く，客観的で，不安が小さかったと報告されている（Schurr et al. 1977）。近年，パーソナリティ研究における特性論で最も支持されているビッグファイブ・5因子モデルを用いた研究を見てみると，梶原ら（2001）がNEO-FFI（NEO Five Factor Inventory）を用いて大学生のスポーツ選手と非スポーツ選手の特性を検討した。その結果，スポーツ選手は非スポーツ選手よりも，外向性と誠実性が高く，開放性と調和性が低いことが認められ，神経症傾向には差がなかった。また，高岡・佐藤（2014）は，ビッグファイブ・5因子モデルを用いて大学体育会に所属する男子学生と所属していない一般男子学生を対象に分析した。その結果，体育会男子学生の方が一般男子学生よりも外向的，活動的であり，意志が強く利他的に行動しやすい傾向があり，また，伝統に重きを置き，権威主義傾向が高く，情緒的に安定していた。

これらの結果は，スポーツ選手が非スポーツ選手に対して比較的望ましいパーソナリティ特性を持っていたことの報告であるが，これらとは異なる研究結果も報告されている。例えば，YGを用いて優秀な成績をおさめた高校生スポーツ選手と一般高校生を比較した結果，優秀なスポーツ選手は，抑うつ性が高かった。また，その対象者の中でスポーツ経験年数が長い選手ほど，抑うつ性，劣等感が高く，支配性が低く，社会的内向の傾向であったことが報告されている（徳永・橋本，1975）。したがって，スポーツの内容，競技レベル，および経験年数によっても結果が異なる可能性が残る。

これらの研究結果をまとめると，スポーツ選手のパーソナリティ特性は，非スポーツ選手に比べて，独立心が強く，客観的，外向的であり不安が低いことがいえそうである。しかし，これらの結果に対しては，スポーツ選手と非スポーツ選手を比較する際，両者を分ける定義が研究者により異なり一貫性がないこと，また，異なるパーソナリティ特性の原因と結果の説明が困難であることなどの指摘がなされている。

2 パーソナリティと競技成績

パーソナリティと競技成績の関係で最も興味深い研究テーマは，優秀な(成功した)スポーツ選手には何らかの共通したパーソナリティ特性が見られるのかということである。換言すると，優秀なスポーツ選手に見られる心理的適性とは何かを明らかにする試みである。この研究テーマに関する先行研究には，日本体育協会(現・日本スポーツ協会)が優秀なスポーツ選手に対する検討を行った報告がある。例えば，大学柔道の優勝校(214名)，上位校(45名)，中位校(46名)，下位校(80名)の選手を対象に内田クレペリン検査を行った。その結果，大学柔道選手は精神健康度が高く，粘着型，地道粘り型，じっくり型，自閉型が多く，また，上位校ほど精神健康度が高いことが報告されている(日本体育協会，1980)。また，ソフトテニスにおける全日本チーム選手および関東・東海学連の上位，中位，下位の選手を対象に内田クレペリン検査を行った結果，技術水準が高い選手は精神健康度が高かった(日本体育協会，1981)。これらの報告から，優秀なスポーツ選手は，精神健康度(単に病気ではないことを指すのではなく，最も望ましい状態において自己や環境に適応すること)が高いという心理的適性が見出された。また，競技力の高いスポーツ選手130名のロールシャッハ・テストの分析や1つの事例の部分的な継列分析を行った結果，スポーツ選手の特徴を一般化するには慎重でなければならないとしながらも，優秀な選手は，競技への強いコミットあるいは固執，高い意欲，そして個性の強さあるいは独自の世界などの心性に通じる特徴が見られたことが報告されている(中込ら，2007)。また，ビッグファイブ・5因子モデルを用いた研究から，国内・国際レベルで活躍するスポーツ選手は，クラブまたは地方レベルの選手に比べて，神経症傾向が低く，誠実性，調和性がより高かったと報告されている(Allen et al. 2011)。一方，優秀なスポーツ選手と一般的なスポーツ選手間におけるパーソナリティの特徴には，有意な差が見出されなかったという結果も多く報告されている。

これらのように，一貫した結果が得られていないことにはいくつかの理由が考えられる。第一に，競技レベルの定義が研究者ごとに異なるため，優秀あるいは成功したスポーツ選手とそうではない選手を比較する場合，結果にばらつきが生じることが考えられる。一般に，競技レベルが高いスポーツ選手群ほどパーソナリティの同質性が高まるが，逆に競技レベルが低いスポーツ選手群ほど異質性が高まると考えられている。したがって，どのレベルのスポーツ選手を比較するかによっても結果は大きく異なると考えられる。第二に，チームスポーツの場合，ポジションによっても選手のパーソナリティが異なるとの報告もあり，単純に優れたスポーツ選手の共通特性を見出すことは困難である。第三に，スポーツの競技成績は，パーソナリティ要因以外にも多くの要因が影響すると考えられる。このことを数値で示した研究が報告されている。ガーランド(Garland)とバリー (Barry)は，16PFを用いてアメリカの大学スポーツ選手を技量レベル別に比較したところ，粘り強さ，外向性，集団依存性などのパーソナリティ特性によって技量レベルが説明できる割合は29%であると報告した(Garland and Barry，1990)。また，コックス(Cox)は，スポーツ選手の行動またはパフォーマンスは，パーソナリティ要因のみでは10－15%程度しか説明できず，「パーソナリティ要因」「環境的要因」および「人と状況の相互作用要因」を合計しても30%程度しか説明できないと報告している(Cox，2012)。様々な研究を概観すると，優れた競技力に関与するパーソナリティの特徴には，精神健康度，忍耐力，ストレス耐性，支配性，自信などが考えられるが，その他にも多くの要因が複合的に影響しているため，優れたスポーツ選手のパーソナリティを一般化することは困難なようである。

以上の結果から，様々な検査法によりスポーツ選手のパーソナリティを理解することは選手をより深く理解し競技力を向上するためのカウンセリングやコーチングに活用できるものの，パーソナリティ検査を基に選手を選抜することは行うべきではない。

3 スポーツ経験によるパーソナリティの変容

パーソナリティは，スポーツ経験によってどの程度変容するのだろうか。スポーツ経験はパーソナリティの発達に寄与するのだろうか。これらの課題を解明する試みは古くから行われているが，単純に結論づけることは困難である。YGを用いて中学生を対象に縦断的に各年次の性格の変化を検討した研究によると，男子では，スポーツクラブ所属者は，スポーツクラブに所属していない者に比べて，協調性，思考性，社会性などには違いが見られなかったものの，活動性やのんきさはより大きく変化したと報告されている。同様に，女子では，スポーツクラブ所属者は，学年が進むにしたがって，より活動的になったと報告されている。また，スポーツクラブに所属していない者は，３年目に気分の変化が激しく，神経質な性格特性を示しているが，スポーツクラブに所属している者は，比較的安定した傾向が見られたと報告されている(花田ら，1968)。また，丹羽(1966)は，スポーツの経験年数が性格特性を一定の傾向に変化させることがあるのかについて検討した。その結果，男子では思考的外向性，攻撃性，活動性，女子では神経質特性が見出された。これらは，スポーツ経験がパーソナリティの変容に影響を及ぼす可能性を示唆している。一方，スポーツ経験に伴うパーソナリティの変容は認められなかったという報告も散見され，現在のところ，このテーマに関する一貫した結論は得られていない。スポーツ経験によるパーソナリティの変容については，次のような３つの考え方がある。

①スポーツ経験によりパーソナリティは変化しないという考え方。

②スポーツ経験によりパーソナリティはある程度変容する特性があるという考え方。

③スポーツ経験によるパーソナリティの変容は，もともと持っていた特性の差がスポーツ経験によって助長されたにすぎないという考え方。

これらの考え方を踏まえて，様々な認知的側面についてスポーツ経験がパーソナリティに及ぼす影響が研究されている。

4 パーソナリティとあがり

あがりとは，特定の状況においてプレッシャーを感じることによりパフォーマンスが低下する現象をいう。スポーツの場面では，勝敗の結果に関わる様々なプレッシャーがつきものであり，過度の緊張・興奮によって予期したとおりにプレーができなくなる。市村(1965)は，あがりについての質問紙調査により，のどがつまったような感じがするなどの「交感神経系の亢進」，注意力が散漫になるなどの「心的緊張力の低下」，身体がいうことをきかないなどの「運動技能の混乱」，失敗しはしないかなどの「不安感情」，相手が強そうに見えるなどの「劣等感」という５つのあがりの兆候を見出した。これらのあがりの兆候は，パーソナリティとどのような関連があるのだろうか。これまでの研究によると，あがりやすいスポーツ選手の性格特性には，恥ずかしがりやで社会的接触を避ける傾向の強い「社会的内向」，空想的で客観的にものを見ないような「主観的傾向が強い」，心配性や神経質などの「神経質傾向」などが報告されている(Ichimura and Matsuda，1964)。また，MPIとスポーツにおけるあがり調査を用いて運動部に所属する女子大学生を検討した結果，スポーツにおけるあがりの程度は神経症傾向と関係があり，神経症傾向の高いものほどあがりやすかった(竹村・岡沢，1979)。さらには，自我機能から見て，あがらないスポーツ選手の方があがる選手よりも自我の強さ・健全度が高いことが報告されている(中込・鈴木，1983)。近年の研究では，これらの特性に加えて，自己意識の高さ(自己に対して意識を向けやすい性格特性)や特性不安(生育環境などの影響によって培われた個人が不安を感じる性格特性)が高いとあがりやすくなると報告されている。さらに，自己意識が高いほど意識的処理が高まりやすく，この意識的処理が運動パフォーマンスの低下に影響することも指摘されている(村山・関矢，2012)。

これらの結果から，パーソナリティがスポーツにおけるあがり現象にも何らかの関連があるといえそうである。しかし，あがり現象は，心理面，生理面，行動面に変化が生じる複雑な現象であり，パーソナリティ要因のみで説明がつくものではない。今後，パーソナリティ特性を含めた他の要因との関連も含めてあがりを解明していくことが課題である。

5 スポーツにおけるパーソナリティ研究の意義

スポーツの現場では，スポーツ参加者の行動を理解するために，その人のパーソナリティを把握することが重要である。本章で概観したように，スポーツにおけるパーソナリティ研究は，1900年代後半に国内外において盛んに行われた。その後，研究の数はやや停滞しつつも，特性論による研究手法を主として現在でも意義のある研究テーマである。しかし，スポーツにおけるパーソナリティを論じるとき，人の行動はパーソナリティだけでなく環境にも影響されるものであり，パーソナリティとスポーツとの関係性を単純に結論づけることが困難である。したがって，近年では，パーソナリティ研究とともに，コーピング，レジリエンス，不安，気分，心理的競技能力などのような特性(能力)とスポーツとの関連に焦点を絞った研究に移行している傾向にある。

【文献】

Allport, G.W. (1937) Personality : A psychological interpretations. Henry Holt and Company : New York.

Allen, M.S., Greenlees, I., & Jones, M. (2011) An investigation of the five-factor model of personality and coping behaviour in sport. Journal of Sports Sciences, 29 (8) : 841-850.

Cox, R.H. (2012) Sport psychology : Concepts and applications. McGraw-Hill : New York.

Garland, D.J., & Barry, J.R. (1990) Personaliry and leader behaviors in collegiate football : A multidimensional approach to performance. Journal of Research in Personaliry, 24 : 355-370.

花田敬一・竹村昭・藤善尚憲(1968)スポーツマン的性格. 不昧堂書店.

平田久雄(1965)MMPIによる選手の性格の研究. 体育学研究, 9 (1) : 436.

Ichimura, S., & Matsuda, I. (1964) A study of stage fright (audience anxiety) in sports. Proceedings of International Congress of Sports Scinces, 525-526.

市村操一(1965)スポーツにおけるあがりの特性の因子分析的研究(Ⅰ). 体育学研究, 9 (2) : 18-22.

梶原慶・武良徹文・松田俊(2001)アスリートおよび非アスリートのパーソナリティ－パーソナリティ５因子モデルによる探索的調査－. スポーツ心理学研究, 28 (1) : 57-66.

小塩真司(2010)はじめて学ぶパーソナリティ心理学－個性をめぐる冒険－. ミネルヴァ書房.

加藤孝義(2001)パーソナリティ心理学－自分を知る・他者を知る－. 新曜社.

Mischel, W. (1968) Personality and Assessment. Wiley : New York.

村山孝之・関矢寛史(2012)スポーツにおける「あがり」の要因と要因間の関係性. 体育学研究, 57 (2) : 595-611.

中込四郎・鈴木壮(1983)自我機能からみたあがりに関する研究. 体育学研究, 28 (2) : 113-127.

中込四郎・山本裕二・伊藤豊彦(2007)心理学の世界, 専門編８, スポーツ心理学－からだ・運動と心の接点－. 培風館.

日本体育協会(1980, 1981)スポーツ選手の心理的適性に関する研究. 日本体育協会スポーツ科学研究報告集.

丹羽劭昭(1966)スポーツと人間形成. 松田岩男・清原健司〔編〕スポーツ科学講座６, スポーツの心理. 大修館書店.

大山泰宏(2009)新版人格心理学. 放送大学教育振興会.

Schurr, K.T., Ashley, M.A., & Joy, K.L. (1977) A multivariate analysis of male athlete personality characteristics : Sport type and success. Multivariate Experimental Clinical Research, 3 (2) : 53-68.

杉山憲司・松田英子(2016)心理学の世界, 基礎編９, パーソナリティ心理学－自己の探求と人間性の理解－. 培風館.

高岡しの・佐藤寛(2014)体育会男子学生のパーソナリティ―５因子モデルに基づいた一般男子学生との比較－. 関西大学社会学部紀要, 45 (2) : 279-287.

竹村昭・岡沢祥訓(1979)Eysenckのパーソナリティ理論とスポーツにおける「あがり」の関係. 奈良教育大学紀要, 28 (1) : 161-168.

徳永幹雄(1981)運動経験と発育・発達に関する縦断的研究. 健康科学, 3 : 3-13.

徳永幹雄・橋本公雄(1975)運動経験と発育・発達に関する研究－高校運動選手について－. 体育学研究, 20 (2) : 109-116.

渡邊芳之(2010)性格とはなんだったのか－心理学と日常概念－. 新曜社.

渡邊芳之(2013)２章パーソナリティ特性論, １節パーソナリティ概念と人か状況か論争. 二宮克美・浮谷秀一・堀毛一也・安藤寿康・藤田主一・小塩真司・渡邊芳之〔編〕パーソナリティ心理学ハンドブック. 福村出版.

6 スポーツとライフスキル

1 ライフスキルとは

スポーツを通じて，日常生活や学校，社会で役に立つ能力を獲得することはできるだろうか？体育・スポーツ心理学領域では，上記のような疑問を明らかにするために，ライフスキルという概念に着目し，スポーツ活動への参加とライフスキルの関係を扱った研究や実践研究が盛んに行われてきた。ライフスキルは，「日常生活で生じる様々な問題や要求に対して，建設的かつ効果的に対処するために必要な能力（WHO, 1997）」，「人々が現在の生活を自ら管理・統制し，将来のライフイベントをうまく乗り切るために必要な能力（Danish et al. 1995）」等と定義されている。また，WHOはライフスキルの構成要素として，①意思決定スキル，②問題解決スキル，③創造的思考，④批判的思考，⑤効果的コミュニケーション，⑥対人関係スキル，⑦自己認識，⑧共感性，⑨情動への対処，⑩ストレス・コントロール，以上の10のスキルを挙げている。

2 先行研究の概観

本稿では，体育・スポーツ心理学領域におけるライフスキル研究について，以下の4つの研究テーマから概説していく。

①スポーツ活動への参加がライフスキル獲得に与える影響について検討した研究

②スポーツ活動を通じて獲得されるライフスキルの内容やライフスキルの般化について検討した研究

③ライフスキルの獲得を促進させる要因について明らかにした研究

④ライフスキル獲得の効果について検討した研究

それぞれのテーマについて以下に説明していく。

1 スポーツ活動への参加がライフスキル獲得に与える影響

スポーツ場面では，周囲とコミュニケーションを取ることや，失敗への適切な対処といったスポーツ場面以外においても必要とされるスキルの獲得が要求される。こうした背景から，海外では2000年代頃からスポーツ活動への参加とライフスキルの関係について検討され始めた。そして，それらの研究の多くは質的研究法を用いて実施されている。例えば，ジョーンズとラヴァリー（Jones and Lavallee, 2009）は全国大会出場経験のある大学生テニス選手を対象にインタビュー調査を行った。分析の結果，テニスを通じて「コミュニケーションスキル」や「リーダーシップ」「失敗への対処」「タイムマネジメント」などのスキルを身に付けていたことを明らかにした。さらに，こうしたスキルは学業においても活用されていたことを報告した。

また，国内においてライフスキルを取り上げた初期の研究に上野・中込（1998）がある。この研究では，運動部活動に参加している高校生と参加していない高校生のライフスキルについて検討した。結果は，部活動参加者は一般生徒よりも「定期テストの日付に合わせて，逆算して計画的に学習していた」「できるだけ具体的な目標（例えば点数，順位，正答数等）を持っていた」などの項目から構成される「個人的スキル」と「クラスの行事には協力的でなかった（逆転項目）」「友達の趣味や性格には特に関心がなかった（逆転項目）」などの項目から構成される「対人スキル」の得点が高いことを示した。このように，スポーツ活動に参加することで，コミュニケーションスキルやリーダーシップ，目標設定などのスキルが獲得されることが示されている。

2 スポーツ活動を通じて獲得されるライフスキルの内容やライフスキルの般化

また，近年では，スポーツ活動を通じてどのようなライフスキルが獲得されるのかについても明らかにされており，それらを測定する尺度が開発されている。例えば，クロニンとアレン(Cronin and Allen, 2017)は，スポーツ活動を通じて獲得されるライフスキルとして「チームワーク」「目標設定」「タイムマネジメント」「感情スキル」「対人コミュニケーション」「社会的スキル」「リーダーシップ」「問題解決・意思決定」の8つのスキルを抽出しており，それらを測定するthe Life Skills Scale for Sportを作成している。また，この尺度の質問項目は，「スポーツは私に○○(例，挑戦的な目標を設定すること)を教えてくれた」のように構成されており，スポーツを通じて獲得されるライフスキルを測定することができる。同様に，国内においても，島本ら(2013)がアスリートにおいて獲得が推奨されるライフスキルとして，「ストレスマネジメント」「目標設定」「最善の努力」などの10のスキルを見出しており，これらを測定する大学生アスリート用ライフスキル評価尺度を開発している。このように，近年では，スポーツ活動を通じて獲得されるライフスキルの内容について明らかにされており，今後は，各スキルの獲得プロセスやその違いなどについて検討されることが期待される。

さらに，スポーツ活動を通じて獲得されたライフスキルが，日常生活や学校などにおいても活用されているかを測定できる尺度も開発されている。例えば，藪中ら(2022)は競技スポーツでの取り組みによって獲得された心理社会的スキル[注1)]が，学修や進路選択，人間関係，生活面においても活用しているかを測定する尺度を開発している。この尺度は，「ストレスマネジメント」「感謝する心」「目標設定」「責任ある行動」などの10の下位因子から構成されている。また，この尺度では，競技スポーツに取り組んできたことを理由としてそれぞれの項目に回答するように教示文から指示され，また質問項目においてはどの場面(学修，進路選択，人間関係，生活)で心理社会的スキルを活用しているかが明確になっている。今後は，こうした尺度を用いてライフスキルの般化がどのようにして起こるのかといったメカニズムや条件について検討されることが期待される。

注1)心理社会的スキルとは，スポーツ場面において生じる問題や課題に対処するのに必要な個人的・社会的能力(杉山，2004)と定義されており，この心理社会的スキルがスポーツ以外での場面に般化することでライフスキルになる(Pierce et al. 2017)とされている。

3 ライフスキルの獲得を促進させる要因

上述したように，スポーツ活動に参加することでライフスキルを獲得することができることが示唆されている(Jones and Lavallee, 2009；上野・中込，1998)。しかし，スポーツ活動に参加したからといって，すべての者がライフスキルを獲得できるとは限らないだろう。こうした背景から，先行研究では，ライフスキルの獲得を促進させる要因について検討している。例えば，パパチャリシスら(Papacharisis et al. 2005)は，スポーツ活動への参加だけでなく，ライフスキルを高めることを目的としたプログラムを加えた方がより効果的にライフスキルが獲得されることを明らかにしている。この研究では，地域のスポーツチームに所属する10歳から12歳の子どもを対象に，通常のスポーツ活動に15分のライフスキルのトレーニングプログラムを加えた活動の効果を検証した。また，参加者はプログラムを受ける群(介入群)と受けない群(統制群)にランダムに振り分けられ，プログラムには達成可能な目標の設定や，目標を達成する計画の立案などが含まれていた。結果は，介入群は統制群と比べて，介入後の目標設定，問題解決，ポジティブ思考に関する知識の得点と活用頻度の得点が有意に高かったことを示した。以上から，ライフスキルを高めるにはスポーツ活動に参加するだけでなく，そこにライフスキルを高めるプログラムを加えた方がより効果的であることが示されている。

また，ライフスキルを効果的に獲得させるためのプログラムの内容についても検証されている。例えば，ビーンら(Bean et al. 2016)はThe Girls Just Wanna Have Funというスポーツ活動を利用したライフスキルプログラムに参加している11歳から16歳のカナダ人女子を対象に，どのようなプログラム内容がライフスキルの獲得に効果的であるかを検討するためにインタビュー調査を行った。結果は，ライフスキルとは何かを紹介することや，ライフスキルを活用する機会を提供すること，コミュニケーションが取りやすいリーダーの存在，プログラム後の振り返りなどが重要であることを示した。

さらに，ライフスキルを獲得するには，指導者や教師の関わり方が重要であることが先行研究から指摘されている。例えば，クロニンとアレン(Cronin and Allen, 2018)は，イギリスのスポーツクラブおよび学校のスポーツチームに所属する11歳から18歳の青少年を対象に，選手が認知する指導者からの自律的支援(項目例，私の指導者は私のことを理解していると思う，私の指導者は私がどのようにしたいかを聞く)がライフスキルの獲得に与える影響について検討している。結果は，指導者からの自律的支援はライフスキルの各下位因子(チームワーク，目標設定，タイムマネジメント，情動スキル，対人コミュニケーション，社会的スキル，リーダーシップ，問題解決・意思決定)に正の影響を与えていたことを示した。同様に，クロニンら(Cronin et al. 2018)は，体育授業における教師の自律的支援が生徒のライフスキルの獲得への影響を検討しており，教師からの自律的支援がライフスキルの各下位因子に正の影響を与えていたことを報告した。このように，指導者や教師は選手や生徒のライフスキルを高める上で，統制的な指導をするのではなく自律的な支援をすることが推奨されている。

また，国内では，スポーツ活動におけるどのような経験がライフスキルの獲得に寄与するのかについて検証されている。例えば，島本・石井(2010)は，運動部活動における「自己開示」「指導者からの生活指導」「挑戦達成」「周囲からのサポート」「努力忍耐」といった経験が，ライフスキルに与える影響について検討した。結果は，「自己開示」「周囲からのサポート」「努力忍耐」が，「親和性」や「リーダーシップ」「感受性」「対人マナー」から構成される対人的なライフスキルに正の影響を与えていたことを示した。同様に，島本・石井(2007)は，体育授業における「自己開示」の経験が，男女ともに，「自尊心」「親和性」「リーダーシップ」へ正の影響を与えることを報告した。以上から，アスリートや学生がライフスキルを獲得するには，スポーツ場面において自己開示や周囲からのサポート，努力忍耐といった経験を多く体験できるような工夫や取り組みが必要であることが示されている。

4 ライフスキル獲得の効果

また，上述のライフスキルの定義(WHO, 1997；Danish et al. 1995)を踏まえると，ライフスキルの獲得は日々の生活における様々な問題や，人生において遭遇するライフイベントへの対処に役立つことが考えられる。そして，ライフスキルの獲得はスポーツ参加者の競技成績や競技引退後のキャリア形成にも影響を与えることが予想される。先行研究では，ライフスキルとアスリートの競技成績や，競技引退後のキャリアとの関連について検討している。

競技成績については，島本・米川(2014)が大学生アスリート用ライフスキル評価尺度(島本ら，2013)を用いて，高校生ゴルフ競技者を対象に，ライフスキルの獲得レベルと全国高等学校ゴルフ選手権大会の競技成績との関連を検討した。分析の結果，競技成績中位群は下位群と比べて，「目標設定」「最善の努力」「責任ある行動」の得点が有意に高かったことを示した。また，大学生柔道選手を対象にした山本ら(2018)の研究では，インカレ出場群は未出場群と比べて，「目標設定」「考える力」「コミュニケーション」「最善の努力」「責任ある行動」の得点が有意に高かったことを明らかにした。このように，ライフスキルが高い選手はより優れた競技成績を残していることがわかる。

競技引退後のキャリアとの関連については，例えば，シミズら(Shimizu et al. 2015)が大学を卒業した元男子レスリング競技者を対象として，卒業時点のライフスキルのレベルと卒業後の就職内定獲得との関連について追跡調査を通じて検証している。その結果，卒業1年以内に就職内定を獲得できた個人はそうでない個人に比べて，「目標設定」のレベルが有意に高かったことを示した。

3 まとめ

以上から，スポーツ活動を通じて様々なライフスキルを獲得することができ，またライフスキルの獲得を促進させる要因や，ライフスキル獲得の効果について明らかにされてきた。今後は，ライフスキルを構成する各スキルの獲得プロセスの違いやライフスキルの般化におけるメカニズムの解明が期待される。

【文献】

Bean, C., Kendellen, K., and Forneris, T. (2016) Moving beyond the gym: Exploring life skill transfer within a female physical activity-based life skills program. Journal of Applied Sport Psychology, 28: 274-290.

Cronin, L. D., and Allen, J. (2017) Development and initial validation of the Life Skills Scale for Sport. Psychology of Sport and Exercise, 28: 105-119.

Cronin, L. D., and Allen, J. (2018) Examining the relationships among the coaching climate, life skills development and well-being in sport. International journal of sports science & coaching, 13: 815-827.

Cronin, L. D., Allen, J., Mulvenna, C., and Russell, P. (2018) An investigation of the relationships between the teaching climate, students' perceived life skills development and well-being within physical education. Physical Education and Sport Pedagogy, 23: 81-196.

Danish, S. Petitpas, A. J., and Hale, B. D. (1995) Psychological interventions: A life development model. In : Murphy, S. M. (Ed.) Sport psychology interventions. Human Kinetics: Champaign, IL,.

Jones, M. I., and Lavallee, D. (2009) Exploring perceived life skills development and participation in sport. Qualitative research in sport and exercise, 1: 36-50.

Papacharisis, V., Goudas, M., Danish, S. J., and Theodorakis, Y. (2005) The effectiveness of teaching a life skills program in a sport context. Journal of applied sport psychology, 17: 247-254.

Pierce, S., Gould, D., and Camiré, M. (2017) Definition and model of life skills transfer. International review of sport and exercise psychology, 10: 186-211.

島本好平・石井源信 (2007) 体育の授業におけるスポーツ経験が大学生のライフスキルに与える影響．スポーツ心理学研究，34: 1-11.

島本好平・石井源信 (2010) 運動部活動におけるスポーツ経験とライフスキル獲得との因果関係の推定．スポーツ心理学研究，37: 89-99.

島本好平・東海林祐子・村上貴聡・石井源信(2013) アスリートに求められるライフスキルの評価―大学生アスリートを対象とした尺度開発―．スポーツ心理学研究，40: 13-30.

島本好平・米川直樹 (2014) 高校生ゴルフ競技者におけるライフスキルと競技成績との関連．体育学研究，59: 817-827.

Shimizu, S., Shimamoto, K., and Tsuchiya, H. (2015) The relationships between life skills and post-graduation employment for top college student wrestlers in Japan. International Journal of Sport and Health Science, 13: 17-22.

杉山佳生 (2004) スポーツとライフスキル．日本スポーツ心理学会編．最新スポーツ心理学：その軌跡と展望．大修館書店．

上野耕平・中込四郎(1998)運動部活動への参加による生徒のライフスキル獲得に関する研究．体育学研究，43: 33-42.

WHO：川端徹朗・髙石昌弘・西岡伸紀・石川哲也監訳(1997) WHOライフスキル教育プログラム．大修館書店．

藪中佑樹・亀谷涼・山田弥生子・土屋裕睦 (2022)大学生アスリートを対象とした競技スポーツにおける心理社会的スキルの般化の特徴と要因．体育学研究，67: 419-435.

山本浩二・垣田恵佑・島本好平・永木耕介 (2018) 大学生柔道選手におけるライフスキル獲得が競技成績に及ぼす影響．武道学研究，51: 75-87.

Topics 3

スポーツとジェンダー・セクシュアリティ

a.スポーツとホモソーシャリティ

「Global Gender Gap Report」(世界男女格差報告書)の2022年版によると日本のジェンダーギャップ指数は146ヶ国中116位であり，女性の社会参画は極めて遅れている。スポーツの世界においても女性は参画の機会を制限されてきた歴史がある。女性が排除されてきた背景には，2つの問題が指摘できる。1つは,女性に対する蔑視(ミソジニー)の存在である。女性を男性に対して劣位におく考え方は，社会の様々な領域と同様に，スポーツの世界においても存在し，女性の参加の機会を奪ってきた。そして，もう1つは，ホモソーシャルな構造である。ホモソーシャルとは，イヴ・K・セジウィックが『男同士の絆』(名古屋大学出版会，2001年)の中で提唱した概念である。男性中心の社会において，女性性を排除することで男性同士の社会的な結びつきが強化される。この男性同士の絆を強いものにするとき，動員されるのがミソジニーとホモフォビア(同性愛嫌悪)である。スポーツの世界にもこうしたホモソーシャルな構造があり，女性差別を温存することになっていないだろうか。学校の部活動やサークルなどは，こうしたホモソーシャルな構造に陥りやすい。また，体育などの授業でも女性蔑視や同性愛嫌悪を用いた指導が行われることもあるので注意が必要である。

b.スポーツから排除される人々

男女を区別することが前提とされてきた「性」が，実際には単純な二分法では表せない連続性をもった現象であることが，社会的にも認知されるようになってきた。東京オリンピックでは，出場した選手のうち180人がLGBTQであることを公言していたとされている(BBCニュース，2021年8月25日)。スポーツのあり方も多様な性を踏まえて変化が求められている。実際，オリンピック憲章には次のような記載がある。

> **オリンピック憲章の定める権利および自由は人種，肌の色，性別，性的指向，言語，宗教，政治的またはその他の意見，国あるいは社会的な出身，財産，出自やその他の身分などの理由による，いかなる種類の差別も受けることなく，確実に享受されなければならない。(公益財団法人日本オリンピック委員会，2019)**

このように，オリンピック憲章では，性差別も性的指向による差別も禁じている。しかし，オリンピックはすべてのセクシュアリティを包摂しているわけではない。ゲイやレズビアンのオリンピアンの活躍が歓迎される一方で，トランスジェンダーや性分化疾患(Disorders of sex development)を持つ選手が排除されているからである。性的指向の多様性については歓迎する一方で，性自認や身体的性別の多様性について排除しているのは,男女の区別を前提とした競技において,あいまいな性の存在が未だ許容されていないためである。このように，性を理由に出場の機会そのものが奪われている人々がいる現状を，スポーツに携わる人々はどう考えるだろうか。

スポーツは，何のためにあるのか。スポーツの喜びを享受できるのは誰なのか。多様な性という視点が投げかけているのは，スポーツの存在意義という根本的な問いである。今一度，スポーツが一部の人々を排除する場になっていないか，ジェンダーを強化したり，再生産したりする場となっていないかという視点で，スポーツのあり方を見直していくことが必要ではないだろうか。

第Ⅳ部

臨床スポーツ心理学

ここで使われている「臨床」という言葉は，心理サポートに関わるカウンセリング（相談や面接）だけでなく，「こころと身体」についての実践的・現場的知識をも含めて広義な活動を意味している。1章では，欧米諸国とわが国の心理サポートの歴史と進歩を取り上げて，そこでみられる諸問題を分析し，将来の方向を示した。

そして，2章ではわが国の心理サポート技法の中心に位置するスポーツメンタルトレーニングについての考え方，研究方法，用いる技法についての基本的知識を扱っている。3章では，臨床心理学で扱っているカウンセリングについて，その理論的背景，研究方法，事例の紹介を通した理解の促進に重点を置いて解説している。また，トピックスでは，オリンピック選手への心理サポートの実際と，周囲からのサポート必要性を紹介している。

1 わが国の心理サポートの進歩と課題

第Ⅰ部1章と2章で，スポーツ心理学の包括的な枠組みを示し，欧米諸国とわが国のスポーツ心理学の進歩とその方向を示した。ここでいう「心理サポート」は包括的なスポーツ心理学の枠組みの中の「応用スポーツ心理学」の領域に入り，心理スキルトレーニング（PST）からのアプローチをはじめとする競技スポーツのあらゆる問題に対処するものである。本章では，欧米諸国の心理サポートの現状と課題を概観し，わが国のそれと比較することで課題を分析し将来を展望する。

1 欧米諸国の心理サポートの現状と課題からみたわが国の心理サポートの進歩

1 スポーツ心理学から応用スポーツ心理学へ拡大した心理サポート

本項では，スポーツ心理学のサブ領域にあって，スポーツパフォーマンスの強化と競技力の向上を目的とする応用スポーツ心理学（Applied Sport Psychology）が，その進歩の過程で，心理サポートをどのように根づかせてきたかを欧米諸国の現状[注1)]から分析する。そして，わが国の心理サポートの現状と比較し，課題を明らかにして解決策を提案する。

ここでいう実践者はスポーツ心理学の知見を用いて心理サポートを行う人を指し，スポーツ心理学者がそれを行うことが多い。一方で，応用スポーツ心理学者がアスリートのプレッシャーなどに対処し，レジリエンスや自尊心を高め，優良なパフォーマンスの発揮を日常的に支援していることをみれば，両者の活動は重複する。

前述の通り，応用スポーツ心理学はスポーツパフォーマンスだけを扱っているのでなく，スポーツのあらゆる問題に対処するための知識，方略，スキルの使用に関係している。具体的には，メンタルトレーニング（MT）の実践，スポーツ参加者の幸福と安寧への寄与，スポーツの弊害（運動依存症，摂食障害など）の予防と治療を含む問題への対処など多岐にわたる。また，国際的な競技会で活躍している多くのプロやアマチュアのトップアスリートは，競技パフォーマンスが心理要因の影響を受けることを十分に理解し，心理スキル技法を用いて独自に優良なパフォーマンスレベルを維持している。

応用スポーツ心理学で扱う課題は，アスリートやコーチから求められた要求を適切なレベルに設定し，妥当な証拠によって裏づけられていることを保証すること（科学的研究の促進）と，応用スポーツ心理学で何ができ，何ができないかをスポーツ界ひいては一般社会に正しく伝えること（心理サポートの正しい普及）の2つである。この2つの課題を解決しなければならない理由は，応用スポーツ心理学者（実践者）は，一般的に「チームにやる気を起こさせ，心理的課題（問題）のあるアスリートに対処するために連れてこられた人」と思われ，正しく認識されていないからである。また，欧米諸国では応用スポーツ心理学がどのように認知されているかは，「心理学者」という用語の使用が基本的に法律で守られているという背景も考える必要がある。そうであっても，応用スポーツ心理学の知識，方略，スキルを用いる実践者は，応用スポーツ心理学者であり用いる手法によってそのアプローチは多種多様である。加えて，応用スポーツ心理学者（実践者）がアスリートやチームに対して，現実的な達成度を誇張する余りそれを果たせなかった場合は，当然，信頼を失うことになる。そのため，応用スポーツ心理学者（実践者）

になるためには，心理学の大学院を修了し，臨床経験(アスリートまたはチームの心理サポート)を有し，さらにスポーツ科学(スポーツ心理学)の大学院を修了する，またはスポーツ科学(スポーツ心理学専攻)の大学院を修了し，さらに心理学の大学院を修了し，臨床経験を有する2つのルートがある。どちらであっても，心理学とスポーツ科学(スポーツ心理学)の2つ学位を取得し，心理サポートの経験を有することが条件になっていて，わが国の心理サポートに関係する資格条件とは異なっていることにも注意が必要である。

また近年では，オリンピックなどの主要な国際競技大会で代表チームの一員として複数の(応用)スポーツ心理学者がサポートスタッフとして帯同するようになったが，そこにも課題が見受けられる。1つは対価である。例えば，2000年のシドニー夏季オリンピックのオーストラリア代表チームには12人の心理スタッフが帯同した。しかし，2008年の北京夏季オリンピックでは5人に減少した。この理由は，オリンピックの自国開催に先立って割り当てられた追加の予算措置が成されたものであり，その後，オリンピックサイクルに合わせて予算が減額していったためである。他の課題として，応用スポーツ心理学が提供できるサポートに対するエリートスポーツ界の落胆がある。実践者の思いとは別に，ここでの関心事はパフォーマンスの強化と競技成績の向上であり，世論の批判に関係なくアスリートの幸福と安寧は二次的な事項として扱われがちであることも注意すべきである。このように，心理サポートが職業として成長しピークに達して次第に沈静化するサイクルが，どの国でも起こるかどうかを特定することは困難だが，その可能性はある。

応用スポーツ心理学は伝統的に北米，ヨーロッパ，オーストラリアが強い影響力をもち，多くの研究成果はこれらの地域から出ている。しかし他の地域でも発展し，アジアでは日本，韓国，中国で発展してきた。社会全体に応用スポーツ心理学の影響を広げることは，職業として認知される絶好の機会であり，そのためにはスポーツ心理学と日常生活のつながりを強化する必要がある。実践者が，スポーツ心理学分野に所属するか応用スポーツ心理学に所属するかは，当事者の研究と実践の在り方とも関係してくる。

＊注1)第1項については，Peter C. Terry "16 Applied Sport Psychology Beware the Sun, Icarus", IAAPHandbook of Applied Psychology, (Ed.) P. R. Martin et al., Wiley-Blackwell, pp. 392-403, 2011. を参考にした。

2 わが国の心理サポートの進歩

(1) 心理サポートの歴史的経緯

わが国の心理サポートの進歩の過程をみると，欧米諸国とはかなり異なった状況がみられる。次に，その歴史的経緯からその特異性を浮かび上がらせることを試みて，わが国の心理サポートの課題と今後を展望する。

① 心理サポート研究の始まり(1960-1985)

それは，「あがり」の研究から始まった。1964年の東京オリンピックの開催が決まり，わが国のスポーツの科学的研究が機能的に組織され，その一分野として心理部門が設置され，心理サポートが試みられた。日本体育協会(現 日本スポーツ協会)スポーツ科学委員会研究報告書[注2)]から，わが国で行われてきた心理サポートを概観すると，1960年にローマオリンピックに出場した代表選手150名を対象に「あがり」の調査が行われた。ここでは，あがりを「過度の興奮のために予期した通りにプレイできず，記録が低下した状態」と定義されている。1961年にはピストル競技選手を対象に「スポーツにおける精神面のトレーニング」の研究が行われた[＊注2)]。以後，1962年には射撃選手の「精神的コンディションの整え方に関する生理・心理学的根拠の探求」や，自律訓練法を用いて「スポーツマンの精神的自己鍛錬の方法に関する一研究」が行われ，1963年には射撃選手を対象とした漸進的筋弛緩法を用いた実験的研究として「神経筋のRelaxationによる技術およびConditionの調整」が行われた。1968年からは「あがりに関する基礎的研究」がパーソナリティとの関連から研究がされ，1971年には「あがりの防止法についての研究」として因子分析法を用いてその要因分析が行われた。1972年に「あがり防止の臨床心理学的研究」が行われ動作法や催眠が用いられるようになった。というように，初期の心理サポートは基礎研究のものが中心で実践的なサポート活動は行われていなかった。一方で長田(1970)は，当時オリンピック選手を対象として心理サポートを実践していた一人である。そのサポート活動を記した『スポーツと催眠』では，「スポーツマンに対する催眠とは，筆者の場合，スポーツマンが自らを囲繞(いにょう)する心的，物的障害を乗り越えて如何に自己実現していくかということのための自己コントロール，自己催眠を意味しており，他者催眠はその補助的手段としての意味しか持っていない。」という。さらに，心理サポートは「科学技術的というよりはむしろ多分に哲学的心理療法」という示唆は今でも生きている。

＊注2）「あがり」の研究については，（財）日本体育協会（現日本スポーツ協会），スポーツ科学委員会心理部会，スポーツ科学研究報告（1960-1972）を参考にした。

② 心理サポートの研究と実践の基盤作り(1985-2000)

1985年に日本体育協会の研究プロジェクトにおいて「メンタルマネジメント」研究班(班長松田岩男)が立ち上がり，日本スポーツ心理学会(以下，JSSP)が協力してスポーツ現場での心理サポートの基盤作りが始まった。この研究プロジェクトは，1985年から2002年まで続けられて5つの課題が研究された[＊注3)]。1985-1990年は「スポーツ選手のメンタルマネジメントに関する研究」であり，海外の研究資料の収集やスポーツ現場のニーズ調査などの心理サポートに関する基礎資料の構築が主に行われた。1991-1993年は「チームスポーツのメンタルマネジメントに関する研究」であり，スポーツチームへの心理サポートに関する心理スキルトレーニングの開発であった。1994-1996年は「ジュニア期のメンタルマネジメントに関する研究」であり，MTの教育プログラムの開発とジュニアの指導者の心理面の指導の調査を行った。1997-1999年は「冬季種目のメンタルマネジメントに関する研究」であり，長野冬季オリンピックの心理サポートの取り組みに主眼が置かれた。2000-2002年は「メンタルマネジメントに関する研究」の最終段階であり，2000年には，JSSPは「スポーツメンタルトレーニング指導士認定制度(以下，SMT指導士)」を制定し運用を開始した。翌年には国立スポーツ科学センター（以下，JISS)が開設され，わが国の選手強化に科学サポートが本格的に導入された。心理サポートの開発とサポート体制の構築，JISS心理部門の編成に関する検討が行われ，わが国の心理サポートの本格的なスタートとなった。その後，JISSを核にして各専門領域が連携して選手・コーチをサポートしていく領域連携型の「トータルサポート事業」が始まった。その後，日本スポーツ振興センター（JSC)に主管を移して「マルチサポート事業」から「ハイパフォーマンス事業」へと拡大向上させていった。また，2006年から日本パラリンピック委員会でもパラアスリートに対する「医・科学・情報サポート事業」を開始し，そのシステムの整備と人的配置を行った。同年に日本SMT指導士会(以下，SMT指導士会)が設立され，SMT指導士相互の連携と資質向上，心理サポートの促進に努めてきたが，2022年に閉会した。

＊注3）「スポーツ選手のメンタルマネジメントに関する研究」については，（財）日本体育協会（現日本スポーツ協会）スポーツ選手のメンタルマネジメント研究班，スポーツ医・科学研究報告（1985-2002）を参考にした。

③ 心理サポートの多様化の始まり(2000-)

JSSPのSMT指導士資格認定制度の施行(2000)をきっかけに，わが国のスポーツ現場での心理サポートの多様化がみられるようになった。

その1つは，大学スポーツへの心理サポートの適用が挙げられる。1989年大阪体育大学に「学生相談・スポーツカウンセリングルーム」が開設され，時期を同じくして筑波大学でも「スポーツカウンセリングルーム」の準備が始まり，1993年にトレーニングクリニック・心理部門が開設された。やや遅れて，東海大学，鹿屋体育大学，日本体育大学などで同様の取り組みが始まった。そして，学生アスリートへの心理サポートの取り組みや，心理サポートに携わる人材養成の実践と研究の場となっていった。学生時代に心理サポートに触れる機会を得たことによって，卒業後のスポーツ指導において抵抗感なく心理サポートを導入することや心理サポートの実践家を目指そうとする流れが出来たことは，この取り組みのレガシーといえる。

また，スポーツは「こころと身体」に深く関わり，身体のみならずこころへの理解が求められるが，この分野は未開拓であったため，理論的・実践的な枠組み作りが望まれた。そこで大阪体育大学では，わが国の心理サポートの枠組み作りを目的にして私学振興財団の助成を得て1997年から３年をかけて，「臨床スポーツ心理学の構築」をテーマにした研究プロジェクト[*注4)]を行った。この研究プロジェクトの目的は，スポーツ選手やコーチ，心理サポート実践者が「こころと身体」の問題について理解を深め，スポーツ心理学の新たな展開を行うためには，臨床の新しい視点を作ることであった。ここでいう「臨床」は心理サポートに関わるカウンセリング（相談や面接）だけでなく，「こころと身体」についての実践的・現場的知識をも含めて広義なスポーツ心理学を意味した。

1997年は，主として国内で行われている学生アスリートへの心理サポートの実態調査，心理サポートに関する意識調査，体育系大学のスポーツ心理学関連領域のカリキュラムの現状調査を行い，心理サポートのビジョンの作成を行った。1998年には，「臨床スポーツ心理学」構築のために基礎研究として，欧米諸国の心理サポートの現状を調査するために，ドイツのケルン体育大学，イエーナ大学，アメリカのUSオリピックトレーニングセンター，ノースカロライナ大学チャペルヒル校と，オーストラリアのAIS，ニューサウスウェールズスポーツ科学センターを訪問した。そして，シンポジウム「体育系大学における臨床スポーツ心理学の構築に向けて」を行った。1999年は，本プロジェクト研究のまとめとして，ミクラウ氏（ケルン体育大学），ケンパー氏（イエーナ大学），シルバ氏（ノースカロライナ大学チャペルヒル校）と，ボンド氏（AIS），クランプトン氏（ニューサウスウェールズスポーツ科学センター）を招聘して国際会議「スポーツにおけるこころと身体」を開催した。

この研究プロジェクトを通して，心理サポートの世界の流れとわが国の心理サポートの方向性が示された。それらをまとめると，①スポーツ現場のプロ（選手，コーチ）の信用と同意を得るために実力のある人材を送り込むこと，②スポーツのグローバル化に備えて心理サポートの提供の精度を高めること，③ITコミュニケーションを利用すると同時にヒューマンファクターを大切にすること，④国際ネットワークを構築するために，日本の文化的差異の重視と国際的な共有部分への着目した心理サポートを志向すること，⑤基礎研究と応用研究のバランスが重要であり，アメリカの失敗（応用に走り過ぎて基礎研究がついていかなかった）を繰り返さないことの５項目に集約される。これらのことは，現在の心理サポートの現場で多くが実現されてきているが，特に考えながら続けていかなければならないことは，実力のある人材の養成と，そのための基礎研究と応用研究のバランスの取れた進歩であろう。心理サポートは，実践者の用いる手法によってそのアプローチは多種多様であることから，心理サポートの研究と実践の包括的な枠組みの構築を目指したことは自然な流れである。

この時期に起こったもう１つの流れは，臨床心理学の知識，方略，スキルを用いたアスリートへの心理サポートを志向した「SPACE研究会」[*注5)]の活動の始まりであり，1998年には「日本臨床心理身体運動学会」へと発展し，認定スポーツカウンセラー（以下，認定SC）の資格を発行するに至った。このような流れの中で，心理サポートを「メンタルトレーニング」か「カウンセリング」か，という考え方の線引きが取り上げられるようになり，心理サポートの棲み分けの議論が始まった。この流れはわが国の心理サポート全般の体制とその在り方の特徴を反映するものである同時に，一般の心理臨床家のアスリートへの心理サポートへの関心の高まりと解される。

＊注4）「臨床スポーツ心理学の構築に向けて」 日本私学振

興財団補助対象研究報告書，大阪体育大学，1997－1999。

＊注5）SPACE研究会は，当時，中島登代子（京都外国語大学），鈴木 壯（岐阜大学），中込四郎（筑波大学）が中心となって，カウンセリングを基本とした心理サポートの実践が始められた。

2 わが国の心理サポートをめぐる状況と課題

これまでみてきたように，わが国の心理サポートの進歩の過程で二項対立する課題が顕在化してきた。その1つは，SMT指導士と認定SCの資格の差別化の問題であり，もう1つは，JSSPにおいて資格認定を行う資格委員会とSMT指導士の質的向上を目的とし会員の相互研修を行うSMT指導士会の活動の重複である。以下でそれを見ていくことにする。

1 わが国の心理サポートの資格保有者の立ち位置について

本章の第1節で，応用スポーツ心理学における心理サポートの正しい普及と科学的研究の促進の2つの課題を挙げ，その理由を述べた。そして，欧米諸国での心理サポートの研究者（実践者）が，法律によってその社会的地位が守られる制度や条件について簡単に解説した。その上で，わが国の心理サポートの歴史的経緯をみることで，その現状を把握し理解できたものと思われる。つまり，わが国の心理サポートにおいて「心理学」に包括される「スポーツ心理学」と「応用スポーツ心理学」の学術的・応用（実践）的な枠組みが，欧米諸国ほど明確にはなっていないという現状を踏まえて，わが国のスポーツ現場への心理サポートの実践を目的とする2つの組織の立ち位置をみてきた。もう1つの課題として，いくつかの組織が認定する資格保有者の活動の棲み分けが問われていることから，状況を把握し検討を試みた。前述する通り，心理サポートを行う研究者（実践者）は，その用いる手法によってアプローチは多種多様であることを踏まえての議論である。

現在，わが国のアスリートへの心理サポートに関係する資格は，民間団体が発行する資格が数種あり，さらに資格に関係なく「メンタルコーチ」「メンタルトレーナー」等々の呼称を使用して活動する例も見受けられる。また，これらとは別に国家資格である「医師免許」「公認心理師」や認定資格である「臨床心理士」などの資格を有しアスリートへの心理サポートを行う場合もあり多様である。本項では，スポーツ心理学領域に含まれアスリートへの心理サポートを行うために作られたJSSPが認定する「SMT指導士」と日本臨床心理身体運動学会が認定する「認定SC」の2つの資格をめぐる課題について言及する。

SMT指導士は，「スポーツ心理学についての一定の学識と技能を有し，競技力向上のための心理的スキルを中心にした指導や相談等を行う専門家」であると規定され，「指導士」「上級指導士」と「名誉指導士」に資格の差別化がされているが，資格委員会の定める研修・講習の受講や研究発表，スポーツ現場での心理サポート活動が求められている。一方，認定SCは，「スポーツ競技場面に関わる心理臨床の専門家」と規定され，1級，2級，3級と資格の差別化がされている。3級は基礎資格であり，体育学や心理臨床学の基本的知識を持ち，心理検査やカウンセリング技法の基礎訓練を受けることでスーパーバイザーの指導の下で活動が行えるものである。1級は一般臨床家としての活動も求められ，2級は臨床心理士資格（または医師免許）を有し，学校や臨床現場での活動も求められる。また，6年以上の継続した運動歴も求められている。

したがって，SMT指導士は，アスリートやコーチなどのスポーツ現場の「人」を対象としているが，認定SCは，資格の級別（1級，2級）によってスポーツ現場の「人」だけではなく，すべての「人」を対象とし，一般の臨床現場も含まれると解される。したがって，ここでは対象をスポーツ現場の「人」に限定することと，病理を扱えるのは医師のみであるのでこれも除外する。

認定SCが行うスポーツカウンセリングは，「競技力向上に関わる問題，競技遂行上の問題，神経症，身体的問題，全人格的成長や引退の問題など，様々な問題を抱えるアスリートに対する心理アセスメント，そしてカウンセリングや心理療法が主たるものである」(鈴木，2006)と定義されている。一方でSMT指導士が行うMTは，スポーツのあらゆる問題に対処するための知識，方略，スキルを使用し，SMTの実践，スポーツ参加者の幸福と安寧への寄与，スポーツ傷害の予防と治療を含む問題への対処など多岐にわたる指導や相談を行うものであり，両者に方法論上の違いはあるもののその目的は一致するものと判断できる。また，心理サポートを行うにあたっては最新の研究成果に基づく専門知識の追求と，専門的訓練と経験の研鑽は，いずれの資格者においても必要であろう。

このようにみてくると，「競技力向上を目的としたSMT」と「心理的課題の解決を目的としたスポーツカウンセリング」と単純に線引きすることはできないと思う。両資格の差異を明確にし，状況に合わせた「棲み分け」や連携のあり方を検討することの必要性を問うことも一理あると思うが，MT技法であれカウンセリング技法であれ，応用スポーツ心理学の範疇に含まれるものであり，その知識，方略，スキル使用によって，アプローチは違って当然であって，重要なことはそれらの違いを，心理サポートの実践者が理解することであろう。目的を同じくする心理サポートに，敢えて棲み分けや線引きする必要はないと思う。ただし，認定SC資格保有者が，包括的なスポーツ心理学(応用スポーツ心理学)の範疇に入らず，他の心理学分野の旗下に入ることを希望しているなら，この議論は無駄なものになる。

いずれにしても，どのような心理サポートを受けるかを決定するのは，選手やチーム関係者である。心理サポートを行う研究者(実践者)がその達成度を誇張して，それを果たせなかった場合は信頼を失うことになり，その方が問題ははるかに重大である。

2 SMT指導士の育成と研修の課題

現在，SMT指導士は約180名，うち指導士会には80名前後(約63％強)が入会している。また，JSSP会員約800名のうちこの資格の所有者の割合は16％強である。そして，約300名近くが資格取得を目指していると思われる。前項でわが国の心理サポートの進歩を概観した。その中で取り上げたJSSP資格委員会と日本SMT指導士会のこれまでの活動と立ち位置をみるための分析は，心理サポートが正しく行われ社会的理解を得ていくためにも必要である。(以下，JSSP資格認定委員会(現 資格委員会)を資格委員会と略す)

そこで，下記の資料を基にして，SMT指導士資格認定制度が始まってから約20年間に実施された研修会・講習会の内容を書き出して，スポーツ心理学の専門家４名で分析を試みた。使用した資料は，①JSSP･SMT指導士　ニュースレター（第１・２・３・４・５・６・７・８・９・10・11・12・13・11・12・13・14・15・16･17･18号)，②SMT指導士会メンタルトレーニング・ジャーナル(第１・２・３・４・５・６・７・８・９・10・11・12・13・14・15巻)，③JSSP 40年記念誌，④学会大会プログラムであった。演繹的コーディングによる内容分析を行った。分析で用いた分類項目は，『スポーツメンタルトレーニング教本 三訂版』(日本スポーツ心理学会編,2016)の目次の項目から７カテゴリーを設定し該当するコードに割り当てた。判別が難しいものやカテゴリーに該当しないものは除外した。各分析担当者がコーディング作業を行った後，評価者間信頼性を高めるために検討を重ねて最終的に合意を得た結果を採用した。さらに，心理サポートに関する研修会および講習会の内容のカテゴリーの分類を，2001年から2016年を発展途上である前期，2017年から2022年までを改革を志向した後期と区分し行った。この区分は，2016年に学会の特別委員会であった資格認定委員会が資格委員会と改称し常設委員会になることが決まり，資格認定および研修・講習会の企画運営に加えて，広報や地域でのSMT指導士の活動支援など，心理サポート活動の全般にわたる企画運営を一元化したことによって，JSSPの傘下にあり，その活動が重複することを理由にSMT指導士会の閉会が決まったこの時期を境とした。

分析の結果(**図1，2**)から，資格委員会では，前期にはMT技法の基礎(心理技法)が35％，SMT指導士とは(役割など) 22％，MTの実践例(事例検討を含む) 18％，MT技法の基礎(評価法) 15％，その他(競技力向上，MTの展開) 10％であった。後期に入るとMTの展開(選手との関係作り) 27％，競技力向上(MTの現状と課題) 23％，MTの実践例18％，SMT指導士とは(役割など) 14％となった。前期では，比較的心理サポートの基礎固めのニュアンスが強いMT技法の基礎に関する研修・講習会が多く，後期に入るとそれが競技力向上・MTの展開といったより実践的・現場的内容へと変わった。また，各分類カテゴリーを広範に扱っている。特徴として，MTの基礎技法の習得から競技力向上に関わる応用力の強化への視点を移した。

一方，SMT指導士会では，前期にはMTの実践例(事例紹介) 39％，MT技法の基礎(心理技法)が26％，競技力向上が14％で，MTの展開，SMT指導士とは，心理スキルトレーニング，MT技法の基礎を合わせて21％であった。後期に入るとSMT指導士とは28％，競技力向上20％，MTの実践例20％でほぼ70％を占めている。前期では，MT技法の実践例の報告・検討や心理技法の習得に関するものが65％を占めていたが，後期に入ってからSMT指導士の立ち位置や心理サポートの環境整備といった指導士としての在り方の検討に重点を置いた研修・講習会が行われた。特徴として，MTの基礎技法の習得や実践例の検討といったSMT指導士の資質向上に重点を置いた研修・講習会から，SMT指導士の訓練(技量の向上)と活動の場の確保といったより職業化への課題解決が話題の中心となった。そして，多様な方法による

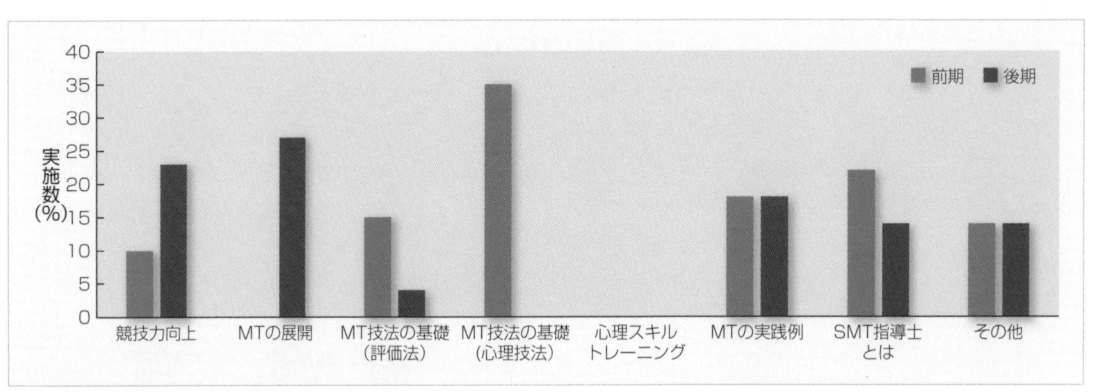

図1 資格委員会の研修・講習会の実施数(％)

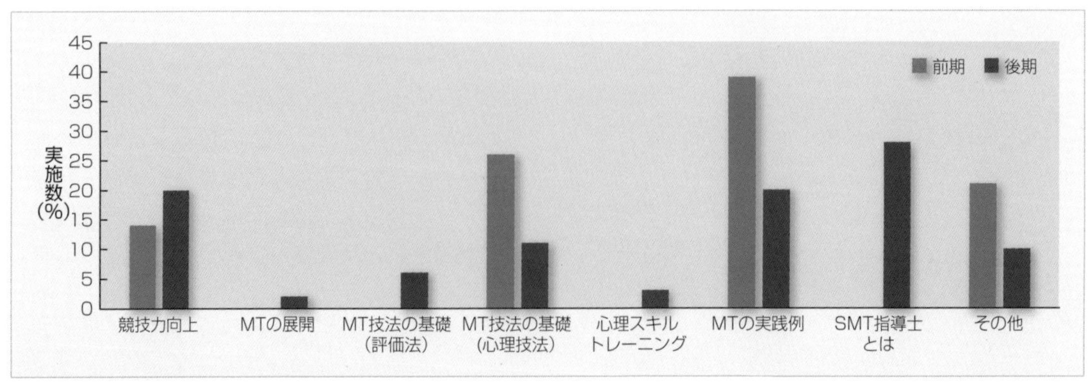

図2 SMT指導士会の研修・講習会の実施数(％)

多面的な見方を取り入れた自己研鑽の場を作り出していることに加えて，心理サポートの実践者として活動するために他の実践者や他分野の専門家との連携ネットワークを作る場にもなっている点は，資格委員会との差別化とみることができる。

また，2017年以降の「その他」のカテゴリーに，「女性アスリートへの心理サポート」が，そして2019年にはCOVID-19パンデミックによって対面でのサポートが困難になり，リモートによるサポートの実施を余儀なくされる状況下で「オンラインによる心理サポート」がどちらの研修・講習会のテーマに加わった。そして，限定的なテーマとして「東京2020オリンピック・パラリンピック代表選手への心理サポート」が入っていた。どのテーマも，今後継続してその知識や技法の精査は進めて行く必要がある。

このような変化は，２つの組織の設置目的からみても自然な流れといえる。つまり，資格委員会はSMT指導士の資格を認定・発行するに止まらず，その後の活動にも関わっていくものであろう。また，SMT指導士会はスポーツ現場からのニーズを直接聞く場であり，徐々に職業化を志向していく流れも妥当なものである。したがって，２つの組織の性質は異なったものであり，その活動も本質的に違っているものである。

JSSPの役割は，スポーツ心理学の研究サポートの推進と研究成果の統合を図る学問の場の提供であり，SMT指導士会のそれは自己研鑽の場の提供であろう。研究は法則の発見であるが，心理サポートはSMT指導士が最良と判断した状況に選手を置くことに努力することである。本来，その性質が違って当然であり，SMT指導士会は学会の傘下組織ではなく独立組織である方が望ましく，自己研鑽の場として活動すべきであった。

しかし，重複する機能が多いという理由だけでSMT指導士会を閉会し，その機能を資格委員会に統合することに２つの問題点が考えられる。１点目はSMT指導士の資質や指導力の向上，ひいては心理サポート活動の場の確保に繋がるだろうか。２点目はSMT指導士の活動の公共性を保つことが出来るだろうかということである。性質の異なる２つの組織が併存して，活動する意味は今後の課題である。

＊注6）この項の資料収集と分析に当たっては，2000 - 2016年までを實宝希祥氏（JISS），2017－2022年までを片上絵梨子氏（共立女子大学），阿部茂雄氏，辻田佳保里氏（太成学院大学）の諸氏の協力を得た。

3 わが国の心理サポートの研究と実践の２つの社会的責任

刻々と変化するストレスフルなスポーツ場面で良好なパフォーマンスを発揮するために，「重要な心理スキルは何か」という問いは重要である。競技への不安や緊張を受容しつつ良好なパフォーマンスが発揮できる心理スキルを獲得することがMTの目的であり，そのためには心理スキルを意図的に構造化して練習に内包していく必要があり，その前提が“control the controllable”であることも忘れてはならない。

1 構造的・組織的な心理サポートへ

スポーツの多様化により，これまでの心理サポートの枠組みでは収まらない事例が散見され始めた。スポーツの多様性は，同時に不確実性をも内包する。心理サポートが不確実なスポーツ事象に適合するためには，階層的でかつ複数の要因で構成される構造が必要である。そのためには，コーチングの知恵を取り入れ，そこから導き出された心理課題への介入プロセスとその結果に関する検証可能な研究を行い，コーチングにフィードバックする仕組みが必要である。

研究するにあたっては，手近な因果関係を求めることが目的となって，「何のために」を問うことをしなくなる危険性に気づくことが求められる。このことは，欧米諸国の心理サポート研究が量的研究から質的研究へとシフトしていることからも明らかである。心理サポートがスポーツ現場に受け入れられるためには，選手やコーチが納得する客観的根拠を示し，丁寧に説明することが何よりも大切である。

コーチ科学と融合する心理サポートの研究と実践を，**図3**のようにモデル化し，その要因を明らかにした。このモデルでは，心理サポートの対象を「個別化」と「共同化」に分けた。その理由は，心理サポートの実践が選手への心理スキルトレーニングに偏り過ぎていることと，チームという組織の中で起こる心理社会的要因が選手のパフォーマンスに大きな影響を与えるということに余り気づいていないということである。

次に，「スポーツに必要な心理要因」をそれぞれに置いた。個別化の要因として競技ストレスに対処するための「レジリエンス」，「自己」を正しく認知するために「自尊感情」，そして「意思決定」の３つである。そして，共同化では，何らかの原因で突然起こるチームパフォーマンスの極端な低下（チームチョーキング）を防ぐための「チームレジリエンス」とチームチョーキングに対処するための「チームコーピング」，そしてリーダーシップを変革していくための「チーム風土」の３つである。

次に，「構造的・計画的に組み合わせた心理スキル」は，「スポーツに必要な心理要因」を強化するための手法である。心理サポートの対象となる選手やチームのニーズに応えるために，何が出来て，何が出来ないかを正確に伝え，求められるニーズが適切なレベルで設定され，説得力のある科学的証拠で裏づけられていることを保証することが出来る心理スキルの適用に変える必要性から設定した。

先に述べたようにスポーツの多様性と不確実性に対応するためには，様々な質的研究（介入研究）も必要である。具体的には，パフォーマンスの最適化，メンタルタフネス，マインドフルネス，リーダーシップを含むチームダイナミクス，モバイル技術の応用，生理心理・神経生理学の指標の開発に加えて，競技力向上につながる逆境やストレスフルな経験などが挙げられる。また，スポーツマイノリティ，スピリチュアル，パラスポーツの分野もこれらに含まれる。

そして，「スポーツ現場などからの促進／抑制要因」を丁寧に汲み取るためにコーチ科学との融合を図ることがもっとも基本となることが１つ目の社会的責任である。

2 スポーツで使用される構造的・計画的に組み合わせた心理サポートの例

“planned disruption method（PDM：計画された混乱）”は選手がもつ課題や発展可能な側面（レジリエンス，意思決定，自己調整力など）を把握して，競技場面で変化するストレスに意図的に曝す手法である。これによって選手が自己

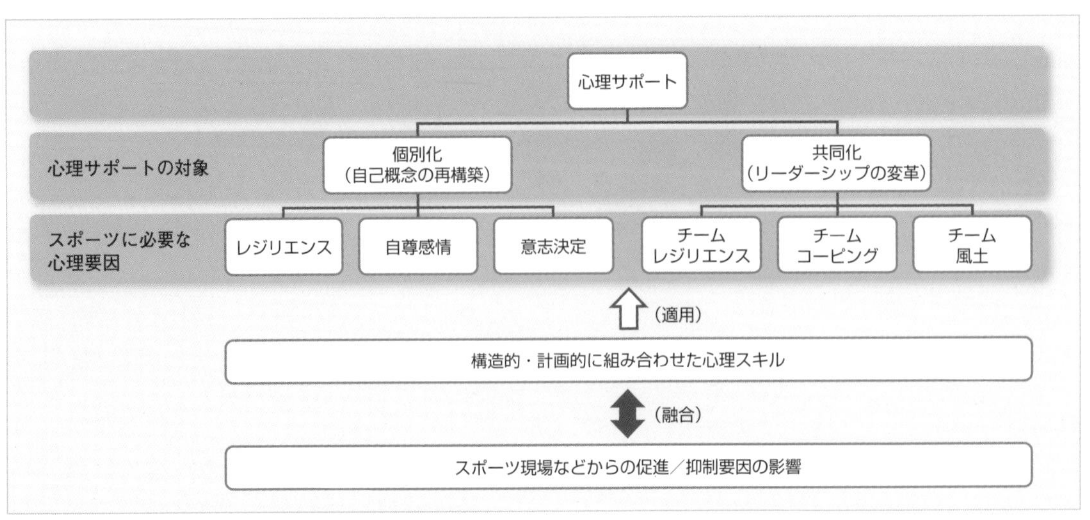

図3 構造的・計画的なMTの枠組み（荒木，2022）

意識を高めて個人の問題解決スキルを開発・改良し，さらにチームのレジリエンスを強化し，集団コーピングを促進させるために使用される。コーチとスポーツ心理学者が何度も協議して，場所(練習や合宿施設)，シミュレーション，罰と報酬，身体的負荷，格上の相手との対戦，注意拡散，不公平(えこ贔屓)な対応，行動の制限，その他(クロストレーニングなど)の９種類の“disruption(混乱)”を組み合わせるMTである。PDMは，主観的ストレス反応やプレッシャーの増加を引き起こすことを目的としたMTであり，このような意図的な課題は，十分にサポートされた環境の中で個々の選手の発達ニーズに合わせて慎重に実施されれば，貴重な学習機会を提供する可能性が高いといわれる。

また，いくつかの心理サポート研究から，逆境やストレスフルな経験が競技力向上に役立つことを示唆している。オリンピックチャンピオンの生育歴を調べた研究では，すべてのチャンピオンがポジティブなスポーツ経験と相まって，人生の早い時期に逆境を経験している。欧米諸国の研究者は，この知見の実用的な意味を考えている。逆境に曝されることが，将来の逆境に対するレジリエンスを強化することを示す“a challenge model of resilience”も提案されている。このモデルは，逆境によるストレスが個人のコーピング方略やソーシャルサポートの活用を促進させるというものである。このようなMTの考え方は，ストレス症状の選手を理解するための前向きな解釈にも繋がると思われる。

しかしPDMを支持する証拠が多くあるにも関わらず，これを使用する知識が不十分であることは否めない。PDMの適用が，プレッシャー下でのパフォーマンスの向上やレジリエンスの発達に役立つだろうが，具体例を挙げて，どのように実践するかを明確に示すことなく，SMT指導士やコーチが安易にPDMを使用することは控えねばならない。

心理サポート研究で重要な点は，「構造的・計画的に組み合わせた心理スキル」の意図的な適用と効果の検証である。コーチングの現場で観察された促進／抑制要因に対応するためには，複数の心理スキルを組み合わることで創造された心理サポートの適用が課題となる。そして，適用された手法の効果の検証は下位尺度の相関関係をみるだけでは限界がある。それに含まれる多様性・不確実性を考慮した介入研究や無作為化比較対照試験などの計画法とベイズ統計，多変量解析などの統計法を用いることで多次元的な検討を行う必要があり，欧米諸国ではすで行われている。

スポーツ環境の変化を受け入れて，心理サポートの研究と実践がコーチングの現場に活かされるためには，独自のスポーツ経験を持つ選手と指導者の言葉に寄り添い共感し，スポーツの多様性・不確実性を理解し，介入の多次元的な過程を融合する創造的な研究を行い，その成果がフィードバックできる環境を整えることである。その研究と実践は，競技力の向上と選手や指導者の心身の健康と安寧を支援するスポーツ心理学の２つ目の社会的責任でもある。

【文献】

荒木雅信 他(2022)メンタルトレーニング研究の融合と変革の方向. 体育の科学，杏林書院，72巻，5号，pp.335-339.

平木貴子，中込四郎(2009)メンタルトレーニングとカウンセリングの連携－メンタルトレーニングからカウンセリングに移行した心理サポートの事例－，スポーツ心理学研究,36, 1, pp.23-36.

Kegelaers, J. et al. (2020) A coach perspective on the use of planned disruption in high-performance sports. Amsterdam Univ. of Applied Sciences, pp.1-35.

久木留 毅他(2021)パフォーマンス向上につながる行動改善－ハイパフォーマンススポーツにおけるコグニティブレディネスに着目して－，体育学研究，66, pp.389-390.

長田一臣(1970)スポーツと催眠. 道和書院，pp.2-3.

Peter C. Terry (2011) “16 Applied Sport Psychology Beware the Sun, Icarus”, IAAP Handbook of Applied Psychology, (Ed.) P. R. Martin et al., Wiley-Blackwell, pp.392-403.

Sarkar, M et al. (2017) Adversity-related experiences are essential for Olympic Success : Additional evidence and considerations. Progress in Brain Research, 232, 25, pp.159-165.

2 スポーツメンタルトレーニング

1 スポーツメンタルトレーニング(Sport Mental Training；SMT)とは

1 スポーツ選手を対象とした心理的サポート

スポーツ選手は，競技会においてより高いパフォーマンスを発揮するために，自らの身体を鍛え上げ，技術の向上を目指して厳しい練習を実践する。そうしたスポーツ選手が実力を発揮するためには「心・技・体」といわれるように，技術・身体的な側面だけでなく心理的な側面についても強化することが必要となる。オリンピック・パラリンピック競技大会などの最高峰とされる国際競技会での栄光と挫折の歴史を見ると，心理的な要因によって明暗が分かれていることが表現されることが多い。例えば，「忍耐力の勝利」であるとか,「動揺がプレーに影響」「極度の緊張を克服」などの表現である。その一瞬で勝負の決まる競技会においては，心理的な要因によって結果が大きく左右されることの一端を示している。

近年ではそうした重要な競技会で実力を発揮するために，スポーツ選手の心理的な側面に着目して，計画的に「精神力」の強化を図ったり，スポーツ選手の心理的調整を支援したりする「心理的サポート」が普及しつつある。本項ではそうした支援活動の1つであるスポーツメンタルトレーニング(Sport Mental Training；以下，SMTと略記する)について述べることとする。

日本スポーツ心理学会では2000年より，学会認定資格として「スポーツメンタルトレーニング指導士」(以下，「SMT指導士」と略記する)の資格を設置して(後に詳述)，スポーツ選手に対する心理的サポートの専門資格の認定に取り組んでいる。その中では，これまでスポーツ選手の経験により培われるものとされてきた「精神力の強化」をより科学的・効率的に行う方法が様々に実践され研究されており，今後ますますこうした心理的サポートの現場からの要望は増加してくることが想定される。

2 SMTの定義

SMTとは，スポーツのトレーニングの中で自然と育まれていくものとされてきた「精神力」の側面を，計画されたプログラムによって強化していくための様々な心理学的方略をさすものである。「アスリートをはじめとするスポーツ活動に携わる者が，競技力向上ならびに実力発揮のために必要な心理的スキルを習得することを目的とした，スポーツ心理学の理論に基づく体系的で教育的な活動である。また，競技力向上・実力発揮に加えて，心身の健康や人間的成長も視野に入れた活動である」と定義されている(関矢，2016)。

上記の定義における「心理的スキル」とは，ゲーム中に実力発揮のできる心理状態を調整するスキルと，長期的な視点で競技力向上を目指すために普段の練習や競技生活を充実させるためのスキルの両面が含まれている。つまりSMTで扱う心理的スキルは，試合場面で有用ないわゆる「テクニック」に限定するものではなく，競技に対する意欲の向上や対人関係の改善などもその目的の中に含んでいる。その定義からもわかるように，わが国においてSMTは，比較的広範な心理的課題を包括的に支援するものとなっている。

2 SMTを支える理論と心理的スキル

1 SMTの効果に関する科学的根拠（エビデンス）

ビーリー（Vealy, 2009）は，SMTを活用するにあたって，それを支持する科学的根拠について4つの領域からまとめている。

・SMT介入にともなう競技パフォーマンスの向上を示す研究成果
・成功した選手はより心理的準備を周到に行っているという調査報告
・優秀選手は高い「心理的スキル」を持っているという研究報告
・SMTや心理的準備のパフォーマンスへの影響に関する，競技者自身による報告

SMTはこれら多くの研究成果によって科学的なエビデンスが得られている。SMTを実践するものはこうした科学的な基盤について，できる限り多くの知識を持つべきである。競技指導を行う上で心理的側面について指導をしようとすると，多くの場合自分が競技者であった頃の経験則や「ひらめき」などによって独自のSMTプログラムを作成しがちである。そうした手順によって作成された「独自の」プログラムは，効果がないとは言い切れないが，もしもその実践者が科学的エビデンスを「必要ないもの」と考えているのであれば，それはSMTの介入とは言えず，もはや一か八かの言葉がけに過ぎないだろう。特にSMT実践の経験が浅い段階においては，自分がこれから行おうとする介入方法に科学的なエビデンスが得られているのかどうかを，様々な研究論文などを通して確認しておくことは，競技力向上を目指してSMTを実践するものとしての義務といえるだろう。SMTの実践にあたっては，実践的な知識を得ることや経験を積むことも重要であるが，科学論文のリテラシー（読解力）をもっていることも重要な要件であるといえる。

日本スポーツ心理学会では『スポーツメンタルトレーニング教本 三訂版』（日本スポーツ心理学会，2016，以下，SMT教本と略記する）を発行している。この教本はSMT実践の専門家を目指すものに向けたいわば教科書的内容となっている。そのため一般の読者に対してはやや難解な部分があるが，SMTの専門家を目指すものとしては必読である。また，スポーツ選手に対してSMTの心理的スキルを援用して指導に生かそうとする場合にも，参照しておく必要がある。なぜならば，そこに記載された心理的スキル等の内容が，膨大な文献によって確かめられているからである。

ただし，こうした科学的エビデンスはそのまま実践活動に直接的に役立つとは限らない。科学的知見は自らが行う実践内容を理解する上での「枠組み」を提供するものである。実践活動を評価したり，専門家から実践事例を検討してもらったり指導（スーパーバイズ）を受ける際などには，こうした枠組みが対象となる競技者の心理の理解を促してくれるものである。直接的に実践に役立たないからといって，科学的知識が必要でないということはない。実践者として，できるだけ多くの科学的知見に触れておくことが必要であろう。

2 SMTの背景となる理論と基本的な心理的スキル

SMTの実践にあたって指導される技法については，先述の日本スポーツ心理学会が編集したSMT教本に詳しいので，各技法の詳細は教本を参照されたい。SMT教本にはこの後に述べる基本的な理論を基盤とした様々な心理技法が網羅されている。本稿ではSMT実践の背景理論の概要を述べ，それぞれに対応すると思われる心理的スキルを説明したい。

しかしながら，こうした背景となる理論は，応用科学であるスポーツ心理学が，その親学問である心理学の諸理論を援用したものも多く，厳密にそれぞれの技法を1つの理論に依拠することは難しい。そうしたことから1つの技法が複数の背景理論の中に紹介されている場合がある。SMT技法は心理学諸理論を，スポーツ選手の実力発揮に役立てるために必要な形で援用

していることから，複合的に背景理論を備えていることがあるので注意が必要である。

3 SMTの背景となる諸理論と対応する技法 ①学習理論・行動理論

SMTは定義にもみられるように，教育的な意味合いが強い活動でもあることから，学習理論はよく活用されている。例えば，イメージ技法によるメンタルプラクティスやバイオフィードバックによるリラクセーション技法の定着化などはこの例であろう。また行動理論は心の問題が様々な身体症状として現れるような場合に，身体の動きや反応などに焦点を当てて心理状態の調整を図る技法に用いられている。パフォーマンス・ルーティンや呼吸法，漸進的筋弛緩法や自律訓練法などはその例である。

4 SMTの背景となる諸理論と対応する技法 ②認知行動理論

SMTにおいてはスポーツ選手の競技場面における状況認知がプレーに影響を及ぼすことから，認知と行動との関係性を説明した認知行動理論とは非常に深い関係があるといえる。競技場面における観客からの応援や相手選手からのプレッシャー，失敗不安などは，何らかの認知のゆがみが生じた結果であることから，SMT技法においてはその認知ゆがみを修正する技法は多い。例えば，行動変容技法やパフォーマンス・ルーティンの作成，セルフトーク，試合に向けての心理的コンディショニングなどは認知行動理論をベースとしているといえるだろう。また，マインドフルネスと呼ばれる認知行動療法はスポーツに積極的に活用されている(雨宮，2015)。

5 SMTの背景となる諸理論と対応する技法 ③達成目標理論・動機づけ理論

多くの競争場面に遭遇するスポーツ活動においては，たいていの場合目標が存在する。そうしたことから，達成目標理論はSMTにおいても重要な理論概念となる。また，そうした目標の達成においては様々な困難が想定されることから，達成目標理論と密接に関連している動機づけ理論も重要な役割を担う。目標設定技法はそうした達成目標理論や動機づけ理論に基づく諸手法であり，関連する研究も多い(例えば伊藤，1996)。しかしそうした目標設定に限定した技法のみならず，SMTにおける心理的技法においてはたいていの場合達成するべき困難な課題が存在することから，達成目標理論や動機づけ理論は多くのSMT技法の全般にわたって基礎をなす理論ともいえるだろう。

6 SMTの背景となる諸理論と対応する技法 ④臨床心理学の諸理論

スポーツ選手を支援する際には，スポーツ心理学や上記の心理学理論をおさえておくことは重要である。一方で，例えば心理的病理を扱うような臨床心理学における深層心理学理論やカウンセリング理論についても理解が必要である。SMT指導においては，重篤な心理症状を呈するような場合には，精神科医などの医療職や臨床心理士，公認心理師といった心理職の専門家にリファー（委譲)することが必要であり，専門的資格を有していない限りは積極的にこうしたケースを扱うことはない。しかし，このことは，すなわちSMTの実践においてこれらの知識が不要であるということではない。そもそもリファーをする基準の理解がなければ，適切なリファーも行えないのである。人の心に携わって何らかの支援を行うのであれば，上記心理臨床に関する理論は積極的に理解を深めておくべきであろう。

ところでスポーツ選手の心理支援においては，SMTとともに，選手の語りを傾聴することを主たる方法とする，スポーツカウンセリング(Sport Counseling：以下，SCと略記する)の領域があり，それらの違いや共通点については後述して，さらに次項においても説明を加える。

3 SMTの実践

1 SMTの「実践」とは

「SMTを実践する」ということはどのようなことだろうか？ SMTは様々な実践方法が想定される。例えば，何らかの心理学の専門資格を取得して，専門家として実践する場合もあれば，教育者やコーチとして選手に関わり，競技の指導の一助としてSMTを利用する，ということも想定されるであろう。

しかし，「実践」ということの本質は何だろうか？ほどほどの知識や，それまでの競技者としての経験を踏まえて，何か役立ちそうなことを教えてあげることもSMT実践といえるのだろうか？実践という語は英語ではPracticeであり，Practiceの語には，「練習，訓練，稽古」の意味を含んでいることは偶然ではない。実践をするということはそこに必ず裏付けとなる理論や価値観，倫理観といったものが備わっていなくてはならず，何か役立ちそうなことをやみくもに指導・助言すればよいというものではない。

このことは，心の問題を支援しようとすると，心理的技法指導のみならず日常生活上の悩みごとの相談に発展することもしばしばみられることと関連している。次項ではSMTとSCの関係性を論じていくが，「実践」にあたっては常にその実践内容が競技者にとって有益なものであるかを確認する心構えが必要であり，必要に応じて各種研修会を受講して知識を修得したり，必要であれば専門的資格を取得したりすることも目指すべきである。いずれにせよ，自らの経験に頼って気軽に選手の心の問題に対処しようとする姿勢は，厳しく戒めねばならない。

中込(2005)は競技スポーツにおける心理的サポートで実施する支援の内容について，**表1**のような項目を挙げて説明している。多くのスポーツ選手は，(1)の実力発揮や競技力向上を意図して心理的サポートを求めてくるようである。また，その過程においては(2)のように，実際の競技力向上の介入を必要とすることもあるだろう。また，近年においては心理的サポートの重要な側面として(3)の精神的健康といった観点も含まれている。

2 SMTとSCの専門性の相違点

近年では競技スポーツの技術レベルが極めて高度なものとなり，スポーツ選手の心理的課題がよりクローズアップされるようになってきた。2021年に行われたオリンピック・パラリンピック競技大会の東京大会では，競技者の心理的不調やSNSなどによる誹謗中傷など，深刻な心理的問題がクローズアップされた。技術，体力的な差はより小さくなり，競技会で高い成績を残すためにはより高度な心理的能力が求められるようになってきている。また競技力向上のためにトレーニングも高度なものが要求されるため，スポーツ選手の心理的な負担を支援する必要性も高まっている。

これらの諸問題に対し，スポーツ心理学の側面から支援を行うには，SMTとSC，2つの領域の特殊性と意義を理解しておくことが必要である。

わが国においては，SMTはその定義に見られるように「スポーツ心理学の理論に基づく体系的で教育的な活動」であり，一方SCは「傾聴を中心とした自己方向付けの支援活動」であるといえるだろう。両者の扱う内容については次章以降で詳細に説明するが，この両者の概念に

表1 競技者への心理サポート内容
(中込(2004)より筆者作成)

競技スポーツにおける心理サポートの必要性	
(1)	実力発揮・競技力向上
(2)	練習・試合場面での助言
(3)	競技生活での精神健康

心理サポートを求める選手の特徴	
(1)	自覚する心理的課題・問題を抱えている選手
(2)	技術・体力面でのピークを過ぎたと思っている選手
(3)	精神面への親和性の高い選手
(4)	メンタルなスポーツ種目をやっている選手

ついて端的に説明するものとして，主に北米の研究者を中心として唱えられたのが「教育的スポーツ心理学者」と直線状の連続帯上に対極として置かれる「臨床的スポーツ心理学者」の領域特殊性の理論があげられる。マートン（1991，猪俣監訳）は**図1**のような概念でこの両者を説明している。特にその担当する職域の説明で，「教育的スポーツ心理学者」は「普通の行動」から「優れた行動」までを扱い，「臨床的スポーツ心理学者」は「普通の行動」から「異常な行動」までを扱うとする考え方が示されている。

こうした流れから，近年わが国では後者を担う方法がすなわちSCであると誤解され，SMT指導士資格制度（後述）の設置における議論でも盛んに問題となった。当時はSCがあたかも心理的病理のみを支援の対象とするかのように捉えられてしまっており，多くの議論を生み出した根幹であったといえる。マートンの指摘は，そもそもは両者の機能を混同してしまうことでスポーツ選手の問題を深めていくことのないように配慮することを特にコーチに対して求めたものである。スポーツ心理学者とコーチの機能の分化は求めていても臨床・教育のスポーツ心理学者の役割を二者択一的に分化することまでは指摘はしていない。

3 SMTとSCの融合

スポーツ選手に対するこれらの心理的サポートについては様々な方法が試みられ，多くの議論が積み重ねられてきているが，長年にわたって特に議論されているのは「SMTとSCの住み分け」に関する議論であったと思われる。近年では，この両者の融合を試みる動きも見られ，SMT的な技法指導による方法を取る立場とSC的な共感や傾聴といった方法を取る立場の実践家が議論を重ねてその方法論を融合する方法が模索され，学会のシンポジウムなどでも盛んに話題として取り上げられている。SC的な立場を取る実践家においては心理的病理のみを対象としたものに限定せず，傾聴による自己方向付けを競技力向上に活用する方法を採用しているといえる。**図2**にはSMTとSCが分断されたものではなく，連続帯にあり選手の主訴に寄り添いながら適切なチャネルに切り替えていくことを示した図である。上記の議論を踏まえ，近年では二者択一的な議論を乗り越え，その両者が互いの良い面を理解し，一実践者が両者を折衷的に用いる方法が議論されてきている。SMT，SCそれぞれをバックグラウンドとする実践家により，これまでの「どちらが正しい方法か」という議論から，「一人のスポーツ選手を支援するために，SMTを指導するものが何を知っておくべきか」という議論へと徐々に進展していることがうかがわれる。

中込（2005）は，スポーツ心理学の知識に基づいた心理的スキル指導のみの対応でスポーツ選手が抱えて持ち込んでくる心理的問題の克服という要望に応え得るか，という点に関して疑問を投げかけている。そして，臨床－教育と区別することの弊害について「教育的スポーツ心理学者では臨床的問題を対象外として排除するといった考え」を一部認めつつも，「アスリート個人に人間として関わっていこうとしたとき，区分けされた一方の領域にわれわれはとどまってはおれず，またアスリートたちはそれを許さない」と述べていることは大変示唆に富んでいる。

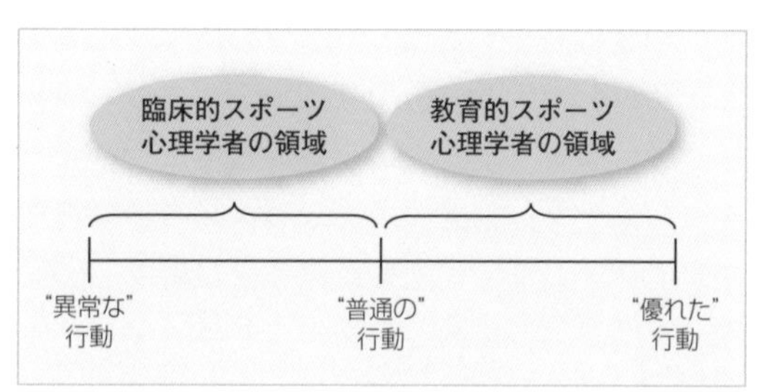

図1 臨床的スポーツ心理学と教育的スポーツ心理学の区別（マートン，R. 1991）
注）近年ではこうした"二者択一的"な考え方には否定的な意見も多い

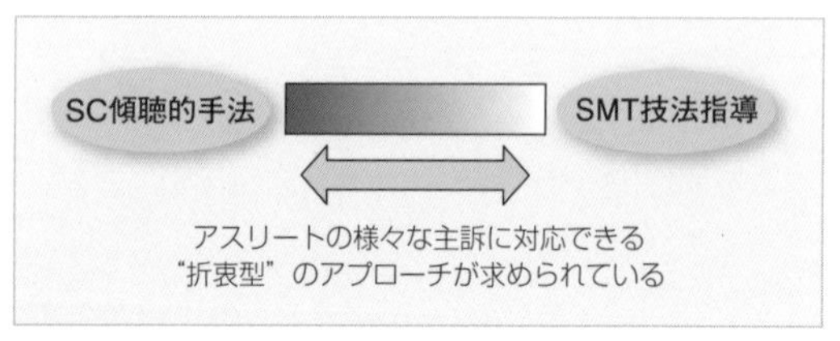

図2 SMTとSCの概念図

それまでの議論は，スポーツ選手の心理的サポートを提供する側の「役割の相違」に焦点が当てられて論じられているわけであるが，中込の指摘のとおり，今後はスポーツ選手自身が抱えている問題についてどのように解決をしていくのかを中心とした議論がなされていくことが必要である。スポーツ心理学の知見に基づいた「心理的サポート」が実践の場に根付いてゆくためには，そのスポーツ選手のおかれた環境や取り組んでいる競技種目の特殊性を十分に理解し，「今ここ」にいるスポーツ選手を中心に置いた「アスリート・センタード」な視点が必要なのではなかろうか。

しかし，それはどのようなバックグラウンドを持つものでも互いの領域を気軽に取り入れればよい，ということと同義ではない。中込は著書の中で，心理的サポートを実践するものが臨床的領域を扱おうとする際には高度なトレーニングを受ける必要があることにも触れており，そういった意味での領域特殊性の意義は認めている。以下のSMT実践の流れの中で，心理臨床的な知見を活かせる場面も多く含まれることから，「自分は心理臨床家ではないから」と，これらの知識を得ることを放棄してしまうことは避けるべきであろう。

4 SMTの流れ

SMTの流れはおおむね**図3**に示した流れで行われることが多い。これらの個々の過程についてもSMT教本に詳しいので参照してほしい。最初に行われるのは，チームや選手との「出会い」である。心理支援においては「ラポール」と呼ばれる信頼関係を築くことが重要であり，関係作りは重要な段階である。

次に行われるのは「アセスメント」と呼ばれる過程である。この段階において，スポーツ選手の主たる心理的課題や，SMTによって解消したいことなどを確認する。アセスメントは，SMT指導を行うものがその後のサポートの方向性をある程度道筋立てて考える「見立て」に用いられる。「見立て」を極力正確に行うことはその後のSMTプログラムの成否に関わってくることなので，重要な段階であるといえる。

続いてSMTプログラムを作成し，それを実施していく段階に至る。SMTプログラムは上記の「アセスメント」および「見立て」を基に，SMT指導を行うものが自身の知識や文献などを基に作成していく。こうした過程で個人の知識の偏りによるプログラムの偏向を防ぐためにも，より経験のあるSMT上級指導士（後述）などの専門家にスーパービジョンを受けることは，SMT実践にあたっては有効である。また，科学的な担保なども十分に考慮に入れ，決して自らの競技経験などに頼った技法にすべきではない。

次の段階はSMT実施後の振り返りや評価である。しかし，これは次の段階というよりは，SMTプログラムの実施中にすでに始まっていることである。SMTプログラムを実践した後にその活動を評価したり効果を検証したりするのにあたり，継続的に心理検査などを用いた選手のアセスメントをして客観的評価を行う必要がある。また，そうした客観的指標だけでなく，「指導記録」をつけるなどして自分の行ったSMT実践の内容を記録しておき，プログラムの質的な評価もできるようにしておかなければならず，「振り返りや評価」はSMTプログラムの実施段階ですでに並行して進められていなくてはならないものといえる。また振り返りにあたっては，自分自身で行う「自己評価」のみなら

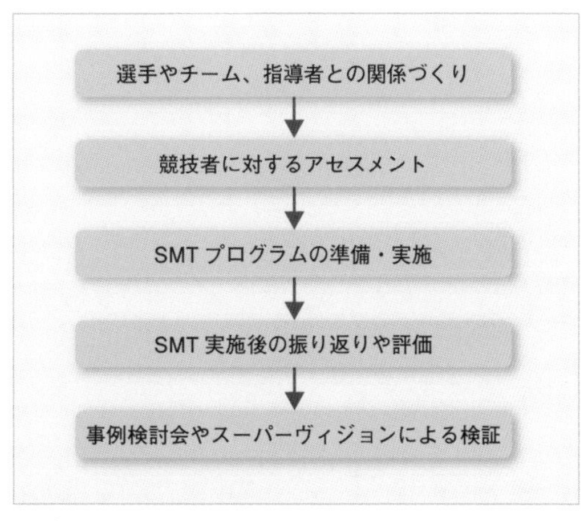

図3 SMTの実践の流れ
（『SMT教本』（2016）より筆者作成）

ず，関わった選手や指導者からの評価も加えて，より多角的に振り返りを行う必要がある。またこうした振り返りはプログラムの終了後のみに行うものではなく，プログラムの進行過程で頻繁に行われるべきものである。

さらにもう1つ重要な段階として，SMT実践の内容をより深く検証するために，事例検討会やスーパービジョンといった，専門家としての研鑽の過程がある。これらはSMT指導士などの専門資格を持つものにとっては必須の過程であり，研鑽でもあり義務でもあるといえる。こうした検証の過程は，経験のある「師」が必要であり，SMTを専門家として行うものにとっては必須のものである（鈴木，2016）。SMTをコーチングや教育の一環として活用するような場合には実施は難しいかもしれない。しかし，経験のある先達に取り組みを開示することの大事さは変わらないので，SMTを実践する者は常にこの段階を意識しながら，SMTを実践する必要がある。

4 SMTの資格制度の概要と目的

先述のとおり，日本スポーツ心理学会ではSMT指導士の資格認定事業を実施している。本項では本資格の概要について紹介する。また資格取得のための手続きの詳細については学会HPに詳しいので参照すること（URL：https://smt.jssp.jp/）。

SMT指導士は2000年より資格認定を開始し，2022年現在で170名ほどの指導士・上級指導士を認定している。SMT指導士の資格認定事業は以下の目的に沿って設立された。

- 指導士としての社会的承認を得る
- 専門家としての信用を得る
- 指導士としての専門性，責任性を高める
- スポーツ心理学への認識と理解を高める
- スポーツ心理学会の発展を期待する

スポーツ競技者を対象としたメンタルトレーニングの実践において，学会として認定する資格制度を発足させたことは，それまで元競技者の経験論に基づくものなど，専門性が曖昧であったこの領域に，社会的な承認や信用を得ることにつながる。また，資格の取得の際や更新の際に資質の向上を求めることで，実践者の責任を問うものでもあるといえる。

1 認定の条件と種類

2種類の資格があり，それぞれ以下の条件を満たし，審査に合格することが必要である。まずは日本スポーツ心理学会の会員として引き続き2年以上在会していること（退会した場合は資格の更新ができない）が最初の条件である。そして次に資格を取得するためには，原則として大学院でスポーツ心理学あるいは関連領域（体育・スポーツ科学，心理学など）を専攻し修士号を取得した人を対象としている。そうした基礎資格を得て，資格申請の手続きを行い，認定を受けるという手順となっている。資格の種類は以下の通りで，まず①を取得して，実績を積んだのちに②に移行し，②においてはSMT指導士の育成（スーパービジョン）も活動内容に含むようになる。

① SMT指導士

競技力向上のための心理的スキルを中心にした指導や相談を行う専門的な学識と技能を有すると日本スポーツ心理学会が認めた資格。学術上の業績5点以上，研修実績10点以上，指導実績30時間以上，本学会の講習会の受講，スーパービジョン1回2時間以上を受けていること等が認定条件である。

② SMT上級指導士

十分な実績とともに高度な学識と技能を有し，本資格の認定や認定講習会の講師を務めることができる資格。SMT指導士の資格を持っていることがまず基礎的な要件となる。その他に学術上の業績25点以上，研修実績30点以上，指導実績100時間以上等が認定条件となる。

2 資格の取得や更新における研修活動

SMT指導士資格は5年に一度，資格の更新を行う必要がある。その際，定期的に研修活動に参加しているかどうかや，継続して研究活動

を行っているかが問われる。指導士資格取得者は，資格取得後も継続的に研鑽を積んでいくこと必要である。日本スポーツ心理学会では，資格取得者や学会員を対象に，各種の研修会を定期的に実施している。また，2006年より有資格者による組織として「SMT指導士会」が設置され，関東や関西などの地域的な支部を組織して研修会を開催していたが，2023年度からはより有機的に研修会を実施していく必要性から，学会の資格委員会と合同して様々な形で研修会が実施していくこととなった。有資格者やこれから資格を取得しようとする者を対象として研鑽が積めるような研修制度は整いつつあることから，積極的な参加が望まれる。研修会においては，１つの事例を通して全体で検討しあう，「事例検討会」などが実施され，指導士同士の活動を知ることや研鑽を積むための大変重要な機会となっている。これらの研修会は資格を取得していない現場指導者なども参加が可能であることから，学会のHPを参照されたい。

3 SMT指導士資格整備の意義と課題

本資格制度の施行はわが国におけるスポーツ心理学研究者にとっては宿願であったものである。特にSMTの専門家として認定することよりも，認定した資格者に対して継続的に研修や研究を義務付けたことは大きな意義がある。

スポーツ選手という極めて不安定で繊細な“人間”を相手に，心理的な側面を支援するということは重大な責任を負うものである。また，方法論や理論的背景に対する知識が欠如していたために，かえって心理的外傷を与えてしまいかねない，多くの危険性を含んだ業務である。

近年ではこうした研鑽や基本的な知識のないままに，“自称”メンタルトレーナーなどの活動も散見される。またこうした自称専門家が現場のスポーツ選手や指導者に対して「実践の現場では，研究や専門的知識は役に立たない」などといった意見を述べている現状が散見されるが，あたかも実践がすべてであり，研究や研修が必要ないかのように捉えられかねない，非常に問題の多い意見である。

資格制度は専門家としての研鑽に一定の指針を示すものであり，心理的サポートを専門家として行うのであれば，少なくとも研修や研究が義務付けられるべきである，というメッセージでもある。現状では資格を持たなくてもSMTの指導は可能であるが，資格は実践活動とは他に，現在も継続して研鑽を積んでいることや，そのことについて定期的に評価を受けている，ということを証明するものであり，その実践活動の研鑽過程を保証するものといえるだろう。

4 SMT指導士の今後の展望

上記の通りSMT指導士資格が施行され，すでに20年以上の月日が経過している。研修制度やSMT指導に関する研究などは多くの進展を見たといえる。今後はこうした質の高い資格制度を持ち，指導士を送り出した後の活躍の場を広げていくことが課題といえる。学会ではそうした活動を徐々に始めている。また国立スポーツ科学センターの心理グループを中心に，日本のナショナルチームなどに対する支援活動をSMT指導士のネットワークによって，より幅広く展開していく事業も構想されている。

SMTの実践にあたっては学会や国立スポーツ科学センターの取り組みに着目して常に最新の情報を得ておくことが重要である。

【文献】

雨宮怜・坂入洋右(2015)スポーツ競技者のアレキシサイミア傾向とバーンアウトに対する抑制因としてのマインドフルネスの役割．スポーツ心理学研究，42-2，81-92.

ベースボール・マガジン編集部［編］(1998)勝利へのメンタルトレーニング，B.B.MOOK63，スポーツシリーズNo.40 ベースボール・マガジン社.

石井源信(2002)ピーキングの心理．体育の科学，52 pp.508-514　杏林書院.

伊藤豊彦(1996)スポーツにおける目標志向性に関する予備的検討．体育学研究，41，261-272.

JOC・日本体育協会［監修］・猪俣公宏［編］(1997)選手とコーチのためのメンタルマネジメント・マニュアル．大修館書店.

高妻容一(2003)今すぐ使えるメンタルトレーニング　選手用．ベースボール・マガジン社.

R.マートン［著］猪俣公宏［監訳］(1991)コーチング・マニュアル メンタルトレーニング．大修館書店.

中込四郎［編著］(1994)メンタルトレーニングワークブック．道和書院.

中込四郎(2005)アスリートの心理臨床――スポーツカウン

セリング．同和書院．

中島登代子(2005)スポーツカウンセリングの専門性．臨床心理学4(3)　pp.353-359.

日本スポーツ心理学会[編](2005)スポーツメンタルトレーニング教本．大修館書店．

日本スポーツ心理学会[編](2004)最新スポーツ心理学　その軌跡と展望．大修館書店．

日本スポーツ心理学会資格認定委員会　日本スポーツメンタルトレーニング指導士会[編](2010)スポーツメンタルトレーニング指導士活用ガイドブック．ベースボール・マガジン社．

西野明・土屋裕睦(2004)わが国におけるメンタルトレーニング指導の現状と課題　−関連和書を対象とした文献研究−．スポーツ心理学研究，31-1　pp.9-22.

長田一臣(1995)日本人のメンタルトレーニング．スキージャーナル社．

菅生貴之(2007)陸上競技選手の心理的課題と組織的な心理的サポートの必要性．陸上競技研究71号，pp.2-9.

菅生貴之(2003)競技力向上のための心理的サポート：スポーツメンタルトレーニングとスポーツカウンセリングの協力関係を探る．日本スポーツ心理学会第30回記念大会研究発表抄録集，pp.10-11.

鈴木壯(2004)アスリートの心理臨床．日本臨床心理身体運動学会第7回大会ワークショップ資料．

Topics 4

オリンピック選手への心理サポートの実際

競技力向上およびメダル獲得に向けて日々研鑽を積むオリンピック選手(以下オリンピアン)が，心理サポートを求める件数は年々増加している(實宝ら，2019)。では，オリンピアンはどのような主訴の下，心理サポートを受けているのだろうか。

競技力向上や実力発揮が最大の目的であるが，それに関わる心理的課題は数多ある。米丸ら(2016)は，パフォーマンス向上は主訴全体の13%に過ぎないことを報告しており，また林・土屋(2012)は，人間関係の円滑化のサポートを望まれる介入形態の1つとして挙げている。このことから，競技場面に留まらず，環境や日常に関わるサポートが希求されていることがわかる。これは，トップアスリートの特徴的課題が影響していると考えられる。これまで筆者がサポートしてきた中での例を挙げると，競技レベル上昇による境遇の変化への直面，国際大会出場による費用の増大等，これまでと異なる「環境の変化への対応」が求められる。また，一国の代表として注目され，メディアや国民からの期待の高まりによる「多様なプレッシャー対策が必須」であることも大きな課題である。さらに，責任や社会的役割が強まり「アスリートとしての成熟」も求められる。あわせて，常に高次元のパフォーマンスや結果を要求される「競技への専心」が望まれる。このような課題を持つオリンピアンからすれば，競技場面外のサポートを求めることは当然と言える。

また近年では，メンタルヘルスやデュアルキャリアに代表される，その人をより全人的に捉えたメンタルサポートの重要性が示唆されており，現場でのニーズが高まっている(荒井，2020)。全人的なメンタルサポートは決して競技と乖離したものではなく，競技生活を安定させる一助となり，結果として競技力向上や実力発揮にも寄与することが考えられる。前述の環境の変化への対応等の課題を鑑みると，厳しい環境で活躍を目指すオリンピアンに対して，競技基盤の安定につながるこのようなサポートは必須と言えるだろう。

以上のように，様々な主訴や特徴的課題，全人的なメンタルサポート等，オリンピアンの競技力向上や実力発揮には多様な心理的要素が関わっていることが理解出来る。今後はオリンピアンのさらなる活躍に向けて，サポート者もオリンピアンと同様に自己研鑽を続け，ニーズに合った心理サポートを正しく提供していく必要がある。あわせて，多岐に渡るオリンピアンの課題に対処するためには，他分野との連携を通じた幅広いサポート体制の構築が不可欠である。心理学の関連分野はもちろんのこと，スポーツ科学全般の関連領域の専門家と協働し，多角的な視野を持ってオリンピアンの競技力向上を支えることが，充実したサポートの鍵となる。

【文献】

實宝希祥・阿部成雄・佐々木丈予・福井邦宗・江田香織・遠藤拓哉・谷内花恵・立谷泰久(2019)個別サポートに来談するトップアスリートの主訴及び来談経路．日本SMT指導士会第15回全国研修会．

米丸健太・鈴木壯・鈴木敦・秋葉茂季・奥野真由・立谷泰久(2016)国立スポーツ科学センタースポーツ科学部の個別心理サポートに来談するトップアスリートの主訴と心理的課題の特徴．Sports Science in Elite Athlete Support，1：1-13.

林晋子・土屋裕睦(2012)オリンピアンが語る体験と望まれる心理的サポートの検討：出来事に伴う心理的変化と社会が与える影響に着目して．スポーツ心理学研究，39 (1)，1-14.

荒井弘和 (2020)．アスリート・コーチに対するメンタルサポート3.0　体育の科学，70，34-40.

3 スポーツカウンセリング

1 スポーツカウンセリングとは

1 スポーツに関わる人へのカウンセリング

スポーツカウンセリングとは，「スポーツ」と「カウンセリング」という2つ単語をつなげた造語であり，1970年代にこの言葉が出てきた当初は，2つの単語の間に点をつけ「スポーツ・カウンセリング」としていた。前半の「スポーツ」はアプローチの「対象」を，そして後半の「カウンセリング」はアプローチの「方法」を表している。つまり，スポーツに関わる人々を対象とし，カウンセリングという方法論により接近しようとする活動が「スポーツカウンセリング」である。

なお，スポーツセラピーやダンスセラピーのように，“スポーツを用いたカウンセリング”といった意味が存在してもおかしくないが，このような用い方はまだ一般的ではない。したがって，現段階では“スポーツカウンセリング＝アスリートやコーチに対するカウンセリング”と考えてよいだろう。

2 新しいタイプのスポーツカウンセラーの誕生

かつてスポーツカウンセラーというと，2つのタイプが挙げられた。1つ目は，臨床心理士等の資格をもつカウンセラーや精神科医が，アスリートを対象に臨床活動を行うというタイプである。その中の一部には必ずしも体育学やスポーツ科学の知識が十分でなく，また競技環境への理解の乏しさも手伝って，競技力向上を目指す現場には馴染まなかった。その結果，スポーツカウンセリングは競技現場において異質なものであると認識され，“スポーツカウンセリング＝問題を抱えた選手の治療”といった，短絡的な誤解につながってしまった。

一方，もう1つのタイプは，体育・スポーツ心理学を専門としている人たちの一部が，その実践活動の一環として，アスリートやチームにかかわっていく活動から生まれた。技術や体力のトレーニングと同様に，心理面のトレーニングも必要であるといった彼らの主張は競技現場からは受け入れられた。しかし一部の実践では，カウンセリングの理論や技法のうち，行動変化技法を競技力向上のためのトレーニングに借用したに過ぎない，不十分なものも見受けられた。したがって，これらの活動はあくまで競技力向上のためのコーチングであり，人格の変容を目的とするカウンセリングとはまったく異なるものである，といった見方もなされてきた。このことは，スポーツカウンセリングの専門性を曖昧にすることにもつながった。

しかし，1990年代を境に大きな変革が起きた。この変革は，担当者の理論的立場の違いや，対象者の違いを超えて，スポーツカウンセリングの専門性を追及する動きへと発展した。次節では，そこに至る歴史について紹介する。

3 わが国のスポーツカウンセリングの歴史

わが国のスポーツカウンセリングに関連した出来事として，1960年代の「東京オリンピックに向けたあがり対策」を先駆的な活動として挙げることができる。ここでは，臨床心理学の専門家が選手の実力発揮を目的として，心理技法を適用するといった試みがなされた。続く70年代には，日本スポーツ心理学会が設立された。当時，長田が，『スポーツと催眠』(1970)，『スポーツとセラピー』(1973)という著書を相次いで発表し（いずれも道和書院），この領域の開拓者となった。この取り組みは，選手に対するカウンセリングの領域を切りひらいた，最初の実践であると評価されている。

80年代に入ると，ロサンゼルスオリンピックにおいて日本チームが不振にあえぐ中，心理スキルのトレーニング（メンタルトレーニングとほぼ同義）を取り入れたアメリカチームの活躍が華々しく報じられた。このアメリカの取り組みに刺激を受け，日本体育協会によるメンタルマネジメントに関する研究が進み，また日本オリンピック委員会による「スポーツカウンセラー」の委嘱も始まった。スポーツカウンセリングという用語が様々な文脈で用いられるようになり，競技現場にその存在を知らしめることができた一方で，自らを「スポーツカウンセラー」や「メンタルトレーナー」と名乗る人たちが増え，その役割や専門性がいっそう曖昧になってしまった。

その後，臨床動作法を専門とする臨床家がアスリートへの適用事例を発表していたが，90年代になると大きな変革が起きた。体育学部出身で，かつ心理臨床のトレーニングを受けたカウンセラーの出現である。特に，中島登代子氏，中込四郎氏，鈴木壯氏の3名は「臨床スポーツ心理研究会」や「SPACE研究会（スポーツ心理臨床研究会）」を立ち上げた。その一人である中島（1992）は，『心理臨床大事典』の中に「スポーツと心理臨床」という項目を執筆し，スポーツカウンセリングを心理臨床活動の1つとして紹介した。その後，中島は臨床心理身体運動学会の設立（1998年）と「スポーツカウンセラー」資格の認定事業（2004年）に深くかかわってゆくことになった。

もう一人の先駆者である中込は，1994年の日本スポーツ心理学会において「スポーツカウンセラーの専門化に向けて」といったレクチャーを担当し，スポーツメンタルトレーニング指導士の資格誕生（2000年）に強い影響を与えた。2004年には，和書としては初めてスポーツカウンセリングの名前を冠した単著『アスリートの心理臨床－スポーツカウンセリング』を出版し，この分野の方向性を示すことに成功した。

一方，1997年からは，筆者（土屋裕睦）が筑波大学より転入したこともあって，大阪体育大学において「臨床スポーツの構築に向けて」という研究プロジェクト（私学振興・共済事業団補助対象研究，研究代表：荒木雅信）が3年間にわたって行われた。前述の中島・中込・鈴木の3名のスポーツカウンセラーを中心に，この領域の世界的動向に詳しい北米やオーストラリア，ドイツの研究者が同じテーブルで，スポーツカウンセリングの専門性を議論した（荒木・土屋，1998-2000）。

このように1990年代は，スポーツカウンセリングの専門性を追及する新しい流れの中で大きな変革期を迎え，結果として2000年代に2つの学会認定資格の誕生をもたらした。

4 スポーツカウンセリングの資格

スポーツカウンセリング担当者に対して，学術団体が認定している資格には，「スポーツメンタルトレーニング指導士」（日本スポーツ心理学会認定資格）と「スポーツカウンセラー」（日本臨床心理身体運動学会認定資格）の2つがある。民間団体や法人などが認定している資格もあるが，2015年9月公認心理師法の成立により誕生した国内唯一の国家資格である「公認心理師」が科学者―実践者モデル（Scientist-Practitioner model）を標榜しており，スポーツ領域で公認心理師と同等の心理支援を行うスポーツカウンセリング担当者には，学術的な専門性が求められる。その専門性に関しては，この2つの資格が示すように，スポーツカウンセリングとメンタルトレーニングの関連をどのように位置付けていくか，ということがたびたび議論されてきた。これまで，スポーツカウンセリングを治療的関わり，メンタルトレーニングを教育的関わりとして区別し，両者を対比的に論じることが少なくなかった。しかし最近では，この2つは相対するものとして捉えるよりは，実践を支える理論の違いや実践形態，専門性の違いとして捉えられている。

2 スポーツカウンセリングを支える理論

1 アプローチの対象と方法

スポーツカウンセリングの内容は様々であり，実際に事例報告をみてもその展開は報告するスポーツカウンセラーによってかなり特徴的である。これは，対象となるスポーツ種目が多彩であり，同時にカウンセラーが基盤としているカウンセリング理論が異なるからである。

まず対象者についてみると，スポーツカウンセリングの対象になるのは，競技としてスポーツを行っているアスリートが中心である。さらにアスリートを取り巻く監督，コーチやトレーナーがスポーツカウンセリングの対象である。ただし，一口に競技スポーツといっても，種目やチームによって組織風土が大きく異なる。

仮に同じ種目の選手でも，プロ選手とアマチュア選手とでは取り組み方が大きく異なってくるだろうし，また，同じ日本代表選手といっても，オリンピックとパラリンピックとでは様相がかなり違ってくる。さらに対象の年代によっても，例えばジュニアとシニアでは当然違うし，活動が学校における運動部活動なのか地域のスポーツクラブなのかによっても異なってくる。

このように同じ競技スポーツであっても，対象者となるアスリートのスポーツへの関わり方が違えば，当然抱えている悩みも違うことが予想される。実力発揮の不安，対人関係，ケガやスポーツ傷害，競技継続や引退など，選手の悩みは対象者の特徴によって，多種多様であることを認識しなければならない。

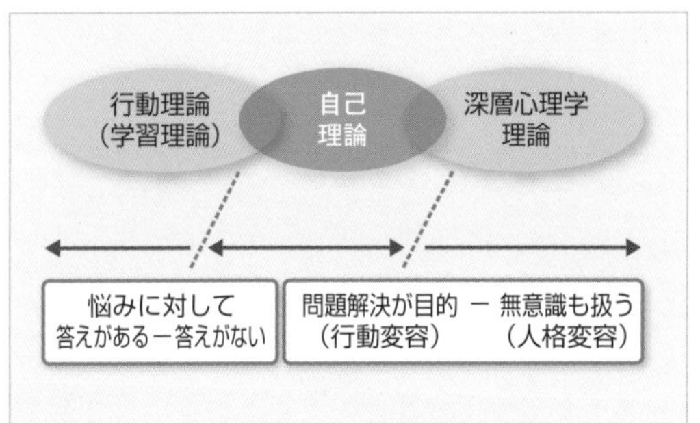

図1 スポーツカウンセリングの基礎理論

2 スポーツカウンセリングの基礎理論

前述の通り，スポーツカウンセリングの実践では，その展開方法や位置付けも多種多様である。なぜならカウンセリングといっても，様々な理論や技法があるからである。ここでは，スポーツカウンセラーが拠り所としているカウンセリング理論を，大きく「行動理論(学習理論を含む)」「自己理論」「深層心理学理論」の３つに分けてみると，それぞれは**図1**のように特徴づけることができる。

他にも実存主義理論や臨床動作法，論理療法を取り入れた実践が報告されている。しかし，わが国で刊行された図書を対象に心理サポートの実践報告を分析したところ，そのほとんどはこの３つのいずれかの理論に基づいていることがわかった(西野・土屋，2004)。

スポーツカウンセラーがどの理論を拠り所にするかによって，スポーツカウンセリングの展開は大きく変わってくる。以下では，これら３つの基礎理論をスポーツカウンセリングの実践に当てはめて紹介する。

(1)行動理論(学習理論)

行動理論あるいは学習理論に立つカウンセラーは，人間は基本的に学習によって行動が変わると考えている。したがってカウンセリングの場面では，選手の悩みに対して一定の答え(知識・技術)を提供することが多くなるだろう(**図1**)。例えば，試合で緊張して実力をうまく発揮できないという場合，あがってしまわないように，リラクセーションスキルを学習するといったことが中心的な活動になるだろう。

(2)自己理論

２つ目の自己理論は，心理学者カール・ロジャースの来談者中心療法を基盤にした理論であり，クライアントの自己への気づきと洞察によって自己のあり方が確立されていくという考え方である。この理論を拠り所とするカウンセラーは，来談者の主体性を尊重し，本人の中から彼(彼女)自身が納得できる答えが出てくるまで，訴えに寄り添って耳を傾けようとするであろう。例えば，ある学生アスリートが，「就職のことを考えると本当にこのまま競技を続けていてよいのだろうか」と悩んでいたとする。この悩みに対して，カウンセラー側に「続けた方がいい」とか「競技はやめて就職活動をした方がいい」といった答えがあるわけではない。アスリートが納得できる答えは選手自身の中からしか生まれないわけであるから，カウンセラーは選手と一緒に考えていくことになる。したがって先の行動理論とは自ずとカウンセリングの流れや展開が変わってくるだろう。助言やアドバイスよりも，支持的に傾聴し，共感していくことが重要視されるはずである。

⑶深層心理学理論

3つ目の深層心理学理論は，無意識の存在を肯定し，人格の変容（成長・成熟）を目指している（**図1**）。先の行動理論や自己理論が問題にしているのは，基本的には行動の変容であるからこの点が大きく異なっている。例えば，先の「競技を続けるべきかどうかについて迷う選手」に，もし深層心理学的な見方をするカウンセラーが会ったとすると，そのカウンセラーは単に問題となっている日常や競技場面の行動を解決することのみに注意を向けるのではなく，こころの深層（無意識）の流れを汲み取ろうとするであろう。チームの中では人間関係が大変そうであるし，就職の悩みは非常に大事であることもわかるが，一方で「なぜこの時期にこういった対人関係のトラブルや将来に対する不安が彼（彼女）に生じるのだろうか…」といったことに注目して訴えを聞いていくことになる。このような事例では，カウンセリングの過程で転機が訪れ，当初は八方塞に見えた状況が大きく展開する例がしばしば見受けられる。

以上の理論は，それぞれの人間観，競技観と深くかかわっており，いずれが正しいとか役立つといったものではない。例えば，コーチに当てはめて考えるとわかりやすいかもしれない。

行動理論的な人間観をもつコーチは，選手の成長を促すために助言やアドバイスなど，指導的な関わりが自ずと多くなるであろう。自己理論的な人間観をもつコーチでは，選手の主体的な解決を支援してゆくような関わりになる。深層心理的なものに啓かれたコーチは，選手の動作に目を向け，身体の訴えなどにも耳を傾けていくようなコーチングが展開される。このように，コーチの人間観，競技観によって，コーチングの展開が異なるのと同様であると考えてよい。

3 スポーツカウンセリングの活動形態

では，このような多種多様な競技スポーツ関係者に対して，スポーツカウンセリングでは，具体的にどのような活動を行うのであろうか。この点について，スポーツカウンセリングには，以下の4つの活動形態があると考えられている（土屋，2004）。

⑴心理相談（狭義のカウンセリング）

心理相談は，来談したアスリートやコーチとカウンセラーとの1対1の相談であり，おそらくこの心理相談がスポーツカウンセリングの中心的な活動になるといってよいだろう。

アスリートはスポーツを通じて様々な問題に直面する。彼らの直面する問題には，その個人の心理的課題が色濃く反映されており，彼らはそれをこころのどこかで感じ取って，スポーツカウンセリングルームへと来談する。したがって心理相談では，基本的には，アスリートの問題解決への主体的な取り組みを支援することが重要な活動となる。その支援の具体的な方法は，前述したような背景理論の違いによって様々であるが，特に面接の初期においては，アスリートの訴えを丹念に聞くという作業は共通すると思われる。その後の展開は，まさにスポーツカウンセラーの人間観，競技観と，来談者との関係性を色濃く反映した，それぞれにオリジナルで，ユニークな展開を見せる。

なお，一般的にカウンセラーとしての技量が上がるほど，その面接の過程でアスリートに対して「何かをさせよう」といった意図や関わりが少なくなるのが特徴である。その方が，問題解決に向かおうというアスリートの潜在的な力を引き出したり，主体的な取り組みを促したりする可能性が高いからである。

(2)アセスメント

アセスメントとは心理査定のことであり，スポーツカウンセラーにとって重要な活動である。心理査定とは，アスリートやチームに対して，スポーツカウンセリング的理解による見立てを行い，問題や課題を評価することである。

コーチはパフォーマンスを通してアスリートを理解しようとし，トレーナーは身体のコンディションをみながらアスリートを理解しようとする。一方，スポーツカウンセラーは，アスリートが語るスポーツ場面での出来事をこころの出来事として聞きながら，彼らを理解しようとしている。そしてアスリートが訴えている問題に対してどんな援助が有効かといった見立て，すなわちアセスメントを行うのである。

アスリートは様々な課題の解決を目指して来談するが，実際のところ自らが抱える課題の心理的背景は簡単にはわからない。それを面接や心理テストに加え，行動分析や観察などを通して理解を試みる作業がアセスメントである。

一般のカウンセリング(例：非アスリートに対する学生相談)と比べて，スポーツカウンセリングでは動きとか身体の訴えとか，対人関係のような話題が多いといわれている(中島，2004)。かつこれらの問題こそアスリートのこころの成長にとって意味ある，重要なこととして受け止めていくことが重要である。例えば「プレーのときにどうしても肘が曲がってしまう」とか，「朝練習に行かなきゃと思っているのにおなかが痛くなる」といった競技にまつわる話を聴きながら，それをこころの訴えとしても受け止める必要がある。特にスポーツカウンセリングの場合には，身体や動作の語りが窓口となって，そのアスリートの全体像に対する理解の進むことが多い。

(3)チームに対する援助

3つ目はチームに対する援助である。スポーツカウンセリングは，個人を対象とするだけでなく，チームにかかわったり，アスリートを取り巻くチームの状況を調整したり，アスリートの依頼に応じてコーチと話をしたりもしなければならない。大学では新入生がうまくチームに馴染めるようにチームビルディングを取り入れたり(土屋，2012)，コーチやトレーナーに対するコンサルテーション(情報提供や助言)も行ったりする。場合によってはサイコ・エデュケーション(心理教育)をコーチと一緒に展開する場合もある。

参考までに，日本スポーツ心理学会が認定している「スポーツメンタルトレーニング指導士」は，英文では“Certified mental training consultant in sports”と表記し，「コンサルタント」であることを明記している。スポーツカウンセラーが，チームに招かれてメンタルトレーニングの技法の紹介や実習などを行う場合があるが，これらはまさにコンサルテーションと考えてよいだろう。このような立場から考えると，メンタルトレーニングはスポーツカウンセリング活動の1つに含めてもよいとも考えられる。

(4)調査・研究活動

スポーツカウンセリングにおいて，もう1つ欠かせない重要な活動が調査・研究活動である。先に紹介された通り，この領域には，スポーツメンタルトレーニング指導士，認定スポーツカウンセラーという専門資格があるが，いずれも学術団体が認定する資格である以上，科学的知識に裏付けられた実践家(scientist-practitioner)であるべきだと考えられる。より質の高いサービスを提供するためには，スポーツカウンセリングの方法や技術の開発，それにまつわる理論の構築，実証的な研究などを進めていく科学者(scientist)でなければならない。

ただし科学者といっても，スポーツカウンセリングの領域では，従来の自然科学的な方法論だけではなく，事例研究を中心とした新たな研究手法を育てようとする動きもあり，その方法論や課題が検討されている。スポーツカウンセリングは実践においても，研究においても新しい時代を迎えようとしている。

3 スポーツカウンセリングの実際

本節では，大阪体育大学スポーツカウンセリングルームの活動を紹介しながら，スポーツカウンセリングの実際問題を論じる。

1 スポーツカウンセリングルームの紹介

大阪体育大学スポーツカウンセリングルームは，平成元年，キャンパスの熊取移転を機に設置された，体育系大学生のための心理相談室である。設置からすでに35年が経とうとしていることを考えると，スポーツカウンセリングを行う「常設」の大学附置施設としては，わが国初の試みであった。

大阪体育大学スポーツカウンセリングルームは，学生相談室の機能も兼ね備えており，専任教員が兼任するカウンセラー４名および非常勤カウンセラー３名の，合計７名のカウンセラーが学生アスリートの相談にあたっている。資格についてみると，公認心理師資格に加えて認定スポーツカウンセラーが３名，スポーツメンタルトレーニング指導士が２名といった構成である。他にスポーツ科学センターに所属するスポーツ心理担当の専門職員が，学生相談室・スポーツカウンセリングルームのディレクターを担当しており，大学所属の運動部やチームからのサポート依頼を見ながらカウンセラーへの照会を行っている。したがって競技力向上や試合場面での実力発揮を主訴としたケースは，菅生貴之カウンセラー（公認心理士・スポーツメンタルトレーニング上級指導士，前職は国立スポーツ科学センター）や筆者（公認心理士・スポーツメンタルトレーニング上級指導士・認定スポーツカウンセラー）が面接を担当することが多い。

表１は，2021年度に筆者が担当した32ケースの主訴と相談内容をまとめたものである。主訴としてはやはり「競技に関すること」が15件と多い。一方で，相談が継続されることで精神的なこと，身体的なこと，将来のことへと相談が深められていく様子が見て取れる。このような傾向は，どのカウンセラーにも認められることから，学生アスリートに対する心理相談の特徴と思われる。

2 主な活動

スポーツカウンセリングルームでは，このような多様な来談ニーズに応えるため，①個別の心理相談活動を中心としながらも，他に②教育・啓発活動（メンタルトレーニング講習会の開催や新入生ガイダンス，新入部員サポートプログラムの提供），③調査・研究活動（精神健康度に関するスクリーニング調査や多愁訴群の同定のための基礎資料収集），④研修活動（ケースカンファレンスの開催，学外研修会への参加・情報交換，伝達講習），⑤自己点検・評価活動（活動報告会の開催，報告書の作成）なども行っている。以下に教育・啓発活動として実施されている心理サポートの概要を紹介する。

⑴新入部員サポートプログラム

高校から大学への環境移行に伴い，新入部員は様々なストレスに直面する。日常生活のストレスに加えて競技環境の変化に伴うストレスも大きく，そこでの対処の失敗を契機にバーンアウト（燃え尽き現象）のような，日常生活にも波及する問題を抱える学生アスリートもいる（土屋，2012）。この問題を予防するための心理サポートが新入部員サポートプログラムである。

このプログラムは，ストレス対処スキルの学習やメンタルトレーニング技法の習熟をねらいとし，大学指定の強化種目の新入部員を中心に，入部直後の４～７月にかけて実施している。サ

表１ 主訴と相談の件数（2021年度担当分）

カテゴリー	主訴件数	相談件数
1．学業のこと	1	2
2．精神的なこと	3	20
3．身体的なこと	2	6
4．競技に関すること	15	18
5．家族のこと（経済的なこと）	1	2
6．将来のこと（進路・就職）	0	22
7．スーパーバイズ	8	8
8．その他（法律・事故）	2	2
合計	32	80

ポートネットワークを広げつつ，運動部への適応や試合場面での実力発揮にも役立つことを意図している。心理的ストレスに起因するスポーツ傷害の予防，運動部への適応の促進，バーンアウトの予防といった観点から，その効果について確認されている(冨永ら，2020)。

⑵メンタルトレーニング講習会

競技場面での心理的課題はそれほど強く意識していなくても，心理的コンディショニングの一環として，メンタルトレーニング指導を求めるアスリートがいる。特に本学の場合，将来指導者を目指す学生の少なくないことから，メンタルトレーニングへの関心は高い。このような要望に応えるため，メンタルトレーニング講習会を開催している。以前は参加者を選抜選手に限定し，「実力発揮」を主目的に，技法学習から内界探索へと至る講習会を準備したこともあったが(土屋ら，1998)，相談機能が拡充したことで，現在はこれらのニーズはもっぱら個別のカウンセリングベースで対応し，講習会では技法の紹介を中心としている。最近では，トレーニング科学センターの依頼を受けて講習会を実施する場合もあり，そこには学生トレーナーなどの参加も認めている。

3 スポーツカウンセリングの実践例

⑴ある新入部員の事例から

スポーツカウンセリングの実際を伝えるために，ここでは土屋(2009)をもとに，スポーツカウンセリングルームが提供する複数の心理サポートのプログラムを利用した，ある学生アスリートの事例を紹介する。

本事例は，インターハイで十分な成績が残せず不本意で本学に入学してきた。入部直後は環境の変化，とりわけ戦術や練習方法に戸惑い，競技意欲の減退がみられたが，新入部員サポートプログラムに参加する中で，４年間の目標を再設定していった。同時にチームへの適応感も高めて競技に意欲的に取り組んでいたが，１年の後期に深刻な負傷に見舞われBチームへ降格してしまう。

しかし彼は周囲のサポートなどもあり，アスレティックトレーナーのもとでのリハビリにはげみつつ，メンタルトレーニング講習会にも参加し，春からはAチームに復帰しリーグ戦で活躍した。特にイメージトレーニングに熱心に取り組み，コーチとコミュニケーションをとりながら，様々な戦術のイメージを深めていった。

彼はもともと教員志望であったが，その後全国レベルの大会でも活躍したことでプロチームからの勧誘を受けるようになり，進路について迷い始める。そして近親者が亡くなったことをきっかけに，個別の心理相談の申し込みをしてきた。彼は，競技場面で体験する様々な象徴的な出来事を語りながら，喪の作業をし，そして改めてプロスポーツ選手として旅立っていく準備をしていった。

図２は本事例が描いた自分史(ライフライン)の模式図である。横軸に大学入学後の時間経過をとり，競技生活で体験した出来事について，その充実度を主観的に評価してプロットしている。そこにさらに彼が利用した心理サポートの３つのプログラム，すなわち新入部員サポートプログラム，メンタルトレーニング講習会，個別の心理相談を重ねて図示している(**図２**)。

彼が歩んだ道は，新入部員がプロスポーツ選手として成長していく過程でもあった。それぞれの時期で，異なるプログラムを自身のニーズに合わせてうまく活用していることが確認できる。さらに，自ら主体的に問題解決を図り，競技生活を充実させていった様子も見て取れる。

⑵チームに対する心理サポート事例

スポーツカウンセリングルームで受理する相談には，チーム作りやチームワーク向上に関するものもある。これらの多くはチームのキャプテンやマネージャー，指導者からの相談である。このような相談に対して，スポーツカウンセリングにおける最も一般的な対応は，情報提供を中心としたコンサルテーションになろう。リーダーシップ理論やグループダイナミクス理論等の応用スポーツ心理学の知見を紹介しながら，来談した彼らがチームの抱える課題を解決できるようサポートしていく方法である。

一方最近では，もう１つの選択肢を示す場合

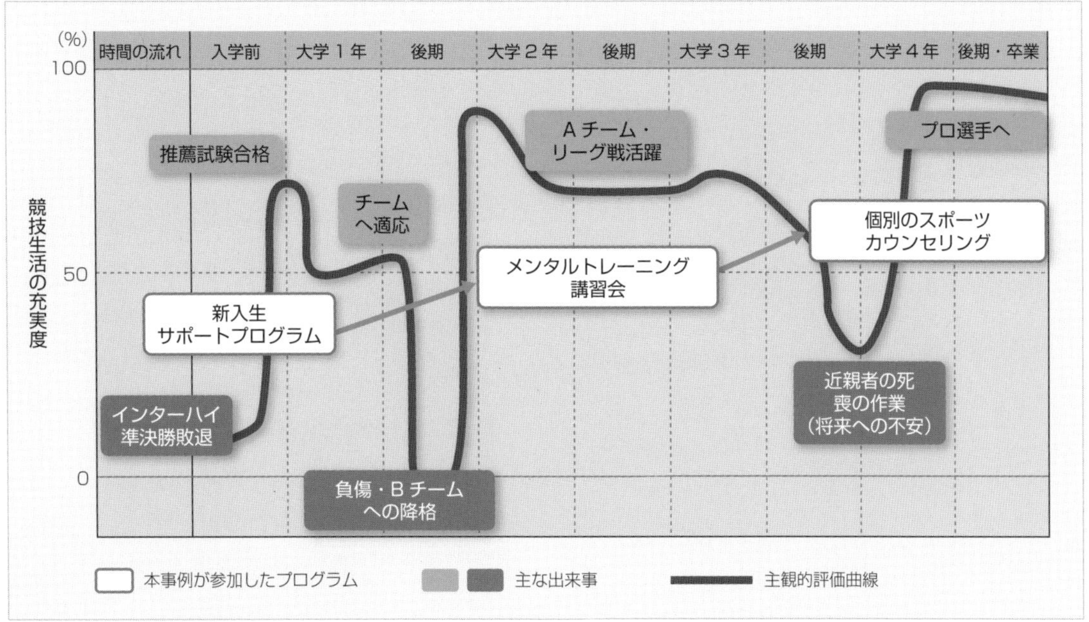

図❷ 事例Ａの自分史(ライフライン)

がある。すなわち来談したキャプテンやコーチと共同して，スポーツカウンセラーが直接的にチームメンバーにかかわる，チームビルディング(Team building，以下TBと略記)と呼ばれる方法である。例えば，本学の強化指定を受けているあるチームは，1か月後にインカレを控えてエースが負傷し，チームは危機的な状況にあった。しかしアセスメント結果によればチームメンバーの凝集性(まとまり)が高く，またキャプテンとの話し合いの中でこの危機をチャンスに変えうる感触も得られた。同時にヘッドコーチからも依頼があったので，直接的なアプローチによるTBを実施した。そこでは，構成的グループ・エンカウンターと呼ばれるグループカウンセリングの手法に準拠したTBを実施し，チーム全体の心理サポートを行った。具体的には，エクササイズと呼ばれる心理的作業を通じて自己認知・他者認知にかかわる気づきを促し，シェアリング(体験の分かち合い)を通じて感情の共有，相互信頼関係の構築を目指した。インカレでは，持ち味のチームワークを十分に発揮し優勝を遂げている(土屋，2012)。

4 スポーツカウンセリングの課題と展望

1 スポーツカウンセラーの育成

学生アスリートが育つ過程では，実に多くの方が彼らの指導に携わっている。大学入試選抜というふるいの中で人材が分散してしまうのは仕方がないことかもしれないし，大学間でライバルと競い合い，切磋琢磨することの利点もあるかもしれない。しかし，オリンピック出場選手の約6割が大学生かあるいは卒業生であることを考えると，サポート体制が十分でないことが原因で，貴重なタレントが散逸するのは惜しい。したがって，スポーツカウンセリングの専門性への理解を深めつつミニマム・スタンダードを確立し，それらを提供できるよう努めていくことが急務と思われる。スポーツカウンセラーの育成は，その中核的な課題になろう。

大阪体育大学の場合，大学院の博士後期課程でも「スポーツカウンセリング特講」(土屋裕睦)といった科目を開講しているが，ここでは主に研究者の養成が主眼であり，スポーツカウンセリングのスタッフ育成は博士前期課程(修士課程）が担っている。メンタルトレーニングやスポーツカウンセリングの基礎は学部（スポーツ心理・カウンセリングコース）で学ぶことを前提に，大学院では実際の競技現場で直面する問題とその対処法を学び，自らの専門種目を活かして実践活動を行うことが多い。例えば，先の東京パラリンピックでは，院生が次世代選手に対してメンタルトレーニング指導を行い，その成果を報告している（近藤ら，2022）。

また修了生には，国立スポーツ科学センターの心理スタッフの他に，教員やコーチとして，競技の現場でスポーツカウンセリングの知識を活かした指導を行う者も多い。

2 スポーツカウンセリングの専門性

心理サポートは諸刃の剣である。とりわけジュニア年代から青年期におけるアスリートの心理サポートでは，競技レベルの飛躍的な向上を目の当たりにする場合がある。一方で，プロになりたい，日本一になりたいといった思春期のファンタジーに付き添うとき，心理サポートのバランスを間違えると，彼らを苦しめることになりかねない。心理サポートは彼らを自らの許容量を超えるところへ突き上げるものであってはならない。安易なメンタルトレーニング指導により，心理的負荷が大きくなりすぎて，結果として精神的な失調をきたす事例がないか危惧される。

例えば，新入部員が運動部に馴染めないといって来談するような場合，この状況は彼らにとってこれまでの対処経験が通じない，大きなストレス状況となっており，心理的な危機である。ただし，これまでの対処スキルが通じないからこそ，新しい学びが可能になるわけで，スポーツカウンセリングはストレス状況を糧に，彼らの成長を支援する活動でなければならない。このとき，彼らの学びとこちらの支えのバランスが重要である。スポーツカウンセラーには，彼らの可能性を最大限に引き出す技量が必要であるが，時に彼らの試行錯誤の体験を邪魔することなく見守る余裕も求められる。10代から20代前半が精神疾患の好発年齢であることを考えると，場合によっては，不穏な状況を読み取り，必要に応じて医療を中心とした関連機関と連携をとる機敏さもなくてはならない。

カウンセリングという非日常的体験においてクライエントに心理的変容が生じるのと同様に，競技という非日常の場では選手にも様々な心理的変容が起こりうる。スポーツカウンセラー育成においては，スポーツカウンセリングがこのような危険性と隣り合わせであることを，しっかり認識する必要がある。

3 広がりを見せる活躍の場

スポーツカウンセリングの専門性が今後さらに明らかになれば，その活動の場はますます広がると考えられる。以下では3つの領域におけるスポーツカウンセラーの活動について概説する。

(1)競技スポーツ領域

競技スポーツ領域にはすでに，多くのスポーツカウンセラーがかかわっている。当初の依頼内容のほとんどは競技力向上や，試合場面での実力発揮に向けた支援であった。したがって，その活動のほとんどが競技力向上のためのメンタルトレーニングであった。

しかし最近では，競技力向上のみならずアスリートの人間的成長をも視野に入れたスポーツカウンセラーが，チームにかかわるケースが多くなっている。また，受け入れたチームの要望によって，その関わりが長く継続されているという事例も見受けられるようになっている。プロスポーツに関しては，契約の段階で情報の開示に関する制約を厳しく取り決めることが一般的であることから，その活動内容が公表されることはまずあり得ない。しかしその内部にいると，実際に数多くのスポーツカウンセラーがプロスポーツや実業団チームにかかわっていることがわかる。これらのうち，長期にわたってかかわった事例からは，スポーツカウンセラーがそこにいることの意味が，次第に明らかになってきている。すなわち，競技力向上や試合場面での実力発揮のみならず，競技ストレスへの対処，スポーツ傷害の予防や対処，デュアルキャリア（アスリートキャリアと人生のキャリアの両立)の支援においても，スポーツカウンセラーの存在は有効であると認められつつある。

⑵教育領域

教育領域においても，今後様々な活動が期待されている。例えば，体育教師を目指す学生には，スポーツカウンセリングの知識や技術を身につけることで，内的な資質の豊かな教師として生徒指導にあたることが期待されている。例えば，大阪体育大学スポーツ心理・カウンセリングコースの学生は，適応指導教室でインターンシップ実習を行う場合がある。心理的な課題を抱えて修学困難な児童・生徒が通う適応指導教室において，キャンプの引率や家庭訪問を行っているのであるが，スポーツカウンセリング的な知識や体験が役立ったと答える学生が多くいる。同時に，このような学生が，実習先で非常に高く評価されている。

また部活動の地域移行に関連し，スポーツカウンセリングを学んだ学生が部活動指導員になる例も増えている。学生たちの取り組みをみていると，スポーツカウンセリングの学習を通して，スクールカウンセラーのような臨床心理学の専門家とはまた別の関わり方のできる人材が生まれることが予感される。カウンセリングマインドをもった体育教師がその１つである。

⑶医療・保健・福祉領域

医療・保健・福祉領域においても，スポーツカウンセリングの知識や経験は，受け入れられていくと期待される。健康スポーツの指導者や，特別支援教育におけるセラピューティックレクレーションの担当者には，スポーツカウンセリングにおけるこころと身体に関する知見は，大いに役立てられる可能性がある。スポーツを用いたカウンセリング(治療的関わり)についてはまだまだ一般的ではないことは前述の通りであるが，今後スポーツカウンセラーの一部には，そのような「スポーツセラピー」の実践を志向してゆく人が増えるだろう。

また2003年に設立されたスポーツ精神医学会は，研究や実践の方向の１つに，精神医学へのスポーツの応用を掲げており，スポーツ心理学会との交流も始まっている(土屋，2014)。特にコロナ禍で１年延期されて開催された東京2020オリンピック大会では，アスリートのメンタルヘルスとウェルビーイングについての懸念が高まり，緊急調査を実施したり，精神科のスポーツドクターとも連携して心理支援を行った(土屋ら，2021)。このことからもこの分野が今後ますます活性化すると期待されている。

【文献】

荒木雅信・土屋裕睦(1998-2000)体育系大学における「臨床スポーツ心理学」の構築に向けて. 私学振興財団補助対象研究報告書.

近藤みどり, 中澤吉裕, 船江美香, 三浦雄一, 土屋裕睦(2022)車いすテニス次世代強化育成選手へのメンタルトレーニング実践報告－アクティブラーニングを用いた自己調整学習の取り組み－. メンタルトレーニングジャーナル, 15巻.

中込四郎(2004)アスリートの心理臨床－スポーツカウンセリング. 道和書院.

中島登代子(1992)スポーツと心理臨床. 氏原　寛・小川捷之・東山紘久・村瀬孝雄・山中康裕〔編〕心理臨床大事典. 培風館. pp.1191-1194

中島登代子(2004)スポーツカウンセリングの専門性. 臨床心理学, 4(3)：353-359.

西野　明・土屋裕睦(2004)我が国におけるメンタルトレーニング指導の現状と課題－関連和書を対象とした文献研究－. スポーツ心理学研究, 31(1)：9-21.

土屋裕睦(2004)ソーシャルサポートとチームビルディング. 日本スポーツ心理学会〔編〕最新スポーツ心理学―その軌跡と展望. 大修館書店. pp. 219-230.

土屋裕睦(2009)大阪体育大学におけるメンタルサポートとスタッフの育成. 臨床スポーツ医学, 26(6)：677-681.

土屋裕睦(2012)ソーシャルサポートを活用したスポーツカウンセリング－大学生アスリートのバーンアウト予防のためのチームビルディング－. 風間書房, pp.1-280.

土屋裕睦(2014)日本代表チームに対する心理サポートの実践. スポーツ精神医学会シンポジウム：スポーツにおける精神医学と心理学の交流を図る. スポーツ精神医学, 11：19-26.

土屋裕睦, 秋葉茂季, 衣笠泰介, 杉田正明(2021)新型コロナウイルス感染症の拡大が我が国におけるトップアスリートの精神的健康, 心理的ストレス及びコミュニケーションに与える影響－日本オリンピック委員会によるアスリート調査結果2, Journal of High Performance Sport,7, 13-22.

土屋裕睦・荒木雅信・中島登代子・鈴木　壯・藤田太郎(1998)1997年度メンタルトレーニング講習会報告－実力発揮を願う選手に対する心理的サポートの試み. 大阪体育大学紀要, (29)：129-135.

冨永 哲志, 金田 大樹, 横山 慎太朗, 酒井 優和子, 石居 宜子, 土屋 裕睦(2020)環境移行期にいる大学新入生アスリートの適応過程に関する質的研究. 大阪体育学研究, 第 59 巻, 1-13.

Topics 5

アスリートを支えるソーシャルサポート

競技生活を支える要因の１つに「周囲の他者からの支援」を挙げるアスリートは多い。パフォーマンス不調などの困難に直面したときのコーチからのアドバイスや，チームメイトや家族などからの励ましなど，様々な形の支援が危機的局面を乗り越える一助を担っており，アスリートのパフォーマンス向上や心身の健康維持，競技生活の充実に関わる重要な要因となり得る。

こうした周囲の他者からの有形・無形の支援は総称してソーシャルサポートと呼ばれる。アスリートにとってのソーシャルサポートは，大きく４種類：①情緒サポート（励ますことや慰めること），②評価サポート（賞賛や承認すること），③情報サポート（助言やアドバイスを提供すること），④物質サポート（金銭や用具などを提供すること）に分類される（Rees and Hardy, 2004）。ソーシャルサポートは，パフォーマンス向上，ストレス対処，バーンアウト抑制に寄与することが示されており，アスリートの競技生活において重要な要因の１つであることが示されているが，サポート授受が発生する状況やタイミング，提供者によってその影響は異なる可能性も指摘されている（Freeman, 2021）。例えば，アスリートの努力や長所を評価することは，提供者がコーチ，チームメイトのいずれの場合においてもアスリートの自信を高めることが示された一方で，アドバイスは，指導者から提供された場合にはアスリートの自信を高めるが，チームメイトから提供された場合には低下させることが示された（Katagami and Tsuchiya,2017）。このことからも，サポート行動は一律に効果的なものと捉えるのではなく，様々な要因によってその有効性が規定されるものと認識される必要があり，今後さらにアスリートにとってのソーシャルサポートを多面的に検証することが重要である。

近年の研究では，アスリートキャリアを通したレジリエンスを育む要因の１つとしても着目されており（Rees et al. 2016），アスリートの包括的成長を促すソーシャルサポートとその役割や機能を検証していくことが求められる。さらに，スポーツ現場でアントラージュ（コーチやスタッフ，保護者など）とアスリート支援に関わる科学的知見を共有し，自立したアスリートを育てるための過不足のないサポートの在り方を考えていくことも必要となるだろう。

【文献】

Freeman, P.（2021）Social support. 240-258. In Arnold, R., & Fletcher, D.（Eds.）. Stress, well-being, and performance in sport. Routledge.

Katagami, E., & Tsuchiya, H.（2017）Effects of received social support on athletes' psychological well-being. International Journal of Sport and Health Science, 15:72-80.

Rees, T. & Hardy, L.（2004）Matching social support with stressors: Effects on factors underlying performance in tennis. Psychology of Sport and Exercise, 5: 319-337.

Rees, T., Hardy, L., Güllich, A., Abernethy, B., Côté, J., Woodman, T., Montgomery, H., Laing, S. & Warr, S.（2016）The great British medalists project: a review of current knowledge on the development of the world's best sporting talent. Sports medicine,46, 1041-1058.

第V部

アスリートと市民の健康に関わるスポーツ心理学

従来，スポーツの健康心理学と呼ばれるが，ここでは「アスリートと市民の健康に関わるスポーツ心理学」として具体的な対象を示している。タイトルを「健康スポーツ心理学」としない執筆者の意図を読み取って頂きたい。ここで扱う運動は，「exercise」を指し，運動心理学の分野に含まれると理解している。1章と2章では，一般人の「こころと身体」の健康への運動の効果について知見を基にして解説している。新たなテーマとして，3章では健康状態のモニタリングの考え方と研究方法，手法について解説している。4章では，スポーツ選手の傷害とそれに関係する心理的要因とメンタルヘルスにも言及している。5章では，バーンアウトの発生のメカニズムとその対処について解説している。トピックスでは，スポーツ傷害と心的外傷後成長について解説している。

1 健康スポーツ心理学の基礎

1 健康スポーツ心理学とは

幼少期に始まり，青年期や成人期，そして高齢期に至るまで，スポーツは人々の日常に深く入り込んでいる。スポーツ基本法の前文には「スポーツは，世界共通の人類の文化である。スポーツは，心身の健全な発達，健康及び体力の保持増進，精神的な充足感の獲得，自律心その他の精神の涵養等のために個人又は集団で行われる運動競技その他の身体活動であり，今日，国民が生涯にわたり心身ともに健康で文化的な生活を営む上で不可欠のものとなっている。」とあり，人々が生涯にわたって親しむスポーツには多様な意義が存在する。また，後述する世界保健機関(WHO)の健康の定義や生物心理社会的モデルに照らし合わせると，この前文には健康のためのスポーツ実践の意義が示されているとも解釈できる。このようにスポーツは，日々の生活に活力をもたらし，個人のウェルビーイングを向上するための有力な手段となろう。

スポーツには，競技スポーツや生涯スポーツ，レクリエーションスポーツ等，様々な呼称がある。竹中(1998)は，人生に楽しみやいきがいを求めたり，緊張の解放や健康づくりを主とする運動やスポーツを指して，健康スポーツと呼んでいる。様々な運動やスポーツ種目を材料にして，誰もが楽しみや喜びを求め，自らが主人公になれるスポーツ活動が健康スポーツである。

健康スポーツ心理学とは，このような健康スポーツがもたらす心理的，身体的および社会的な恩恵を明らかにするとともに，得られた成果を社会に還元していくことを目指す学問である。本章ではまず，健康スポーツ心理学が勃興してきた背景について概説する。続いて，そうした背景と密接に関連し，心理社会的問題であるストレスについて解説を行う。最後に，ストレス解消を含め，スポーツがもたらす心理的恩恵について，基礎となる研究成果を紹介する。

2 健康が重要視される社会背景

1 様々な社会構造の変化

健康スポーツ心理学が勃興してきた背景には，様々な社会構造の変化が関係しているが，特に少子高齢化にまつわる問題の関与が大きいとされる。日本では，70年代中頃を境に，全人口に占める出生率が低下し続けている。対して，生活環境の変化や医療の進歩などによって，平均寿命が延び続けている。こうして少子高齢化が進行し続けており，40年後には全人口に占める65歳以上の高齢者の割合が40%を超えると試算されている。

少子高齢化には，主たる死亡因の変化も強く関与している。戦後しばらくすると，それまでの主因であった感染症から，悪性新生物，脳血管障害，心疾患といういわゆる3大疾病(生活習慣病)に国民の死亡因の大部分が置き換わることとなった。上述したように，医療の進歩や生活環境がより衛生的となった一方で，生活習慣病という呼称が表すように，科学技術の進展や労働形態の変化が個人の生活習慣に変化をもたらし，結果として疾病構造の変化をもたらしたといわれる。

生活習慣病は慢性疾患であり，その治療には膨大な時間と費用がかかる。また，年齢を重ねるほど罹患率が高くなる。こうして，高齢者比率の増加と疾病構造の変化によって治療にかかる医療費の増加，すなわち国の財政負担の圧迫という国民的な問題が深刻さを増してきている。国民医療費は増加の一途を辿っており，国民所得に対する比率は近年10%を超え続けている。少子高齢化は，老人医療費の増加という財政問題としても深刻化している。

以上のような社会構造の変化から，生活習慣病の治療のみならず，予防(特に一次予防)を一層重視する風潮が強まってきた。現在，国をあげて取り組んでいる「21世紀における国民健康づくり運動(健康日本21〔第二次〕)」では，生活習慣病の予防を目的として試みがなされている。その1つに「身体活動・運動」に関するものもあり，健康スポーツの実施が生活習慣病の予防に最も効果を発揮するものと期待されている。

様々な社会構造の変化に伴い健康スポーツの実践が重視されることとなり，関連する心理学的問題が健康スポーツ心理学という枠組みの下で研究がされている。

2 健康とは

そもそも，我々が実現しようとしている健康とは一体どのようなものであろうか。WHOの定義では，「健康とは，身体的，精神的，社会的に健全で幸福な状態であり，単に疾病または虚弱でない状態をいうのではない」とされている。この定義は何度か改定が試みられているものの，現在まで加盟国同士の合意が得られず改定は実現していない。WHOの定義を完全に満たすような状態が真の健康なのか疑義を唱える研究者もおり，身体疾患を抱えていても健康であるという考えもあるなど，健康という概念は多様な捉え方が存在するというのが現状といえる(西村，2006)。

我々の健康は医療制度の発達に多くを支えられているが，その根底にある健康観にも変遷がみられる(島井，2009)。先述したように，60年代頃まで人々は感染症に悩まされてきた。そうした問題に対応するため，生物医学モデルと呼ばれる健康観に沿って医療制度が発達してきたと考えられている。心身二元論に基づくこのモデルは，①病気の原因は外部に存在する，②病気の処置は，化学療法，予防接種，外科手術による，③処置の責任は医学の専門家である，という考えに則っていた。病原菌という外来因子によって身体本来の働きが阻害される症状が現れると考えられており，健康とは病気のない状態を指すものであった。このモデルに従い，数々のウィルスや病原菌の発見と，それに対する医薬品やワクチン，治療法などの開発が劇的に進歩してきた。

しかしながら，生活習慣が疾患に大きく影響することが明らかになるにつれ，治療を主とする生物医学モデルの観点だけでは対応しきれない問題が出現するようになる。そして，心理社会的要因および予防という観点を重視した，生理心理社会モデルという新たなモデルが提案されるに至る。このモデルでは，①病気は単一の原因だけではなく，生物的・心理的・社会的要因という複合的な要因により生じる，②人間全体が治療される必要がある，③すべての人は，自分の健康や疾患に責任がある，という考えに

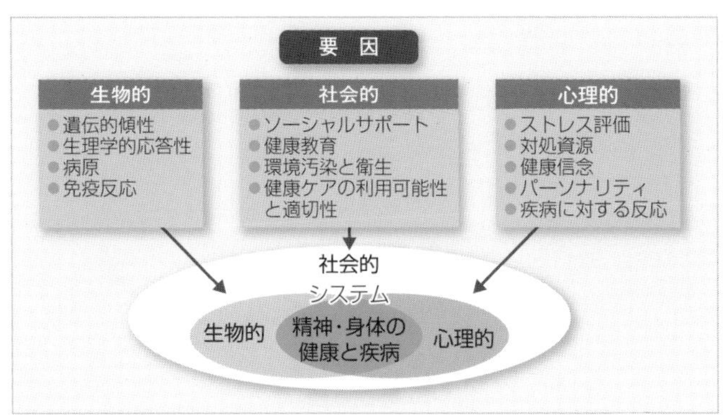

図1 生物心理社会モデル(Bernard and Krupat, 1993)

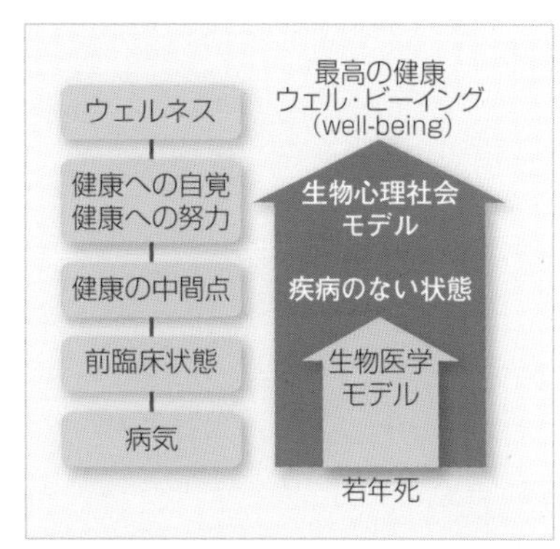

図2 病気と健康の生物心理社会モデル(島井，1997)

則っている（**図1**，**図2**）。疾患は，環境からの外的因子だけでなく，本人の遺伝的素質，本人の行動や心理的状態，本人をとりまく社会・文化的要因の複合的な影響を受けるとするモデルである。最近の健康に関する取り組みの多くは，生物心理社会モデルにみられる様々な側面を考慮する形で行われている。

3 メンタルヘルス

健康の捉え方の1つに，心理学的な側面に特化したメンタルヘルスというものがある。精神医学者ピネル（Pinel）は，精神病患者を牢獄のような病院から解放し，ヒューマニズム精神に基づく処置運動を実践し，基本的人権（生存権や自由権）を尊重する必要性を示した。こうした背景から，精神障害の予防や治療を，精神衛生（mental hygiene）と呼び，90年頃から精神保健（mental health）に改称されることとなる。精神保健の原語としてのメンタルヘルスとは，「こころの不健康を予防し，こころの障害や病気からの回復を早めて，より健康なこころをつくること」という保健活動を指す。一方，「身体・知能および感情の点で，他の人々の精神保健と矛盾しない範囲で，個人を最適に発達させる状態」というこころの健康状態（精神的健康）を指す場合もある（谷口，2008）。「健康日本21」では後者の観点に立ち，メンタルヘルスを「生き生きと自分らしく生きるための条件であり，具体的には自分の感情に気づいて表現できること（情緒的健康），状況に応じて適切に考え，現実的な問題解決ができること（知的健康），他人や社会と建設的でよい関係を築けること（社会的健康）」と定義して，その実現の重要性を主張している。健康スポーツ心理学では，WHOの定義にみられる健康だけでなく，心理学的興味からメンタルヘルスにも焦点を当てている。

3 ストレス概論

1 なぜストレスについて学ぶのか

ストレスという用語は日常語となっており，我々の生活と密接にかかわっている。もともとは工学や物理学領域において，歪みを意味する概念として利用されていたが，20世紀の初めに医学・生理学領域の研究テーマとなる。**図3**にみられるように，今では不適切な生活習慣を引き起こす主たる要因の1つと考えられており，健康を考える上でストレスの学術的基礎を理解することは必須である。

2 生理的ストレス理論

ストレス学の祖であるセリエ（Selye, 1956）によって，ストレスに関する研究は本格化された。彼は，“生体に生じる歪み”を意味する概念としてストレスという用語を医学領域に導入した。ストレスを，「環境からの刺激負荷によって引き起こされる，下垂体－副腎皮質系を中心とした非特異的な生物学的反応」と定義し，この非特異的反応を汎適応症候群（general adaptation syndrome：GAS）と呼んだ。GASは，最終的には①副腎皮質の肥大化による血圧上昇，②胸腺・リンパ節・膵臓の萎縮による免疫力の低下，③

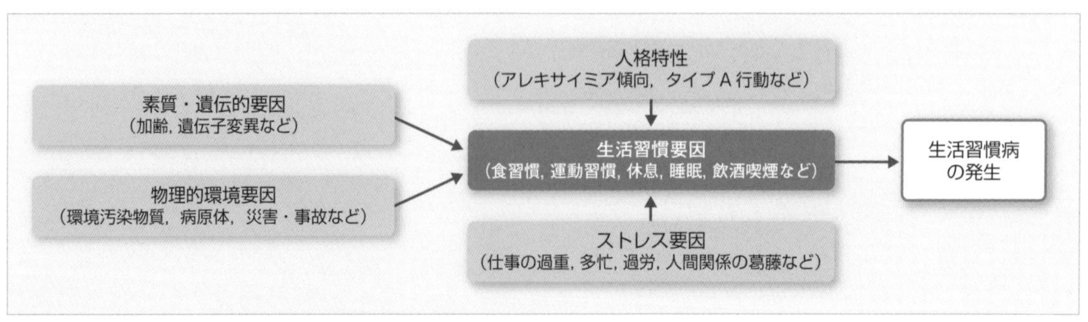

図3 ライフスタイルと生活習慣病との関連（津田，2002）

胃・十二指腸の潰瘍化(胃液分泌量の減少，十二指腸の出血)という三つ組み反応の出現によって特徴づけられる。彼は動物実験を通じて，この反応に至るまでに3つの段階を経ることを見出した(**図4**)。1つ目の段階は警告反応期と呼ばれ，ストレッサーに対する最初の防衛段階である。外的刺激が有害作用因として生体に取り込まれたことを知らせる段階で，最初の刺激曝露から6～48時間を指す。体温・血圧・血糖値の低下，白血球・リンパ球の減少，筋緊張低下などのショック相を経て，反対の反応を示す反ショック相に至る。続いて，抵抗期と呼ばれる段階で，48時間後に始まる。ストレッサーに抵抗しようと生体が積極的に活動し，一定の安定(適応状態)が確保されている段階である。副腎皮質はホルモンの放出を止め，大量の脂肪粒子を取り入れるため，副腎皮質の肥大化が生じる。最後が疲弊期と呼ばれる段階である(1～3か月後)。生体は，ストレッサーに曝され続けると抵抗しきれなくなり最終的に上述の三つ組み反応を示すこととなる。

生体は様々な環境の変化に有機的に適応していかなければならないが，それが実現できないと生体の機能が崩壊し，生命が危険に晒される。ストレスは，こうした状態を説明するのに優れた概念として，広く受け入れられてきた。

セリエはまた，ストレスを引き起こす刺激をストレッサーと呼んだ。今日ではストレスという用語が様々に使用されているが，刺激と反応を区別した点は，ストレスにまつわる問題を整理する上で非常に重要である。彼はまた，様々な心理的苦痛もストレッサーとして考えていた。ストレス研究の初期の段階から，心理的な側面も重要視されていたことが窺える(ただし，今日のストレス理論では，心理的苦痛はストレス反応の一部とみなすのが一般的である)。

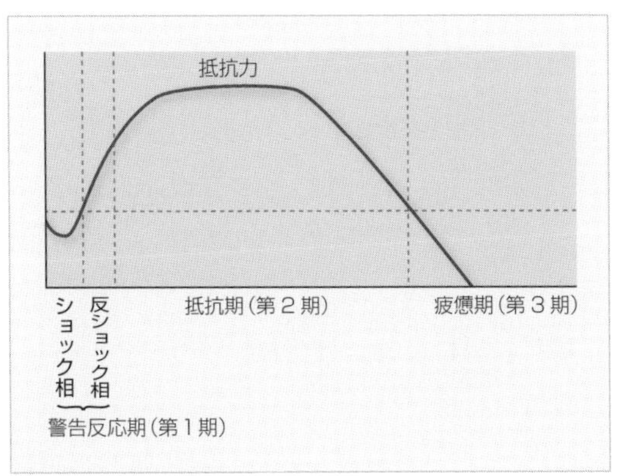

図4 GASの3段階

3 初期の心理社会的ストレス理論

セリエのストレス理論は，後の心理学にも大きな影響をもたらした。初期の心理学的ストレス研究では，“どのような出来事が人々に負担をもたらすのか”に焦点があてられた。ホームズとレイヒ(Holms and Rahe, 1967)は，生活上の大きな変化(ライフイベント)をストレスとして扱い，ストレス経験と健康との関連性を検討した。最もストレスとなる出来事が「配偶者の死」であり(100点)，これを基準として家族，仕事，金銭，教育に関する43の出来事をリストアップして得点化した。そして，ストレス得点が高いほど，疾患のリスクが高くなると報告した。

一方，このようなライフイベント研究に対して，いくつかの問題点も指摘されるようになる。後述のラザルス(Lazarus)は，①「結婚」や「仕事での成功」など好ましい出来事も含まれており，これらは健康と無関係である，②追試の結果では，ライフイベント尺度と健康との関連性が低い，③日常で問題となるのはライフイベントというよりも，むしろちょっとした些細な出来事(デイリーハッスルズ)である，④出来事がどのような価値をもつかは個人によって異なる可能性が存在し，個人の認知過程を考慮する必要がある等，ライフイベント研究に対しての批判的見解を示し，異なるストレス理論を提案することとなる。

4 現代の心理社会的ストレス理論

ラザルスとフォルクマン (Lazarus and Folkman, 1984) は，ストレスを刺激(出来事)や反応として捉えるという単純なモデルから脱却し，個人によって出来事の意味づけ(価値の捉え方)や対処の仕方が異なる点に注目し，個人

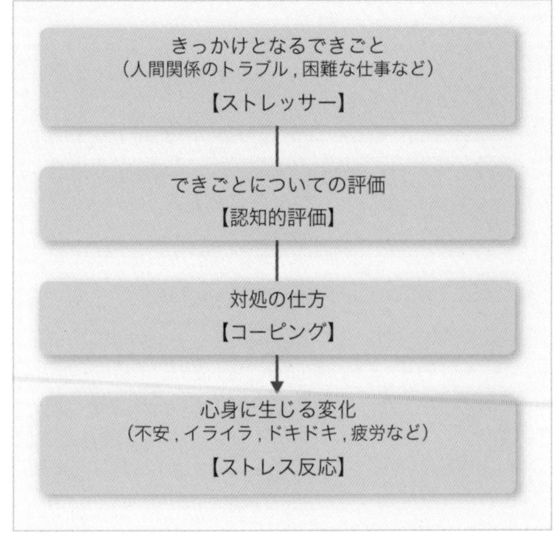

図5 トランスアクショナルモデルの概要（鈴木，2004）

と環境との相互作用を重視したトランスアクショナルモデルを提唱した（**図5**）。このモデルでは，刺激のストレス価を査定する認知的評価過程と，対処行動（コーピング）という媒介過程を経てストレス反応が生じると仮定されており，ストレスとは，この一連の過程を表す構成概念とみなされた。以下，各過程について概説する。

認知的評価とは，刺激の性質とそれに関連する自己の能力とを評価する過程である。この過程を通じて，刺激がストレッサーとなるか否かの査定が行われることとなる。下位概念として2つの過程が想定されており，一次評価と二次評価とがある。一次評価とは，刺激が自分にとってどのような意味をもつのかについて，①無関係，②無害（もしくは肯定的），③脅威または挑

表1 コーピングの2つの型（谷口，2008）

問題焦点型対処		情動焦点型対処	
苦痛を引き起こした問題を処理しようとする対処法であり，実際の状況を変えるための努力		脅威について考えるのを避けたり，気分を良くしようとしたりして，生じた情動を調節する機能をもつ	
1	もっぱら，次の段階でしなければならないことに注意を集中する	1	気をまぎらわすために，仕事をしたり，何か他のことをするようにする
2	行動計画を立てて，それを実行する	2	奇跡が起こることを望む
3	その問題について具体的に何かできる人に相談する	3	現実よりも良いひとときや，そのような場所を空想したり，想像したりして過ごす
4	脅威が小さいときに用いられやすい	4	脅威が大きいときに用いられやすい
5	自己統制が可能と判断したときに用いられやすい	5	自分の力では変られないと判断したときに用いられやすい

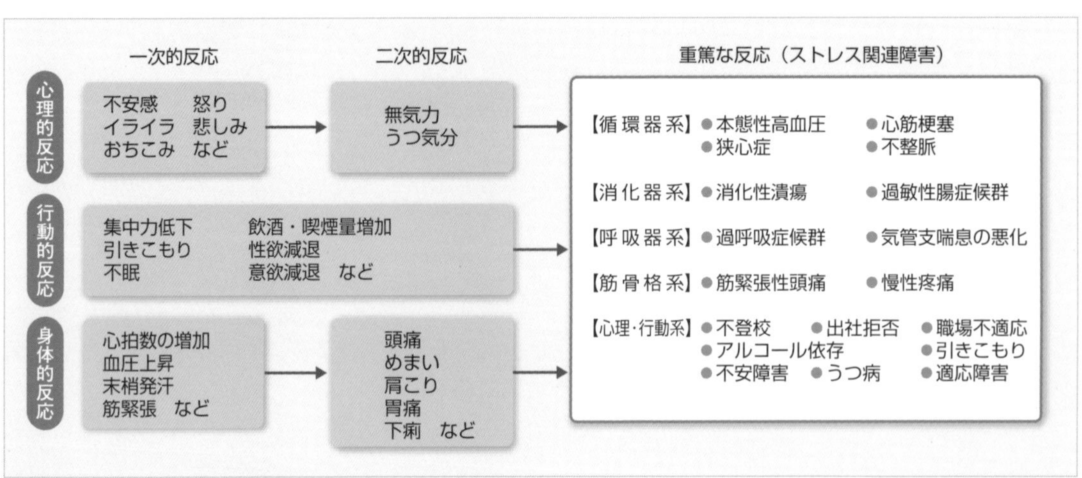

図6 様々なストレス反応（鈴木，2004）

戦のいずれかの判断を行う過程である。一方，二次評価とは，刺激に対して対処できるかどうかについて見積もる過程であり，①どのような対処方略を選択するか，②選択した対処がどのような結果をもたらすかについて，それぞれ判断が行われる。これらの評価過程を経て，具体的な行動(コーピング)が発動することとなる。

コーピングとは，「個人の資源に負荷を与えたり，その資源を超えると評価された外的あるいは内的要求を処理するために行う認知的行動的な努力」と定義される。個人がとりうるコーピングとは，状況に応じて変化する一方で，状況に依存せずに個人内で安定した特性的な側面もあると考えられている。また，コーピングとはあくまで努力であり，もたらされる結果は定義に含まれていない。その種類は大きく2つのタイプに分類される。1つは，問題焦点型対処と呼ばれるもので，これは原因となる出来事を変化させようと，直接的に解決を試みるタイプのコーピングである。もう1つは，情動焦点型対処と呼ばれ，問題解決はひとまずおいて，自分のネガティブな感情を和らげようとする試みを指す。ラザルスらは，コーピングの測定尺度として，Way of Coping Questionnaireを開発している(わが国では，日本健康心理学研究所が「ラザルス式 ストレスコーピングインベントリー」として邦訳したものが販売されている)。この尺度では，問題焦点型と情動焦点型以外に，下位尺度として，①計画型，②対決型，③社会的支援模索型，④責任受容型，⑤自己コントロール型，⑥逃避型，⑦離隔型，⑧肯定評価型を判定できる。一般に，状況を変化させることが可能であると評価された場合(詳細は省略するが，上述の評価過程を経て最終的にこのように評価された場合を指す)には問題焦点型対処が有効であり，変化が困難な場合には情動焦点型対処を行うことが好ましい状態につながるといわれている(**表1**)。

認知的評価やコーピングの結果として，ストレス反応が喚起される。現代の心理社会的ストレス理論では，ストレス反応にも様々な側面があると考えられている(**図6**)。1つは，心理的反応であり，これは感情の変化が中心となる。また，様々な問題行動も顕在化し，これらは行動的反応といえる。さらに，身体的反応として生理的反応に変化が生じ，それが種々の症状に発展する。これらの反応は，短期的(一時的)反応から重症度の高い二次的反応へと至り，ストレス性疾患のリスクを高めると考えられている。

4 ストレスマネジメント

1 ストレスマネジメントとは

現代社会で適応的な生活を送る上では，ストレスと上手に付き合う能力が不可欠である。ストレス反応の生起を阻止するための対応策をストレスマネジメントと呼び，個人が日常的に行い，結果として健康の維持・増進がもたらされるような活動全般を指す。最近では，学校や職場など，様々な場面でストレスマネジメント能力を養う介入も行われているが，そうした介入を指してストレスマネジメントと呼ぶこともある(個人の活動と介入とを区別するため，後者をストレスマネジメントプログラムと呼ぶ場合も多い)。この場合，個人や集団を対象に第三者が介入を行い，最終的に個人がストレス耐性を高めることが狙いとされる(**図7**)。介入は一般的に，トランスアクショナルモデルに基づくストレスの構造に関する知識の獲得を目指すとともに，認知的評価やコーピングなどを状況に応じて柔軟に変化していけるような訓練や，ストレス反応を調整する具体的な技法の練習という内容で構成されている(**図8**)。以下，トランスアクショナルモデルに沿って，ストレスマネジメントの特徴を概説する。

2 環境の操作

トランスアクショナルモデルに沿うと，環境を操作することもストレスマネジメントの範疇に含まれる。環境の操作とは，ストレッサーに直接的に働きかける取り組みのことである。ストレスの原因となる物的人的要素を除去したり，

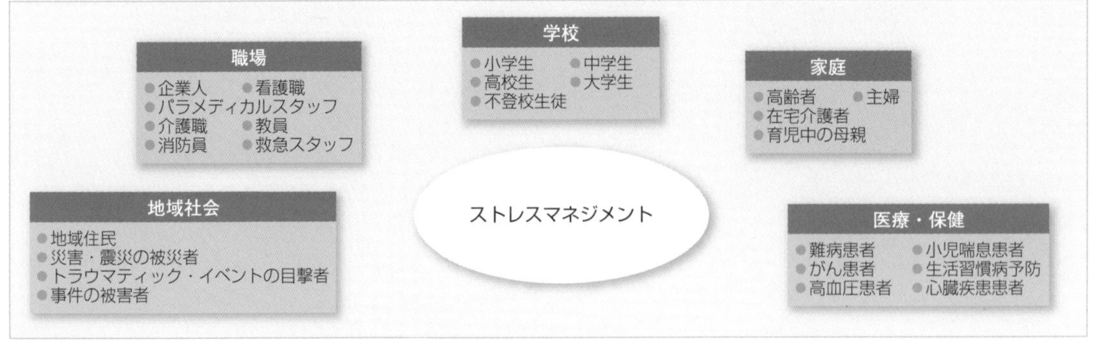

図7 ストレスマネジメント・プログラムの適用領域(鈴木，2004)

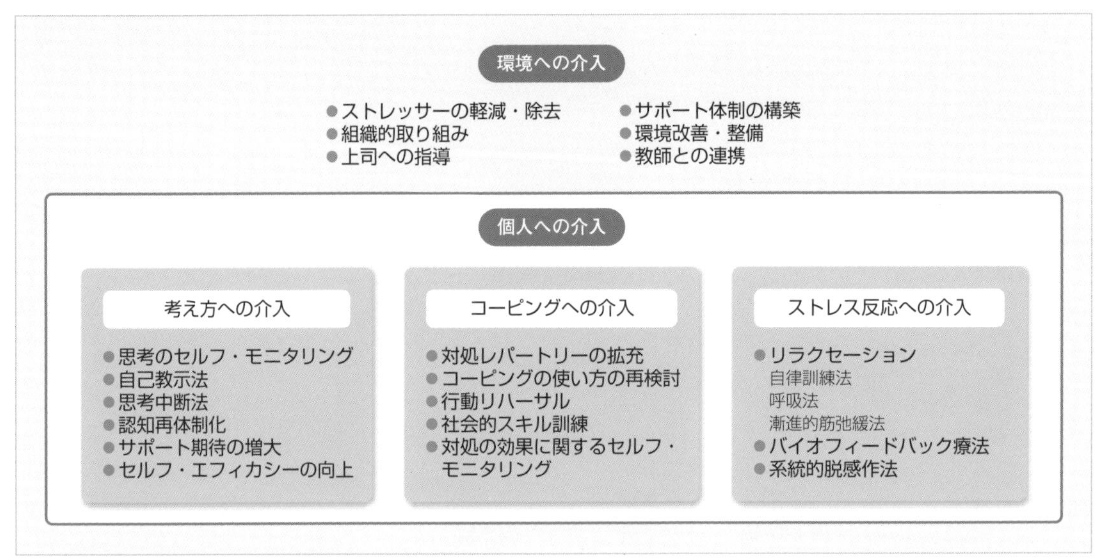

図8 ストレスマネジメント介入ポイントと介入技法(鈴木，2004)

周囲のサポート体制を整備したりすることに重点をおく。例えば，施設が整っておらず，日常的に運動ができないという問題であれば，施設を整えることで問題が解決されることとなる。しかしながら，現実には，個人が環境を操作することは困難な場合が多く，他の側面への介入が中心となる。

3 考え方への介入

考え方への介入とは，認知的評価の変容を目的としたものである。すなわち，物事の捉え方，自己に対する否定的な考え方や価値観など，不快な感情の原因となる認知活動の変容を目的とする。例えば，セルフモニタリング(自己観察法)によって自分の考え方の特徴を知り，柔軟な考え方を探したり，柔軟な考え方を自分に言い聞かせる方法(自己教示法)の習得を目指す。

4 コーピングへの介入

コーピングへの介入とは，対処方略のレパートリーの拡充を目指す試みである。問題の解決策や不快感情を和らげる方法，人間関係を調整する方法(社会的スキル)などを学び，コーピングの選択肢を増やす。また，様々な方略をうまく実践したり，状況に適した方略を選択できるよう，模擬場面を用いてリハーサルしたりする。

5 ストレス反応への介入

ストレス反応への介入とは，ストレス反応の調整技法の習得のための介入となる。心身のストレス反応を，自分自身で調整する技法を習得することを目指す。一般に，不快感情を和らげるリラクセーション技法や，活動性を高めるアクティベーション技法の習得に大別される。「コーピングへの介入」がコーピングに関する知識の獲得を目指すのに対し，「ストレス反応への介入」は具体的な調整技法の習得を目的としている。言い換えると，情動焦点型対処の具体的な技法の獲得に焦点が当てられている。

6 スポーツはストレスマネジメントの各介入ポイントに利用できるか？

スポーツには，ストレス反応を和らげるといった直接的な効果がある。身体を動かすことで，不安や抑うつなどのネガティブ感情が和らぐことが実証されている（荒井，2004）。また，後述するように，気分の高揚やリラックス感などポジティブ感情を体験することもストレス反応の減少と密接にかかわっている。こうした効果は実証的に検討されているが，一方で，間接的効果についても期待できるかもしれない。すなわち，スポーツの実践を通じて，柔軟な考え方を身につけられたり，スポーツに伴う困難を経験することで，対処レパートリーの選択肢が増える可能性が考えられる。間接的効果についての検討はこれまで行われておらず，今後の課題であろう。

7 ストレスマネジメントの適用領域

ストレスマネジメントは，個人から集団（学校，職場，臨床場面）まで，様々な領域で実践可能である。介入には，機能向上的介入と呼ばれる型があり，これは学校や職場などにおいて，コーピングの学習やリラクセーション技法の獲得を目指すものである。クラス単位で実施し，班ごとに授業や休み時間を利用して練習する一斉指導型や，専門家から教師が指導を受けて学校で実施する教師トレーニング型などの方法が取られている（佐藤，2004）。一方，臨床的介入もあり，災害の被災者や事件の被害者などを対象に，重篤なストレス性障害を引き起こすことがないよう働きかけることが主たる内容となる。

集団介入は，対人的な関わりや集団の特性を生かしていこうとする介入法である。参加者同士の交流（意見交換）を通じて，様々なフィードバックを得られる点が大きな利点となる。同じ問題を抱えるメンバーの行動を観察することで（観察学習），他者の良い（あるいは悪い）部分を参考にできる。

5 健康スポーツの実施に伴う心理的恩恵

健康スポーツの実施は，ストレスの解消という，ネガティブな状態を平常状態に戻す効果だけではない。高揚感やリラックス感を高め，それがさらにはウェルビーイングの実現につながるなど，ポジティブな状態をもたらす効果も実証され始めている。本節では，スポーツの実施に伴う心理的恩恵について概説する。

1 スポーツ，運動と身体活動の区別

心理的恩恵に関する研究は，スポーツというよりも運動に関して研究が進められている。キャスパーソンら（Casperson et al. 1985）は，スポーツと運動に加えて，身体活動の３者の区分を定義している。身体活動とは，骨格筋によって作り出されたエネルギー消費を伴う身体の動きを指す。一方，運動とは，計画的で構造化され，繰り返し行われる身体活動の集合体であり，体力の改善や維持を目標とするものである。また，スポーツは運動の要素に加え，ルールや遂行目的が明確なものである。特別な施設や用具が必要となる場合が多いスポーツではなく，容易に実施可能な運動や身体活動に焦点を当てて，その効果が検証されている。以下では，主に運動という用語を用いて，健康スポーツの効果について眺めていく。

2 一過性運動がもたらす心理的恩恵

運動の心理的恩恵を調べるには，実験参加者が快適とみなす強度の運動負荷を課すのが一般的な手法である。それらの研究は総じて，中等度（主観的運動強度でいうところの，ややきつ

い程度)の強度を課すことで，ポジティブ感情が喚起されると結論付けている。例えば，荒井ら(2003)は，実験参加者本人が快適と感じるペースでウォーキングを10～15分実施した結果，種々の感情状態に変化がみられることを報告している(**図9**)。この研究では，運動の直前と直後，25分後に心理尺度を用いて感情状態を測定した結果，否定的感情が直後に減少し，25分後もそのレベルが継続していた。また，高揚感は運動直後に増加し，25分後は元のレベルに戻ることが示された。一方，落ち着き感は運動直後にわずかに増加し，25分後に大幅に増加していた。異なる運動形態(サイクリング，マシンによる筋トレ)による実験でもほぼ同様の結果が確認されており，中等度の運動にはポジティブ感情を高めるという心理的恩恵をもたらす効果があるといえる。

どのようにしたら，より多くの心理的恩恵を得られるのかという点についても，研究が展開され始めている。荒井ら(2004)は，運動中の思考活動の違いに注目し，10分間のサイクリング実施に伴う感情の変化が，運動中の認知的方略の違いにどのような影響を受けるか検討した。呼吸や疲労感，他の感覚など，身体の内側に注

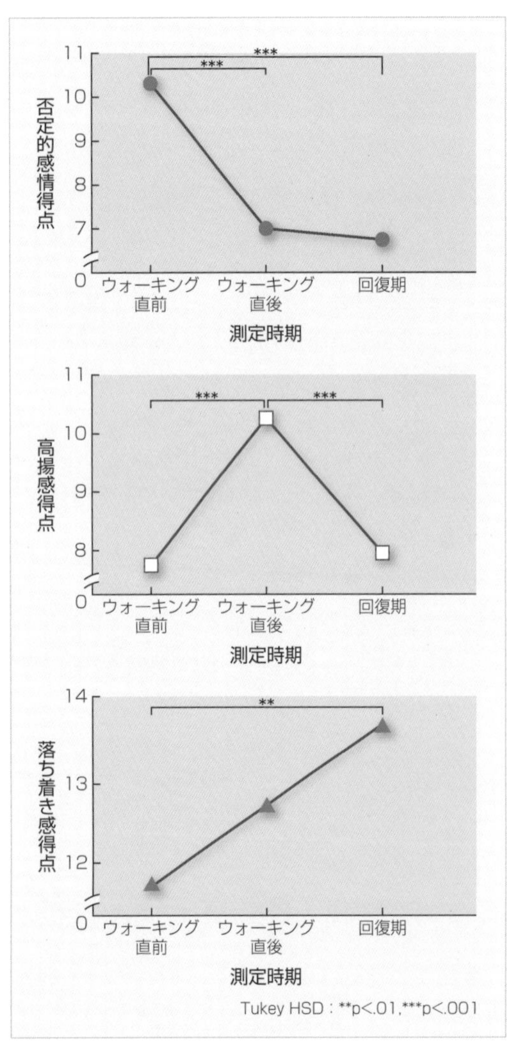

図9 中等度の運動による感情の変化
(荒井・竹中・岡，2003)

表2 高齢者に対する身体活動の恩恵WHOが示した身体活動の効果（WHO，1996）

生理学的効果	短期的効果	1	血中のグルコースの上昇
		2	カテコールアミン(アドレナリン，ノルアドレナリン)の分泌
		3	睡眠の量および質の強化
	長期的効果	1	心臓血管系機能(有酸素性持久力)の改善
		2	筋力の強化
		3	柔軟性の維持・増強
		4	バランス，協応力の維持・増強
		5	動作速度の維持
心理学的効果	短期的効果	1	リラクセーションの強化
		2	ストレスおよび不安の低減
		3	気分の強化
	長期的効果	1	一般的安寧の獲得
		2	メンタルヘルスの改善
		3	認知機能の改善
		4	運動の制御とパフォーマンスの向上
		5	技能の獲得
社会学的効果	短期的効果	1	高齢者の権限の強化
		2	社会的統合の強化
	長期的効果	1	社会との関わりの強化
		2	新しい親交の形成
		3	社会的ネットワークの拡大
		4	役割の維持と新しい役割の獲得
		5	世代間活動の強化

意を向けるよう指示された連合的方略群と，周囲の環境など，身体の外側に注意を向ける分離的方略群の２群を比較した。その結果，分離的方略の方がポジティブ感情をより強く喚起することが示唆された。こうした研究は，元々は長距離ランナーの認知的方略(苦痛に注意を向けるか，逸らすか)に焦点が当てられたのがきっかけであったが，昨今の市民マラソンブームともかかわり，今後の研究の進展が期待される。やがては，ポジティブ感情を中核とした心理的恩恵を効率よく得られるための知見が蓄積されるだろう。

3 運動継続に伴う長期的な心理的恩恵

運動の実施に伴うポジティブ感情増加の繰り返しの体験は，様々な長期的恩恵につながると考えられている。**表２**には，WHO(1996)がまとめた高齢者に対する身体活動の心理的恩恵について，感情面を含めた様々な短期的および長期的な恩恵が挙げられている(竹中，2000)。

最近の研究によると，感情以外の他の心理的側面にも運動がポジティブな作用をもたらすことが明らかにされつつある。例えば，運動経験に伴い自己効力感が向上するといわれる。自己効力感(セルフエフィカシー)とは，「ある状況において，自分が適切な行動を遂行できる見込み」を指す。運動の遂行に伴い当該行動への効力感が高まり，やがてはより全般的な効力感の増加をもたらす可能性が見出されている。自己効力感の高まりはまた，ポジティブ感情をより増加させたり，運動の継続を促し(定期的な運動習慣を形成し)たりして，ウェルビーイングやQOLの促進など長期的な恩恵につながることとなる(McAuley, 2006)。運動継続に関する詳細は２章も参照されたい。

【文献】

荒井弘和(2004)メンタルヘルスに果たす身体活動・運動の役割. 日本スポーツ心理学会〔編〕最新スポーツ心理学－その軌跡と展望－. 大修館書店. pp. 89-98.

荒井弘和・竹中晃二・岡　浩一朗(2003)一過性運動に用いる感情尺度－尺度の開発と運動時における感情の検討－. 健康心理学研究, 16 : 1-10.

荒井弘和・竹中晃二・岡　浩一朗(2004)認知的方略を用いた一過性運動に対する感情反応. 行動医学研究, 10 : 59-65.

Bernard, L.C., & Krupat, E.(1993)Health psychology : Biopsychosocial factors in health and immune system. Harcourt Brace College Publishers : Fort Worth Texas.

Casperson, C.J., Powell, K.E., & Christenson, G.M.(1985) Physical activity, exercise and physical fitness : Definitions and distinctions for health-related research. Public Health Report, 100 : 26-130.

Holms, T. H. & Rahe, R. H. (1967) The social readjustment rating scale. Journal of Psychosomatic Research, 11: 213-218.

Lazarus, R. S., & Folkman, S. (1984). Stress, appraisal, and coping. Springer.

McAuley, E. et al. (2006) Physical activity and quality of life in older adults: Influence of health status and self-efficacy. Annals of Behavioral Medicine, 31: 99-103.

西村秀樹(2006)現代社会における健康問題. 平木場浩二〔編〕現代人のからだと心の健康－運動の意義と応用－. 杏林書院. pp.9-44.

佐藤正二(2004)集団介入の利点, 欠点, 工夫点. 坂野雄二〔監〕ストレスマネジメント実践マニュアル. 北大路書房. pp.29-38.

Selye, H. (1956). The stress of life. McGraw-Hill.

島井哲志(1997)健康心理学. 培風館.

島井哲志(2009)健康とウェルビーイング. 島井哲志・長田久雄・小玉正博編　健康心理学・入門－健康なこころ・身体・社会づくり－. 有斐閣. pp.3-17.

鈴木伸一(2004)ストレス研究の発展と臨床応用の可能性. 坂野雄二〔監〕ストレスマネジメント実践マニュアル. 北大路書房. pp.3-11.

竹中晃二〔編〕(1998)健康スポーツの心理学. 大修館書店.

竹中晃二(2000)運動・スポーツセラピー. 上田雅夫〔監〕スポーツ心理学ハンドブック. 実務教育出版. pp. 300-310.

津田　彰(2002)健康行動と生活習慣の形成. 日本健康心理学会〔編〕健康心理学概論. 実務教育出版. pp.75-87.

World Health Organization.(1996)Guidelines for physical activity in older persons. The paper in the fourth international congress physical activity, aging and sports.

谷口幸一(2008)心の健康論. 財団法人健康・体力づくり事業団〔編〕健康運動指導士養成講習会テキスト(下). pp.1401-1416.

健康増進を目的とした身体活動・運動の参加と継続

健康増進を目的に身体活動・運動を行うことが身体的および心理的に望ましい効果をもたらすことはよく知られている。また，身体活動・運動を行うことによる成果を得るためには，ある程度の期間を実践し継続する必要があることも理解されている。身体活動とは，骨格筋の収縮によって生じる身体の動きのことであり，実質的にエネルギー消費を増加させるものとして定義されている（Caspersen, Powell, and Christenson, 1985）。身体活動は，日常生活における労働，家事，通勤・通学，趣味などの「生活活動」と「運動」の２つに分けられる。運動とは，身体活動の１種であり，特に体力（競技に関連する体力と健康に関連する体力を含む）を維持・増進させるために行う計画的・組織的で継続性のあるものと定義される（厚生労働省，2006）。本章では，健康増進を目的とした身体活動・運動の参加と継続と題して，身体活動・運動の継続が健康に及ぼす恩恵を述べた後，身体活動・運動の継続の困難さについて説明する。最後に，身体活動・運動の促進に向けた介入研究に用いられる代表的な理論・モデルを説明する。

1 身体活動・運動の参加と継続

1 身体活動・運動の継続が健康に及ぼす恩恵

多くの実験的および疫学的研究から，身体活動や持久的運動トレーニングの実施が，健康や体力に対して多大な有益性をもたらすこと，すなわち生理的，代謝的，心理的な指標の改善がみられるとともに，多くの慢性疾患や早期死亡のリスクを減少させることが明らかになっている（American College of Sports Medicine, 2020）。**表1**は，定期的な身体活動の効果を示したものである。身体活動・運動が心血管疾患を予防することは明白であり，脳卒中，高血圧，２型糖尿病，大腸がん，乳がん，骨粗しょう症に伴う骨折，胆のう疾患，肥満，うつ病，不安

表1 定期的な身体活動の効果（America College of Sports Medicine, 2020より引用）

心血管系および呼吸器系機能の改善	●中枢および末梢適応による最大酸素摂取量の増加 ●最大下強度における分時換気量の減少 ●最大下強度における心筋酸素消費の減少 ●最大下強度における心拍数および血圧の減少 ●骨格筋における毛細血管密度の増加 ●血中乳酸蓄積の起こる運動閾値の上昇 ●疾患の徴候や症状（狭心症，虚血性ST低下，跛行）が発現する運動閾値の上昇
冠動脈疾患危険因子の減少	●安静時収縮期・拡張期血圧の低下 ●血清HDLコレステロールの増加および血清中性脂肪の減少 ●体脂肪減少，腹部内臓脂肪の減少 ●インスリン需要量の減少，耐糖能の改善 ●血小板の粘着性および凝集能の低下 ●炎症の減少
罹患率・死亡率の低下	●１次予防（発症予防への介入） ●身体活動レベルや体力レベルが高い人ほど，冠動脈疾患による死亡率が低い ●身体活動レベルや体力レベルが高い人ほど，心血管疾患，冠動脈疾患，脳卒中，２型糖尿病，メタボリックシンドローム，骨粗鬆症による骨折，膀胱がん，乳がん，結腸がん，子宮内膜がん，肺がん，胆のう疾患の発症率が低い
	●２次予防（心疾患発症後の再発予防への介入） ●メタアナリシス（特定領域の研究を収集した分析）によると，心筋梗塞後に心臓リハビリテーションとして運動トレーニングを実施した患者，特に複数の危険因子改善の一環として実施した患者は，心血管系および全死因による死亡率が低下する（無作為化対象試験においては，心筋梗塞後の患者に対する心臓リハビリテーションとしての運動トレーニングが，非致死的な再梗塞の発症率を低下させるという結果は得られていない）
その他の予測される効果	●不安やうつ状態の減少 ●認知機能の改善 ●高齢者の身体能力および自立能力の向上 ●健康感の向上 ●QOL（生活の質）の向上 ●睡眠の質と効率の改善 ●仕事，余暇活動およびスポーツ活動の能力の向上 ●高齢者の転倒リスクおよび転倒によるケガの減少 ●高齢者の機能的制限に対する予防および緩和 ●高齢者の様々な慢性疾患に対する効果的治療

などの発症率を低下させることが示されている(America College of Sports Medicine, 2020)。このように身体活動は様々な疾病の発症リスクを減少させることが明らかになっている。それでは，どの程度，身体活動を増やせば疾病の発症リスクを減少させることができるのだろうか。暴露(量，時間，量×時間)が増加するにつれて，相対危険が大きくなることを量－反応関係という。例えば，身体活動量が増加するにつれて，がんを発症する相対危険度が低下する場合，身体活動量とがんの発症との間には負の量－反応関係があるといえる。これまでに明らかにされている身体活動と健康に対する効果との量－反応関係をまとめたものが**表2**である。疾病によってはいまだ十分なエビデンス(根拠)が蓄積されていないが，身体活動量を増加させることによって寿命を延伸し，循環器系疾患の発症リスクを低下させることは最も明らかになっているエビデンスである。

表2 身体活動と健康への効果の量―反応関係に関するエビデンス(American College of Sports Medicine，2020より引用改変)

項目	量―反応関係のエビデンス
全死因による死亡	あり
循環器系疾患	あり
代謝疾患	あり
エネルギーバランス	
体重増加予防	あり
体重減少	あり
体重減少による体重維持	あり
腹部肥満	あり
筋骨格系疾患	
骨	あり
筋	あり
機能障害	あり
がん罹患リスク	
膀胱がん	あり
乳がん	あり
結腸がん	あり
子宮内膜がん	あり
肺がん	あり
卵巣がん	なし
前立腺がん	不十分
メンタルヘルス	
不安	あり
認知	不十分
うつ	あり
ウェルビーイング	
QOL(生活の質)	不十分
睡眠	あり

2 身体活動・運動を習慣化することは難しいのか

「健康日本21」をはじめとするわが国の健康づくり政策によって，身体活動・運動の推進計画は広く進められている。しかしながら，その活動の好影響はいまだ数字に表れていない。身体活動・運動は始めることは容易であっても，継続することが難しいといわれる。**図1**は，約5000名を対象に，食生活改善および運動習慣からの離脱経験(継続できなかった経験)を尋ねた調査結果である(NTTデータ，2006)。「運動習慣の改善を試みて続かなかった経験があるか」という質問に対して，「ある」と回答した割合は，61.6%であり，食生活改善(53.4%)より割合が高かった。また，食生活改善および運動習慣を改善することの困難さについても調査を行っている(**図2**)。その結果，運動習慣を改善することは難しいと

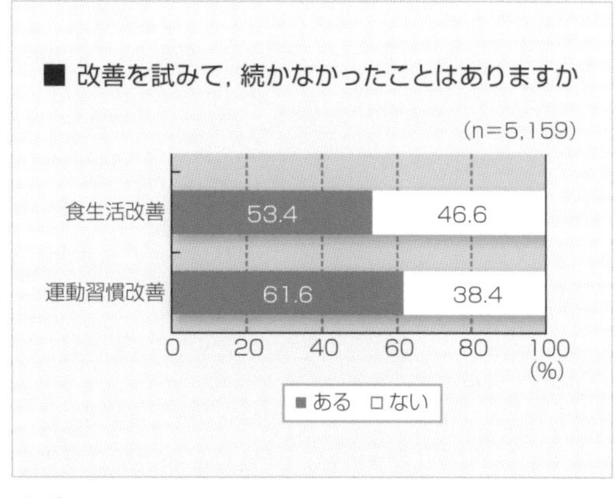

図1 食生活改善および運動習慣からの逆戻り経験(NTTデータ，2006)

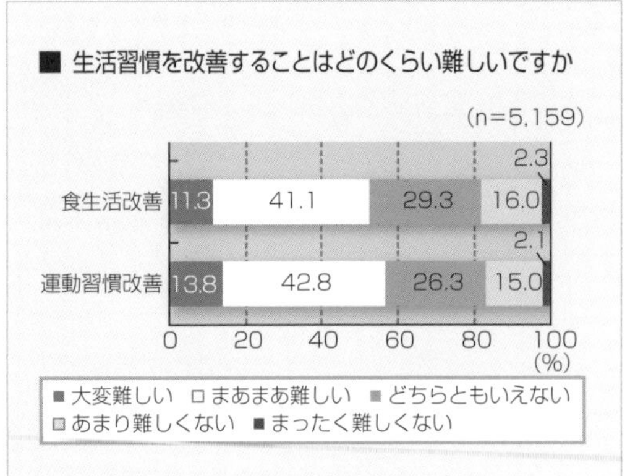

図❷ 食生活改善および運動習慣を改善することの困難さ(NTTデータ，2006)

回答した割合(「大変難しい」「まあまあ難しい」)は，56.6%であり，約半数が運動習慣を改善することの困難さを感じていることが明らかになった。この数値は，離脱経験と同様に，食生活の改善よりも高いという結果であった。このように，身体活動・運動を習慣化することに多くの人が困難さを感じている現状が明らかになった。

行動の維持や継続は，「アドヒアランス(adherence)」と呼ばれている。アドヒアランスとは，「個人およびヘルスケアの専門家が，相互に満足し，肯定的な健康関連の結果を導くような一連の活動が継続し，随意的でしかも自由選択的な過程」と定義される(Meichenbaum and Turk, 1987)。アドヒアランスと同義的に使用される用語として「コンプライアンス(compliance)」がある。コンプライアンスは，医療従事者に対する患者の従順度を示しており，医療者側の決定権に優勢な意味合いが含まれている。それに対して，アドヒアランスでは，実行者の選択権が重視されている。つまり，アドヒアランスの定義の中に存在する「随意的で，しかも自由選択的な」という表現は，行動の維持・継続に関連して，私たち自身が座位中心のライフスタイルを送ることと比べて，活動的なライフスタイルを送ったり，運動を実践するという行動の選択を行うことを意味している(竹中，2007)。よって，人が身体活動・運動を生活の一部として生涯にわたって習慣化するためには，コンプライアンスよりもアドヒアランスをいかに高めるかが重要であると考えられるのである。

2 身体活動・運動の参加と継続に関する代表的な理論・モデル

なぜある人は身体活動･運動を積極的に行い，またある人は不活動な座位中心のライフスタイルを送っているのか。身体活動・運動をコントロールする要因を理解することは，身体活動・運動を促進させる効果的な介入を行うための基礎的な情報を得ることになる。身体活動・運動をコントロールする要因とは，身体活動・運動に影響を及ぼしている再現可能な関連事象，あるいは身体活動・運動を予測できる変数のことである。米国においては，身体活動・運動を含めた健康行動の改善に対して，心理・行動科学のモデルや理論を基にした介入が行われることはなかば常識となっている(竹中・上地，2003)。理論・モデルを身体活動・運動の研究に援用する最大の目的は，理論・モデルの身体活動・運動場面における有用性を検証し，有用であることが確認された後に，介入によって身体活動・運動に関する行動を望ましい方向に変化させることである。中村(2002)は，理論やモデルを用いるメリットとして，①理論やモデルに示されている行動の変容過程にかかわる要因を確認しながら，効果的に企画や介入プログラムの開発を進めることができること，②健康教育の評価として，行動の変容のみを指標とするだけでなく，介入対象とした行動変容の関連要因の変化も含めて評価することにより，より綿密な評価が可能になり，企画，実施上の問題点や改善点が明らかになることの2点を挙げている。本節では，行動変容を目的とした代表的な理論・モデルの中でも，身体活動・運動の促進に適用されてきた理論・モデルを取り上げ，説明する。

1 学習理論(Learning Theory)

スキナー(Skinner, 1953)によって提唱された学習理論は，身体活動･運動の行動変容にも広く適用されている。学習とは，「同一のあるいは類似の経験が繰り返された結果生ずる比較的に永続的な行動の変容」と定義される(外林ら，1981)。学習理論によると，環境が整い，行動を行った後，ポジティブな結果が起こると，人はその行動を継続する可能性が高くなる。例えば，ウォーキングという行動を考えてみる。ある人には，運動するための服とウォーキングシューズが用意されており，身体を動かすための時間もある。また，近くには自然が豊かなウォーキングコースもある。このような状況や環境にある人は，身体活動を行う可能性は一層高くなる。さらに，ウォーキングの後，爽快感や達成感を感じれば，継続して行う可能性も高まるだろう。このように，学習理論では行動を「先行刺激(手がかり)→反応(行動)→強化刺激(結果)」という一連の流れで捉える(岡ら，2007)。**図3**に学習理論からみた行動の基本的枠組みを示す。

ウォーキングという行動を増やしたい場合，先行刺激に対する働きかけと強化刺激に対する働きかけがある。先行刺激に対する働きかけとしては，毎日の生活の中に「ウォーキングを思い出させる刺激」「ウォーキングをしたくなる刺激」「ウォーキングが楽しくなる刺激」などを意識的に増やし，ウォーキングを始めやすく，継続しやすい環境づくりを行う。例えば，ウォーキングシューズを目に付くところに置いておくことや歩数計を着けることが当てはまる。このように，行動が生起しやすい環境(きっかけ)を作る方法を刺激統制法(stimulus control)という。次に，強化刺激に対する働きかけとしては，ウォーキングを行った後，自分にとって良い結果(ご褒美)が得られるようにしておく。具体的には，ウォーキングの爽快感，家族に褒められる，目標を達成したときのご褒美を用意しておくことが当てはまる。このように，行動を行うことによって得られた良い結果が刺激となって，さらに行動が繰り返されるようにする方法をオペラント強化法(operant reinforcement)という。新しい行動を獲得し，維持するためには，ある一定期間，意識的に同じ行動を繰り返し行う必要がある。学習理論は新しい行動を自分のものにするには，少なくとも最初のうちは何度も報酬を与え，何度も楽しい経験を体験する必要があることを示している(マーカス・フォーサイス，2006)。身体活動・運動は，その行動を行った後，すぐにその報酬(より健康になる，体力が増すなど)を感じられるものではない。いかに身体活動・運動を行った後の報酬を用意するかが重要であろう。

2 社会的認知理論 (Social Cognitive Theory)

セルフエフィカシーの概念は，バンデュラ(Bandura, 1986)の社会的認知理論の中で提案されたものである。社会的認知理論によれば，人間の行動を決定する要因には，先行要因，結果要因，そして認知的要因の3つがあり，これらの要因が絡み合って，人と行動および環境という3者間の相互作用が形成されているとしている。

個人の認知的要因としての「予期機能」には，結果予期(outcome expectancy)と効力予期(efficacy expectancy)の2つのタイプがある(**図4**)。結果予期は，ある行動がどのような結果を生み出すかという予期である。一方，効力予期は，ある結果を生み出すために必要な行動をどの程度うまくできるかという予期である。そして，

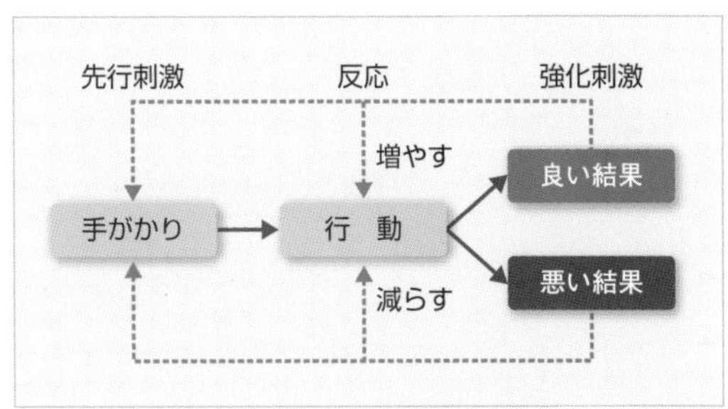

図3 学習理論からみた行動の基本的枠組み
(岡ら，2007より引用)

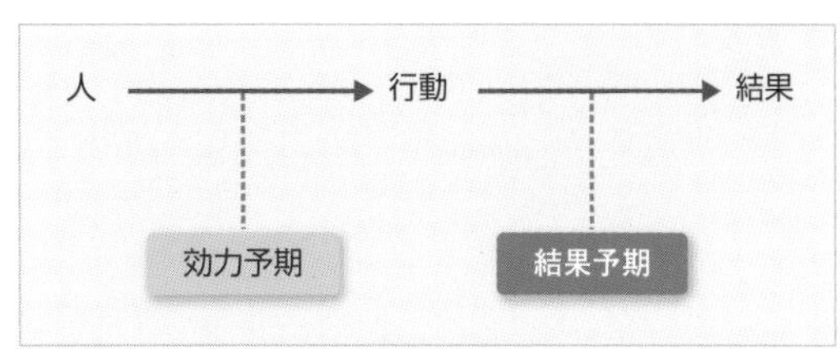

図4 結果予期と効力予期の関係
(Bandura, 1977：坂野，2002より引用)

自分がどの程度の効力予期をもっているか，すなわち個人によって知覚された効力予期をセルフエフィカシーと呼んでいる。言い換えると，ある行動を起こす前にその個人が感じる遂行可能感，あるいは，自分には何がどの程度できるという考えである。

２つの予期は，**図5**に示したように，行動や気分，情緒的な状態に影響を及ぼすといわれている。例えば，運動が健康の維持増進に効果的であると感じており〔結果予期(＋)〕，自分は健康づくりのための運動を定期的に行うことができると強く感じている人ほど〔効力予期(＋)〕，定期的な運動を積極的に実践し，継続するということである。**表3**に運動継続に関連したセルフエフィカシーを測定する尺度の項目(岡，2003)を示す。望ましい運動・身体活動習慣を獲得させ，定着させるためには，このようなセルフエフィカシーをいかに高めるかが重要になる。

セルフエフィカシーは自然発生的に生じてくるものではない。バンデュラは，セルフエフィカシーに影響を与える情報源として，遂行行動の達成，代理的経験，言語的説得，および生理的・情動的喚起の４つを挙げている。

遂行行動の達成とは，いわば成功体験を得ることであり，達成感をもつことである。人は一般的に，ある行動をうまく行って成功したと感じた後では，同じ行動に対するセルフエフィカシーは上昇し，逆に，失敗したと感じた行動に対しては，のちのセルフエフィカシーは低下する。これまでまったく運動を行ってこなかった人が，今日から毎朝１時間のジョギングを行うという目標を立てて実行したとしても，その人にとってハードルが高すぎる目標はセルフエフィカシーの低下を招く可能性が高い。遂行行動の達成は，セルフエフィカシーの情報源の中で最も強力なものといわれている(坂野，2002)。

代理的経験は，他人の成功や失敗の様子を観察することによって，代理性の経験をもつことである。すなわち，他人の行っているさまを観察することによって，「これなら自分にもできそうだ」と感じることや，逆に，人が失敗している場面を見ることによって自信が弱まるといった経験をいう。例えば，エアロビクスダンスの経験がない中高年女性でも，同じような年齢層や背格好の人が楽しく運動している姿を見ることで「私にもできるかも」といった感覚をもつことができるだろう。

言語的説得は，自己暗示や他者からの説得的な暗示のことである。これは手軽な手段であり，日常的にも頻繁に用いられている。しかし，言語的説得だけで高められ，強められたセルフエフィカシーは，現実の困難に直面してたやすく消失することが十分あり得る(祐宗ら，1985)ので，注意が必要である。言語的説得を遂行行動の達成や代理的経験に付加することでセルフエフィカシーの増強が可能になる。

最後に，生理的・情動的喚起は，生理的な反応の変化を体験することである。自分がうまくできるだろうと思っていたことでも，それを行う直前に激しい緊張を感じ，急に「できないの

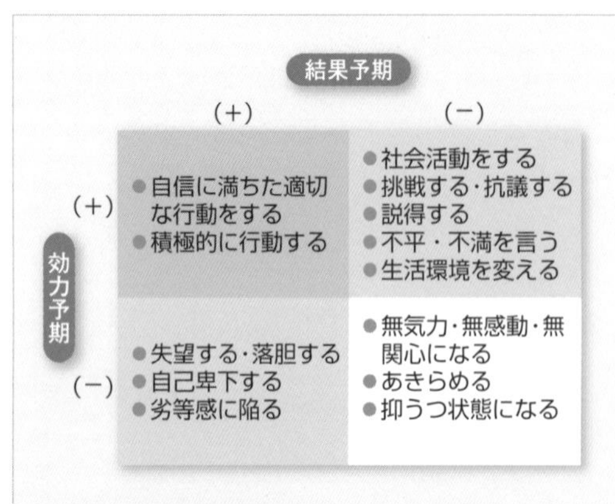

図5 結果予期と効力予期との組み合わせが感情および行動に及ぼす影響
(Bandura，1985：坂野，2002より引用)

表3 運動セルフエフィカシー尺度の項目(岡，2003)

少し疲れているときでも，運動する自信がある
あまり気分がのらないときでも，運動する自信がある
忙しくて時間がないときでも，運動する自信がある
休暇(休日)中でも，運動する自信がある
あまり天気がよくないときでも，運動する自信がある

ではないか」と考えたり，逆に，自分が落ち着いていることを内部知覚することによって，「これならできる」という気持ちが高まることがある。このように，自己の生理状態を知覚し，情動的な喚起状態を知覚することでセルフエフィカシーは変動する。例えば，自分にはできないと思っていた距離をウォーキングしてみたところ，考えていたよりも楽にこなすことができた場合，ウォーキングに対するセルフエフィカシーが高まるといったことが当てはまる。

3 トランスセオレティカルモデル(Transtheoretical Model)

プロチャスカら(Prochaska et al. 1992)によって提唱されたトランスセオレティカルモデルは，これまで喫煙行動や身体活動など様々な健康行動の変容過程を説明するモデルとして数多くの研究で適用されている。トランスセオレティカルモデルの特徴は，人が行動を変容し，維持していく過程を５つのステージに分類している点と，行動に対する個人の準備性(レディネス)に応じて介入する内容を変える必要性を強調している点にある。トランスセオレティカルモデルは，単一の概念で形成されている理論・モデルではなく，「行動変容ステージ」「セルフエフィカシー」「意思決定バランス」および「変容プロセス」の４つの構成要素から成り立つ包括的モデルである(上地・竹中，2008)。

❶行動変容ステージ

行動変容ステージは，過去および現在における実際の行動とその行動に対する準備性により「前熟考ステージ」「熟考ステージ」「準備ステージ」「実行ステージ」および「維持ステージ」の５つのステージに分けられる。これらのステージは，直線的に後期のステージに移行するのではなく，前後のステージを行ったり来たりしながら，らせん状に移行すると考えられている。このステージを運動に当てはめると**表4**のようになる。

❷セルフエフィカシー

トランスセオレティカルモデルにおいて，行動変容ステージとセルフエフィカシーとの関連は認められている。つまり，セルフエフィカシーの増加は，行動変容ステージの望ましい移行につながる。岡(2003)は，中高年者約800人を対象に，運動行動の変容ステージと運動セルフエフィカシーとの関連を検討している。その結果を**図6**に示す。セルフエフィカシーは，運動する意図がない前熟考ステージにいる人より，定期的に運動を行っている維持ステージにいる人の方が有意に高い。

❸意思決定バランス

意思決定バランスとは，行動の意思決定にかかわる恩恵(メリット)と負担(デメリット)に対する知覚のバランスのことである。すなわち，本人がその行動を行うことに関して，メリットとデメリットをどのように感じているかをいう。

表4 運動行動の変容ステージ(岡，2000)

前熟考ステージ	近い将来(6か月間)には運動する意図がない段階
熟考ステージ	近い将来(6か月間)には運動する意図はあるが，実際に現在は運動をしていない段階
準備ステージ	望ましい水準ではないが，自分なり(不定期)に運動している段階
実行ステージ	健康への恩恵を得る望ましい水準で運動しているが，始めてからまだ間もない(6か月以内の)段階
維持ステージ	健康への恩恵を得る望ましい水準での運動を，長期(6か月以上)にわたって継続している段階

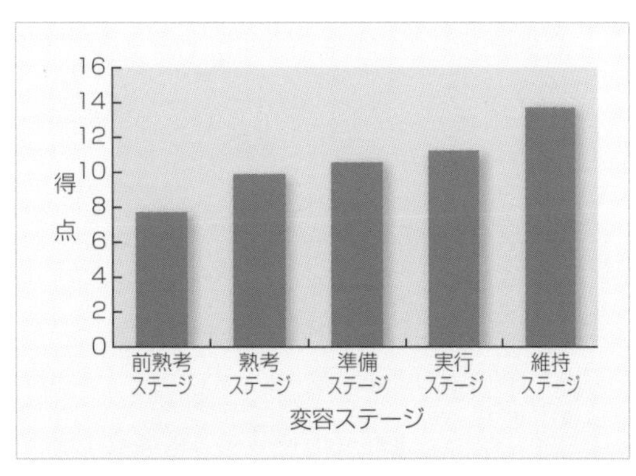

図6 運動行動の変容ステージとセルフエフィカシーとの関係(岡，2003)

図7に運動行動の変容ステージと運動に関する意思決定バランスとの関連を検討した結果を示す。結果をみると，変容ステージが後期に移行するに従い，行動に関する負担の知覚が低下し，恩恵の知覚が上昇することが明らかになっている(岡ら，2003)。前熟考ステージにいる人には少しでも運動するメリットが高まるように，熟考ステージの人にはデメリットが少しでも低くなるように働きかけることが必要といえる。

❹変容プロセス

トランスセオレティカルモデルが優れている点は，人の行動変容の説明だけに留まらず，「どのようにすれば人の行動を変容させることができるか」という具体的方略を示している点にあり，その方略が変容プロセスである(上地・竹中，2008)。変容プロセスは，10の方略からなり，大きく認知的プロセス(思考，態度，意識など)と行動的プロセス(行動など)の2つに分けられる(**表5**)。行動変容に向けた支援策は，初期ステージ(前熟考，熟考ステージ)にいる人には認知的プロセスに焦点を，後期ステージ(準備，実行，維持ステージ)にいる人には行動プロセスに焦点を当てることが望ましいといわれている。

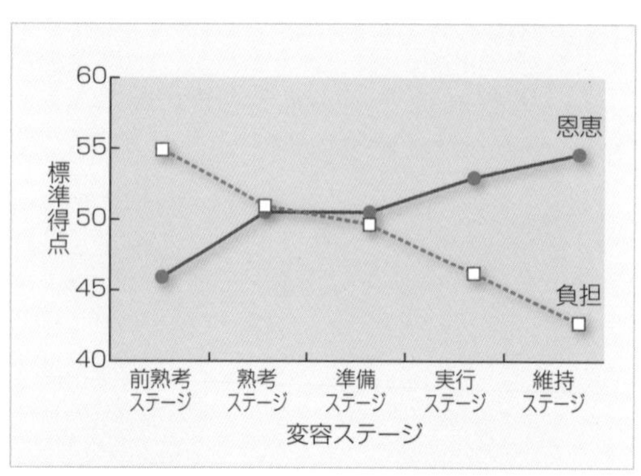

図❼ 運動行動の変容ステージと意思決定バランスとの関係(岡ら，2003)

4 逆戻り予防モデル (Relapse Prevention Model)

人々にとって運動を継続して行うことは容易ではなく，しばしば病気や旅行，また天候などによって，定期的な運動から離脱してしまう。逆戻り予防とは，行動が習慣化されていく過程の中で，逆戻りしそうな問題を予期したり，対処するための助けとなるようにデザインされたセルフコントロールの方略である。逆戻り(relapse)とは，個人が悪習慣を止めたり，望ましい健康行動を継続しようとしている中での挫折や失敗を意味する。逆戻り予防モデルは，社会的認知理論(Bandura, 1986)を基にしており，中毒治療の行動維持プログラムとして発展してきた(Marlatt and Gordon, 1985)。

図8は，行動の逆戻り過程を表している。自発的行動変容の逆戻り過程の始まりは，行動の維持を妨害する危険度の高い状況である。例えば，最近，仕事帰りにフィットネスクラブに通い始めた人が，仕事上での重要なプロジェクトの締め切りを控え，残業を強いられている場面である。**図8**の上部の流れは，望ましい対処過程を示している。運動継続を妨げる危険度の高い状況に対して，行動を維持するための十分な対処行動(日常生活での身体活動を増やすことや運動する時間を朝や週末に一時的に変えるなど)が起こる。そのような効果的な対処はセルフエフィカシーの増加をもたらし，「やればできる」

表❺ 運動・身体活動についての変容プロセス(マーカスとフォーサイス，2006より一部改変)

認知的プロセス		行動的プロセス	
意識の高揚	身体活動に関する知識を増やす	逆条件づけ	代わりの活動を行う
情動的喚起	身体活動量の不足が及ぼすリスクに気づく	援助関係の利用	周囲からの支援を取り付ける
環境の再評価	自分の行動が他人へ及ぼす影響について考える	褒美	自分に報酬を与える
自己の再評価	身体活動の恩恵について理解する	コミットメント	身体活動を行うことを決意し，表明する
社会的解放	身体活動を増やす機会に気づく	環境統制	身体活動について思い出せるようにしておく

と感じることによって，逆戻りの可能性を低下させる。**図8**の下部の流れは，望ましくない対処過程といえる。同様に危険度の高い状況から始まるが，対処行動が十分でないか，不足している場合，セルフエフィカシーの低下を経験し，「できそうにない（運動を続けられない）」と感じさせる。このような状況が何度か繰り返されると，抑制妨害効果や否定的な帰属を導く。抑制妨害効果とは，「しばらく休んでいたのだから，いまさら始めても無駄だ」といったようなすべてを放棄してしまう傾向のことをいう。一方，否定的な帰属とは，「私はいつも三日坊主だ」といったような継続できなかった原因を自己や自らの弱さに帰属することである。その結果，逆戻りの可能性を増加させる。

逆戻り予防プログラムは，逆戻りする可能性の高い状況と後に起こる逆戻り過程を明らかにし対処することと，逆戻りする可能性の高い状況にいたるまでの出来事を修正することに有用である。身体活動・運動場面における逆戻り予防とは，身体活動・運動習慣を定着させるために，継続を阻害する場面や要因をあらかじめ想定し，それに対処するスキルや方法を身につけることである。つまり，逆戻り予防は，個人の逆戻りにいたる過程を認識することから始まり，それに対する積極的な対処を取り入れることである。

わが国には国民の健康の維持・増進，生活習

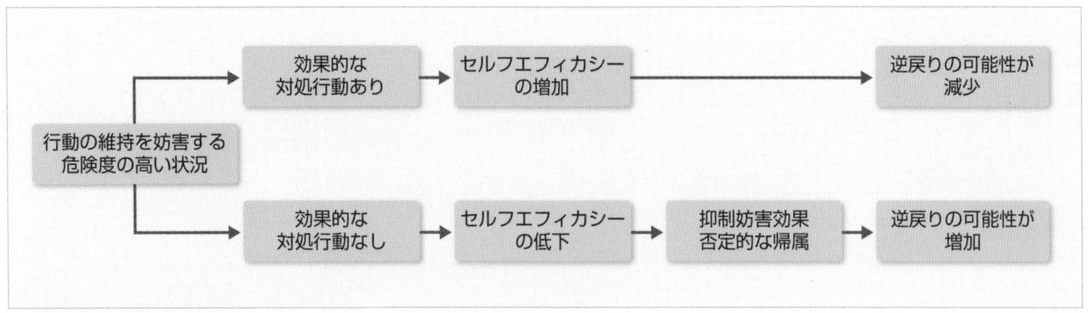

図8 行動の逆戻り過程（ビドルとムツリ，2005より引用改変）

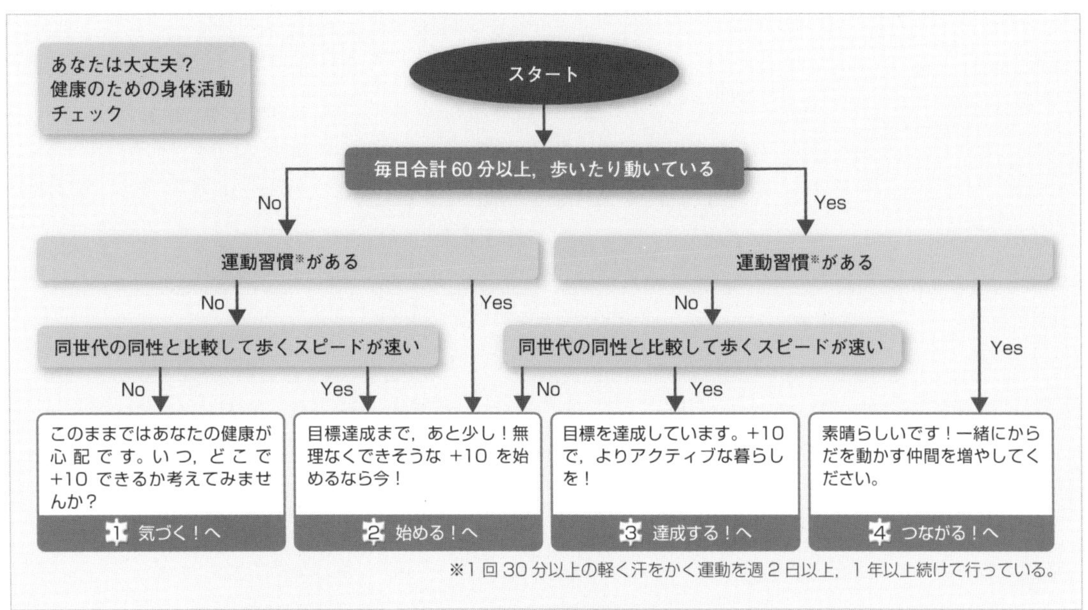

図9 行動変容ステージの適用例（健康づくりのための身体活動指針　アクティブガイド）

慣病の予防を目的とした望ましい身体活動・運動および体力の基準を示した「健康づくりのための身体活動基準2013」(厚生労働省，2013)が策定されている。また，その身体活動基準において明らかになった生活習慣病予防のために必要な身体活動・運動量および体力を，国民自らが高めるために作成されたツールが「健康づくりのための身体活動指針(アクティブガイド)」である。この身体活動指針の中でも，**図9**にあるように，運動実践に関する質問を用いて，自らあるいは指導者が行動変容ステージを確認して，適切な指示を受け，行動変容を導くツールが付加されている。運動指導の専門家は，知識中心もしくは指示型の働きかけのみでなく，今後このような行動変容理論とそれに関する技術を用いて，対象者の行動変容のレベルに応じた働きかけも合わせて行うことが期待される。

【文献】

American College of Sports Medicine (2020) ACSM's resource manual for guidelines for exercise testing and prescription. 11th ed. Lippincott Williams & Wilkins : Philadelphia.

Bandura, A.(1986) Social foundation of thought and action: A social cognitive theory. Prentice-Hall: Englewood Cliffs.

ビドル&ムツリ：竹中晃二・橋本公雄〔監訳〕(2005)身体活動の健康心理学ー決定因・安寧・介入ー. 大修館書店.

Caspersen, C.J., Powell, K.E., & Christenson, G.M. (1985) Physical activity, exercise, and physical fitness : Definition and distinctions for health-related research. Public Health Reports, 100 : 126-131.

厚生労働省(2006)健康づくりのための運動基準2006 〜身体活動・運動・体力〜報告書.

厚生労働省(2013)運動基準・運動指針の改定に関する検討会 報告書.

Marlatt, G.A., & Gordon, J.R.(1985) Relapse prevention: Maintenance strategies in the treatment of addictive behaviors. Guilford Press : New York.

マーカス&フォーサイス：下光輝一ら〔監訳〕(2006)行動科学を活かした身体活動運動支援ー活動的なライフスタイルへの動機付けー. 大修館書店.

Meichenbaum, D., & Turk, D.C.(1987) Facilitating treatment adherence : A practitioner's handbook. Plenum Publishing Corporation : NewYork.

中村正和(2002)行動科学に基づいた健康支援. 栄養学雑誌, 60：213-222.

NTTデータ(2006)「生活と健康に関する意識調査」報告ー健康的な生活習慣をうながすために必要なサポートについてー.

岡　浩一朗(2000)行動変容のトランスセオレティカル・モデルに基づく運動アドヒレンス研究の動向. 体育学研究, 45：543-561.

岡　浩一朗(2003)運動行動の変容段階と運動セルフ・エフィカシーの関係. 日本公衆衛生雑誌, 50：208-215.

岡　浩一朗・平井　啓・堤　俊彦(2003)中年者における身体不活動を規定する心理的要因. 行動医学研究, 9：23-30.

岡　浩一朗・原田和弘・荒井弘和・松本裕史・中村好男(2007)行動科学に基づいた運動・身体活動支援—どのようにすれば効果的な支援ができるのか—. 運動・身体活動と行動変容 理論編. 健康・体力づくり事業財団.

Prochaska, J.O., DiClemente, C.C., & Norcross, J.C.(1992) In search of how people change. Applications to addictive behaviors. The American Psychologist, 47：1102-1114.

坂野雄二(2002)人間行動とセルフ・エフィカシー. 坂野雄二・前田基成〔編〕セルフ・エフィカシーの臨床心理学. 北大路書房.

Skinner, B.F.(1953) Science and Human Behavior. Macmillan : New York.

外林大作・辻　正三・島津一夫・能見義博〔編〕(1981)誠信心理学辞典. 誠信書房.

祐宗省三・原野広太郎・柏木恵子・春木　豊(1985)社会的学習理論の新展開. 金子書房.

竹中晃二(2007)運動行動変容の理論と実際. 健康・体力づくり事業財団〔編〕健康運動指導士養成講習会テキスト.

竹中晃二・上地広昭(2003)疾患患者を対象とした身体活動・運動関連セルフエフィカシー研究. 健康心理学研究, 16：60-81.

上地広昭・竹中晃二(2008)青少年における身体活動・運動行動へのトランスセオレティカル・モデルの適用. 健康心理学研究, 21：68-79.

3 健康状態のモニタリング

1 健康状態のモニタリングの意義

「ストレスは人生のスパイスである」とは，ストレス学説を提唱したハンス・セリエ博士の言葉である。運動・スポーツおよびそれに伴う心理・社会的要因によって心身にもたらされる“刺激(ストレス)”は，人生に活気を与え，健康を促進し，そして人格的な成長を支えてくれる。その一方で，アスリートは身体的卓越性への挑戦の中で，トレーニング負荷，練習量，周囲の評価・プレッシャーなど極限のストレスに対する耐性も備えつつ乗り越えていくことが求められている。そうした中で洗練されていく技や精神性が，人々を魅了し，アスリートとしての真価を体現していくのであろう。

しかし，華やかに映し出されるアスリートの姿がある一方では，極度のストレスに起因する身体的・精神的弊害（ex. オーバートレーニング，バーンアウト，ドロップアウト，メンタルヘルスの悪化)へと発展するリスクも内在している。例えば，歴代で最多の金メダル23個を獲得しているマイケル・フェルプス選手(元競泳アメリカ代表)も，オリンピックが終る度に酷い抑うつ症状に苦しんでいたことを明かしている。

積み上げてきた高度な取り組みを昇華させていくか，あるいは，障害となり得るか，その分水嶺は混沌としている。故に，アスリートは普段から心身の状態に自覚的でなければならない。そのためには，アスリートの健康状態をモニタリングする指標の検討，そして定量化したデータの活用法ついて模索していくことが重要である。

2 ストレスマーカーとしての生理心理学的指標

これまでモニタリング指標としては，POMSをはじめとした心理検査を用いた心理学的測定が主として扱われてきた。ここでは主に心身相関に基づいた生理心理学的測定について触れていく。心理学的測定と生理心理学的測定はそれぞれ一長一短の特徴を有しており，相互補完的に捉えていくことが望ましい(**図1**)。心理学的測定を採用すべきか，生理心理学的測定を採用

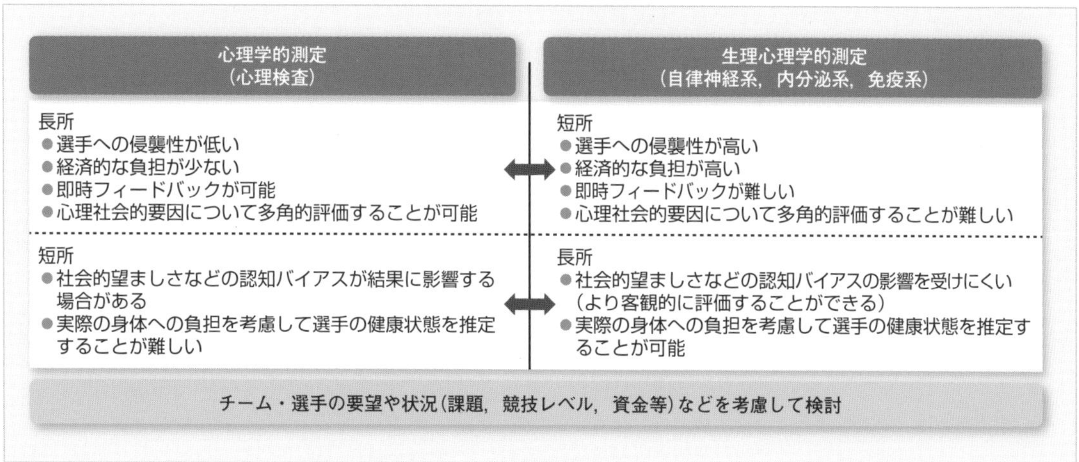

心理学的測定（心理検査）		生理心理学的測定（自律神経系，内分泌系，免疫系）
長所 ●選手への侵襲性が低い ●経済的な負担が少ない ●即時フィードバックが可能 ●心理社会的要因について多角的評価することが可能	⇔	短所 ●選手への侵襲性が高い ●経済的な負担が高い ●即時フィードバックが難しい ●心理社会的要因について多角的評価することが難しい
短所 ●社会的望ましさなどの認知バイアスが結果に影響する場合がある ●実際の身体への負担を考慮して選手の健康状態を推定することが難しい	⇔	長所 ●社会的望ましさなどの認知バイアスの影響を受けにくい（より客観的に評価することができる） ●実際の身体への負担を考慮して選手の健康状態を推定することが可能
チーム・選手の要望や状況（課題，競技レベル，資金等）などを考慮して検討		

図1 心理学的測定および生理心理学測定の特徴比較（筆者作成）

すべきか，あるいは併用すべきか，チーム・選手の要望や状況(課題・競技レベル・資金等)などを考慮して検討していくことが必要である。

1 精神神経内分泌免疫学指標

近年では，スポーツ競技者のストレスを評価する生理学的指標として精神神経内分泌免疫学(Psychoneuroendocrinoimmunorogy；PNEI)指標が注目されている(菅生ら，2019)。PNEI指標は，ストレスに対する神経系-内分泌系-免疫系応答のクロストークに着目した指標であり，特に，コルチゾール，DHEA，αアミラーゼ，sIgAなど唾液中から収集できるストレス応答物質が注目されている(井澤ら，2007)。これらの指標は血液採取と比較して侵襲性が低い，時間と場所の制約を受けない，医療従事者を必要としない，などの利便性がある。さらに，唾液採取の一連の手続きは実験参加者の自宅で行うこともあり，実験室内による測定とは異なり，自然日常下でのストレスを定量化できる利点も有している。故に，定期的な評価が推奨されるスポーツ競技者のストレス指標として，親和性が高く，質問紙評価の不十分な点を補える可能性がある。

2 アロスタシスとアロスタティック負荷

慢性的ストレスに伴う疾病を生理学的機序から体系的に説明するアロスタシス理論(McEwen, 1998)は，これらの指標を扱う一助となっている。この理論では，ストレスに対して自律神経系，内分泌系，免疫系等の変化を通じて環境に適応していく過程(Allostasis；アロスタシス)と，その過程が数週間又は長期に渡り繰り返されることで身体諸機能に危害が生じている状態（Allostatic load；アロスタティック負荷)に分けて解釈される。アロスタティック負荷時には異常反応が認められ，過剰反応やまったく反応が生じない適応の欠如が確認される。津田(2007)は，それらの異常アロスタティック反応を図示している(**図2**)。アスリートにみられる健康状態の悪化は，これら身体諸機能に生じているアロスタティック負荷が介在している可能性がある。

3 ストレスとコルチゾール

ストレス応答系の役割を担う視床下部－下垂体－副腎皮質(hypothalamic-pituitary-adreno-

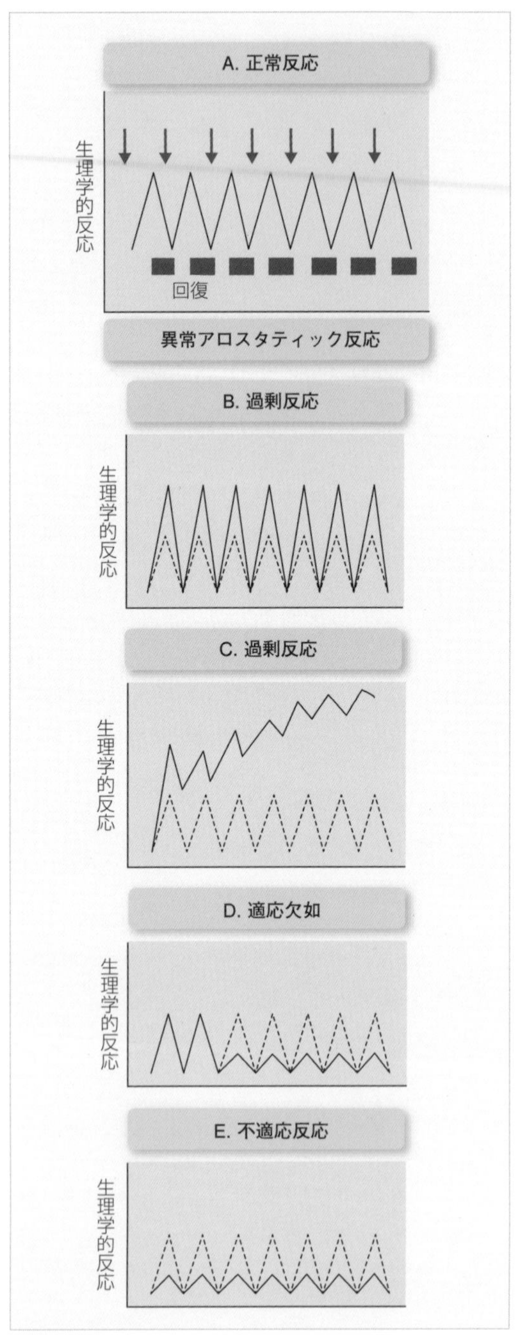

図2 アロスタシス反応（正常反応)とアロスタティック負荷(異常アロスタティック反応)
(津田,2007より引用)

cortical；HPA）系の活動を反映する代表的なバイオマーカーであるコルチゾールは，アロスタティック負荷を反映する代表的な指標として知られている（菅生ら，2019）。コルチゾールは，身体的および心理的ストレッサーに対して副腎皮質から体内に分泌されるストレス応答物質である。そしてストレッサーに対する心血管系活動の賦活，糖新生の促進，抗炎症作用など生体のアロスタシスを促している。通常，これらのHPA系のストレス応答は，ネガティブ・フィードバック機構により精緻に制御されており，正常であればコルチゾール分泌量は体内で適切な水準に保たれるようになっている。しかし，蓄積されたストレスによってアロスタティック負荷に陥ると，これらの制御機能が破綻（調節不全）することでコルチゾールの過剰分泌や不十分な分泌が確認される。アロスタティック負荷によるコルチゾールの異常反応は扁桃体の活性化，海馬萎縮，心・血管系機能の過剰応答と関連する。

4 起床時コルチゾール反応

体内におけるコルチゾール分泌は，基本的には午前中の分泌量が多く，夕方にかけて少なくなっていく日内変動を示す。このコルチゾールにみられる日内変動も，朝の目覚めや午後の活動に備えるためのアロスタシス反応を反映している。その他，コルチゾール分泌は起床後30分から60分にかけて急激な上昇反応を示すことが確認されている。これを起床時コルチゾール反応（Cortisol Awakening Response；CAR）と言い，慢性的ストレスの生理心理学的指標として注目されている（Pruessner et al. 1997）。

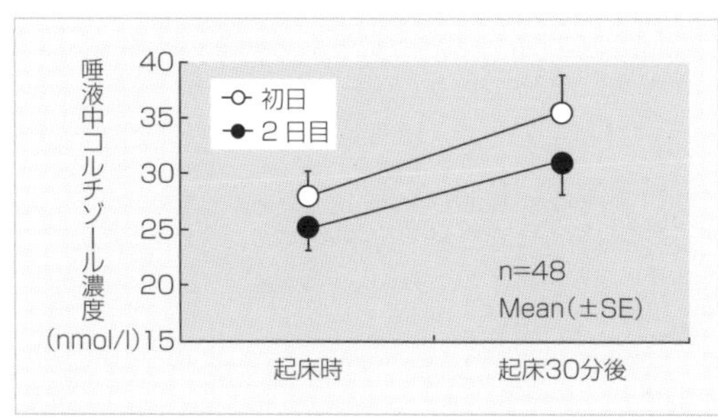

図3 競技者における連日のCARの変動
（門岡ら，2013）

門岡（2013）も，アスリートを対象に連日のCARの評価を検討しており，連日を通して安定した起床時反応を確認している（**図3**）。また，CARの曲線下面積（総分泌量）を算出した指標となるThe Area under the Curve with respect to Ground（AUC_G）が，POMSの緊張（r＝.42），抑うつ（r＝.31），怒り（r＝.39）との間に正の相関関係が認められたことを報告している。田部井（2020）は，試合期の大学サッカー選手を対象に心理的コンディションを評価する心理検査とCARの縦断的評価を試みている。その結果，選手の心理的コンディション（コミュニケーション等）に対する満足感の低下とCAR（AUC_G）の活性が連動していたことを示唆している。アロスタティック負荷によるコルチゾールの異常反応は，扁桃体，海馬の機能にも影響することから，競技に関連する感情の制御，状況判断力・学習能力の低下に影響する可能性がある。

5 簡便的な手法による測定

PNEI指標の解析には，酵素免疫測定法（Enzyme-Linked Immunesolvent Assay：ELISA法もしくはEnzyme immunoassay；EIA法）が多用されてきた。この測定方法は，血中ホルモンとの高い相関が示されており，信頼性の高い方法として支持されている。しかし，競技において日常的に選手の健康状態の把握に用いる際には，測定時間，設備，解析に伴う専門の人材などの制約があった。

ここ10年間ほどで，簡易的かつ即時的に唾液中ストレス応答物質を測定することができるLateral Flow Device（LFD）法による検討が増加している。LFD法とは，英国SOMA社で開発されたThe SOMA Cortisol LFD test kitと唾液中ストレスマーカー分析装置The SOMA Cube Readerを使用した手法である。分析装置も掌に収まるサイズで持ち運びやすく，15分程度で唾液採取から測定値のフィードバックまで行うことができる。中村ら（2019）はエリートサッカー選手を対象にした唾液中コルチゾールによるコンディション評価について，LFD法により検討している。その結果，従来のEIA法のLFD法の測定値(唾液中コルチゾール濃度)との間に相関関係が認められ，LFD法の妥当性を支持している。また，LFD法による唾液中コルチゾール濃度は選手が経験しているトレーニング内容(運動ストレス)に応じて変動していたことから，エリートサッカー選手のコンディション評価に有用となる可能性を示唆している。

3 使用と実際

1 指標の選択と留意点

ここで紹介した内容以外にも様々なアプローチ(指標)が存在する。実際には，(例えば研究で扱っているからと言って)1つの指標に固執をするのではなく，チーム・選手の目的や主訴などに応じて柔軟に選択していくことが望ましいと言える。例えば，筆者は心理サポート時に心理検査や生理心理学的測定を行った後にカウンセリングへと展開することが多い。当時，選手のコンディションをアセスメントするために，心理学的測定(心理検査)と生理学的測定(このときはTAS9VIEWによる自律神経活動の測定)の両方を提案した際，“心理検査よりも，自身の身体の反応に興味がある”と自身に合った指標を選択して取り組んでくれたことがあった。また，サポートしている選手の表情や様子から，筆者が傾聴に努めた方が良いと判断して合意の上で，いつも行っている測定は取り止めてそのまま面談に進むこともあった。測定は，確かに選手の健康状態を把握するのに役立つが，それは選手との関係性の上に成り立っていることを見失ってはならない。状況によっては，「測定をしない」ことが選手の健康状態の支援に役立つことがあるということも，支援者は心得ておくべきだろう。

2 分析

基本的には，より正確に，そして有益なデータとしていくには縦断的に測定をしていくことが望ましい。そうすることで，測定値の変化を追いやすくなるだけでなく，ピークパフォーマンス時とワーストパフォーマンス時の比較や大きく平均から外れていること(ex. 平均±1SDの範囲外)を確認できたりなど，統計的な手法によって健康状態を可視化しやすくなる。

3 データの共有と連携サポート

門岡(2022)は，測定データを活用した連携サポートの枠組みについて検討している。スポーツ心理学者が測定したデータをもとに，効果的なサポートについて俯瞰して考える機会を指導者やその他専門スタッフへ提案していくことは，選手だけでなくチーム(組織)の中に生じる働き(作用)に対しても有用となるはずである。勿論，データを共有する際に選手の同意を得るなど，各所への配慮は必須である。その上で，「選手－心理スタッフ」の枠組みを超えて“連携”へと発展させることで，測定したデータがより息づいてくるということもあるだろう。

【文献】

井澤修平・城月健太郎・菅谷渚 他(2007)唾液を用いたストレス評価―採取及び測定手順と各唾液中物質の特徴―。日本補完代替医療学会誌，4：91-101.

門岡晋(2022)ストレス/リカバリー評価を活用した選手への心理サポート及び連携サポート．金沢星稜大学人間科学研究，16(1)：65-72.

門岡晋・平田勝士・菅生貴之(2013)学生アスリートを対象とした唾液中コルチゾールによるストレス評価の基礎的検討―起床時コルチゾール反応に着目して―．体力科学，62：171-177.

McEwen, B. S. (1998) Protective and damaging effects of stress mediators. The New England Journal of Medicine, 338 (3) : 171-179.

中村真理子・中村大輔・大岩奈青・早川直樹 (2019)エリートサッカー選手における唾液中コルチゾールを用いたコンディション評価の可能性．Journal of High Performance Sport, 4：71-78.

Pruessner, J. C., Wolf, O. T., Hellhammer, D. H., et al. (1997) Free cortisol levels after awakening : A reliable biological marker for the assessment of adrenocortical activity. Life Sciences, 61 : 2539-2549.

菅生貴之・門岡晋・小笠原結衣(2019)生理指標を利用したアスリートに対するストレス研究－内分泌指標の研究への適用．ストレス科学研究，34：9-17.

田部井祐介・曽根良太・中山雅雄・浅井武 (2020)試合期の大学生サッカー選手におけるメンタルコンディションとストレスの縦断的評価：バーンアウトの予防に向けて．体育学研究，65：303-320.

津田彰(2007)生理心理学と健康心理学のコレボレーション．生理心理，25：93-94.

4 スポーツ傷害の心理学

1 スポーツ傷害の発生に関係する心理的要因

スポーツでケガをする原因は，他の選手との接触やオーバートレーニングなどの身体的な原因が主に挙げられているが，心理的な要因も傷害の発生に関係していることが報告されている。ウィリアムズとアンダーセン(Williams and Andersen, 1998)は，**図1**の「ストレス－スポーツ傷害のモデル(改良モデル)」において，パーソナリティ，ストレッサ歴，対処資源がストレス反応に影響し，ケガの発生に関係していることを説明している。先行研究では，どのようなパーソナリティの特性がスポーツ傷害の発生に関係しているか明確には把握されていないが(Weinberg and Gould, 2010)，スミスら(Smith et al. 1990)は，ソーシャルサポートが少なく，コーピングスキルが低い選手において，身の周りに起きた不幸な出来事と受傷率に正の関係があることを報告している。さらに，岡ら(1998)によれば，コンタクト・スポーツにおいてシーズン中にスポーツ外傷・障害を頻繁に経験した受傷群は，非受傷群よりもシーズン前に他者からの期待・プレッシャーを感じているだけでなく，クラブ活動の内容に不満をもち，自らの経済状態や学業に関する悩みを感じていたことを明らかにしている。

ストレス－スポーツ傷害モデル(オリジナルモデル)(Andersen and Williams, 1988)では，認知的評価とは，選手がその場面における要求やその要求に対する自分の能力や結果を認知的に評価すること，また，生理的覚醒や注意様相とは，筋肉の緊張の増加，視野の狭窄，注意散漫の増加のことであると説明している。この認知的評価と生理的覚醒や注意様相は，双方に影響を与えており，覚醒や注意のパターンは，状況やパフォーマンスの継続的な評価・再評価を行うフィードバック的な情報として用いられる。また，ケガの発生の減少を促す介入として，認知再構築，思考中断，リラクセーション，イメージ想起やメンタルリハーサルなどが挙げられている。

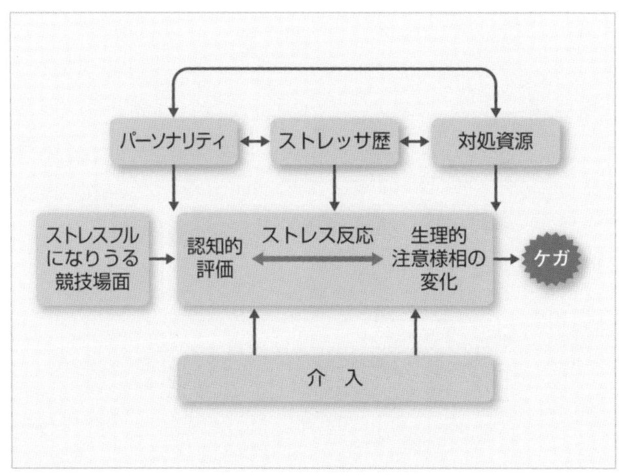

図❶ ストレス－スポーツ傷害モデル(改良モデル)
(Williams and Andersen, 1998)

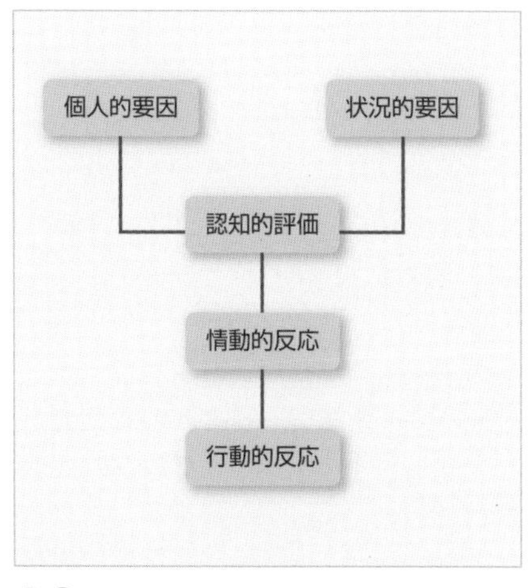

図❷ スポーツ傷害に対する心理的適応にかかわる認知的評価モデル
(Brewer, 1994：直井訳，2006)

2 受傷後の心理的反応

受傷後の選手の反応は，ケガの種類やスポーツのレベル，年齢，アスレチックアイデンティティ，リハビリテーションの段階などにより異なる。受傷後は，痛みや身体の不自由さにより，不安，怒り，抑うつ気分などを経験する選手も見受けられる。年齢やアスレチックアイデンティティなどの個人的要因も，心理面に関連している。ACL再建術前に青年と成人の心理面を比較した研究では，青年の方が成人よりも手術の実施について，より肯定的に考えていたが，心理的苦痛が高かった（Udry et al. 2003）。また，ACL再建術後2週間以内と術後6ヶ月において，アスレチックアイデンティティが高いほど抑うつも高いことが報告されている（Baranoff et al. 2015）。リハビリテーション中には，順調に回復しないことへの不安や苛立ちを表したり，単純なリハビリテーションのメニューに対して無気力になる，または焦りや不安のため，与えられている以上のトレーニングを行い，受傷部位を悪化させ，回復が遅れる選手もいる。そして，復帰直前には，ケガの再発への不安や恐怖などを表す選手もおり，ケガは完治しているのに復帰できないという，身体面ではなく心理面の回復に問題を抱える。ACL再建術後6ヶ月の回復における研究では，競技レベル群の方がレクリエーションレベル群よりも回復は早かったが，スポーツへの復帰が医師から許可された時点では，競技レベル群の方がレクリエーションレベル群より否定的な感情が高いことが報告されている（Morrey et al. 1999）。競技レベル群の選手が競技復帰への不安を軽減できるように，リハビリテーション期間中にも，復帰に関するイメージなどを用いて，競技への復帰に向けて準備しておくことも重要である。

受傷した学生選手を対象としたナオイとオストロウ（Naoi and Ostrow, 2008）の研究でも，様々な要因が受傷選手の心理面に影響を与えていることを明らかにしている。まず，ケガで身体の活動量が低下したことにより，学業面において問題が生じるようになったことが報告されている。また，寒い日に痛みが増し，曇りの日は抑うつ気分になりやすいなど，天候が選手の心身の状態に影響を与えていることも述べている。さらに，リハビリテーションの内容も疲労や痛みに関係していることを報告している。

また，スポーツドクターやアスレティックトレーナーなどの専門家によるケガについての説明の仕方が，選手の心理的反応に影響を及ぼすことがある。ケガがどのように回復していくのか，回復していくに従って，どのような問題に直面するかなど，詳しく，そしてわかりやすく説明することにより，選手が自らのケガについて理解を深め，不安を軽減することができる。さらに，スポーツドクターとアスレティックトレーナーが連絡を取り合うことで意見を一致させ，受傷した選手にケガの治療や回復について説明することも大切である。専門家の説明が一致しなければ，選手の不安が高まり，ケガの回復にも影響を及ぼす可能性がある。

受傷後の心理的反応は，スポーツ傷害に対する心理的適応にかかわる認知的評価モデル（Brewer, 1994）（**図2**）とスポーツ傷害への心理的反応とリハビリテーション過程に関する統合モデル（Wiese-Bjornstal et al. 1998）（**図3**）により説明できる。どちらも，個人的要因と状況的要因が認知的評価に影響を与えているのは同様であるが，ブルーワー（Brewer, 1994）のモデルでは，スポーツ傷害の心理的適応が認知的評価，情動的反応，行動的反応の順で説明されている一方（**図2**），ウィースービョーンストルら（Wiese-Bjornstal et al. 1998）は，認知的評価，情動的反応，行動的反応の3つの項目が相互作用の関係にあり，回復結果に影響を及ぼしていることを説明している（**図3**）。

3 リハビリテーションにおける心理スキルトレーニング

1 イメージトレーニング

イメージトレーニングを利用することにより，

効果的にケガを回復させることができる。受傷部位が回復しているイメージ，痛みをコントロールしているイメージなどが主に用いられるが，自らのパフォーマンスをイメージすることにより，リハビリテーションの期間中でもスポーツの技術を維持，向上させることができる。イブレバとオーリック(Ievleva and Orlick, 1999)は，リハビリテーションで利用できるイメージトレーニングを以下のようにまとめている。

❶ケガが回復しているイメージ

ケガをした部位が回復しているイメージ(例：骨が修復する，剥離した靱帯が回復する)

❷ケガが完治したイメージ

ケガをした部位の強度や可動性が十分に回復しているイメージ，ケガをした部位に一番負担のかかる動作を上手に行っているイメージ，トレーニングや試合に戻ることに対して前向きに，熱意や自信をもっているイメージ

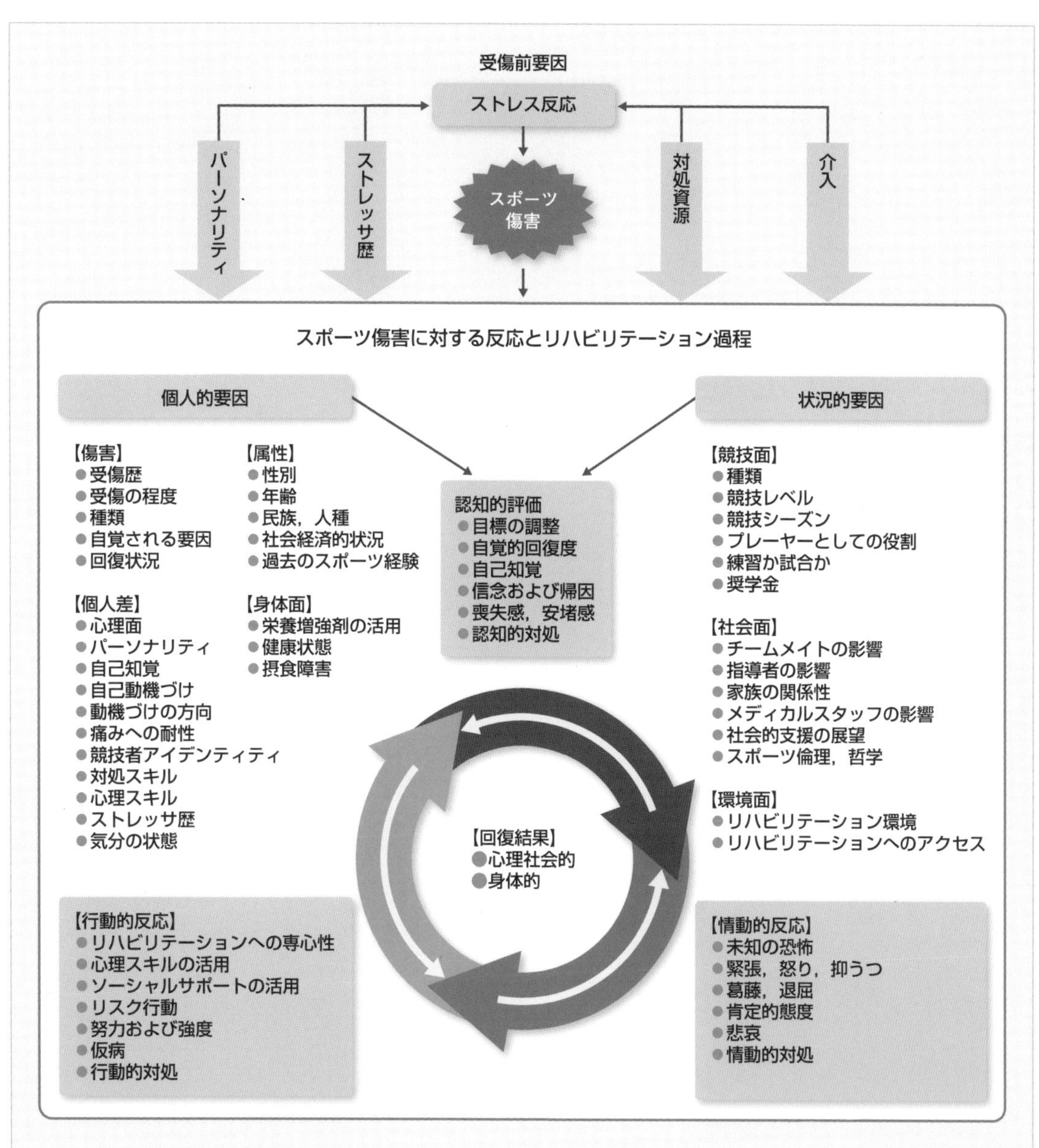

図❸ スポーツ傷害への心理的反応とリハビリテーション過程に関する統合モデル
(Wiese-Bjornstal et al. 1998：今井訳，2008)

（例：膝や肩が十分に可動しているイメージ，全体重を足首で支えているイメージ）

❸パフォーマンスのイメージ

自分のベストパフォーマンスに関係している感覚を呼び起こすイメージ（例：一番初めにゴールしたイメージ）

❹痛みをコントロールするイメージ

痛みが流されていくようなイメージ，痛みや炎症を和らげるような冷色のイメージ（例：アイスパックのイメージ）

❺治療のイメージ

効果的，精力的にリハビリを行い，何のために治療をしているのかをイメージ（例：マッサージを受けて筋肉の緊張がほぐれているイメージ）

2 リラクセーション

リラクセーションは，身体のリラクセーション，瞑想，漸進的筋弛緩法，呼吸のコントロール，ヨガなど，様々な方法で練習することができ，行動医学，ストレス緩和プログラムにおいて，中心的な役割をもつ（Ievleva and Orlick, 1999）。リラクセーションを規則的に練習することにより，受傷部位の緊張を緩和し，痛みを軽減させることができる（Ievleva and Orlick, 1999）。

また，デイビス（Davis, 1991）は，大学の水泳部の選手とアメリカンフットボールの選手にリラクセーションとイメージトレーニングを取り入れたところ，ケガの発生率が減少したことを報告している。水泳の選手に対しては，シーズン前の９月からシーズン終わりの３月まで，平日の練習の後に漸進的筋弛緩法とパフォーマンスのイメージトレーニングを15分間取り入れたところ，前年度に比べてケガの発生率が52％減少した。また，アメリカンフットボールの選手に対しては，練習前に漸進的筋弛緩法とスポーツに関するイメージを10分間，シーズン前は週５回，シーズン中は週２回取り入れたところ，ケガの発生率が33％も減少したことを報告している。また，受傷した選手５人に対して自律訓練法を行った研究では，被験者である５人中４人が，自律訓練法は身体面と心理面の回復に効果的であったことを述べている（Naoi and Ostrow, 2008）。このように，リラクセーションやイメージなどの心理的介入が，スポーツ傷害の予防や回復に関与する可能性がある。

3 目標設定

目標設定は，受傷選手の動機づけを高めるために大切である。目標設定を行うことによって，リハビリテーションの重要性を理解し，リハビリテーションに集中することにより不安も軽減することができる（Wayda et al. 1998）。また，ワイダら（Wayda et al. 1998）は，目標設定を以下の７段階（７つのステップ）に分けて説明している。

ステップ❶：エクササイズ，行動，責任の確認

目標を成し遂げることがなぜ大切なのか，選手が理解できるようにする。特に内発的動機づけが低い選手は，目標の明確化と目標設定において助けを要するかもしれない。そして，目標を成し遂げるために，より多くのサポートを必要とする。リハビリテーションの目標は，結果志向の目標ではなく，選手がコントロールできる目標，もしくはパフォーマンス志向の目標（具体的な動作）にする。

ステップ❷：どのように測定するか決める

客観的に目標が達成できたか確認できるように，定量的に測定可能な目標を立て，選手が理解できる明確な成功の基準となる目標の設定を行う。

ステップ❸：目標の設定

選手が，身体的にも安全であり，なおかつ最適な挑戦である目標を設定するように指導する。挑戦的な目標は選手の動機づけを高めるが，達成できそうもない目標は自信や身体的健康に悪影響を与える。選手が失敗したことを避けるためではなく，成功することに焦点を当てられるように肯定的な言葉を用いる。重度のケガの場合，漸進的な短期の目標が長期の目標を導くようにする。短期の目標は，長期の目標より柔軟性があり，頻繁にフィードバックを与えられるので，選手は自信を高めることができる。

ステップ❹：目標の明確化

目標の達成日を定めることにより，選手は目標を成し遂げることに焦点をおくことができ，アスレティックトレーナーは選手の回復具合を評価できる。選手の多くは医学的な知識がないため，アスレティックトレーナーが目標の順序や達成日が現実的であるか，確認することが必要である。

ステップ❺：計画や戦略をたてる

選手が目標を達成できるように戦略を立てる。予期される阻害要因(停滞，退屈，注意散漫，孤独)などに対して計画を立てることも大切である。阻害要因への主な対策は，

①様々なエクササイズを提供する。
②チームメイトから孤立しないように，選手の練習時間の前後にリハビリテーションを行えるようにする。
③選手が怒り，苛立ち，不安などの感情を表現できる場を与える。
④回復は目に見えるとは限らず，後退の多くは一時的であることを再確認する。

ステップ❻：記録する

記録を行う段階で大切なことは，目標を達成したことを確認することである。選手は，目標の達成を確認されることにより，動機づけを高め責任をもつようになる。また，アスレティックトレーナーは，回復(わずかな回復も含む)があれば選手に伝え，少し後退することは普通であり，そのような後退よりも，全体の回復に目を向けることを説明する。

ステップ❼：目標を修正する

目標を達成したら，異なる基準の目標を立てるか(**ステップ❸**に戻る)，他の目標を立てる(**ステップ❶**に戻る)。選手が目標を達成できないときは，どこに問題があるのか見つけて修正をする。

4 モデリングビデオの視聴

モデリングビデオを用いた研究では，ACLを損傷した患者をモデリング介入群と統制群に分類し，モデリング介入群の患者に術前から術後2週間の説明と術後2週から6週の様子について，2本のビデオを視聴させ，4名のモデルのリハビリの様子やインタビュー（ケガや手術における感情，各回復段階での問題，それらの問題の対処法)を視聴させた(Maddison et al. 2006)。その結果，モデリング群は統制群よりも予期される痛みの知覚が低く，退院後のリハビリテーションに関するセルフエフィカシーが高く，膝の評価も良好であった。このような結果から，実際に同じケガや手術を経験した患者からの情報が心身の回復に有益であることがわかる。

4 受傷選手のためのカウンセリングスキル

米国のスキーチームに所属している受傷経験のある選手を対象とした研究では，復帰後にランキングが下がっている選手は，リハビリテーションの期間中に受ける周りからの配慮や共感を感じられず，人間関係に問題を抱えていたことが報告されている(Gould et al. 1997)。そのため，選手が安心してリハビリテーションに取り組めるように，心理的サポートを提供することが重要である。カウンセリングでは，選手が自分の気持ちを表現できるように，選手の話す言葉に耳を傾けること(傾聴)が大切である。例えば，ケガをしたことに対する苛立ちや怒り，再びケガをすることへの恐怖などを共感的な姿勢で聴いていくことで，選手の気持ちが落ち着くときもある。スポーツ心理学の研究や実践において，感情焦点化療法やプロセス体験的な観点を取り入れることは，アスリートが感情を抑圧したり，コントロールするよりも，自身の感情的な経験を認め，明確にする能力の向上に貢献する可能性がある(Tamminen and Watson, 2021)。

また，選手の性格に合わせながらカウンセリングをすることも必要である。悲観的な選手には，「自分は復帰できないのではないか」，「復帰しても，以前と同じように動けないのではないか」などと思い込む傾向がある。復帰できることが確かであるときは，「主治医やアスレティックトレーナーはどのように考えているのか」，「同じケガをした選手は復帰しているのか」などの質問を通して，選手自身が自らの認知の歪みに気づくことができるように話を聞いて

いくことが大切である。-

5 選手の成長を促す受傷体験

ケガの経験が，選手の心身の成長に繋がることが報告されている。バレエダンサーを対象とした研究によると，42%のバレエダンサーが，受傷後，ケガの再発を防ぐために正しい技術を用いるようになったり，以前よりストレッチをしたり，エクササイズを修正するようになったことを報告している(Macchi and Crossman, 1996)。また，ユードリーら(Udry et al. 1997)の研究では，米国のスキーチームに所属している受傷経験のある選手の約52.3%が，ケガをしたことによりゆっくりと考える時間をもてたこと，そして自分の人生を振り返ることができたことなど，自分自身を客観的にみる機会を得られたことを述べている。また，52.1%以上の選手が，ケガをしたことにより，成熟した，忍耐強くなった，自立できた，もしくは人生を前向きに考えたなど，肯定的な人格の成長を成し遂げたことを報告している。さらに，47.6%の選手が，以前よりスキーの技術が向上したこと，身体的に健康になったことなど，身体や技術の成長について述べている。受傷により失うものは多いが，受傷経験により自分自身が成長することを認識しておくことも，選手にとって大切なことだろう。

【文献】

Andersen, M.B., & Williams, J.M.(1988)A model of stress and athletic injury : Prediction and prevention. Journal of Sport & Exercise Psychology, 10 : 294-306.

Baranoff, J., Hanrahan, S.J., & Connor, J.P. (2015) The roles of acceptance and catastrophizing in rehabilitation following anterior cruciate ligament reconstruction. Journal of Science and Medicine in Sport, 18 : 250-254.

Brewer, B.W.(1994)Review & critique of models of psychological adjustment to athletic injury. Journal of Applied Sport Psychology, 6 : 87-100.

Davis, J.O.(1991)Sports injuries and stress management : An opportunity for research. The Sport Psychologist, 5 : 175-182.

Gould, D., Udry, E., Bridges, D., & Beck, L.(1997)Stress sources encountered when rehabilitating from season-ending ski injuries. The Sport Psychologist, 11 : 361-378.

Ievleva, L., & Orlick, T.(1999)Mental paths to enhanced recovery from a sports injury. In : Pargman, D.(Ed.)Psychological bases of sport injuries.(2nd ed.). Fitness Information Technology : Morgantown, WV, pp.199-220.

今井恭子(2008)スポーツ傷害と回復における心理.日本スポーツ心理学会〔編〕スポーツ心理学事典. 大修館書店. pp.423-426.

Macchi, R., & Crossman, J.(1996)After the fall : Reflections of injured classical ballet dancers. Journal of Sport Behavior, 19 : 221-234.

Maddison, R., Prapavessis, H., Clatworthy, M., Hall, C., Foley, L., Harper, T., Cupal, D., & Brewer, B. (2012) Guided imagery to improve functional outcomes post-anterior cruciate ligament repair : Randomized-controlled pilot trial. Scandinavian Journal of Medicine and Science in Sports, 22 : 816-821.

Morrey, M.A., Stuart, M.J., Smith, A.M., & Wiese-Bjornstal, D.M. (1999) A longitudinal examination of athletes' emotional and cognitive responses to anterior cruciate ligament injury. Clinical Journal of Sport Medicine, 9 : 63-69.

Naoi, A., & Ostrow, A.(2008)The effects of cognitive and relaxation interventions on injured athletes' mood and pain during rehabilitation. Athletic Insight. The Online Journal of Sport Psychology10(1).

直井愛里(2006)スポーツカウンセリングからみたこころの癒し. 体育の科学, 56 : 451-454.

岡 浩一郎・竹中晃二・松尾直子 (1998) 大学生アスリートの日常・競技ストレッサーの評価がスポーツ外傷・障害の発生に及ぼす影響. スポーツ心理学研究, 25(1) : 54-65.

Smith, R.E., Smoll, F.L., & Ptacek, J.T.(1990)Conjunctive moderator variables in vulnerability and resiliency research : Life stress, social support and coping skills, and adolescent sport injuries. Journal of Personality and Social Psychology, 58 : 360-370.

Tamminen, K.A., & Watson, J.C.(2021) Emotion focused therapy with injured athletes : Conceptualizing injury challenges and working with emotions. Journal of Applied Sport Psychology, 1-25.

Udry, E., Gould, D., Bridges, D., & Beck, L.(1997)Down but not out : Athlete responses to season-ending injuries. Journal of Sport and Exercise Psychology, 19 : 229-248.

Udry, E., Shelbourne, K.D., & Gray, T. (2003) Psychological readiness for anterior cruciate ligament surgery : Describing and comparing the adolescent and adult experiences. Journal of Athletic Training, 38 : 167-171.

Wayda, V.K., Armenth-Brothers, F., & Boyce, B, A.(1998) Goal setting : A key to injury rehabilitation. Athletic Therapy Today, 3 : 21-25.

Weinberg, R.S., & Gould, D.(2010)Foundations of sport & exercise psychology(5th ed.). Human Kinetics : Champaign, IL.

Wiese-Bjornstal, D.M., Smith, A.M., Shaffer, S.M., & Morrey, M.A.(1998)An integrated model of response to sport injury : Psychological and sociological dynamics. Journal of Applied Sport Psychology, 10 : 46-69.

Williams, J.M., & Andersen, M.B.(1998)Psychosocial antecedents of sport injury : Review and critique of the stress and injury model. Journal of Applied Sport Psychology, 10 : 5-25.

Topics 6

傷害と心的外傷後成長

「あのときのケガがあったからこそ，今の自分がある。」

メディアを通じて，選手のこのような語りを耳にすることがある。競技中の受傷は，選手としてのアイデンティティの喪失など，選手の心に傷跡を残す危険がある一方で，受傷が大きな転機となり，その経験を通じて，心理的に成長することもあるといわれている。心理学では，辛い出来事やその先の苦しみをきっかけとした心の成長を心的外傷後成長(Posttraumatic Growth：以下PTGと記載)という。PTGのきっかけは，大災害や死別体験だけでなく，受験やいじめなど幅広く報告されており，選手の受傷をきっかけとしたPTGも報告されている。

中村(2016)は，大学生選手317名(男性232名，女性85名)を対象に，ハーディネス(高ストレス下の状況でも健康を保つ人の性格特性)とソーシャルサポート(他者や集団から提供される様々な援助)とPTGの関係を検討した。その結果(**図1**)，ハーディネスとソーシャルサポートがともに高いと，PTGがより高くなることが示された。また，ハーディネスが低くてもソーシャルサポートが高いとPTGが高くなることが示された。

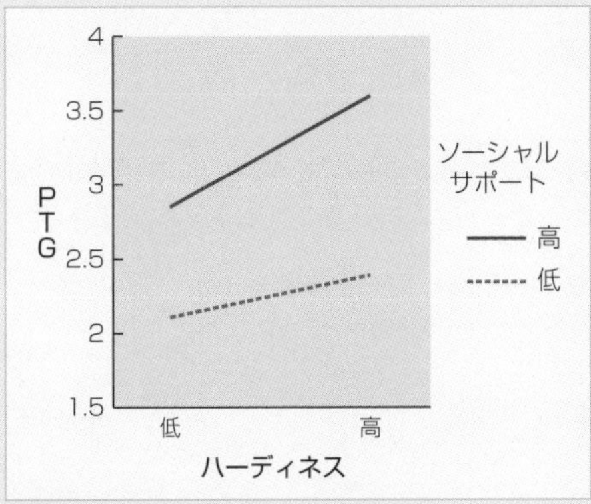

図1 ソーシャルサポート水準別のハーディネスの回帰直線

ハーディネスが高い選手は，問題について肯定的に解釈し積極的に対処するため，受傷に向き合い，課題を解決しようした結果，PTGが促進されたと考えられる。また，周囲から有効なサポートを得られたと感じている選手ほど，PTGを促進させるという結果から，受傷後の心理的成長にソーシャルサポートが大切な役割を果たしていることがわかる。これらに加え，ハーディネスが低い選手は，PTGが促進されないかというと，そうではなく，ハーディネスが低くても，ソーシャルサポートを十分に受けたと知覚すると，PTGを促進させることが統計的に支持されている。つまり，受傷後のPTGにおいて，周囲からの援助を受けたという知覚が重要な要因であることが示唆された。

受傷をきっかけとしたPTGには，明らかになっていないことが多い。また，勘違いしてはならないことは，PTGを経験しても受傷により失った機能や時間が戻るわけではなく，できることなら受傷は経験しない方がよい。しかし，スポーツをしている以上，予期せぬ受傷は誰にとっても起こる可能性はあり，もし，受傷に悩み苦しむ選手にとってPTGという視点が，彼らの希望になるならば，今後，この分野における知見の積み重ねが望まれる。

【文献】

中村珍晴(2016)スポーツ傷害の受容と心的外傷後成長に関する研究．大阪体育大学大学院スポーツ科学研究科修士論文．

5 バーンアウト（燃え尽き症候群）

1 バーンアウトの発生に関連する心理・社会的要因

1 バーンアウトとは

バーンアウトとは，仕事におけるストレスや過労により，今まで献身的に取り組んできた仕事から離れる過程と定義されている（Cherniss, 1980）。バーンアウトは，情緒的な消耗や皮肉な考え方がみられる徴候があり，人とかかわる仕事をしている人において頻繁に見受けられ，情緒的な消耗の増加が，バーンアウトの重要な特徴となる（Maslach and Jackson, 1981）。当初，バーンアウトは，仕事のストレスについて研究をしている専門家により組織的に検討されてきたが，これらの研究結果は，若い選手のバーンアウトにも当てはまり，ハイレベルの選手やコーチが経験する主な問題として挙げられている（Feigley，1984）。

2 バーンアウトに関する先行研究

実際にバーンアウトに陥ったテニス選手を対象とした研究では，90％の選手が，両親から受けた否定的な影響として，①高いストレスのかかる環境をつくっていたこと（例：奨学金や優れたプレーをすることへのプレッシャー，勝利への期待や高い要求など），②コントロールの欠如（例：親のためにスポーツで活躍しようという動機づけが高く，要求の高い親から必要以上にコントロールされていた，選手自身がコントロールを失っていたなど），③自尊心を傷つけるようなメッセージを送っていたこと（例：失敗者や臆病者だと言われた，親とコーチの役割が分かれていないなど）を挙げている（Udry et al. 1997）。一流の選手になるためには，親のサポートは大切であるが，親が自分の夢を子どもに託し，子どもの活躍を自分のことのように感じていると，子どもに過剰なプレッシャーを与えるときがある。このような環境において，選手自身が親や指導者の期待に応えられないとき，心身の疲労から精神的に不安定になり，心身症などの症状を表すときもある。そして，スポーツの楽しさを感じなくなり，スポーツに参加することに価値を見出せなくなる。

さらに，親だけではなく，指導者の態度も選手の心理的反応に関連している。プライスとウェイス（Price and Weiss, 2000）の高校生女子サッカー選手とコーチを対象とした調査では，コーチからのトレーニングや指導，ソーシャルサポート，肯定的なフィードバックが少なく，

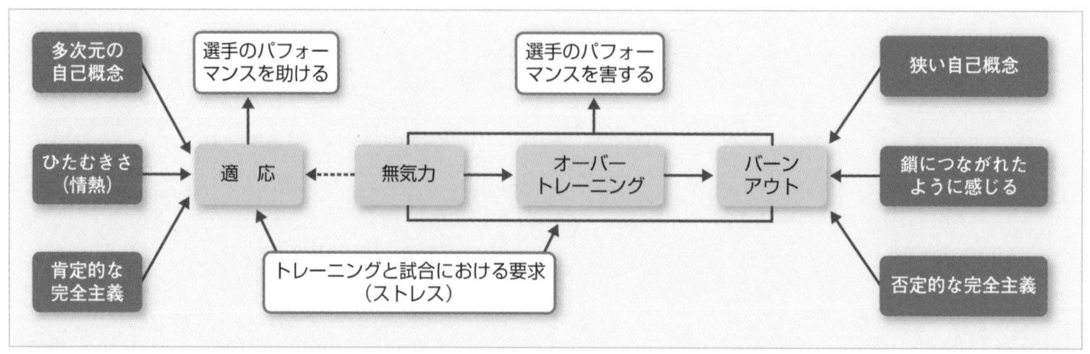

図❶ 競争における要求への肯定的な適応と否定的な適応のモデル　（Vealey, 2005：直井訳，2009より一部改変）

チーム内でコーチの独裁的な決定が多く，民主的な決定が少ないと感じている選手ほど，不安やバーンアウトが高く，楽しさや有能さの知覚が低いことが報告されている。選手のバーンアウトを低減させるには，指導者は選手に対して肯定的なフィードバックを与え，チームが民主的な雰囲気になるように，選手の意見を練習や試合に取り入れていくことが重要である。

水泳のコーチを対象に，選手のバーンアウトについて調査を行った研究では，バーンアウトの徴候として，①トレーニングやチームメイトから離れる，②上達しないため達成感を感じない，③水泳に価値を感じなくなる，④情緒的，身体的な疲労から消耗することなどが挙げられている(Raedeke et al. 2002)。さらに，日米の学生選手を対象とした研究では，44.3%の米国の学生選手，24.5%の日本人の学生選手が，スポーツ心理のコンサルタントに相談したい内容として，バーンアウトやオーバートレーニングを選択している。さらに，心理スキルやメンタルヘルスの問題を誰に相談するか尋ねた質問では，日本人の学生選手は米国人の学生選手より「誰にも話さない」という選択肢を選ぶ傾向があった (Naoi et al. 2011)。このように，バーンアウトやオーバートレーニングの問題についてサポートを求めている日本人の学生選手が，誰にも相談できず，バーンアウトの症状を悪化させている可能性もある。

3 バーンアウトのモデル

ビーリー(Vealey, 2005)は，競争における要求への肯定的な適応と否定的な適応を**図1**のように説明をしている。選手がトレーニングや試合における要求に適応できるとき，優れたパフォーマンスを発揮できるが，逆にトレーニングと試合における要求に適応できないときには，無気力からオーバートレーニングを経てバーンアウトに陥るときもある。選手が退屈な反復練習に飽きたり疲れたとき，無気力になり，パフォーマンスの停滞を経験するときもある。また，休息をとってもストレスに適応できない場合は，無気力が続き，オーバートレーニングとなる。オーバートレーニングのため，トレーニングの効果が長期間表れず，選手のパフォーマンスに悪影響を与え，自分に合わない要求や不適応によりバーンアウトに移行する。さらに，バーンアウトに陥っているときにスポーツを継続すると，選手はパフォーマンスや健康を損なう。

川原(2009)は，「オーバートレーニング(overtraining)とは，過剰なトレーニング負荷によって運動能力の低下や疲労症が持続し，容易には回復しなくなる状態で，一種の慢性疲労と考えられる」(p.182)と説明している。オーバートレーニングの身体症状では立ちくらみが多くみられるが，運動時の動悸や息切れ，手足のしびれ，胸痛，腹痛などもあり，精神症状においては，不眠，不安，情緒混乱，うつなどが挙げられている(川原，2009)。

ビーリー(2005)は，バーンアウトに陥りやすい選手の特徴として，次の３つの要因を挙げている。

❶鎖につながれたように感じる

選手が，家族からのプレッシャー，自分への期待や大学の奨学金などのためにスポーツを続けなくてはいけないと思うとき，鎖につながれたような経験をする。その代わり，スポーツへの情熱があると，選手は厳しいトレーニングや心理的な要求に耐えることができる。

❷否定的な完全主義

選手が必要以上にミスを気にしたり，非現実的なパフォーマンスを求めたとき，不安を感じたり，固執してしまう。

❸狭い自己概念

コークリー(Coakley, 1992)は，競技により束縛された生活が，単一の自己概念(Self-concept)を導くことを述べている。**図2**は，一般的なアイデンティティの発達とバーンアウトに陥った選手のアイデンティティの発達の違いを表している。

中込・岸(1991)は，事例研究を通して，選手がバーンアウトに至るまでの経路を検討し，岸(2005)が，**図３**のスポーツ選手のバーンアウトのプロセスとしてまとめている。左から右に時間的推移・問題発生の経路が示されており，熱中→停滞→固執→消耗→バーンアウトの５段階を説明している。岸(2005)によると，スポーツで期待していたような成績が得られなくても，他の活動へ移行したり，目標の修正やトレーニング方法の見直しを行う場合は問題が生じないという。しかしながら，焦燥感に駆られながらも目標修正をせず練習量を増やすなど，固執して頑張り続けると，努力が報われず，心身共に疲れる。そして，対人関係での孤立，自己存在価値観への疑問，オーバートレーニングなどに陥り消耗するという。

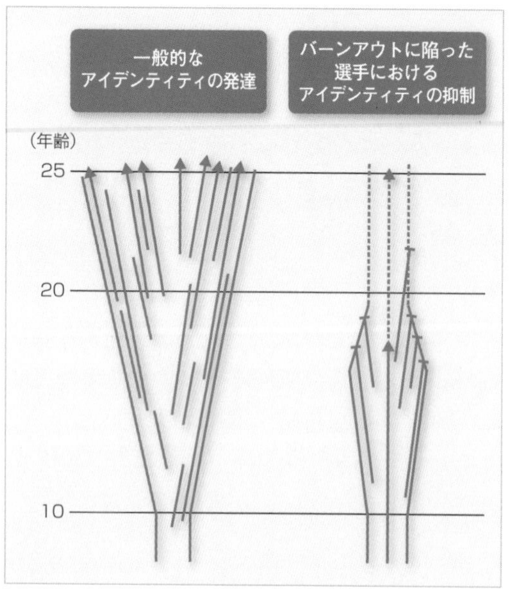

図❷ アイデンティティの発達を表す２つのモデル

各モデルのラインは自分自身の異なったアイデンティティの発達を表している。通常，青年期や若い成人では，自分の役割やアイデンティティに関係していることに挑戦，経験，育成，拡大し，頻繁に断念することもある。若い成人にとって，アイデンティティは通常複雑で多方面にわたる(Model A)。しかしながら，バーンアウトの場合，アイデンティティの発達は，抑制されている(Model B)。

(Coakley, 1992より引用)

4 バーンアウトに陥りやすい性格の特性

シャンク(Shank, 1983)は，バーンアウトに陥りやすい人の性格の特性を以下のように挙げている。まず，「～するべきだ」「～しなければいけない」というような強い考えをもつ傾向があり，複数の仕事を同時に行い，日頃からエネルギーに溢れている。また，他人から好かれたい，賞賛されたいという気持ちがあり，批判に対して敏感に反応する。さらに，怒りなどの気持ちを表すのが苦手であり，仕事やプライベートなどで何か頼まれたときに断われないなど，行動の決断が不得手である。皮肉なことに，コーチは，このように静かで，気づかいのある，エネルギッシュで完全主義の選手を好むという(Feigley, 1984)。

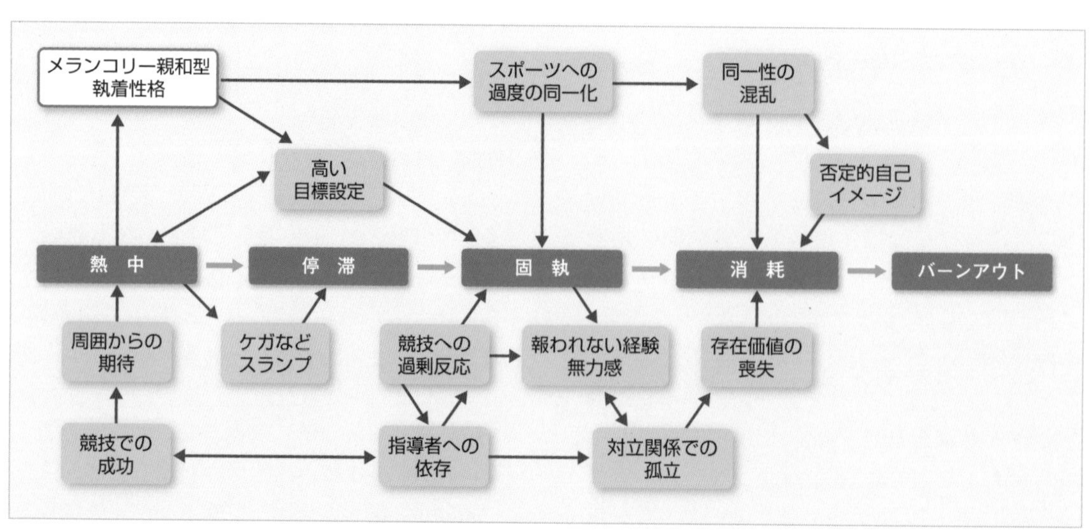

図❸ スポーツ選手のバーンアウトのプロセス(岸，2005：中込・岸，1991より作成)

2 バーンアウトの対処策

このように，選手は，様々な環境や個人的な要因によりバーンアウトに陥るため，選手の親や指導者は，選手の年齢，性格，能力，動機づけなどを考慮しながら指導やサポートをする必要がある。選手の状態を把握するために，綿密にコミュニケーションをとり，選手が自分の意見や気持ちを表現できるような環境づくりから始めることが大切である。選手のパフォーマンスが停滞しているとき，指導者や親が，自らのパフォーマンスをコントロールできない選手の苛立ちや悩みを共感的に聞くこと，また選手自身がスポーツ以外に興味のある活動をして，気分転換をするように勧めていくことも大切である。

ワインバーグとグッド(Weinberg and Gould, 2010)は，選手がバーンアウトに陥らないように，以下のことを指摘している。まず，苛立ち，不安，失望などの気持ちを表現することを奨励したり，同僚や友達から助けを求めることを勧めている。このように自分の気持ちを建設的に分析したり，他の人に伝えたりしているときは，バーンアウトになりにくい。そして，トレーニングの量や強度を減らしていくこともバーンアウトの治療や予防となり，心理面の健康を促進させる。また，リラクセーション，イメージ，目標設定，前向き思考などの心理スキルを習得することにより，バーンアウトに関与するストレスを避けることができると述べている。

さらに，バーンアウトに陥ったことのあるテニス選手が，バーンアウトを減らすために以下のような提案をしている(Gould et al. 1996)。まず，選手に対しては，自分のためにスポーツをすること，テニスと他の活動のバランスをとること，楽しんでテニスをすること，休みをとること，などを挙げている。親に対しては，適切な量で子どもの背中を押すこと，あまり関与しないこと，サポートや共感を示すこと，結果をあまり重視しないこと，親とコーチの役割を分けること，子どもの意見を考慮すること，などを挙げている。さらに，コーチに対しては，テニスとテニス以外で選手とコミュニケーションをとり，選手の考えを取り入れ，Two-wayコミュニケーションをとること，などを提案している。

また，ビーリー(2005)は，選手がバーンアウトを避け，バーンアウトに対処できるように，指導者に対して以下の4つを推奨している。

①選手の動機づけを高め，無気力にならないように，挑戦的で革新的な練習を取り入れる。また，易しいトレーニングと厳しいトレーニングを混ぜるインターバルトレーニングを取り入れることが効果的である。そして，選手に休みと回復の大切さを説明する。

②オーバーロードとオーバートレーニングを混乱させない。オーバーロードがオーバートレーニングに変わると，トレーニングの効果が途絶え，練習や試合において良いパフォーマンスができなくなる。バーンアウトは，長期間のオーバートレーニングによりメンタル面を使いすぎたために生じた傷害である。そのため，指導者は，選手が身体の健康や集中力を保持できるよう，トレーニングの質に焦点をおく必要がある。

③選手が1つのスポーツだけに情熱を注ぐことを重視するのではなく，その他の活動に参加することを勧める。そして，様々な興味や専門分野をもち，多様なアイデンティティや自己概念をもつことが大切である。もし，選手が1つのスポーツを専門的に行うことを選んだ場合は，少なくとも他の活動に参加することを勧める。

④バーンアウトに陥りやすい性格の選手に対して，心理サポートを提供する。バーンアウトに陥りやすい選手は，完璧なパフォーマンスへのプレッシャーや非現実的な目標に焦点を当て，オーバートレーニングになりやすい。そのため，このような選手がミスを避けるよりも，上手にプレーをすることに集中できるように，指導者が選手のミスを受け入れていくことも必要である。

アスリートは，オーバートレーニングによるパフォーマンスの低下を補うために練習の強度を上げたり，練習量を増やしたりすると，心身の状態が悪化する可能性もある。川原(2009)によると，重症度とオーバートレーニングに陥っていた期間が，オーバートレーニングからもとのレベルに戻るために必要な期間に関係しており，オーバートレーニングに陥っていた期間が長かったものほど，回復期間も長く必要であるという。このような回復期間を考慮すると，オーバートレーニングの心身の症状に対して，早めに気づき，対応していく必要性が示唆される。

選手が目先の結果だけにとらわれるのではなく，自分の目標をもち，それに向かって自分の意思でスポーツを継続していくためにも，指導者や親は，選手の年齢や能力に応じた指導ができるように，バーンアウトに関する心理的な知識を得ることが必要である。バーンアウトを防ぐには，選手自身も対策を練ることが必要である。自らの心身のコントロールができるように，身体面と精神面の疲労や活気などを日々記録したり，栄養や睡眠を管理したりする。また，対人関係においても，自らの意見を指導者や親に建設的に伝える練習をすることも大切である。スポーツでは，実行可能である短期間と長期間の目標設定を用いて，毎日の練習に価値を見出すことができるようにする。このように，自らがコントロールしているという自律性を感じることにより，バーンアウトになるのを防ぐことが可能となるだろう。

【文献】

Cherniss, C.(1980) Staff burnout : Job stress in the human services. Sage Publications : Beverly Hills, CA.

Coakley, J.(1992) Burnout among adolescent athletes : A personal failure or social problem? Sociology of Sport Journal, 9 : 271-285.

Feigley, D.A.(1984) Psychological burnout in high-level athletes. The Physician and Sportsmedicine, 12 : 109-119.

Gould, D., Tuffey, S., Udry, E., & Loehr, J.(1996) Burnout in competitive junior tennis players : II. Qualitative analysis. The Sport Psychologist, 10 : 341-366.

川原　貴 (2009) オーバートレーニング．小出清一・福林徹・河野一郎(編) スポーツ指導者のためのスポーツ医学　改訂第2版．南江堂．pp.182-184.

岸　順治 (2005) スポーツ選手のバーンアウト．徳永幹雄〔編〕教養としてのスポーツ心理学．大修館書店．pp.186-187.

Maslach, C., & Jackson, S.E.(1981) The measurement of experienced burnout. Journal of Occupational Behaviour, 2 : 99-113.

Naoi, A., Watson, J., Deaner, H., & Sato, M.(2011) Multicultural issues in sport psychology and consultation. International Journal of Sport and Exercise Psychology, 9 (2) : 110-125.

中込四郎・岸　順治 (1991) 運動選手のバーンアウト発症機序に関する事例研究．体育学研究，35 : 313-323.

Price, M., & Weiss, M.R. (2000) Relationships among coach burnout, coach behaviors, and athletes' psychological responses. The Sport Psychologist, 14 : 391-409.

Raedeke, T.D., Lunney, K., & Venables, K.(2002) Understanding athlete burnout : Coach perspectives. Journal of Sport Behavior, 25 (2) : 181-206.

Shank, P.A.(1983) Anatomy of burnout.Parks and Recreation, 18 : 52-58, 71.

Udry, E., Gould, D., Bridges,D., & Tuffey, S.(1997) People helping people? Examining the social ties of athletes coping with burnout and injury stress. Journal of Sport and Exercise Psychology, 19 : 368-395.

Vealey, R.S.(2005) Coaching for the Inner Edge. Fitness Information Technology : Morgantown, WV.

ビーリー：直井愛里〔訳〕(2009) 心理的課題をもった選手への指導．徳永幹雄〔監訳〕実力発揮のメンタルトレーニング．大修館書店．pp. 320-338.

Weinberg, R.S., & Gould, D.(2010) Foundations of sport & exercise psychology.(5th ed.). Human Kinetics, Champaign, IL.

第Ⅵ部

パラスポーツの心理学

これまでは，「障害者スポーツ」と呼称されていたが，近年では国際的に「パラスポーツ」というようになった。ここでは，わが国のスポーツ心理学の分野で新しい領域である障害者（パラアスリート，一般の傷害のあるスポーツ愛好家）のスポーツ・運動の心理的効果について解説する。1章では，2006年から始まったパラスポーツ選手への心理サポートの考え方，技法について取り上げて，課題も明らかにしている。2章では障害者が行う身体活動や運動の心理的効果を本格的に扱った研究の成果を解説している。3章では競技スポーツとしてのパラスポーツが，障害者の「こころと身体」にどのような変化と効果を扱っている。トピックスでは，パラアスリートへの心理的サポートの現状と課題を解説している。

注）「障害」の表記には，「障がい」，「障碍」，「しょうがい」などが用いられているが，本書では法令や医療上の記述に従い「障害」と表記する。

1 パラスポーツへの心理サポート

ここでいう「サポート」という語は，各章で用いられている「支援」と同義に扱われる。スポーツの現場では，一般的に「サポート」という語を使用している場合が多いので，本章ではこれまでの経緯を踏まえて「サポート」と記述する。また，本章では，パラスポーツ選手への心理サポートの適用を扱っているが，障害の有無にかかわらず，これからスポーツ選手への心理サポートに従事したいと考えている人たちに，その現状と課題や現場的・実践的な事例等を紹介して心理サポートの目的や方向性を明らかにする。

1 心理サポートの枠組みと流れ

1 心理サポートの基本的枠組み

（公財）日本パラスポーツ協会（以下，JPSA）における医・科学・情報サポートは，アテネ2004パラリンピック後から実施され，2006年に日本パラリンピック委員会（以下，JPC）によってその必要性が打ち出された。同年よりJPC医・科学・情報サポートとして，パラリンピック等のハイパフォーマンス環境下でのサポートが行われ，現在では日本スポーツ振興センター（以下，JSC）や国立スポーツ科学センターにおいてサポートがなされている。一方，JPSAでは競技力向上を目指すのみならず，「障がい者とスポーツ」を基盤とした研究・支援もなされている。

リハビリテーションの一環として開始された障害者スポーツ（以下，パラスポーツ）は，健康の保持増進等といった「健康スポーツ」の側面と，国内外の競技大会での好成績を目指すといった「競技スポーツ」の側面の二極に分かれている。特に，パラリンピック等の競技大会では，定められた標準記録の突破や，世界ランキングの上位へのランクインが達成されなければ参加できない「競技スポーツ」として成熟している。わが国でこのようにパラスポーツを取り巻く環境が大きく変わる契機となったのは，長野1998パラリンピックである。それ以降，プロ

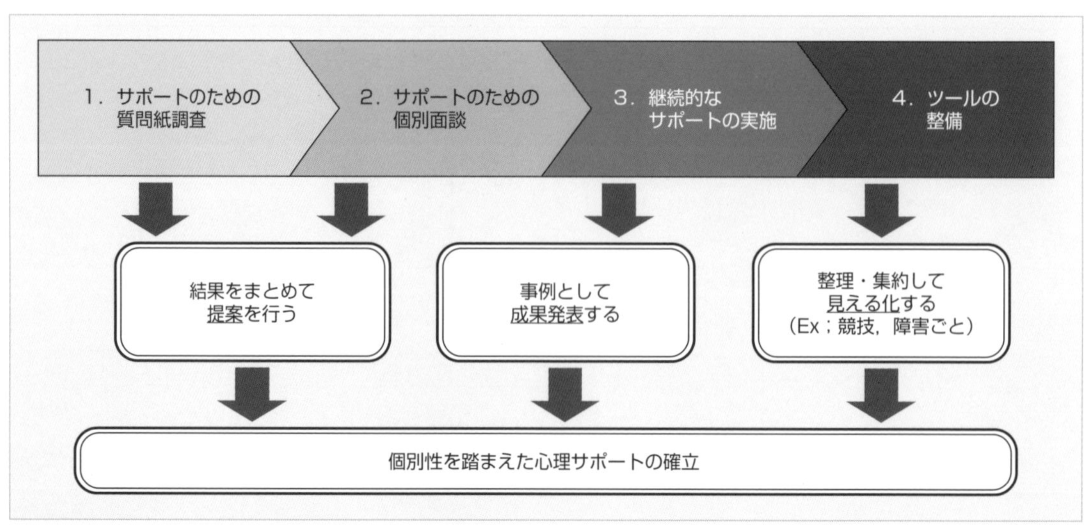

図1 心理サポートのグランドデザイン（荒井氏 作図）

としての活動や競技志向の高い選手が輩出され，東京2020パラリンピック開催が決定したことも影響し，強化費や補助金も含め，強化体制や組織など多くの場面で変化してきた。

パラスポーツにおける競技大会等のサポートは，医師・看護師の帯同に加え，2000年頃の各競技団体におけるトレーナーや栄養，心理サポート等が行われ始めた。そしてパラリンピックにおける心理サポートは，トレーナー，栄養サポートに続いて，ロンドン2012パラリンピックより日本代表選手団に帯同した。その後，トレーナー，栄養，心理サポートにおける連携サポートの土台が築かれた。

2006年からスタートしたJPC科学支援事業(当時)では，心理と栄養のサポートから始まり，現在はJPC医・科学・情報サポートと名称を変え，「心理」「栄養」「映像・技術」「バイオメカニクス」「フィットネスチェック」の5領域にてトータルサポートが行われている。ここでは，合宿・大会時の帯同サポート，サポートに関する調査，競技団体や選手・コーチ等に向けた研修会等を実施しサポートを展開している。サポートの実践と，領域間での事例検討がなされており，領域によっては研究者としても活発な活動をしている。なお，各領域のスタッフは，JPCより専門スタッフとしての委嘱がなされ活動を行っている。

ここでは，JPCの事業で行われている心理サポートを中心に紹介していく。パラリンピック選手への心理サポートは，2005年からトリノ2006パラリンピックの強化策の一環として始められ，パラリンピック選手の国際競技力向上への意識の変革を指導者や選手に求めた。心理サポートのグランドデザイン(荒井，2010)は，個別性を重視した心理サポートの確立を目指している(**図1**)。グランドデザインは，最初に選手の心理的特徴を質問紙等によって把握し，個別面談でサポートの基本方針を決めた後，継続的なサポートを実施していく。その後，サポートの実施結果を整理し公開していくものである。また，心理サポートの基本的な流れは，**図2**に示すようにグランドデザインと大枠は同じである。ここでは，継続化に向けた自己学習の促進が特徴として挙げられる。

図❷ 心理サポートの基本的なの流れ(荒井氏 作図)

2 パラリンピック選手への心理サポートの現場

1 パラリンピック選手の心理的特徴

JPC医・科学・情報サポート「心理サポートチーム」は，パラスポーツ選手に対するサポート活動を行っている。その活動の中では，パラスポーツ選手の心理的特徴に基づいた強化策を

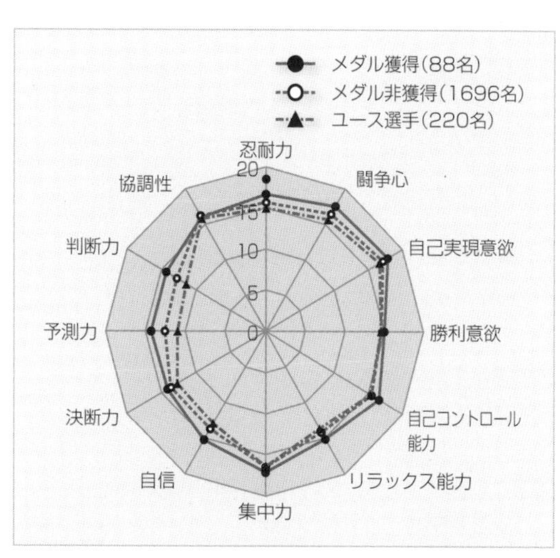

図❸ メダリスト(メダル獲得時)，非メダリスト，アジアユースパラ派遣選手の心理的競技能力の比較

策定・実施するために，心理的競技能力診断検査（DIPCA.3，2014年度まで），JISS競技心理検査（J-PATEA，2016年度以降）を用いた測定を現在まで実施している。2020年度には，2006年度から2014年度（2010年度は未実施）までの８年間，９回に渡って50競技団体・のべ2,452名を対象にして実施した結果についてまとめた。

図３は，アテネ2004パラリンピックからソチ2014パラリンピックまでのパラリンピック開催年度におけるメダリストがメダルを獲得した年度のDIPCA.3平均得点と，メダリストのメダル非獲得年度および非メダリスト，次世代選手を対象としたアジアユースパラ大会に出場した選手の平均得点を示したものである。メダル獲得年度のDIPCA.3平均得点は，メダル非獲得年度・非メダリストと比べ，勝利意欲，決断力，協調性を除いた９項目の得点が高い。また，メダリストのメダル獲得年度の得点は，次世代選手の得点に比べ，集中力と協調性を除いた10項目の得点が高い。これらの結果は，パラリンピックにおいてメダルを獲得するためには特定の心理的競技能力を高めるのではなく，すべての能力を高めることが必要であることを示している。特に両比較において大きな差がみられた項目は，自信，予測力，判断力である。これらの項目は優れた競技力を発揮するために必要といわれる心理的な項目であり，高度な認知過程の働きを示している。

これまでJPC医・科学・情報サポートは，各競技団体の強化選手を対象に実施してきた。今後は，これまでの活動に加えて，東京2020パラリンピックまでに至る強化活動によって得られたレガシーを次世代に繋げていく必要がある。次世代選手の育成には，ここで示した心理的競技能力の全般的な向上はもとより，選手の人間的成長を図ることも重要なことである。

2　パラリンピック等の総合国際大会での心理サポート

ロンドン2012パラリンピックから，これまで行われていた医師およびトレーナー，栄養サポートに加えて，心理サポートが初めて導入された。それ以降の総合国際大会（パラリンッピック，アジアパラ競技大会等）は，JSCハイパフォーマンスサポートとも協力し，現地サポートを実施してきた。サポート形態は，日本代表選手団本部スタッフとして選手村内サポート，JPC村外支援スタッフ・JSCハイパフォーマンスサポートハウス・スタッフとして選手村内・外での現地サポート，オンラインサポート等様々であった。サポートは，日本選手団のすべての選手・スタッフを対象に，心理的競技能力診断検査と心理的課題およびサポートニーズの基礎調査結果をサポート資料として用いた。具体的には，精神的・肉体的疲労度測定および気分からのコンディショニングチェック，コンディショニング維持および向上に向けた現状の確認とアドバイス，心理スキルの指導（リラクセーション・イメージトレーニング等），練習や試合の振り返りと気持ちの切り替え，チームビルディングの実施，コーチ・スタッフとの面談であった。面談では，目標の確認や振り返り等を整理し自己省察に繋げた。

東京2020パラリンピックでは，COVID-19感染拡大防止の観点から，オンラインでのサポートが中心に行われた。これにより，スタッフが現地に帯同しなくともサポートできるという選択肢は増えた。一方，その後に開催されたバーレーン2021アジアユースパラ競技大会や北京2022パラリンピックでは，日本代表選手団とともに開催地に帯同してサポートが実施された。その中で，選手・スタッフからは，対面でのサポートを行う重要性についても報告された。これは，対面コミュニケーションによって得られる情報が，心理サポートにおいて有用であることを示唆している。また，対面でのサポートにより，心理サポートスタッフが選手やスタッフへの対応に加え，他の競技団体に帯同した心理スタッフ，トレーナーや栄養士と情報共有ができたことは，心理サポートをする上で非常に有用との報告がある。特に，スケジュールに余裕がないパラリンピック等の総合国際大会期間において，オンラインではサポート対象者とコミュニケーションを取ることが可能であるが，選手の周辺にいるサポートスタッフとコミュニケーションを取ることは難しい。これは対面サポートが可能であったことによる副次的な利点となろう。より有効なサポートに向けて，オンラインサポートと対面サポートのメリット・デメリットを鑑みたサポート方法の検証と構築も急がれる。

3 今後の課題と展望－パラスポーツの取り巻く環境と心理サポートの今後の取り組みと課題－

近年，わが国のパラスポーツを取り巻く環境が激変した。時系列を辿ると，スポーツ基本法(2011)・スポーツ基本計画(2012)の施行と，「スポーツ宣言日本」(2011)の発表を契機にして，2014年のソチオリンピック・パラリンピック冬季競技大会の終了後，パラスポーツの管轄が厚生労働省から文部科学省に移管された。そして，スポーツ基本法に「障害者のスポーツを享受する権利」が明示されたことは画期的であった。続いてスポーツ庁の新設によりスポーツ行政が一元化された。これは，国の施策にスポーツが組み込まれたことを意味している。国策としてスポーツを取り込むことは，国際的な動向であり，スポーツを通して共生社会の創出を進める過程といえる。その一方で，障害者のスポーツ活動の普及と共に，いわゆるハイパフォーマンススポーツとしてのパラスポーツは，高い競技性を求める傾向を加速化させた。その中では，競技力が高い競技が中心となるが，これまでに比べ競技強化拠点の増加，医・科学・情報サポートの充実等変革がみられた。心理サポートについても，JPCの支援のみならず，競技団体のニーズに合わせた心理スタッフの配置等の変化も見られている。しかし，これらはオリンピック競技に比べ，多くの競技団体で行われている状況とは言い難い。このようなパラスポーツを取り巻く環境の変化によって生まれるメリットを増やしデメリットを減らすために，一層の努力が求められている。したがって，パラスポーツでは次世代を見通した新しい「システムとプログラム」の理解と共有が不可欠となった。このような状況下にあって障害の有無にかかわらずスポーツ選手の心理サポートのニーズが高まることが予想される。スポーツメンタルトレーニング指導士(SMT指導士)の資格制度を有する日本スポーツ心理学会は，その質的向上と量的な充実を一層図る必要があろう。

パラスポーツは，同じ競技であっても，先天性，事故や疾病等による中途障害，また運動・スポーツ経験の違い等といった経緯が異なり，個別性が重要視される。加えて，パラスポーツ独自の競技や種目もある。このようなことから，パラアスリートを取り巻く競技環境には，コーチ，メカニック，医・科学・情報スタッフ，ガイドランナーや競技アシスタント等といった選手を支える体制がある。

心理サポートは，選手との良好な関係性だけではなく，コーチやスタッフはもちろんのこと，競技パートナーやアシスタントとの関係性も重要となる。サポートの理解や情報共有はコーチのみならず，選手に近いスタッフにもそれが望まれる。JPCの調査によると，東京2020パラリンピック後に不足していると感じた事前準備では，フィジカルトレーニングに関する要因も多かったが，コミュニケーションを含む心理的な要因が多く挙げられていた(橋口，2022)。トレーナーサポートは，ほぼすべての競技団体に帯同しているが，心理サポートは十分とは言えない。これは，今に始まった訳ではなく，過去の総合国際大会でも報告されている(内田，2017)。特に，東京2020パラリンピックでは大会の延期やトレーニングの制限などがあった。大会期間中の心理サポートはもちろんのこと，パラリンピック等の大会に向けた選手間，選手とコーチ間等といったコミュニケーションの課題も含めた長期間での心理サポートも必要であろう。

ヨーロッパにおいては，多くのコーチが偶然にパラスポーツのコーチとして活動を行ったと報告している(ParaCoach EU，2019)。わが国でも選手を支える体制において，偶然のパラスポーツとの出会いなど様々な類似点がある。前述したようにパラスポーツは，健常者のスポーツに比べ，多くのコーチやスタッフが必要である。これは，様々な視点から意見や情報を共有できる面もあるが，選手やコーチ，スタッフ間の継続的な連携の難しさも考えられる。そのような競技環境の中では，サポートスタッフと競技団体スタッフとの連携やマネジメントが重要となる。それには，学際的な事例や検証された情報を競技現場や選手・スタッフに正確に伝達し，それらを医・科学・情報サポートスタッフと共に，今後の競技に活かすことができる心理スタッフも必要であろう。パラスポーツに注目が集まっている今だからこそ，競技力向上を目的とした医・科学・情報サポートや調査・研究を定着させ，選手はもちろん，様々な障害を持った方のスポーツ参加や継続の促進等にも寄与できることを期待している。

以下は，JPSA編集の「平成20年度障害者競技スポーツ科学的サポート事業報告書」に心理スタッフの一人である内田若希氏（九州大学）が書いたものである。これを引用し，加筆して今後の課題と展望を，さらに検討する。

『心理的サポートを開始した頃，「MTがなぜ必要なのか」「その効果は」「具体的な方法は」という問いが，選手や監督・コーチから聞かれた。そこで，この問いに対する啓蒙活動（教育的プログラムの実施）が当面の仕事となった。この教育的プログラムを通して，選手にMTの理解を深めてもらい，またMTを不必要だと感じていた選手にも，その重要性を理解してもらうことができた。しかし，教育的プログラムでは具体的かつ実践的なサポートに踏み込めず，より効果的なサポートが求められた。そこで，MTの導入を必要とした競技団体には，継続してMTの実践的な指導を行った。MTの指導では，スポーツメンタルトレーニング指導の有資格者が各競技団体と連携をとり，それぞれのチームや個人の課題・目標を聞き取り，それに合わせたプログラム（集中力・リラクセーション・イメージトレーニング，チームビルディング等）を提供した。特に，2006年から３年間継続して指導をうけた選手にはMTの効果を実感する者も多く，練習中や試合中にネガティブな発想をしなくなったり，最適な心理状態を保ったりすることができるようになったとの声も聞かれた。』

これは，2008年の報告である。それから時が経つが，これ以上のことは実感できていない。つまり，心理サポートがスポーツ現場のニーズにまだまだ応えきれていないのではないかと思う。SMT指導士のサポートの知識やスキルは一定の水準に達しているが，専門家として活動できる環境が少なく，コーチやトレーナーのように選手に帯同できる専任スタッフとしての地位の確立が不可欠である。パラスポーツというと，障害者が行う特別なスポーツとみなされ，障害やできないことに目が向けられがちである。また心理サポートにおいても，「障害がわからない」「接したことがない」といったサポート等に障壁がある（内田，2017）といった指摘もある。このような中，スポーツ現場で選手と常に向き合うことが出来る心理サポート，SMT指導士の育成と環境づくりが求められる。

【文献】

荒井弘和（2010）心理サポートのグランドデザイン．日本障がい者スポーツ協会科学委員会資料．

橋口泰一，荒谷幸次（2022）東京2020パラリンピックに向けた医・科学・情報サポートについて．2021Journal of High Performance Sport，印刷中．

永田直也・橋口泰一（2021）令和２年度心理基礎調査報告「これまでの心理基礎調査のまとめ」．日本パラリンピック委員会．

ParaCoach EU .（2019）ParaCoach Infographic.（2022年6月24日）

内田若希（2008）平成20年度障害者競技スポーツ科学的サポート事業報告書．日本障害者スポーツ協会編，pp.24-26.

内田若希（2017）．障がい者の立場から考えるスポーツ3-競技スポーツにおける心理サポート-．体育の科学，67（3）：195-199.

2 障害のある人の身体活動・運動

本章では，障害のある人の身体活動・運動に関する話題について，わが国で得られた知見だけでなく，欧米で得られた知見も踏まえて紹介する。これらの話題は，スポーツ心理学の２つのテーマ，すなわち，(1)身体活動・運動を実施することによって，どのような心理的・行動的な効果が得られるのかを検討すること，(2)身体活動・運動の実施を促すことを目指した心理的・行動的介入を検討することに沿っている。

1 障害のある人における身体活動・運動の実施

身体活動・運動を実施する際，障害があることは，身体的，心理的，社会的なバリア(障壁)となってしまう場合がある。つまり，障害が，身体活動や運動の実施を妨げてしまう可能性がある。それでは，障害のある人の身体活動・運動について，私たちはどのように考えればよいのだろうか。

わが国では，障害のある人々に関するガイドラインは整備されていないが，世界保健機関(WHO) のガイドラインでは，「障害のある子供・青少年(５—17歳)」と「障害のある成人(18歳以上)」という項目が設けられ，推奨される活動が紹介されている(日本運動疫学会ほか，2021)。

子供と青少年(５—17歳)が身体活動を行うことにより，体力の向上，心血管代謝の健康，骨の健康，認知的健康，精神的健康，および肥満の減少といった様々な効果が得られる。「障害のある子供・青少年(５—17歳)」についても，これらの効果の多くが関係しており，**表１**に示す活動が推奨されている。さらに，注意欠陥・多動性障害(ADHD)を含む認知機能に障害や疾患のある子供たちの認知力の向上，知的障害のある子供たちの身体機能の改善という効果も紹介されている。

成人(18歳以上)が身体活動を行うことにより，総死亡率や循環器疾患による死亡率の低下，高血圧や部位別のがん，２型糖尿病の発症の予防，メンタルヘルスや認知的健康，睡眠の向上，

表１ 障害のある子供・青少年（5—17歳）に対する世界保健機関(WHO)のガイドラインの一部(日本運動疫学会ほか，2021)

- １週間を通して，１日平均60分以上の中強度から高強度の身体活動(主に有酸素性身体活動）を行うべきである。
- 高強度の有酸素性身体活動や筋力・骨を強化する身体活動は，少なくとも週3日は取り入れるべきである。
- 座りっぱなしの時間，特に余暇時間におけるスクリーンタイムの時間を減らす必要がある。

表２ 障害のある成人(18歳以上)に対する世界保健機関(WHO)のガイドラインの一部(日本運動疫学会ほか，2021)

- 障害のあるすべての成人は定期的に身体活動を行う。
- 健康効果を得るためには，１週間を通して，中強度の有酸素性の身体活動を少なくとも150～300分，高強度の有酸素性の身体活動を少なくとも75～150分，または中強度と高強度の身体活動の組み合わせによる同等の量を行うべきである。
- 健康増進のために，週に2日以上，すべての主要筋群を使用して実施する中強度以上の強度の筋力向上活動を行うことが推奨される。
- 障害のある高齢者は，機能的な能力の向上と転倒予防のために，週の身体活動の一環として，機能的なバランスと筋力トレーニングを重視した多様な要素を含む身体活動(マルチコンポーネント身体活動)を週3日以上，中強度以上の強度で行うべきである。
- １週間を通して，中強度の有酸素性の身体活動を300分以上に増やす，150分以上の高強度の有酸素性の身体活動を行う，または中強度と高強度の身体活動の組み合わせによる同等の身体活動を行うことで，さらに健康効果を得られる可能性がある。
- 座りっぱなしの時間を減らすべきである。座位時間を身体活動（強度は問わない）に置き換えることで，健康効果が得られる。
- 長時間の座りすぎが健康に及ぼす悪影響を減するため，中強度から高強度の身体活動を推奨レベル以上に行うことを目標にすべきである。

および肥満の指標の改善といった様々な効果が得られる。「障害のある成人（18歳以上）」についても，これらの効果の多くが関係しており，**表２**に示す活動が推奨されている。さらに,「多発性硬化症患者」「脊髄損傷者」「認知機能に障害がある疾病や障害を持つ者」における効果が紹介されている。

「障害のある子供・青少年（５―17歳）」と「障害のある成人（18歳以上）」のいずれの場合についても,「少しの身体活動でも，何もしないよりは良い」「推奨量を満たしていない場合でも，ある程度の身体活動により健康効果が得られる」等の説明がなされている。このように，身体的・心理的・社会的側面を考慮した上で，障害のある者においても，身体活動・運動の実施は推奨されるべきである。

2 障害のある子どもの身体活動・運動

体育授業を中心に，障害のある子どもの身体活動・運動について考えてみたい。子どもの時期における身体活動・運動について考えるとき，体育授業の重要性は明らかである。教育の中でも，体育は，実践を含む教育であるという点において貴重な存在である。教室において知識を提供するだけでなく，学習した内容を実践する場が存在するという点から，体育授業の意義は大きい（竹中，2001）。

1 障害のある子どもの体育授業

体育授業の重要性は，障害のない子どもだけでなく，障害のある子どもにおいても等しい。むしろ，障害があっても，将来的に廃用症候群（身体を使わないことによって様々な身体的・精神的機能低下が生じること）になることを防ぐために，自らの身体状況と折り合いをつけながら，可能な範囲で身体活動を行い続けることは重要なことである。

中には，障害，傷害（ケガ），または疾病などによって，体育の実技を十分に行うことができない子どもも存在する。実技が十分に行えない子どもが体育授業に参加する際，頻繁に採られる手段は「見学」である。見学とは，実技に参加せずに，他の子どもが行う実技や教員の師範を見て学習することを指すが，見学者は授業を欠席しているのではなく，参加形態は異なるものの，授業に出席しているとみなされるのが見学である（杉山，1988）。障害のある子どもの運動について述べた長嶋（2006）は，激しい運動が実施できない場合，ゴールキーパーやレフリーなど，低い運動能力でも参加が可能な方法を選ぶことを提案している。

しかし，学校体育において，何らかの理由で激しい運動ができない子どもに対しても，見学だけでなく，他の子どもと同様の選択肢を提供すべきなのではないだろうか。木下（1988）は「出席しながら，計画された学習には不参加という事実を，学校正規の教育と認めてよいのであろうか」と述べており，「少人数でも学級を別にした体育の授業を，学校管理の問題として考えなければならない」と問題提起をしている。

もし，障害や傷害のある子どもを対象とした体育授業が少ない人数で行わざるを得ないものだとしても，そのために経済効率が悪いとしても，教育を受ける機会が奪われてはならないだろう。特に，体育は実習的性格の強い授業であり，実際に身体を動かすことに大きな意義がある。

このことに関連して，21世紀の特殊教育の在り方に関する調査研究協力者会議（2001）も，長期的な視点に立って，一人ひとりのニーズにあった適切な教育的支援を効果的に行うために「個別の教育支援計画」を策定することを提起している。教育課題の１つである体育についても，障害のある子どもに適合した教育プログラムが計画的に提供されなければならない。

障害のある子どもに身体活動を促すためには，体育の時間が重要であるということがわかっている。シットら（Sit et al. 2007）は身体障害，軽度の知的障害，聴覚障害，視覚障害のある小学校４～６年生を対象として調査を行った。その結果，障害のある子どもは，学校での身体活動が多くないことを明らかにしている。しかし興味深いことに，体育授業の頻度と授業中の運動強度が高まると，授業時間以外において身体活動を実施する機会が増加することも明らかにしている。つまり，障害のある子どもの身体活動量を増やすためには，学校が基盤となって働きかけをすることが求められており，学校が家庭や地域とも連携することが必要であると結論づけられている。

2 わが国における障害のある子どもの身体活動・運動の研究

わが国でも，障害のある就学期の子どもを対象とした身体活動･運動の研究が行われている。ここではそのうちの2つを紹介する。

1つは，脳性運動障害児を対象として，QOLの向上を目指した水泳活動の意義を調べた研究である(岸本・齊藤，2008)。この研究では，水泳活動がQOL(身体的・精神的・社会的側面)の向上を目指すために重要な活動であることが示されており，水中での自由な活動(自由遊び)によって，QOLの精神的・社会的側面の向上に成果がみられることが明らかにされている。

もう1つは，肢体不自由を重複する重度知的障害のある子どもを対象とした研究である(高畑・中道，2005)。この研究では，重度知的障害のある子どもの生涯スポーツのあり方が検討されており，子どもたちの主体性や自立性を誘発させること，保護者の負担を最小限にすること，親に対して支援全体の見通しを示してあげること，目標とする行動が習慣化するまでの間，子どもと親に対して継続的な支援を行うことの重要性が強調されている。

このように，子どもの時期においては，学校での体育授業を大切にしながら，身体活動・運動の実施を促進することが期待されている。

3 障害のある大学生に対する体育授業の実践

1 障害のある大学生を対象とした体育授業の現状

18歳人口における大学への進学率は，近年50%を超えており，以前と比較すると多くの者が大学へ進学するようになりつつある。未成年が成人になる過渡期に所属する大学は，障害のある者がその後の人生で身体活動・運動を実践する上で，重要な役割を担うと考えられる。一人ひとりのニーズにあった適切な教育的支援を効果的に行うことの重要性は，大学教育においても同様であり，大学は，すべての学生に質の高い同一の教育を受ける権利を保障すべきであると主張されている(佐野・吉原，2004)。

しかし残念ながら，大学において，障害のある学生や傷害をおっている学生に対する体育プログラムは十分に提供されているとはいえない。1995年のユニバーシアード福岡大会にあわせて行われた調査(徳永ら，1996)では，「障害者のための体育実技のプログラムを準備している」と答えた大学は，国公立大学で35.3%，私立大学で35.0%，短期大学で4.6%にとどまっていた。

また，全国大学体育連合(2003)が2002年に行った調査によると，保健体育科目において「障害をもった学生へのプログラム」をもっている大学は，全体の35.1%であった。このように，障害のある学生に対する大学体育授業は十分に展開されているとはいい難い。また，障害のある学生を対象とした大学体育授業が実施されていたとしても，その授業の効果の評価はほとんど行われていないのが現状である。

2 障害のある大学生を対象とした体育授業の取り組み

そのような中で，荒井・中村は，教養の体育授業の枠組みにおいて，障害のある学生や傷害をおった学生を対象とする「アダプテッドコース」というコースを設定し，授業の効果研究を進めている。以下では，その取り組みのいくつかを紹介したい。

まず，アダプテッドコースの授業が障害のある受講生の身体活動量に与える調べた研究を紹介する(荒井・中村，2006)。この研究の対象者は，大学1年生3名であり，健康体育(アダプテッドコース)の受講者であった。ガイダンスと講義を除く毎回の授業は，出欠確認・体重および体脂肪測定(10分),行動科学に基づく演習課題・1週間の活動記録の振り返り(20分),種目活動(45分：ボッチャなど),種目活動の記録(5分)という流れで行われた。受講生は，2種類の課題に取り組んだ。1つは授業時間内に取り組む課題であり，行動科学の要素を取り入れた課題であった。もう1つは授業時間外に取り組む課題であり，1週間の活動記録であった。全体的には，授業期間を通じて，歩数計によって測定された歩数が増加していたことから(**図1**)，障害のある学生を対象とした大学体育授業が，受講生の身体活動量に肯定的な影響を与えることが確認されている。

次に，障害のあるまたは傷害をおっている7名の男子大学生を対象としてアダプテッドコースを実施した研究を取り上げる(荒井・中村，2005a)。この研究では，座位での活動である週あたりのテレビ・パソコン使用時間が，受講前後で減少する傾向にあったことが示されている。さらに，各授業において，授業での運動時における快感情，および他の受講者との関係性ともに好ましい得点であり，男子大学生のライフスタイルに対して良い影響を与えていたことが明らかにされている。

最後に，アダプテッドコースの授業に対する評価を探索的に検討した研究を紹介する(荒井・中村，2005b)。障害のあるまたは傷害をおっている10名の大学生を対象として研究が行われ，アダプテッドコースの受講に伴う恩恵として，「健康行動の実践」,「授業の内容に対する満足感」,「授業の存在に対する満足感」,「コミュニケーション」,「健康行動に関する知識の獲得」,「少人数であること」,「心理的効果」という7つの内容が得られた。一方，アダプテッドコース受講に伴う負担として,「実技の種目」,「コミュニケーション」,「受講のしやすさ」,「実技時間の短さ」,「質問回数の設定」，および「生活課題に対する提案」という6つの内容が得られた。これらの結果を踏まえて，授業を改善することが提案されている。

大学において障害のある学生を対象とした体育授業の実践は，十分になされているとはいえない。しかし，本稿で紹介した取り組みだけでなく，他にもいくつかの先進的な取り組みが継続して行われている。それらの取り組みを参考にしながら，また，対象者の障害特性を考慮しながら，大学における体育授業を充実させることが望まれている。

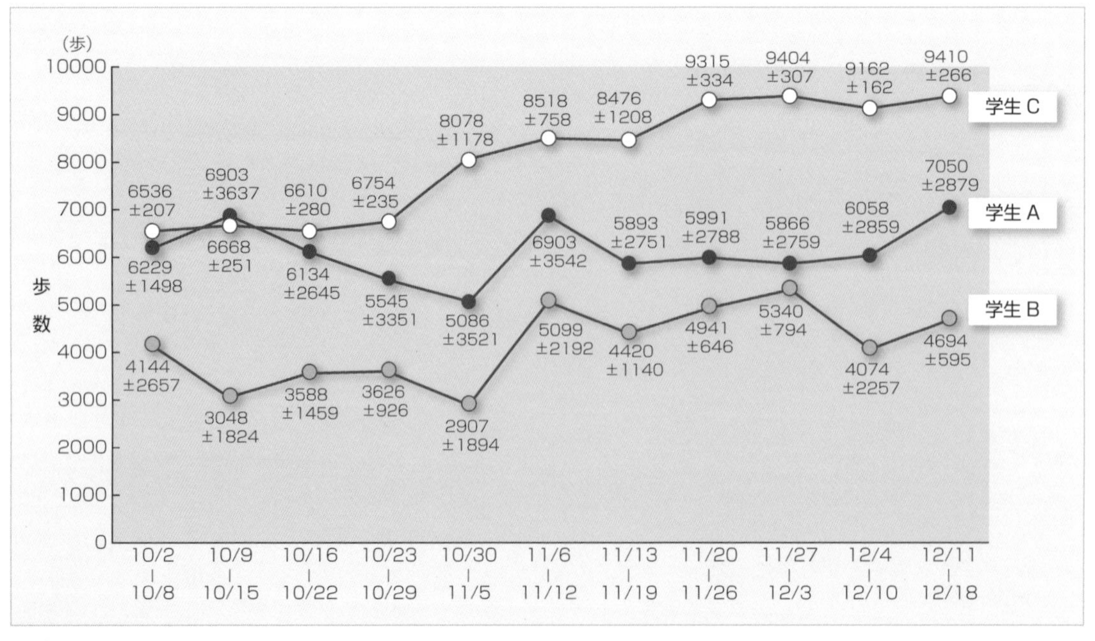

図1 歩数の変化(荒井・中村，2006：各期間における各個人の平均歩数をプロットしている)

4 インクルーシブ体育

障害のある人は，障害のある人たちだけで身体活動・運動を行うとは限らない。そのため，障害のない人たちとの関わりを考えることも大切である。ここでは，インクルーシブ体育について紹介したい。インクルーシブという言葉は，「すべてを含む」という意味である。

文部科学省(2012)は，「共生社会の形成に向けたインクルーシブ教育システム構築のための特別支援教育の推進」について報告した。そこには，「共生社会の形成に向けて，障害者の権利に関する条約に基づくインクルーシブ教育システムの理念が重要であり，その構築のため，特別支援教育を着実に進めていく必要があると考える」「インクルーシブ教育システムにおいては，同じ場で共に学ぶことを追求するとともに，個別の教育的ニーズのある幼児児童生徒に対して，自立と社会参加を見据えて，その時点で教育的ニーズに最も的確に応える指導を提供できる，多様で柔軟な仕組みを整備することが重要である」といった記述が見られる。

草野(2004)によれば，ノーマライゼーションの理念(障害のある人や適応力の乏しい高齢者が，できるだけ健常者の生活と同じような生活が営めるように社会の意識や制度を変えていくという理念)に則り，1994年に出された「サマランカ宣言」において，「止むに止まれぬ理由がない限り，普通学校にすべての子どもを在籍させるインクルーシブな教育の原則を採用すること」が宣言されたことを背景に，インクルーシブな体育が推進されつつある。

インクルーシブ体育には，障害のある者が体育の対象になっていない状態から，特別なニーズに応じた専門的な障害児体育を成立させるまでの第１段階と，障害のない者と障害のある者が一緒に行うインクルーシブ体育を成立させる第２段階がある(草野，2004)。

すでに紹介した，大学において実施されているアダプテッドコースは，第１段階のインクルーシブ体育に相当する。第２段階のインクルーシブ体育を実施した長曽我部(2006)は，インクルーシブ体育に参加することによって，障害のない生徒と障害のある生徒の間に「まさつ」が生じるが，障害のない生徒は，そのまさつを通して，障害のある生徒に対して，「促す」「協同する」「距離をとる」「受容する」「気持ちを乗せる」などの適切な関わり方を習得することを示している。

今後わが国においても，あらゆる種類の学校において，インクルーシブな体育の実践がますます発展していくと考えられる。

5 スペシャルオリンピックス

1 スペシャルオリンピックスとは何か

読者は，スペシャルオリンピックスという言葉を聞いたことがあるだろうか。スペシャルオリンピックスとは，Be with all（多様な人々が活きる社会の実現を目指す）をスローガンに掲げ，知的障害のある人たちに様々なスポーツトレーニングとその成果の発表の場である競技会を，年間を通じ提供している国際的なスポーツ組織のことである(スペシャルオリンピックス日本，2022)。

スペシャルオリンピックスの活動は非営利活動で，運営はボランティアと善意の寄付によって行われており，これらのスポーツ活動に参加する知的障害のある人たちをアスリートと呼ぶ。なお，「スペシャルオリンピックス」の名称が複数形で表されているのは，大会に限らず，日常的なスポーツトレーニングから世界大会まで，様々な活動が年間を通じて，世界中で行われていることを意味しているためである。

身体活動・運動の実施については，学校体育に依存しているとも言わざるを得ないわが国において，スペシャルオリンピックスの意義は大きい。例えば，養護学校(現在の特別支援学校)の知的障害のある卒業生を対象に調査を実施した高畑・武蔵(1997)は，知的障害のある者が家庭において運動・スポーツを実施する習慣がないことを指摘している。彼らは，学校教育を受けている段階から，学内だけでなく，家庭と連携しながら日常的な運動・スポーツ実施の支援を行うことを強調している。つまり，就学期のうちに，学校体育以外に身体を動かす機会をもっておくことが，就学期の後も活動的な生活を送る上で重要になるのである。

2 スペシャルオリンピックスの研究

スペシャルオリンピックスを題材にして，いくつかの研究が行われている。ウェイスら（Weiss et al. 2003）は，スペシャルオリンピックスがもつ固有な要素が，アスリートの自己概念や適応的な行動と関連することを明らかにし，スポーツや競争の重要性を強調している。グッドウィンら（Goodwin et al. 2006）は，16名の親を対象として，子どもをスペシャルオリンピックスのプログラムに参加させるという意思決定について調べている。その結果，親は子どもとの関係を築くことに関心があり，不安のない指導環境を作り出す指導者を求めていることがわかった。また親は，仲間との有意義な社会的な交流を促進してくれるような環境を好んでいることも示されている。

障害のある人の身体活動・運動に関する取り組みは，研究・実践ともにいまだ十分であるとはいえない。そのため，今後もさらなる取り組みが求められる。

【文献】

荒井弘和・中村友浩（2005a）障害のある学生または傷害を負っている学生に対する大学体育授業の効果．体育学研究，50：449-458.

荒井弘和・中村友浩（2005b）障害のある学生または傷害を負っている学生を対象とした大学体育授業に関する探索的研究．障害者スポーツ科学，3：40-47.

荒井弘和・中村友浩（2006）大学体育授業が障害のある受講生の身体活動量に与える影響．体育学研究，51：341-350.

長曽我部博（2006）インクルーシブ体育における「まさつ」が子どもの相互理解に及ぼす影響．障害者スポーツ科学，4：37-46.

Goodwin, D.L., Fitzpatrick, D.A., Thurmeier, R., & Hall, C.（2006）The decision to join Special Olympics : Parent's perspectives. Adapted Physical Activity Quarterly, 23 : 163-183.

木下秀明（1988）見学を考える．体育の科学，38：748-749.

岸本太一・齊藤まゆみ（2008）脳性運動障害児を対象とした水泳活動の意義．障害者スポーツ科学，6：26-32.

草野勝彦（2004）障害者スポーツ科学の社会的課題への貢献．障害者スポーツ科学，2：3-13.

文部科学省（2012）共生社会の形成に向けたインクルーシブ教育システム構築のための特別支援教育の推進（報告）（https://www.mext.go.jp/b_menu/shingi/chukyo/chukyo3/044/houkoku/1321667.htm）

長嶋正實（2006）これからの小児スポーツ医学がめざすもの．臨床スポーツ医学，23：597-603.

日本運動疫学会，国立研究開発法人医薬基盤・健康・栄養研究所，東京医科大学（2021）要約版 WHO身体活動・座位行動ガイドライン（日本語版）（https://apps.who.int/iris/bitstream/handle/10665/337001/9789240014886-jpn.pdf?sequence=151&isAllowed=y）

21世紀の特殊教育の在り方に関する調査研究協力者会議（2001）21世紀の特殊教育の在り方について――人一人のニーズに応じた特別な支援の在り方についてー（最終報告）．（http://www.mext.go.jp/b_menu/shingi/chousa/shotou/006/toushin/010102.htm）

佐野眞理子・吉原正治（2004）高等教育のユニバーサルデザイン化ー障害のある学生の自立と共存を目指してー．大学教育出版．

Sit, C.H.P., McManus, A., McKenzie, T.L., & Lian, J.（2007）Physical activity levels of children in special schools. Preventive Medicine, 45 : 424-431.

スペシャルオリンピックス日本（2022）スペシャルオリンピックス日本ホームページ（http://www.son.or.jp/）

杉山重利（1988）体育における見学の法的根拠．体育の科学，38：771-773.

高畑庄蔵・武蔵博文（1997）知的障害者の食生活，運動・スポーツ等の現状についての調査研究ー本人・保護者のニーズの分析による地域生活支援のあり方ー．発達障害研究，19：235-244.

高畑庄蔵・中道　正（2005）肢体不自由のある重度知的障害生徒を対象にした生涯スポーツを目指した支援ー3年間にわたる「お手玉ふっきん」の実践を通してー．特殊教育学研究，43：31-39.

竹中晃二（2001）米国における子ども・青少年の身体活動低下と公衆衛生的観点から見た体育の役割：体力増強から健康増進へ，さらに生涯の健康増進へ．体育学研究，46：505-535.

徳永幹雄・多々納秀雄・橋本公雄・山本教人（1996）諸外国及び日本における大学保健体育教育の動向．健康科学，18：93-107.

Weiss, J., Diamond, T., Demark, J., & Lovald, B.（2003）Involvement in Special Olymipics and its relations to self-concept and actual competency in participants with developmental disabilities. Research in Developmental Disabilities, 24 : 281-305.

全国大学体育連合〔編〕（2003）2001-2002年度 大学・短期大学の保健体育教育情報報告書．

3 パラスポーツの心理的効果：競技スポーツの立場から

1 喪失体験としての中途障害

中途で障害を負うことは，人生の半ばで身体機能や身体部位を喪失し，ある日突然に障害者となることである。そして，身体的な変化や生活上の変化を迫られ，自明視してきた日常を喪失することになる。そこには，様々な心理的・社会的な喪失体験を伴う。中途障害のように，予測不能な非日常の出来事が，人の心に与える影響は想像を絶するものであり（近藤，2015），心理的・社会的な支援が重要となる。

1 自明視された日常の喪失

いつものように会社や学校に行き，仕事や勉強をしたり同僚・友人とおしゃべりを楽しんだりして，夜になれば家に帰る。そして，朝がくればまた同じ日常が始まる—果たして，このような日常は，当たり前のように続いていくのだろうか。

内容に個人差はあるが，人はルーティン化された日常の作業をほぼ毎日繰り返しており，またその中で他者との相互行為をも繰り返すというように，「日々繰り返す経験」が「日常」であり，この日常は自明のものである（深谷，2016）。多くの場合，人はなんの疑いも抱かずに，この自明視された日常を生きている。

しかし，もし明日，事故や病気で突然に障害を負い，自明視してきた日常，思い描いてきた未来が突然奪われたとしたら，どうするだろうか。喪失を伴うストレスフルな出来事は，日常生活の一部を破壊する喪失体験となる。場合によっては自分自身を責めたり，自信を喪失したり，絶望的な考え方に陥ったりすることもある（松下，2005）。

このような中で，心理的・社会的な視点から，生き方への支援が重要となってくる。つまり，機能の回復のみならず，中途障害が心理面に及ぼす影響を理解し，適切な支援の提供が求められるといえる。

2 障害受容再考

中途障害者の心理面の理解において，障害受容がしばしば主要なトピックとして扱われる。障害受容とは，「あきらめでも居直りでもなく，障害に対する価値観の転換であり，障害をもつことが自己の全体としての人間的価値を低下させるものではないことの認識を通して，積極的な生活態度に転ずること」と定義されている（上田，1980）。

しかし，障害受容を目標とすることで，ときに当事者に「障害受容をしないといけない」「障害受容をしていることが良い状態」のような理想を強いることがある。障害とともに生きるということを当事者が引き受ける必要はあっても，それは極めて個人的で内的なものであり，障害受容の度合いを安易に議論することがあってはならない。

喪失体験を経験して，そこから回復し，心理的・社会的に成長を遂げると単純にみなすのではなく，その痛みや苦しみと寄り添い，「自己」と向き合いながら生きていく過程を支援していくことが寛容である。以下では，「自己」を軸とし，喪失感からの脱却と生きる意味の再定義に関して概観していく。

2 受障による喪失体験が心理面に及ぼす影響

中途障害は，様々な心理的・社会的な喪失体験を生み出すだけでなく，社会的な差別に伴う心理的ストレスや，「障害者」というレッテルによる自己否定をもたらす。そして，障害を負った自己を受容できなくなり，今までと異なる自己に対して否定的な感情をもつこともある。

1 身体的側面の変化に伴う自己変容

フォックスとコービン(Fox and Corbin, 1989)が提示した自己概念に関する多面的階層モデルは，運動・スポーツに伴う体力や体型などの変化に伴い身体的自己概念が変容し，これにより最終的に安定性の高い自己そのものも変容することを示唆したものである。このモデルは，受障による身体的側面の変化に伴う自己変容の過程を考える際にも有効である。このモデルに準拠すると，受障により身体機能や身体部位の喪失が生じ，なにかができないという感覚や身体の不満足感などがもたらされることで身体的自己価値が低下し，それまで存在してきた自己が揺らぐ。その一方で，運動・スポーツに伴う肯定的な身体的変化が，身体の可能性への気づきを高めて身体的受容を導き，自己の再構築につながる(**図1**)。

この見解に基づき，内田ら(2008；**図2**)および内田(2017)は，中途障害に伴う複雑な心の変化を理解するために，受障後にどのように苦しんだり悩んだりしたのか，そして，他者や環境とのどのようなダイナミックな関係性の中で，受障後に心理的・社会的変化が生じたのかというテーマで，パラアスリートを対象にインタビュー調査を実施した。以下では，これらの一連の研究を参照しながら，とくに喪失と関連する要素に着目して概説する。

2 日常と非日常の間での揺らぎ

中途障害を受障した人々は，障害を負うその瞬間まで，自明視された日常を生きている。そこでは，ルーティン化された日常の作業をほぼ毎日繰り返しており，またその中で他者との相互行為をも繰り返していた(深谷，2016)。つまり，会社や学校に行き，仕事や勉強に励んだり，同僚や友人たちとの関係性を楽しんだりと，日々繰り返される日常をまさに生きていたと考えられる。

そして，ある日突然に訪れた受障という喪失体験はいわば不測の事態であり，これまでに経験したことのない状況に陥ると，事故直後から告知に至るまでの間，混沌とした時間の中に身を置くこととなる。基本的に，受障前の日常の中に，障害に関する知識や情報は「当たり前のもの」として存在していない。そこには，日常における障害に対する認識の不在が浮かび上

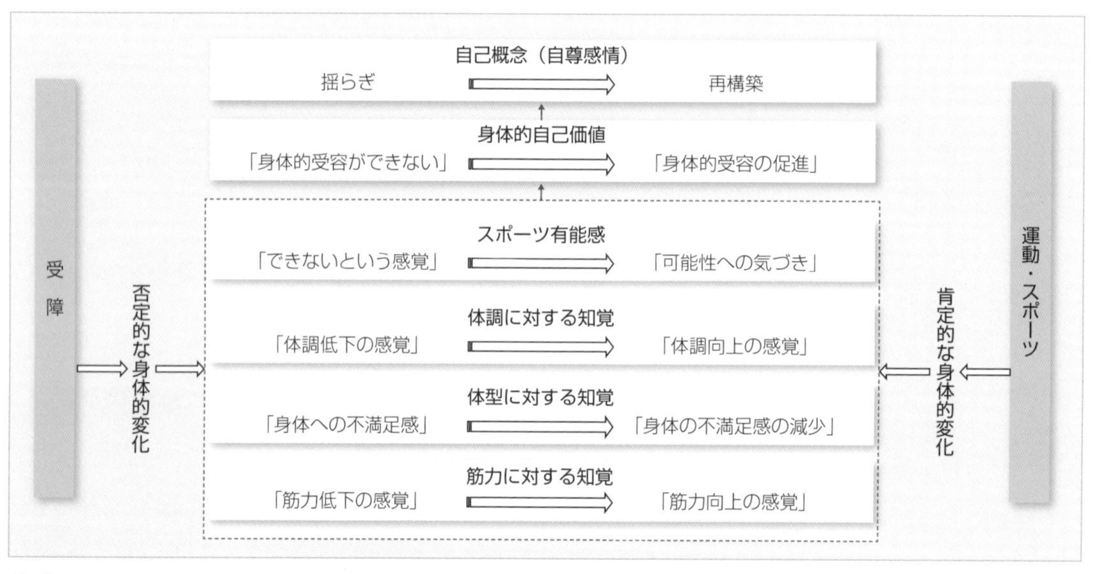

図1 フォックスとコービン(1989)に準拠した自己の喪失と再構築の捉え方

がってくる。さらに，スポーツ経験を有する場合，過去に経験したスポーツでのケガと照らし合わせ，重症度が高い可能性を推測しつつも，あくまで完治するものとして認識していることが多い。

一方で，メディアや書籍などの何らかの情報媒体を通して，受障時までに日常における障害に関する知識の保有がなされている場合，冷静な眼差しを併せもち，有していた知識に基づく重症度の推測を行うこともある。

このように，中途障害を引き起こす出来事に直面し，受障前の日常と，突然目の前に顕在化した非日常の狭間で，自身のこれまでの経験や知識，情報を参照し，日常に戻るための端緒を模索していると考えられる。

3 障害告知に伴う心の揺れ

障害告知は，それまで存在していた日常と生きてきた身体を手放さざるを得ない瞬間である。そして，障害告知に関連する心の揺れと回復への希望が，混在していくこととなる。

受障の原因や障害の種類や程度，個人のパーソナリティなどに基づいて，当事者のものの見方や行動は多様である。加えて，障害告知の時期は様々であり，受障後の比較的早い段階のこともあれば，リハビリテーション専門の病院へ転院する際に告知されることもある。障害告知が早い段階でなされる場合，突然の告知によるリアリティの欠如と，過去の可逆的なケガの経験を参照することに伴う回復への希望が混在していく。

一方，障害告知まで時間を有した場合，その時間経過の中で，回復への希望よりも障害に対する認識やあきらめの色が濃くなっていく。このため，障害告知に際しては，頭の片隅に常に存在していた，障害への漠然とした認識とあきらめを確認する意味合いが強くなる。

また，受障後の治療過程で，障害部位が悪化するなど身体的症状にネガティブな変化を伴う場合，障害告知により障害が回復しないことを提示される状況とは心の揺れが異なる。例えば，急性期の治療において，生と死の狭間での心の葛藤を経験することがある。また，時間経過とともに既存の身体が変化し，失われていく中で，自分が自分ではなくなっていく感覚に心が支配されたりすることもある。

4 失われた身体への焦点化

身体に関する自己の捉え方である身体的自己概念は，自己全体の中心的要因として位置づけ

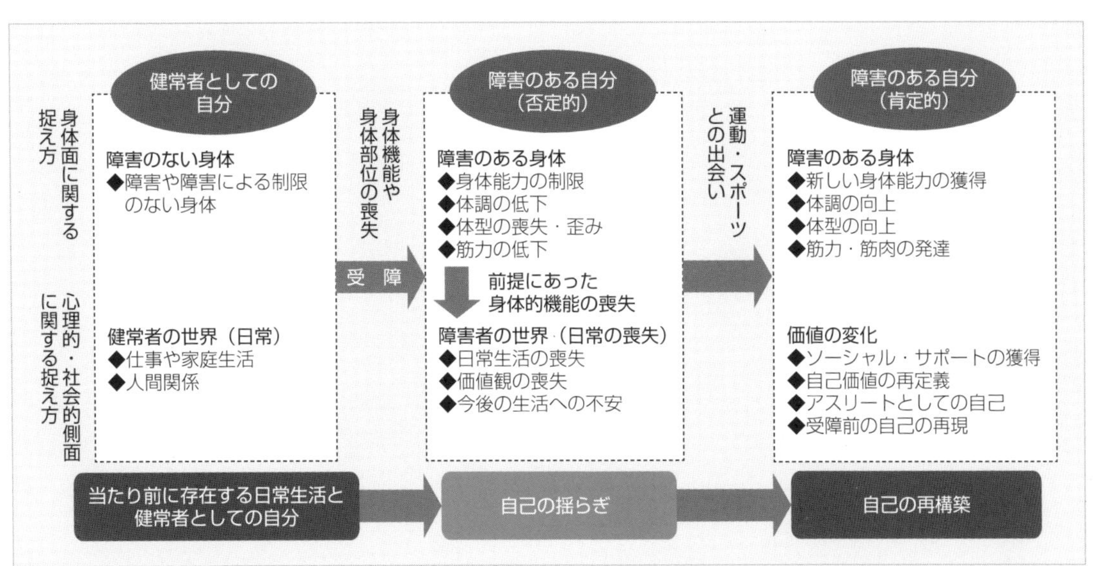

図2 中途障害に伴う喪失と運動・スポーツを通した再構築のプロセス（内田ら，2008を基に作成）

られており(Fox, 1998), 受障に伴う身体や心身機能の変化は, 自己を揺るがす喪失体験であると捉えることができる。

それまで当たり前に存在してきた自分の身体が, 事故や疾病によりある日突然に変化すると, 身体面に関する捉え方が否定的に変化する。例えば, 生活を営む上での運動機能障害や活動の制限などが生じると, 「○○ができなくなった」というように, 身体能力を否定的に捉えるようになる。また, 身体部位の喪失や変形による歪み, 体調や筋力の低下に伴い, 自己の身体そのものも否定的に捉えるようになる。

そして, 障害のない身体によって支えられていた日常生活や価値も喪失され, 今後の生活への不安なども抱えるようになる。これらの変化を受けて, 障害のある自己を受け入れることが困難になり, 「健常者とは違う障害者の世界になった」「以前の自分とは違う, 前より悪い世界に自分はいる」との意識が生まれ, 自己の揺らぎへとつながっていく。

5 生きてきた日常と続いていくはずだった未来の喪失

中途障害を負うということは, 当たり前のように続いてきた日常と, それに続く未来を喪失する体験である。障害告知や障害そのものの直視を通して, 受障前の日常の中には存在していなかった「障害」というものが顕在化すると, 自明視された日常とあるはずだった未来の喪失が, 現実のものとして存在していることを知ることとなる。

一方で, 新たに付与される「障害者」として生きていく未来に対して, 様々なネガティブな未来展望が表出されていく。そこには, 障害とともに生きる未来の不透明さ, 未来に対するあきらめ, および未来に対する否定的な感情が存在する。

このように, 受障前に存在していた日常と, 本来であれば存在したはずの未来の喪失に伴い, 世界が大きく変容することは想像に難くない。受障前の障害のない身体によって支えられた自明視された日常は, いわば健常者として生きる世界であった。しかし, その日常の前提として存在していた身体機能を喪失し, 障害のある身体とともに生きることは, 障害者として生きる世界への変容を伴う。これらの喪失の一方で, 「障害者」というレッテルを付与され, 障害者として生きる自己との葛藤に直面することとなる。

3 競技スポーツを通した自己の再構築

事故や病気による身体機能や身体部位の喪失といった受障体験は, 生活の変化や喪失感をもたらす体験である。また, 社会的な差別に伴う心理的ストレスや, 「障害者」というレッテルの付与による自己否定を経験することもある。

その一方で, 競技スポーツ場面で体験される予想を覆す試合結果や逆転劇, 他者との出会い, 厳しい訓練の克服などの体験は, ときとしてアスリートの人生観や価値観をも変えることになる(橋本, 2005)。このような, 練習や試合の中で体験される, 人生の転機ともなるような心に残るエピソード, つまり「スポーツドラマチック体験(橋本, 2005)」は, 自己変容を促す。

障害受容は, 時間の経過とともに自然に変化するのではなく, 時間や周囲の人間, 行動との関係性の中で変容する力動的な体験である(高山, 1997)。また, 競技経験年数や受障経過年数, 年齢といった時間的な長さではなく, スポーツドラマチック体験が多いほど自己受容や生活の満足度が高くなるとされる(Uchida et al. 2015)。

つまり, スポーツドラマチック体験のような意味のある出来事を通して, 受障による喪失感からの脱却や生きる意味の再定義がなされるのである(内田ら, 2008)。このような, 中途障害を受障した者が, 「中途障害の受障体験」と「スポーツでの意味のある体験」という2つの転機を通じて意味づけを行うプロセスは, いわば人生(自己)の喪失と再構築のプロセスといえるかもしれない。

以下では, 内田ら(2008 ; **図2**)および内田(2017 ; **図3**)の研究成果に鑑みながら, 競技スポーツを通した自己変容や障害の意味づけの変化に関して概観していく。

1 身体的側面の可能性への気づき

競技スポーツは，たとえ身体に障害を有していても，自己の可能性は閉ざされていないことに気づくきっかけ(内田ら，2008)や，自己の可能性を再発見し，自信や身体能力への気づきを導く場(Blinde and McClung, 1997)として考えられている。

このように，競技スポーツを通して，身体面に関して新たな捉え方をするようになっていく。受障直後は「できなくなった」ことへの気づきを強く抱えていたとしても，競技用の装具や車いすなどを使用することで身体能力に対する有能感が高まったり，体調や体型の向上，筋力・筋肉の発達に気がついたりすることで，受障したことによる身体機能の喪失とそれに伴う喪失感からの脱却が促進される。

2 主体的に生きる自己

中途障害に伴い，否定的な意味合いを与えられた身体とともに生きる者にとって，身体はしばしば苦痛を伴うほどにはっきりと認識させられるものであり，失われた身体そのものや能力への焦点化により，自己の喪失や心理的な困難を招くものである(後藤，2007)。しかし，自己の能力や可能性を否定し，非建設的な行動を取るのではなく，個人の内的な強さに目を向けることで，その可能性を拓くことを主体的に選び取ることもできる。

主体的に生きることは，自分が自分の味方となり，承認を与えていくことと言い換えることができる。この自己承認において，自己肯定感は必要な感情の1つである。宮川・浅沼(2015)は，自己肯定感を「自分は自分で良い」という価値観のことと定義している。自己肯定感を高めるためには，成功体験が大きな役割を果たす。自分にはあれができる，これもできるというような経験を積み重ねることで自信を獲得し，またそのことが自分を知ることにつながって，自己を肯定的に受けとめられるようになるのである(宮川・浅沼，2015)。競技スポーツを通してスモールステップで成功体験を積み重ねていくことは，障害とともに生きる自己に対する自己肯定感を高めることに寄与すると考えられる。

3 「障害者」というレッテルからの脱却

競技スポーツにおけるスポーツキャリアの発達・移行に伴い，アスリートとしてのアイデンティティが獲得されると，「障害者」というレッテルからの脱却や，障害者以外の多様なアイデ

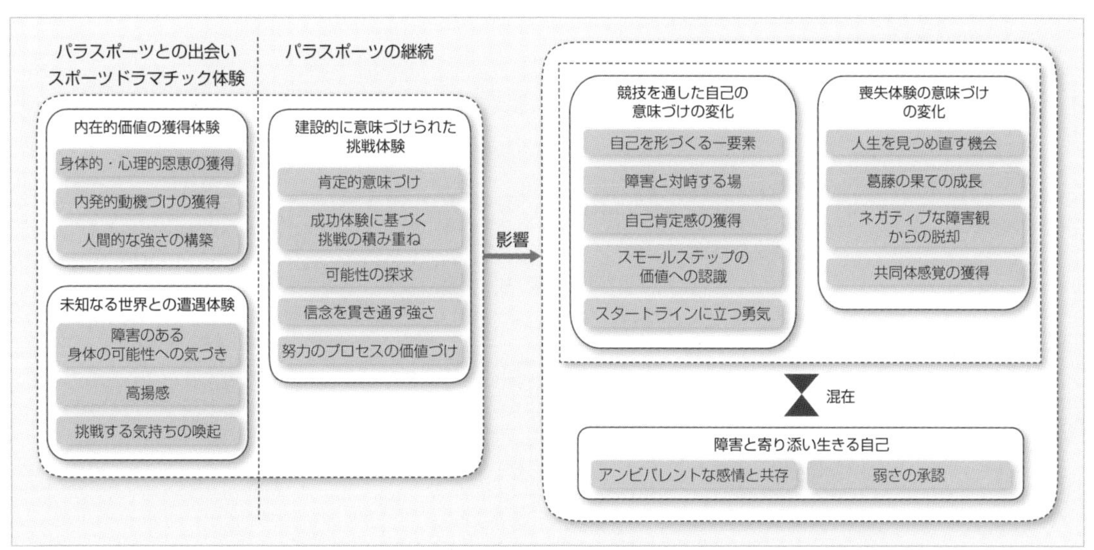

図❸ スポーツドラマチック体験を通した意味づけの内容(内田，2017)

ンティティの探求が可能になるなど，競技スポーツが中途障害者の生き方へ及ぼす影響は大きい。

受障に伴い，「健常者」と「障害者」という二元論的にその世界を分離させてしまうスティグマ概念により，健常者と障害者という2つの枠組みが存在するという考え（Sands and Wettenhall, 2000）に，意識的であれ無意識的であれ囚われてしまうこともある。しかし，二元論的に分離された世界ではなく，競技スポーツを通して，挑戦する自己の顕在化やアスリートとしての自己の表出，他のアスリートたちの姿のモデリングにより，ネガティブな障害観や「障害者」というレッテルから脱却することが可能となる。

競技スポーツに取り組む過程で価値の転換が生じると，障害があるから別の世界になったわけではなく，「障害があってもできる」「障害があるだけで，以前の世界と変わったわけではない」と捉えなおすことができるようになる。競技スポーツは，受障前の価値のあるものを喪失した感情から脱却させ，新しい価値体系を得る過程を提供すると考えられる。

4 「障害とともに生きる」ことの意味

障害とともに生きることは，あるがままを受け止めていく葛藤の道程でもある。ライト（Wright, 1960）は，誰しも欠点があり，それによって劣等感を感じることはあっても，自分の能力全体の価値や自己そのものの価値まで劣っていると考えないようにすることの重要性を指摘している。競技スポーツを通してアスリートとして，また人間として成熟していく中で，障害に対する葛藤を承認しながら，それを自身の人間的強みに変えていくことができる。

ただし，困難を経験して苦しんだ後に，ネガティブな状態から単に回復するだけでなく，その出来事以前の状態よりも心理的に成長することはあるが，喪失体験を「成長のきっかけとなったポジティブなもの」「克服した過去のもの」と単純にみなすのではなく，その痛みや苦しみと寄り添い，ともに生きていくことも，障害受容の1つの視座として重要である。個人の内的な強さへの気づきを高めたり，自身の可能性を拓いていく原動力を提供したりするような意味ある体験の場を，競技スポーツの中で創出することが肝要といえよう。

【文献】

Blinde, E.M., & McClung, L.R. (1997) Enhancing the physical and social self through recreational activity : Accounts of individuals with physical disabilities. Adapted Physical Activity Quarterly, 14 : 327-344.

Fox, K.R. (1998) Advances in the measurement of the physical self. In : J. L. Duda (Ed.) Advances in sport and exercise psychology measurement (pp.295-310). Fitness Information Technology Inc : Morgantown WV.

深谷裕（2016）加害者家族のライフストーリー――日常性の喪失と再構築．法律文化社．

後藤義彦（2007）身体の社会学ブレークスルー――差異の政治から普遍性の政治へ．生活書院．

橋本公雄（2005）スポーツにおけるドラマ体験とライフスキル．体育の科学，55 : 106-110.

近藤卓（2015）PTG心的外傷後成長とは何か―ストレスと成長．児童心理9月号，118-125.

松下智子（2005）ネガティブな経験の意味づけ方と開示抵抗感の関連．心理学研究，76 (5) : 480-485.

宮川理奈子・浅沼茂（2015）自己肯定感を育む現代教師の特質：7人の優秀教師の語りの分析から．東京学芸大学紀要，66 (10) : 13-26.

Sands, R.T., & Wettenhall, R.S. (2000) Female wheelchair athletes and changes to body image. International Journal of Disability, Development and Education, 47 (4) : 413-426.

高山成子（1997）脳疾患患者の障害認識変容過程の研究―グランデッドセオリーアプローチを用いて―．日本看護科学会誌，17 : 1-7.

内田若希（2017）自己の可能性を拓く心理学―パラアスリートのライフストーリー―．金子書房．

内田若希・橋本公雄・山﨑将幸・永尾雄一・藤原大樹（2008）自己概念の多面的階層モデルの検討と運動・スポーツによる自己変容―中途身体障害者を対象として―．スポーツ心理学研究，35 (1) : 1-16.

Uchida, W., Marsh, H., & Hashimoto, K. (2015) Predictors and correlates of self-esteem in deaf athletes, European Journal of Adapted Physical Activity. 8 (1) : 21-30.

上田敏（2005）ICFの理解と活用―人が「生きること」「生きることの困難（障害）」をどうとらえるか―きょうされん．

Wright, B.A. (1960) Physical disability : A psychological approach. Harper & Row : New York, NY.

Topics 7

パラアスリートへの心理サポートの実際

筆者は，日本パラリンピック委員会（JPC）を中心とした科学的支援事業の心理スタッフとして活動しており，些少ながらパラリンピアンや次世代を担う育成選手の支援に携わってきた。本稿では，主に東京2020パラリンピック競技大会（以下，東京パラとする）に向けたパラアスリート（以下，選手とする）に対する心理サポートの実際について述べる。

COVID-19感染拡大の影響を受け，1年越しに東京パラが開催された。開催が決定するまでの期間は，選手たちの活動にも制限がかかり，先の見えない極めてストレスフルな状況だったに違いない。特に呼吸器系などの基礎疾患のある選手は，日々の感染対策に苦慮したことだろう。心理サポートの実施形態も，対面からオンラインへと変更する等，模索しながら支援を継続した。

筆者が関わったある選手は，東京パラの延期が決定した直後，その事実に落胆している様子であった。しかし，次第に自身の状況を内省し，「今，できること」を自発的に遂行する様子が伺えた。その選手からは，この困難な状況さえも「自分への挑戦」「自己成長への機会」と意味づける肯定的な言動が多い。その姿勢からは，障害受容過程を経て培った，「しなやかな心」の高まりを強く感じた。フィオレリら（Fiorilli et al. 2021）は，障がいのない選手に比べて障がいのある選手の方が逆境への対応能力が高いこと述べており，「スポーツへの参加と構造的な障壁を乗り越えて障がいとともに生きる経験が，COVID-19の制限によるストレスに対する緩衝効果として作用している可能性がある」としている。これは，選手との関わりの中で筆者が体験したことを裏付けるものであろう。

東京パラの開催期間中は，JPC村外スタッフとして8月23日から8日間帯同した。継続的に支援してきた選手はもちろんのこと，大会に参加しているすべての選手およびそのアントラージュなど幅広く対応できるよう体制を整えていた。また，対面だけではなく，オンラインや電話での対応も可能とした。しかし，実際の相談件数はあまり多くはなかった。これらの要因として，今回はCOVID-19感染対策により村外拠点での対応となったことや選手団にも行動制限があるなど，対象者が気軽に活用できる環境になかったことが考えられる。また，「心理的な問題を抱えている一方で，心理サポートのニーズが低い傾向にある（永田ら，2021）」との報告もあり，心理サポートに対して「弱い選手が受けるもの」といったイメージが未だ根強く残っていることが示唆される。一方，ポジティブな要因として，今回現地入りした3名を除くJPC心理スタッフが，各担当の競技団体と連携し，遠隔で対応できたことが挙げられるだろう。これは，東京パラに向けて各スタッフが支援を続けてきた成果であり，同時にオンラインを活用した新たな心理サポートの形ともいえる。

これらの経験に基づき，選手が困難や危機的状況に直面した際には，柔軟な対応ができる体制を整えるとともに，心理サポートを受けることが選択肢の1つとなるよう，今後も積極的に啓蒙活動を行うことが求められる。

【文献】

永田直也，橋口泰一（2021）「これまでの心理基礎調査まとめ」．令和2年度心理基礎調査報告．公益財団法人日本障がい者スポーツ協会 日本パラリンピック委員会．

Fiorilli, G., Buonsenso, A., Davola, N., Di Martino, G., Baralla, F., Boutious, S., Centorbi, M., Calcagno, G., and di Cagno, A. (2021) Stress Impact of COVID-19 Sports Restrictions on Disabled Athletes. International Journal of Environmental Research and Public Health, 18 (22), 12040.

第Ⅶ部

スポーツ心理学の研究法

スポーツ心理学研究で重要な点は，スポーツの現場で観察された心理的事象に対応するための明確な理論に基づいた心理学技法の適用とその効果の検証である。そして，適用された手法の効果の検証は下位尺度の相関関係をみるだけでは限界がある。それに含まれる多様性・不確実性を考慮した介入研究や無作為化比較対照試験などの計画法とベイズ統計，多変量解析などの統計法を用いることで多次元的な検討を行う必要がある。

しかし，「これから学ぶ」ためには，基本的な研究方法を理解する必要ある。ここでは，スポーツ心理学研究に必要な研究方法を取り上げている。1章でスポーツの心理的課題を検討するための研究法を，2章ではレポートや論文にまとめるための視点を示している。

1 スポーツ心理学で研究を行うための方法

ゼミでの卒業課題や卒業論文を作成する際には，研究方法を学んでおく必要がある。スポーツ心理学で用いられる研究法にはいくつかの方法があり，それぞれ長所と短所をもっている。そのため，スポーツ心理学の研究を行う場合は，研究の目的，対象者，条件などを考慮しながら，研究方法を選択する必要がある。

1 目的による研究の分類

研究の目的で分類した場合，スポーツ心理学の研究は，どのように分類することができるのであろうか。

ここでは，サリスとオーウェン（Sallis and Owen, 1999）の「行動疫学」における５つの局面に当てはめて考えてみたい。彼らは健康づくりに関する研究を戦略的に進めるために「行動疫学」という枠組みを提案し，５つの局面を示している（岡，2006）。本稿では，心理的競技能力の向上を目的としたスポーツメンタルトレーニング（SMT）の研究に置き換えて，それぞれ例を挙げながら，５つの局面を説明する。

①SMTと心理的競技能力との関係を確立すること：SMTを行っている人は，心理的競技能力が高いかということを検証する。

②SMTを正確に測定するための方法を開発すること：どのようなSMTをどの程度行っているかを測定する尺度を開発する。

③SMTの実施に影響を及ぼす要因を見極めること：どのような要因をもった人がSMTを実施しているのかを明らかにする。

④SMTを促進させるための介入を評価すること：③で明らかになった要因に働きかけて，SMTの実施を促進するための方法を開発し，行って，評価する。

⑤以上の研究成果を実践に生かすこと：現場にSMTを普及させるためには，どのような工夫をしたり，どのような施策を整備したりすればよいのかを検討する。

研究成果をこれらの局面から整理することで，今後取り組むべき研究の課題や方向性が明確になる（岡，2006）。自分が行っている研究の位置づけや次の展開を考える上でも，これらの局面は具体的でわかりやすく有用である。

2 ３つの研究方法とその具体例

以下では，「横断的調査研究」「質的研究」「実験・介入研究」の３つの研究方法を，すでに刊行されている研究に基づいて紹介する。

1 横断的調査研究：身体活動や運動の実施は，不安や抑うつと関連するか？

まず，横断的調査研究を紹介する。横断的調査研究とは，ある一時点において，対象者に調査票に回答してもらい，そのデータを分析する研究である。横断的調査研究には，因果関係を明確にすることができないために結果の解釈が難しいという短所があるものの，短い時間で実施することができるという長所がある。

横断的調査研究では，２つの分析方法を用いることが多い。１つは，「比較」をするための分析方法である。比較をする変数（独立変数）の数が２つの場合は（男・女など），t検定を用いる。t検定を用いることで，男子選手の方が，女子選手と比較して，SMTを頻繁に実施しているかということを明らかすることができる。

比較をする変数の数が３つ以上（レギュラー，準レギュラー，非レギュラーなど）の場合は，分散分析を用いる。分散分析を用いることで，レギュラー選手は，非レギュラー選手と比べて，SMTを頻繁に実施しているかということを明らかにすることができる。

もう1つは，「関連」をみるための分析方法であり，基本的な分析としては，相関分析や重回帰分析が挙げられる。例えば，競技歴の長い選手の方が，SMTに多く取り組んでいるかということを明らかにすることができる。

横断的調査研究の例として，荒井ら(2005b)の研究を紹介する。この研究の目的は，男子大学生1159名を対象として，身体活動(日常活動性得点として測定)または運動（運動・スポーツ得点として測定)と，不安または抑うつとの関係を検討することであった。

相関分析の結果，運動・スポーツや日常活動性は，不安とは関連していなかったが，抑うつとの間に有意な負の相関関係が確認された(**表1**)。つまり，身体活動や運動を行っていることと，不安の状態の間には関連がないことがわかり，その一方で，身体活動や運動を行っている人ほど，低い抑うつ状態にあることが明らかとなった。

分散分析の結果，運動行動の変容段階が無関心期(運動を行っていないし行うつもりもない)の者と，それ以外の変容段階の者との間において，抑うつ得点に有意な差が認められた(**図1**)。つまり，運動を行っていないし行うつもりもない者は，それ以外の者よりも抑うつ得点が高いことが確認されたことになる。

2 質的研究：大学野球選手は心理的競技能力を高めるために，どのようなことを行っているのか？

当たり前のことであるが，質問紙が存在していなかったり，自ら質問紙を作ることができなかったりすれば，質問紙調査を行うことができない。研究テーマによっては，質問紙調査を行えるほどに研究が蓄積されていないこともある。

そこで採用されるのが，質的研究である。質的研究を定義することは困難であるが，質的研究法には，KJ法，グラウンデッド・セオリー・アプローチ，フィールドワーク，またはエスノグラフィーなどがある(西條，2007)。質的研究は，評価尺度に使う用語を抽出したり，モデルや仮説を創り出すことに活用したりするだけでなく，「現場の知」を拾い集めることができるという点においても有効である。質的研究法では特に，「具体的なプロセスが記述されているか」「データと解釈の区別が明確か」ということが求められる。

ここでは，荒井ら(2005a)の研究を紹介する。彼らは，大学野球選手を対象として，心理的競技能力診断検査(DIPCA)の12の下位尺度を高めるための方略を面接または自由記述によって回答してもらい，得られた回答を3名の作業者によって整理・集約した。この研究では，回答された方略を1つずつカードにした上で，作業者間で議論を行っている。3名の作業者は心理的競技能力を高めるという観点から，同意にいたるまで吟味・検討した上で，それらのカードを

表1 不安および抑うつと，運動スポーツおよび日常活動性との関連(荒井ら，2005b)

	不　安	抑うつ
運動・スポーツ	.04	−.12***
日常活動性	.04	−.12***

***p<.001

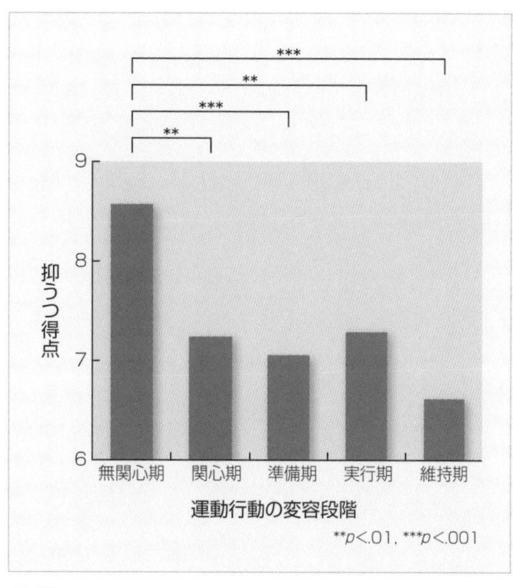

図1 運動行動の変容段階ごとの抑うつ得点の比較（荒井ら，2005b）

整理・集約した。

その結果の一部を**表2**に示す。この研究によって，大学野球選手が，どのような方略を用いているのかが具体的に明らかになった。

「なぜ，このチームの雰囲気は○○なのだろう？」「選手たちは，○○についてどう考えているのか？」など，現場で感じられる素朴な疑問を研究として成立させることができる点で，質的研究法は有意義である。ただし，それらの素朴な疑問が湧いたときに，すぐ質的研究を行うのではなく，すでに同様かまたは類似した研究が行われていないかを調べて，先行研究が存在する場合はまずその研究を読むべきであろう。

3 実験研究（介入研究）：サイクリング運動中，どこに注意を向けると心地よさが得られるのか？

最後に，実験研究を紹介する。実験研究や介

表2 「競技意欲」を高める方略（荒井ら，2005a：カッコ内の数字は回答数）

下位尺度	カテゴリ名	選手の回答の例
「忍耐力」(24)	練習以外での追い込み(9)	●腕立て伏せ ●サウナに限界ぎりぎりまで入る
	練習時における困難克服(7)	●走っているときにしんどいピークがきたら，あと少しっていう気持ちで，常に限界を超えられるようにする ●一番いやな場面を想定して練習をしている
	練習量(6)	●ひたすら練習 ●厳しい練習
	目標設定(1)	●ガムシャラにやるというよりも目標を具体的に立てる
	報酬設定(1)	●練習後に飲むジュースを何にするか考える。
「闘争心」(13)	ライバルの設定 (5)	●チーム内での同じポジションでレギュラー争いをすることによって闘争心が養われる ●ライバルを見つける
	勝利への執着(4)	●負けん気，強気 ●常に勝ちたい気持ちを持つ
	試合形式での練習(1)	●ゲーム形式で練習
	サイキングアップ (1)	●ラグビーやアメフトの試合を頭に思い浮かべる(円陣やゴールシーンでのガッツポーズなど)
「自己実現意欲」(13)	練習量(5)	●ここで練習をサボったら悔いを残すと考える。悔いを残したくなければ練習をする ●とにかく練習
	目標設定(4)	●毎日目標を意識して，今日するべきことをはっきりと決めて練習に臨む ●自分がこうしたいという目標をしっかり決めて，常に心に留める
	セルフトーク(2)	●つぶやき
	イメージの活用(2)	●いいイメージを持つ
「勝利意欲」(16)	勝利への執着(4)	●勝負が決するような場面を想定して練習する ●勝ちにこだわる
	報酬と罰の設定(4)	●罰ゲームありの紅白戦 ●監督の胴上げシーンを思い浮かべる
	勝利体験(3)	●勝利した後の喜びを知る ●勝つ快感を知る
	野球以外のゲーム(2)	●カードゲーム(ババ抜き)
	目標設定(1)	●紙に目標を書く

※内容があいまいな回答・不適切な回答は削除されているため，カテゴリの合計と下位尺度の合計は一致しない

入研究は，対象者に何らかの操作を行い，その操作の効果を検証する研究である。例えば，AというSMTのプログラムと，BというSMTのプログラムの効果を比較するときは，この研究方法が適切である。

実験研究や介入研究は，倫理的な配慮が他の研究方法以上に求められるが，独立変数（原因となる変数）と従属変数（結果となる変数）との関係を明確に検証できるという長所をもっている。

ここでは，荒井ら（2004）を例に挙げる。この研究では，運動中に用いる２つの認知的方略（連合的方略と分離的方略）に注目している。連合的方略は，身体の内側に注意を向ける方略であり，分離的方略は，肉体疲労などから注意をそらして，身体の外側に注意を向ける方略である。この研究の目的は，自転車エルゴメータでのサイクリング運動に伴って，これら２つの認知的方略を用いてもらい，感情にどのような影響があるかを確認することであった。

対象者は，２つの条件（連合的方略条件と分離的方略条件）に参加した。両方の運動条件において，対象者は中等度の強度による10分間のサイクリング運動を行い，①運動前，②ウォームアップ時，③運動終了直前，および④運動終了５分後において，感情の状態に関する質問に回答した。

分散分析の結果，分離的方略を用いた運動は，連合的方略を用いた運動と比較して，10分間の運動終了直前における快感情が高いことが明らかになった（**図２**）。つまり，運動終了時に高い快感情を得ようとするならば，分離的方略を用いた方が効果的であることが明らかとなった。

この研究では，測定時期が４回であるが，測定時期が２回（例えば，SMTの前と後）という場合もあり，これを事前－事後テスト実験と呼ぶ。

また，条件が１つの場合も考えられるが（例えば，SMTを行う条件のみ），この場合は，比較対照するものがないので，可能な限り，比較する条件や群（コントロール条件またはコントロール群）を設定することが好ましい。

3 研究を実施する際の３つのポイント

最後に，研究を実施する際の３つのポイントを記述する。１つ目に，どの研究方法を用いればよいか困ったときには，先行研究を参考にすることである。実際のところ，完全に独創的な研究というものは存在しないといっていいだろう。先輩たちが行った研究から多くのことを吸収しようと思いながら研究論文を読むとき，予想していた以上に多くの示唆が得られることに気づくのではないだろうか。

２つ目に，研究を実施する際には，方法を詳しく記述することが求められる。例えば，調査を行った場合であれば，「調査用紙はどのようにして回収したのか」「回答用紙は無記名だったのかどうか」「調査用紙に使われている言葉をどのように定義したのか」などについて明記しておくべきである。これらが異なった場合に，研究の結果も異なってくる場合があると考えられるからである。

３つ目は，予想した結果が得られなかったときに，無理な解釈をしないことである。SMTを行った結果，心理的競技能力には統計学的に有意な変化がみられなかったにもかかわらず，SMTの効果があったように解釈している研究を目にすることがある。しかし，この解釈は正しくない。自分の思い込みや熱意はひとまず横

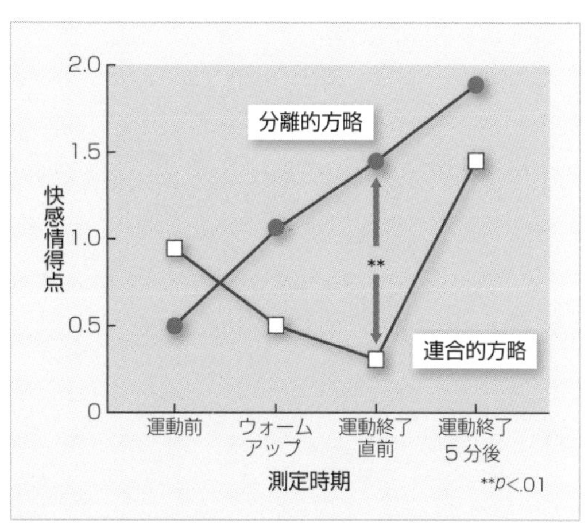

図❷ ２つの認知的方略に伴う快感情の変化
（荒井ら，2004）

に置いて，冷静な頭でデータを眺めて解釈することが求められる。私たちが行おうとしているのは，スポーツ心理学の「研究」なのである。

なお，研究法について詳しく学びたい場合は，北大路書房から出版されている『心理学マニュアル』シリーズを，研究デザインについて詳しく学びたい場合は，ハリーら（Hulley et al. 2006）や中村（2002）などを参照されたい。

【文献】

荒井弘和・竹中晃二・岡　浩一朗（2004）認知的方略を用いた一過性運動に対する感情反応．行動医学研究，10：59-65.

荒井弘和・木内敦詞・大室康平・岡　浩一朗・大場ゆかり（2005a）心理的競技能力を増強する方略の探索的検討：特定の大学野球選手を対象として．スポーツ心理学研究，32（1）：39-49.

荒井弘和・中村友浩・木内敦詞・浦井良太郎（2005b）男子大学生における身体活動・運動と不安・抑うつ傾向との関係．心身医学，45：865-871.

ハリーら：木原雅子・木原正博〔訳〕（2004）医学的研究のデザイン第2版 研究の質を高める疫学的アプローチ．メディカル・サイエンス・インターナショナル．

中村好一（2002）基礎から学ぶ楽しい疫学．医学書院．

岡　浩一朗（2006）身体活動・運動の推進に果たす疫学の役割「行動疫学」という考え方．体力科学，55：105.

Sallis, J.F., & Owen, N.（1999）Physical Activity and Behavioral Medicine. Sage Publications.

西條剛央（2007）ライブ講義 質的研究とは何か．新曜社．

2 論文・レポートの書き方

1 レポート・論文を作成する必要性

実験や調査等によって得られたデータは，何らかの形で公表することでようやく研究として成立する。新たな発見をしたとしても，それを世間に知らしめることがなければ，研究者の単なる自己満足で終わってしまう。口頭で成果を伝えていくこともできるが，複数人を介することで内容が誤って伝わる可能性があるため，論文として明文化することが必要となる。文章として残すことは，後世に研究成果を伝えていくことにもなり，研究活動に不可欠である。

2 レポート・論文の書き方に関するルール

日本心理学会が発行する「執筆・投稿の手引き2022年版」によると，初心者が留意すべき文章表現として8項目が挙げられているので参考にされたい（①順序良く意見を述べる，②滑らかな表現，③無駄のない表現，④箇条書き・体言止めの不使用，⑤適切な言葉遣い，⑥日本語と外国語の混在の回避，⑦正しい文法と語法，⑧倫理的配慮）。

論文にはまた，書き方に関する形式（ルール）が存在し，一般に「表題」,「序論」,「方法」,「結果」,「考察」,「文献」という各パートから構成される。研究背景に始まり，実際に用いた方法，得られた結果とその解釈というように，上記の構成は研究内容が素早く理解できるような形式をとっている。レポートから卒業論文，専門的な学術論文に至るまで，この構成はすべてに共通の形式である。以下に，各パートの要点を概説する。なお，詳細は上述の手引きの他，日本体育学会の「体育学研究　投稿の手引き」も参照してほしい（いずれも学会HPで閲覧可能）。

1 表　題

表題は，内容に対応した具体的なものをつけ，研究内容がすぐにわかるようなものとする。例えば，「メンタルトレーニングについて」という曖昧なものではなく，「緊張状態の緩和に及ぼす筋弛緩法の効果」などとし，独立変数（ここでは筋弛緩法）と従属変数（緊張状態）との関係が明確となるよう心掛ける。

2 序論（問題，諸言などともいう）

序論では，おおよそ次の3点について触れる。1つ目に，研究を行う背景や意義など，この研究を行うにあたっての問題意識について述べる。研究の着想に至った一般的な話題から入ることもよくある（例えば，「公式戦など重要な試合では，多くの選手が過度の緊張状態に陥る。…」）。2つ目に，問題提起に関する先行研究について述べる。自分が掲げた問題が過去にどこまで調べられているのか，関連する研究史を明示することが必要となる。3つ目に，どのような点が問題なのか先行研究の流れを受けて指摘し，研究の目的を述べる。先行研究を羅列するだけでは序論として不十分であり，調べた内容を踏まえて，自身が取り上げる問題に対処するにはどのような実験や調査を行うべきなのか，本研究にどのような意義があるのかなど，自分の意見を述べなければならない。先行研究に疑わしい点があればそのことについて書き，どこが疑わしいのか，何が不十分なのか，それを補うためにはどのような研究が必要なのか書くこととなる。こうして示した問題を受け，最後に研究の目的を述べる。また，目的と併せて仮説を立てておくと，仮説の検証から結果の考察へと至る論文の筋道がつけやすくなる。ただし，仮説は単なる思い込みではなく，先行研究の結果や理論的背景を踏まえて論理的に立てなければならない。

3 方法

どのような方法で研究を行ったのか，調査や実験に用いた装置，実験参加者(調査協力者)の属性，手続きなどについて説明する。このとき，論文の読み手が同じ研究を再現できる(すなわち追試ができる)だけの情報を掲載するよう留意する。方法は原則として過去形で記述し，箇条書きにしない。一般的な記載項目として，「実験参加者(調査協力者)」，「条件(または群)」，「装置」，「指標」，「手続き」などがあるが，研究に応じて必要なものを項目立てればよい。

4 結果

結果では，データにどのような処理を施したのか正確に記述し，おおよそ次の3点について順番に触れる。①どのような記述統計を用いたかに言及し(平均，標準偏差など)，必要に応じて図表を活用する。②得られたデータについて説明する(図表から読み取れることをまとめる)。③統計的検定の結果を記述する。卒業論文等では，しばしば③のみが記載されがちであるが，①および②についてしっかりと記述することを忘れてはならない。

結果と考察とを区別し，結果についての解釈は原則として述べてはならない。また，図表の形式には所定のルールがあるので注意する。

5 考察

一般的な書き方として，最初に結果を要約して記述し，次に先行研究等を引用しながら結果の意味するところについて解釈していく。あらかじめ仮説を立てておいた場合は，結果が仮説を支持するものであったかそうでなかったかについて触れる。続いて，仮説が支持されたにせよ支持されないにせよ，なぜそのような結果になったのかを論理的に考え，推論した内容を順序よく挙げていく。このとき，①結果で得られた以上のことを述べない，論理を飛躍させない，②結果が予測に反した場合に個人的感情を表現しない(例えば，「残念ながら，予想通りの結果が得られなかった。」)，③結果が仮説と異なっても素直にそれを認め，なぜ異なったのかを考察する，という点に気をつける。最後に，研究で扱い切れなかった課題や今後の研究の展開などを述べて結びとする。なお，結果に載せていないデータを考察でいきなり述べたり解釈したりしてはならず，考察で解釈を行うようなデータは，あらかじめ結果に載せておかなければならない。

心理的事象は，実験条件や実験参加者の個人的要因の影響を受けやすいため，必ずしも先行研究と同じ結果が得られるとは限らない。先行研究と少し違う条件で行うと，結果が異なる可能性は十分にある。自分の研究で得られた結果が先行研究で異なったからといって，その実験は「失敗」ではないことを十分に認識しておかなければならない。参加者の属性が偏っていることや，データ数の少ないことが仮説通りとならなかった原因かもしれないが，実験条件の違いが予想を超えた新たな発見となる可能性も考えられる。どのような考察をしても構わないが，仮説通りの結果が得られなかった場合の解釈は憶測の域を出ないため，論理の飛躍には十分注意する必要がある。

6 文献

本文中に引用した文献を「引用文献」と，引用はしていないが内容を書く際に参考にした文献を「参考文献」という。一般に，学術雑誌に掲載される論文等は引用文献のみであるが，卒業論文などでは後者を記載することもある。記述の仕方には一定のルールがあるため注意が必要である。また，最近ではインターネットを利用して多くの事柄を調べることができるが，研究で利用するには根拠に乏しいものもあり，引用に足りうる内容か慎重な吟味が求められる。

索　引

あ行

アイデンティティ……163
あがり……17,101
アスリート・リーダー……77
アセスメント……115
アドヒアランス……144
アトラクタ……49
アロスタシス理論……152
アントラージュ……130
意思決定……23
依存性産出特性……33
一般運動プログラム……29
イメージ……44
イメージトレーニング……156
インクルーシブ……177
インクルーシブ教育システム……177
ウェルビーイング……78
運動学習……30
運動心理学……9
運動制御……14
円環モデル……67
遠心性コピー……14
横断的研究……188
応用スポーツ心理学……9
オートマティックパイロット……23
オーバートレーニング……163
オプティックフロー……22
オペラント強化法……145
オリンピック憲章……98

か行

開回路制御システム……29
快感情……68
外在的フィードバック……28,32
介入研究……190
外発的動機づけ……57
カウンセリングスキル……159
学習曲線……31
学習理論……144
関係性への欲求……59
感情……66
起床時コルチゾール反応……153
規範……72
基本感情説……66
基本的心理欲求……59
逆モデル……14
逆戻り……148
逆境……109
協応……47
筋シナジー……15
クアイエットアイ……18
計画された混乱……108
結果の知識……28,32
健康スポーツ……132
健康スポーツ心理学……9,132
健康増進……142
言語的指導……40
言語的説得……146
酵素免疫測定法……153
行動理論(学習理論)……122
コーピング……137
国際スポーツ心理学会……5
コマ……59
コルチゾール……153
コンピテンス……59
コンプライアンス……144

さ行

最終段階……32
作業検査法……89
指し手……59
磁気共鳴画像法……51
刺激統制法……145
次元説……66
自己決定理論……57
自己決定連続体……58
自己選択効果……35
自己組織化……46
自己調整学習……35
自己調整学習理論……36
自己理論……122
実験研究……190
質的研究……189
質問紙法……88
自動化……17
シナジェティクス……48
社会的手抜き……72
社会的認知理論……36,145
重回帰分析……189
集合的効力感……73,82
集団……70
集団環境質問紙……81
集団凝集性……73,78,81
集中法……43
自由度……15,47
熟達雰囲気……74
順モデル……14
情動焦点型対処……137
情報処理モデル……27
初期段階……31

自律訓練法 …… 101
自律サポート行動 …… 77
自律性への欲求 …… 59
神経効率化 …… 51
深層心理学理論 …… 123
心的外傷後成長 …… 161
心理サポート …… 100,168,185
心理社会的スキル …… 95
心理スキルトレーニング …… 100
心理相談 …… 123
心理的恩恵 …… 139
心理的スキル …… 110
随意運動 …… 50
スキーマ理論 …… 29
ストレス …… 132
ストレス概論 …… 134
ストレス－スポーツ傷害のモデル（改良モデル） …… 155
ストレスマーカー …… 151
ストレスマネジメント …… 137
スペシャルオリンピックス …… 177
スポーツカウンセリング …… 112,120
スポーツ集合的効力感尺度 …… 82
スポーツ心理学 …… 9
スポーツドラマチック体験 …… 182
スポーツメンタルトレーニング …… 110
スポーツメンタルトレーニング指導士 …… 7,102,110
生活習慣 …… 133
生産性 …… 70
制止／脱制止 …… 36
成績雰囲気 …… 74
精緻化仮説 …… 35
生物医学モデル …… 133
生理学的多義性 …… 47
生理心理学的測定 …… 151
生理心理社会モデル …… 133
生理的・情緒的喚起 …… 146
セルフエフィカシー …… 146
漸減的フィードバック …… 33
全習法 …… 43
選択反応時間 …… 19
相関分析 …… 189
相互依存性 …… 80
相対位相 …… 48
相転移 …… 47,48
ソーシャルサポート …… 78,130
即時フィードバック …… 33
速度と正確性のトレードオフ …… 15

た行

帯域幅フィードバック …… 33
体育心理学 …… 9
ダイナミカルシステム …… 46
ダイナミカルシステムズアプローチ …… 46
代理的経験 …… 146
多角的リーダーシップモデル …… 75
多義性 …… 47
脱自動化 …… 18
達成目標理論 …… 62,112
多面的階層モデル …… 180
多様性練習 …… 35
多様な性 …… 98
単純反応時間 …… 19
チームビルディング …… 82
遅延フィードバック …… 33
知覚 …… 22
注意 …… 17
注意の方向づけ …… 42
中期段階 …… 31
中途障害者 …… 179
通状況的一貫性 …… 87
転移 …… 32
投影法 …… 89
動機づけ …… 56
動機づけ雰囲気 …… 63,74
特性論 …… 85,86
トランスアクショナルモデル …… 136
トランスセオレティカルモデル …… 147

な行

内在的フィードバック …… 28,32
内発的動機づけ …… 57
内部モデル …… 14
日本スポーツ心理学会 …… 7
日本パラスポーツ協会 …… 168
日本パラリンピック委員会 …… 168,185
認知 …… 22
認知的評価モデル …… 156
認定スポーツカウンセラー …… 103
脳機能 …… 50
脳機能再編 …… 51
脳構造 …… 50
ノーマライゼーション …… 177

は行

パーソナリティ …… 84
バーンアウト …… 162
バイオロジカルモーション …… 24
廃用症候群 …… 174
パラアスリート …… 180,185
パラスポーツ選手 …… 168
パラメータ学習 …… 35
汎適応症候群 …… 134
反応時間 …… 19
反応促進 …… 36
ヒューリスティック …… 23
フィードバック …… 14,32
フィードフォワード情報 …… 29
フィッツの法則 …… 16
不快感情 …… 68
複雑系 …… 46
プラトー（高原） …… 31
不良設定問題 …… 47
プレッシャー …… 17,23
プレパフォーマンスルーティン …… 18
ブロック練習 …… 34
分散法 …… 43
分習法 …… 43
文脈多義性 …… 47

閉回路制御システム……27
ペルソナ……84
変革型リーダーシップ……75
忘却再構成仮説……35

ま行

マインドフルネス……112
見立て……115
ミラーニューロンシステム……50
メンタルトレーニング……100
メンタルヘルス……134
メンタルマネジメント……102
目標志向性……63
目標設定……60,158
モデリング……36
モデリングビデオ……159
モニタリング……151
モニタリング指標……151
問題焦点型対処……137
文部省国立体育研究所……4

や行

役割……71
有能さへの欲求……59
要約フィードバック……34
予測……23,29,50
四気質説……85
四体液説……85

ら行

ライフイベント……135
ライフスキル……94
ラポール……115
ランダム練習……34
リーダーシップ……74
力学系……46
力学的多義性……47
リハーサル……37
リファー……112
両側性転移……32
リラクセーション……158
リングルマン効果……72
臨床心理学……112
類型論……85
レミニッセンス……43
練習スケジュール……34,43

欧文

3+1Cモデル……77
ADHD……173
COMPASS……77
GAS……134
Go/No-go反応時間……19
HPA系……153
KP……32
KR……32
LFD法……153
MRI……51
PDM……108
PNEI指標……152
QOL……175
SMT指導士……7,102,110
t検定……188

あとがき

生死事大　無常迅速

COVID-19の拡大によって，これまでの日常が一変し，社会，経済，教育，スポーツなどに大きな打撃を与えました。疫病の流行は，昔の事では無いと改めて思いました。

また，ロシア(旧ソ連)が1980年にアフガニスタンに侵攻し，西側諸国が抗議のモスクワオリンピックのボイコットが起こり，1984年のロサンゼルスオリンピックの東側諸国の対抗ボイコットに繋がり，更に2014年のソチ冬季オリンピック・パラリンピックの間にクリミア半島に侵攻し，北京2022冬季オリンピック・パラリンピック競技大会の最中にウクライナに侵攻しました。一連のロシアの蛮行は，“スポーツ”を冒涜する政治行為であり，私たちに悲しみと恨みだけを残しました。ソチ冬季パラリンピック日本代表選手団長として，現地に行って肌で感じた戦争は，今も忘れることは出来ません。「スポーツの力」は，その程度のものでしょうか。スポーツの在り方に，深刻な影響を与えました。「スポーツとは」という問いは，本書の目的や位置づけに関わることであり，これからも問い続けて行かなければならないことです。

距離が近い

欧米諸国のスポーツ心理学の歴史と現状に当たって感じたことは，欧米諸国のスポーツ心理学は，色々な意味で「距離が近い」ということでした。スポーツ現場との距離が近く，社会とも距離が近く，さらに他の学問分野とも距離が近いと感じました。一方，1973年に日本スポーツ心理学会が設立され，50年の節目を迎えます。わが国のスポーツ心理学は，スポーツや社会，他の学問分野との距離はどうだろうか。一度，立ち止まって振り返ってみる必要があります。

「スポーツ」は，何もスポーツ科学だけのものではなく，他の学問分野でも興味深い研究の対象になっています。スポーツの「こころと身体」の繋がりは，運動の制御や学習，意識のような高次の認知過程を含めて，神経生理学や脳科学，認知科学の研究対象でもあり，スポーツ心理学はそれらの知見をどのようにして利用するかも課題です。わが国のスポーツ心理学の研究や実践のレベルは，欧米諸国に後れを取っている訳ではないと思います。それらの成果を知ってもらうためには，他の領域との距離を縮める新しい取り組みが必要です。

スポーツ心理学の強みは，スポーツ現場に近いというだけであり，その研究と実践はスポーツの現場にもっと近づく必要があります。スポーツ現場を対象とした研究と実践を明確に志向し，選手やコーチの独特な経験や意見を丁寧に聞き取り，課題をみつけ研究しスポーツへの応用と実践につなげる努力が必要です。そうしなければ，スポーツ心理学は社会的責任を果たすことは出来ません。

スポーツサイコロジー・イノベーション

わが国の体育・スポーツ心理学の進歩は，独自の道を歩んできたことの理解が必要です。本書では，「包括的スポーツ心理学」の枠組みを提案しながら，現状ではそのまま当てはめる訳にはいかないという矛盾を抱えていることは承知しています。ひとの「こころと身体」の繋がりを追究するわが国のスポーツ心理学は，体育・スポーツでの運動の制御や学習は欠かせない領域です。本書では「運動心理学」として，ヒトの運動制御，運動学習を扱っています。今後，新たな研究の方向性や手法を採ることで，独自の分野を形成していく可能性もあります。メンタルトレーニングの領域では，モバイル技術やニューロフィードバック技法の適用が始まり，加えて組織心理学やポジティブ心理学の知見を適用した構造的・計画的な心理サポートも適用され，他の学問分野の知見との融合も始まっています。しかし，科学技術の発達と共に，ひとのこころも発達する訳ではありません。この学問的矛盾は次代の人たちが，適切に修正し改革して行ってくれるものと信じています。

三訂版の作業を振り返り，スポーツ心理学の研究と実践の包括的枠組みと方向性は示せたと思います。しかし，不十分な点が多いことも事実であり，それらはすべて編著者である小生の責任です。読者の皆様の忌憚のないご批判とご指導を賜りたいと思います。

最後に，初版，改訂版で多くの知見をご執筆頂いた先生方には，引き続いて三訂版でもご執筆を頂いています。また，新たにご執筆を頂いた９名の先生方を含め25名の先生方には感謝とお礼を申し上げます。また，初版より適確な助言と叱咤激励を賜った大修館書店の丸山真司様をはじめ編集部の皆様に心よりお礼申し上げます。

2022年 盛夏　伊勢湾を望む研究室にて

荒木　雅信

著者一覧（50音順，所属・肩書は2023年3月現在）

荒井　弘和
法政大学文学部心理学科教授，博士（人間科学）［第Ⅵ部２章，第Ⅶ部１章］

荒木　雅信
大阪体育大学名誉教授，日本福祉大学名誉教授，博士（スポーツ科学）［序章，各部扉，第Ⅰ部１，２章，第Ⅳ部１章］

石倉　忠夫
同志社大学スポーツ健康科学部教授，博士（体育学）［第Ⅱ部３章］

内田　遼介
流通科学大学人間社会学部准教授，博士（人間科学）［第Ⅲ部４章］

内田　若希
九州大学大学院人間環境学研究院准教授，博士（心理学）［第Ⅵ部３章］

片上　絵梨子
共立女子大学文芸学部准教授，博士（スポーツ科学）［Topics 5］

門岡　晋
金沢星稜大学人間科学部スポーツ学科講師，修士（スポーツ科学）［第Ⅴ部３章］

小菅　萌
大阪体育大学大学院スポーツ科学研究科准教授，Ph.D.（Kinesiology）［第Ⅲ部３章］

佐久田　祐子
大阪樟蔭女子大学学芸学部心理学科准教授，修士（人間科学）［第Ⅶ部２章］

實宝　希祥
国立スポーツ科学センター研究員，博士（スポーツ科学）［Topics 1］

菅生　貴之
大阪体育大学大学院スポーツ科学研究科教授，修士（教育学）［第Ⅳ部２章，第Ⅴ部３章］

土屋　裕睦
大阪体育大学大学院スポーツ科学研究科教授，博士（体育科学）［第Ⅳ部３章］

手塚　洋介
大阪体育大学大学院スポーツ科学研究科教授，博士（心理学）［第Ⅲ部２章，第Ⅴ部１章，第Ⅶ部２章］

直井　愛里
近畿大学総合社会学部准教授，Ed.D.（Sport Psychology）［第Ⅴ部４，５章］

永田　直也
慶應義塾大学体育研究所専任講師，修士（体育学）［第Ⅵ部１章］

中村　珍晴
合同会社エクスビジョン代表，神戸学院大学心理学部兼任講師，博士（スポーツ科学）［Topics 6］

中山　亜未
大阪体育大学スポーツ科学センター心理ディレクター，修士（スポーツ科学）［Topics 7］

橋口　泰一
日本大学松戸歯学部教養学（健康スポーツ科学）准教授，修士（教育学）［第Ⅵ部１章］

平川　武仁
大阪体育大学大学院スポーツ科学研究科教授，博士（体育科学）［第Ⅱ部４章］

福井　邦宗
日本福祉大学スポーツ科学センター助教，修士（スポーツ科学）［Topics 4］

松本　裕史
武庫川女子大学健康・スポーツ科学部教授，博士（人間科学）［第Ⅲ部１章，第Ⅴ部２章］

眞野　豊
鳴門教育大学大学院学校教育研究科准教授，博士（学術）［Topics 3］

水口　暢章
立命館大学総合科学技術研究機構助教，博士（スポーツ科学）［第Ⅱ部５章，Topics 2］

深山　元良
城西国際大学経営情報学部教授，博士（医学）［第Ⅲ部５章］

山越　章平
聖泉大学人間学部人間心理学科講師，博士（スポーツ科学）［第Ⅲ部６章］

山本　真史
日本福祉大学大学院スポーツ科学研究科准教授，博士（人間・環境学）［第Ⅱ部１，２章］

編著者

荒木　雅信

1951年石川県生まれ。1983年筑波大学大学院博士課程体育科学研究科課程修了退学。博士(スポーツ科学)。1983年大阪体育学体育学部講師，1992年同大学大学院博士前期課程助教授，1996年同大学大学院博士後期課程教授を経て，2018年同大学を定年退職し，同年日本福祉大学スポーツ科学部招聘教授となり，2021年同大学大学院スポーツ科学研究科招聘教授を経て，2023年定年退職。スポーツ心理学を担当。日本スポーツ心理学会会長(2017-2019年)。大阪体育大学名誉教授。日本福祉大学名誉教授。

山本　真史

1984年兵庫県生まれ。2014年京都大学大学院人間・環境学研究科博士後期課程修了。博士(人間・環境学)取得。2014年大阪体育大学体育学部助手を経て，2017年より日本福祉大学スポーツ科学部助教。2020年より同大学スポーツ科学部准教授となり，2021年より同大学大学院スポーツ科学研究科准教授。認知心理学，スポーツ科学演習(スポーツ心理学)などを担当。

これから学(まな)ぶスポーツ心理学(しんりがく) 三訂版(さんていばん)

NDC780／vi, 200 p／26cm

初　版第１刷――2011年４月25日
改訂版第１刷――2018年３月20日
三訂版第１刷――2023年３月30日

編著者――荒木雅信(あらきまさのぶ)・山本真史(やまもとしんじ)
発行者――鈴木一行
発行所――株式会社 大修館書店
〒113-8541　東京都文京区湯島2-1-1
電話03-3868-2651(販売部)　03-3868-2297(編集部)
振替00190-7-40504
[出版情報] https://www.taishukan.co.jp/

装　丁――倉田早由美(サンビジネス)
本文デザイン――サンビジネス
印刷所――広研印刷
製本所――牧製本

ISBN978-4-469-26955-0　Printed in Japan